中倫
ZHONG LUN

城市与发展：
政策、法律模式与趋势观察

CITY AND DEVELOPMENT:
POLICY, LEGAL MODEL AND TREND

中伦研究院 编

法律出版社 | LAW PRESS

图书在版编目(CIP)数据

城市与发展：政策、法律模式与趋势观察／中伦研究院编. -- 北京：法律出版社，2018
ISBN 978-7-5197-2114-5

Ⅰ. ①城… Ⅱ. ①中… Ⅲ. ①房地产法-研究-中国
Ⅳ. ①D922.384

中国版本图书馆CIP数据核字(2018)第056238号

城市与发展：
政策、法律模式与趋势观察
CHENGSHI YÜ FAZHAN:
ZHENGCE、FALÜ MOSHI YÜ QUSHI GUANCHA

中伦研究院 编

策划编辑 李 群
责任编辑 李 群 李 璐
装帧设计 鲍龙卉

编辑统筹 法律应用·大众读物出版第一分社

出版 法律出版社
总发行 中国法律图书有限公司
经销 新华书店
印刷 三河市兴达印务有限公司
责任印制 胡晓雅

开本 710毫米×1000毫米 1/16
印张 26.75
字数 418千
版本 2018年5月第1版
印次 2018年5月第1次印刷

法律出版社／北京市丰台区莲花池西里7号(100073)
网址／www.lawpress.com.cn
投稿邮箱／info@lawpress.com.cn
举报维权邮箱／jbwq@lawpress.com.cn
销售热线／010-63939792/9779
咨询电话／010-63939796

中国法律图书有限公司／北京市丰台区莲花池西里7号(100073)
全国各地中法图分、子公司销售电话：
统一销售客服／400-660-6393
第一法律书店／010-63939781/9782
西安分公司／029-85330678
重庆分公司／023-67453036
上海分公司／021-62071010/1636
深圳分公司／0755-83072995

书号：ISBN 978-7-5197-2114-5
定价：148.00元
(如有缺页或倒装，中国法律图书有限公司负责退换)

编委会

序言

“时间乃是最大的革新家。”英国哲学家培根如是说。改革开放以来，我们的祖国欣欣向荣，法制日益健全，法律服务市场得到长足发展。作为司法部最早批准设立的合伙制律师事务所之一，中伦的成长史也成为了中国律师群体发展历程中的一个缩影。

中伦律师事务所建所二十五周年之际，由中伦研究院出品的系列文集也问世了。这套文集共五卷，由资本市场、公司业务、房地产与基础设施、争议解决、金融与知识产权等专业领域的合伙人和律师撰写。这五卷凝聚智慧与经验之作是为中伦二十五岁生日献上的一份厚礼，更是中伦人为读者精心准备的一场盛宴。

我们庆幸，所处的时代是律师群体日益受到重视、得以发挥作用的时代。我们欣然，二十五年间，中伦从五位合伙人的“小作坊”发展成为国内规模最大的综合性律师事务所之一，一千八百余名优秀的专业人员在全球十六个办公室为客户提供综合性法律服务。我们感恩，二十五年来，客户、同仁和各界朋友给予我们充分的信任与支持，一路陪伴，共同成长。我们庆幸着、欣喜着、感恩着，同时也清醒着、思索着、努力着，因为肩负的使命从未忘却，因为客户的重托不敢辜负，因为前路仍然充满挑战。

二十五年来，我们持续汲取新知，精进律师业务，力争用高水平的专业服务和对客户高度负责的态度，与客户共同创造社会价值。经过多年的不懈努力，我们的执业理念与执业水平获得了业内同仁与客户的认可。二十五年来，中伦业务的精进与规模的壮大齐头并进，近五年来重庆、青岛、洛杉矶、旧金山、杭州、南京办公室相继启航，国内的服务网络进一步完善，全球布局稳步推进。“学有渊源流不竭”，中伦全方位推进实践创新,陆续成立了中伦研究院和知识管理部,开展了形式多样的学术交流活动,向行业贡献了中伦智慧,向同仁展示了中伦风采。二十五年来,我们倾尽心力,创造平台,培养了大批积极向上、努力钻研的律师,建立了团队协作、共同发展的良好机制,形成了乐观开放、和谐奋进的健康氛围。我们看到一批批初出茅庐、志向高远的年轻律师,在中伦大家庭里磨砺、拼搏,挥洒汗水、发挥才干,成长为各专业领域的骨干精英。二十五年来,我们善尽社会责任,积极回馈社会。我们设立了"中伦公益基金",在环保治沙、救助灾害、留守儿童素质教育、高校助学、希望小学、防盲事业与公益律师培养等诸多领域均有我们活跃的身影。回首二十五年,我们无愧于"言中伦,行中虑"的初衷。

二十五年驰而不息的努力,让中伦在新产业、新模式、新业态层出不穷的今天,充满自信,勇立潮头。在汇聚专业精英、创造社会价值、共筑法治梦想的使命引领下,我们明确了"立足中国,国际一流,推动中国法治进程,成为百年传承的律师事务所"的发展愿景。我们将不断提升专业素养和执业技能,恪守职业道德,勇担社会责任,力争在国家法治、经济建设中贡献自己的一份力量。

倡导终身学习、注重总结、交流与分享的事务所文化是此书得以问世的土壤。中伦人既能持续跟进所关注领域的法律动态及市场动向,又能坚持对已有案例和项目进行梳理、思考与总结;既注重实务经验的丰富与积累,又注重理论上的体系化与条理化。这套书的面世离不开中伦各业务领域合伙人和律师们的不辞辛劳。在繁忙的业务之余,他们精心准备,将各自在执业经历中的点滴心血和宝贵经验凝结为一篇篇具有很高专业水准和突出实用性的文章。这不但充分展现了他们的专业素养和敏锐的洞察力,也体现了他们对中伦、对律师业的一份感情。文集的出版,不仅仅是为了纪念中伦二十五年来的耕耘与收获,更是为了与各位同仁分享我们的所思所得。

纸短情长,难尽言。在中伦二十五岁到来之际,我诚邀各位读者、业界同仁一道品鉴这套凝聚着中伦人心血的法律专业读物。

是为序。

中华全国律师协会副会长
中伦律师事务所主任

目录

第三章　地产项目融资:资产证券化视角

第四章　热点问题探析

第一章

集体土地问题研究

集体土地利用与流转制度初探

穆　耸　崔汐淘　王安琪
许　强　黄思佳*

* 作者简介：
穆耸，合伙人，中伦律师事务所北京办公室，电邮为 musong@ zhonglun. com；
崔汐淘，律师，北京办公室；
王安琪，律师，北京办公室；
许强，律师，北京办公室；
黄思佳，律师，北京办公室。

2017年上半年,中国集体土地改革继续升温。《中共中央、国务院关于深入推进农业供给侧结构性改革加快培育农业农村发展新动能的若干意见》(2016年12月31日发布,中发〔2017〕1号)、《国土资源部关于〈中华人民共和国土地管理法(修正案)〉(征求意见稿)公开征求意见的公告》(2017年5月23日发布)等文件相继发布。

《中共中央、国务院关于深入推进农业供给侧结构性改革加快培育农业农村发展新动能的若干意见》提出"落实农村土地集体所有权、农户承包权、土地经营权'三权分置[①]'办法""深入推进承包土地的经营权和农民住房财产权抵押贷款试点""探索农村集体组织以出租、合作等方式盘活利用空闲农房及宅基地"等,均对集体土地利用与流转制度的改革起到了指导性作用。《土地管理法(修正案)》(征求意见稿)对农民自愿有偿退出宅基地、集体经营性建设用地入市等问题作出了全新的规定,该等规定均与集体土地的利用与流转制度改革密切相关。

本文试就我国现行法律法规中与集体土地利用与流转有关的规定进行分析和梳理,以期对集体土地利用与流转相关法律问题的明确有所裨益。

一、集体所有的土地

我国《宪法》(2018年3月11日修正)第十条第一、二款规定,"城市的土地属于国家所有。农村和城市郊区的土地,除由法律规定属于国家所有的以外,属于集体所有;宅基地和自留地、自留山,也属于集体所有"。根据这一规定,除由法律规定属于国家所有的土地以外,农村和城市郊区的土地都属于集体所有。

本文主要研究集体所有土地利用与流转中的诸多问题,如果没有特别说明,本文所指各类土地,均指集体所有的土地[②]。

二、土地用途分类概述

根据《土地管理法》第四条之规定,我国实行土地用途管制制度,并将土地分为

---

① 根据《中共中央办公厅、国务院办公厅关于完善农村土地所有权承包权经营权分置办法的意见》(2016年10月30日发布),实行"三权分置"办法是为了"顺应农民保留土地承包权、流转土地经营权的意愿",因此对集体土地经营权的流转具有重要意义。

② 现行立法对集体土地所有权主体的表述存在差异:《宪法》第十条规定为"集体"、《民法通则》(2009年8月27日修正,主席令第十八号)第七十四条规定为"劳动群众集体"和"集体"、《土地管理法》(2004年8月28日修正,主席令第二十八号)第八条和《物权法》(2007年10月1日施行,主席令第六十二号)第五十九条规定为"农民集体"。

农用地、建设用地和未利用地三大类。因此，就集体所有的土地而言，亦可依据其用途分为集体所有的农用地、集体所有的建设用地和集体所有的未利用地。

（一）农用地

1. 定义

《土地管理法》第四条规定，“农用地是指直接用于农业生产的土地，包括耕地、林地、草地、农田水利用地、养殖水面等”。

《土地利用现状分类》对农用地作了进一步细分。根据国家质量监督检验检疫总局、国家标准化管理委员会《土地利用现状分类》（2007 年 8 月 10 日发布，GB/T 21010—2007）附录 A（规范性附录）——“《土地利用现状分类》与《土地管理法》‘三大类’对照表”（下称“《土地利用现状分类》附录 A”），农用地包括：（A）耕地中的所有类别土地；（B）园地中的所有类别土地；（C）林地中的所有类别土地；（D）草地中的天然牧草地及人工牧草地；（E）交通（运输）用地中的农村道路；（F）水域及水利设施用地中的坑塘水面及沟渠；以及（G）其他土地中的设施农用地及田坎。

2. “农用地”与“农村土地”

《农村土地承包法》（2009 年 8 月 27 日修正，主席令第十八号）第二条规定：“本法所称农村土地，是指农民集体所有和国家所有依法由农民集体使用的耕地、林地、草地，以及其他依法用于农业的土地”；《物权法》中与农村土地承包经营权有关的条文中亦有“农村土地”的表述。那么，该等条文中的“农村土地”是否与《土地管理法》中的“农用地”为同一概念？

首先，从所有权和使用权属性来看，《土地管理法》第四条中，并未对“农用地”的所有权和使用权的属性加以限制；而《农村土地承包法》第二条则规定“本法所称农村土地，是指农民集体所有和国家所有依法由农民集体使用的……土地”。根据对上述法律条文的文义解释，农用地并不仅限于由农民集体所有或国家所有、由农民集体使用的土地，其还包括由国家所有（全民所有）①、而由农民集体以外的单位

① 《物权法》第四十五条规定，“法律规定属于国家所有的财产，属于国家所有即全民所有”。

或个人使用的直接用于农业生产的土地①。

其次，从用途来看，除了均包含耕地、林地、草地外，“农用地”与“农村土地”的定义对两者用途描述的主要差异在于“直接用于农业生产”和“用于农业”的差异。从文义理解，“农村土地”中还包括“非直接用于农业（生产）的土地”②。

最后，从使用语境来看，“农用地”主要强调“用途”，主要用于与建设用地、未利用地相区分，通过在万律网③分别检索题目包含“农用地”和“农村土地”的地方法规④我们发现，“农用地”的使用语境主要为“农用地转用（建设用地）”⑤；而“农村土地”一词则主要在土地承包经营的语境下使用⑥。因此，“农用地”和“农村土地”还存在使用语境上的差异。

（二）建设用地

1. 定义

《土地管理法》第四条规定，“建设用地是指建造建筑物、构筑物的土地，包括城乡住宅和公共设施用地、工矿用地、交通水利设施用地、旅游用地、军事设施用地等”。

---

① 例如，《国营农场工作条例（试行草案）》（1979 年 8 月 1 日施行）第五条、第二十三条规定，“国营农场的土地、森林、橡胶林、防护林、草原、矿山、水域……属全民所有……”“国营农场在遵守国家方针、政策、法令和保证完成国家下达的各项经济计划的前提下，有经营的自主权”；《国务院、中央军委批转关于军队农副业生产和训练场用地等问题的调查报告的通知》（1981 年 4 月 9 日施行，国发〔1981〕9 号）第（一）部分第二条规定，“军队使用国营农场的土地，凡经当地政府批准的，原则上应维持现状”——由此可见，国营农场有权对国营农场的土地进行经营、使用，军队在符合一定情形时也可以对国营农场的土地进行使用。

② 例如，《国家农业综合开发资金和项目管理办法》（2016 年 9 月 6 日发布，财政部令第 84 号）第四条规定，“农业综合开发项目包括土地治理项目和产业化发展项目。土地治理项目包括……生态综合治理……”，我们倾向于认为，农民集体所有和国家所有依法由农民集体使用的用于生态综合治理的土地可以被视作“非直接用于农业生产”的农村土地。

③ 载 http://app.westlawchina.com/maf/china-cn/app/authentication/eula，最后访问时间：2017 年 8 月 4 日。

④ 由于检索到的包含“农用地”和“农村土地”的中央层面的文件较少，故此处我们以地方法规的检索结果进行对比。

⑤ 根据检索结果，于 2007 年 7 月 1 日至 2017 年 6 月 30 日之间发布的现行有效的题目包含“农用地”的地方法规（含地方政府规章及地方规范性文件）共 570 个，其中 531 个检索结果的主题与“农用地转用（建设用地）”有关。此外，有 10 个检索结果以“农用地产能核算”为主题，另有 16 个检索结果以“设施农用地”为主题。

⑥ 根据检索结果，于 2007 年 7 月 1 日至 2017 年 6 月 30 日之间发布的现行有效的题目包含“农村土地”的地方法规（含地方政府规章及地方规范性文件）共 591 个，其中 395 个检索结果的主题与“农村土地承包经营”有关（部分文件题目不包含“承包”或“经营”字眼）。此外，有 92 个检索结果以“农村土地（综合）整治”为主题，5 个检索结果以“农村土地调查”为主题，另有 33 个检索结果以“农村土地突出问题专项治理”为主题。

2.《土地利用现状分类》对建设用地的进一步细分

根据《土地利用现状分类》附录A,建设用地包括:(A)商服用地中的所有类别土地;(B)工矿仓储用地中的所有类别土地;(C)住宅用地中的所有类别土地;(D)公共管理与公共服务用地中的所有类别土地;(E)特殊用地中的所有类别土地;(F)交通(运输)用地中的铁路用地、公路用地、街巷用地、机场用地、港口码头用地及管道运输用地;(G)水域及水利设施用地中的水库水面及水工建筑物用地;以及(H)其他土地中的空闲地。

3.集体建设用地的利用形式

关于集体建设用地的利用形式,根据《土地管理法》第四十三条的规定,“任何单位和个人进行建设,需要使用土地的,必须依法申请使用国有土地;但是,兴办乡镇企业和村民建设住宅经依法批准使用本集体经济组织农民集体所有的土地的,或者乡(镇)村公共设施和公益事业建设经依法批准使用农民集体所有的土地的除外”。由此可见,根据《土地管理法》的规定,集体建设用地包含三种利用形式,即兴办乡镇企业用地、村民建设住宅以及乡(镇)村公共设施和公益事业建设。

(三)未利用地

1.定义

《土地管理法》第四条规定,“未利用地是指农用地和建设用地以外的土地”。因此,未利用地应当是一个兜底性的概念,除农用地和建设用地以外,应当都属于未利用地。

2.《土地利用现状分类》对未利用地的进一步细分

根据《土地利用现状分类》附录A,未利用地包括:(A)草地中的其他草地;(B)水域及水利设施用地中的河流水面、湖泊水面、沿海滩涂、内陆滩涂、冰川及永久积雪;以及(C)其他土地中的盐碱地、沼泽地、沙地、裸地。

3.“四荒地”与未利用地

我国现行诸多法律法规及政策性文件中,均存在有关“四荒”或“四荒地”①的规定。最典型的规定如《农村土地承包法》第三章中对不宜采取家庭承包方式的荒山、荒沟、荒丘、荒滩等农村土地的承包方式及程序的规定。如前所述,我国现行《土地管理法》根据土地用途,将土地划分为农用地、建设用地和未利用地三种类

① “四荒地”和“四荒”或“四荒资源”等词汇在我国的不同时期的法律法规及政策性文件中交替出现,应为同一种含义。

型。而对于“四荒地”相对应的土地用途，现行法律法规及政策性文件却没有给予充分的解释或统一的归纳，甚至出现了看似完全矛盾的规定。

其中，一部分法律法规及政策性文件将“四荒地”归类为“未利用地”。例如，《国务院办公厅关于进一步做好治理开发农村“四荒”资源工作的通知》（1999 年 12 月 21 日发布，国办发〔1999〕102 号）规定，“根据新修订的《中华人民共和国土地管理法》的规定，‘四荒地’属于‘未利用地’”；国务院《畜禽规模养殖污染防治条例》（2014 年 1 月 1 日施行，国务院令第 643 号）第二十七条也有类似规定，即“国家鼓励利用废弃地和荒山、荒沟、荒丘、荒滩等未利用地开展规模化、标准化畜禽养殖”。

同时，另一部分法律法规及政策性文件将“四荒地”归类为“农用地”。例如，农业部办公厅《关于布置2008 年农村集体经济统计报表制度的通知》（2008 年 11 月 5 日发布，农办经〔2008〕19 号）中即存在“其他承包方式发包的‘四荒’等其它农用地”的表述；国土资源部《不动产登记暂行条例实施细则》（2016 年 1 月 1 日施行，国土资源部令第 63 号）第四十七条中也明确规定了“承包农民集体所有的耕地、林地、草地、水域、滩涂以及荒山、荒沟、荒丘、荒滩等农用地，或者国家所有依法由农民集体使用的农用地从事种植业、林业、畜牧业、渔业等农业生产的，可以申请土地承包经营权登记；地上有森林、林木的，应当在申请土地承包经营权登记时一并申请登记”。

我们认为，《土地管理法》对农用地、建设用地和未利用地的界分，是从土地用途角度出发的；而“四荒地”则是基于某一幅土地现有的“未利用”的状态而使用的通俗称谓。结合《土地利用现状分类》（GB/T 21010—2007）来看，“四荒地”中的“未利用”状态，既可能存在于农用地之上，也可能存在于未利用地之上。“四荒地”作为一般概念或通俗称谓，而非严格意义上的法律概念，是需要根据相关的规划文件来确定其具体的土地用途的。

延伸阅读

《土地利用现状分类》（GB/T 21010—2007）和《城市用地分类与规划建设用地标准》（GB 50137—2011）对于土地用途分类的历史沿革、关联性及比较

我国在对土地用途进行分类的历史中，曾经制定了若干分类标准。对土地管理具有重要意义的两套分类体系分别为土地利用现状分类体系和城乡规划用地分类体系。

- 土地利用现状分类体系的历史沿革

为了方便第一次全国土地调查工作的开展①,原全国农业区划委员会于1984年9月8日制定了《土地利用现状调查技术规程》,并在其“第二章 土地利用现状分类”中,将全国土地利用现状进行两级分类,其中一级分8类,二级分46类。

1986年《土地管理法》(1986年6月25日颁布,主席令第二十七号)将我国的土地根据用途分为农用地、建设用地、未利用地三类之后,国土资源部发布了《关于印发试行〈土地分类〉的通知》(2001年8月21日发布,国土资发〔2001〕255号)②。根据该通知,《土地分类(试行)》于2002年1月1日起实施,《土地利用现状调查技术规程》中的“土地利用现状分类及含义”同时停止使用。

为了方便第二次全国土地调查工作的开展③,2007年8月10日,国家质量监督检验检疫总局和国家标准化管理委员会联合发布了《土地利用现状分类》(GB/T 21010—2007),将土地用途分类制定成国家标准,该国家标准在实践中已经广泛应用。根据《土地利用现状分类》的规定,该标准适用于“土地调查、规划、评价、统计、登记及信息化管理等工作”。

- 城乡规划用地分类体系历史沿革

根据有关文章的介绍,“在90版《标准》[注:指《城市用地分类与规划建设用地标准》(1990年7月2日颁布,GB/J 137—1990)]公布前,我国城市工作一直以20世纪50年代国务院批准的《城市规划编制暂行办法》以及改革开放后国务院批准

---

① 根据《全国农业区划委员会关于印发〈土地利用现状调查技术规程〉的通知》(1984年9月8日发布),《土地利用现状调查技术规程》制订背景如下:“根据国务院〔1984〕70号文件关于进一步开展土地资源调查工作的要求,全国县级土地利用现状详查工作要在1990年前分期分批完成。为了保证调查质量,现制定全国统一的《土地利用现状调查技术规程》,印发各地执行。”

② 根据《国土资源部关于印发试行〈土地分类〉的通知》,《土地分类(试行)》的法律依据和制定目的如下:“根据《中华人民共和国土地管理法》第四条和《中华人民共和国土地管理法实施条例》第十条、第十四条的规定,为……实施土地用途管制制度的需要,有效实施城乡地政统一管理……制定的城乡统一的《土地分类》已经部务会讨论通过……”

③ 根据《国务院关于深化改革严格土地管理的决定》(2004年10月21日发布,国发〔2004〕28号),“国土资源部要会同有关部门抓紧建立和完善统一的土地分类、调查、登记和统计制度,启动新一轮土地调查……”及《国务院关于开展第二次全国土地调查的通知》(2006年12月7日发布,国发〔2006〕38号),“国务院决定自2007年7月1日起开展第二次全国土地调查”,第二次全国土地调查工作全面展开。

的《城市规划条例》为法律约束框架”①。1989 年 12 月 26 日,第七届全国人大常务委员会十一次会议上通过《城市规划法》(1989 年 12 月 26 日颁布,主席令第 23 号),“为了配合城市规划法的施行,城市总体规划编制迫切需要一套法律化的标准规范……因此……国务院和建设部推出了此标准[注:指 1990 年《城市用地分类与规划建设用地标准》(GB/J 137—1990)]”②。

为了配合 2007 年颁布的《城乡规划法》(2007 年 10 月 28 日颁布,主席令第 74 号)③,2010 年 12 月 24 日住房和城乡建设部发布了新的国家标准,即《城市用地分类与规划建设用地标准》(GB 50137—2011)。

- 《城市用地分类与规划建设用地标准》与《土地利用现状分类》的关系

根据《城市用地分类与规划建设用地标准》(GB 50137—2011)总则的规定,“本标准适用于城市、县人民政府所在地镇和其他具备条件的镇的总体规划和控制性详细规划的编制、用地统计和用地管理工作”,“编制城市(镇)总体规划和控制性详细规划除应符合本标准外,尚应符合国家现行有关标准的规定”,尽管本条规定在编制有关规划时应当遵照此标准及“国家现行有关标准”,但是对与国家有关标准产生冲突时如何进行适用并未进行说明。

由于《城市用地分类与规划建设用地标准》(GB 50137—2011)与《土地利用现状分类》(GB/T 21010—2007)的土地用途分类标准不一致,因此各地在制定土地相关规划、进行用地统计时,存在土地用途分类标准适用上的不统一。为了减少此种不统一所带来的混乱,地方上存在将该两套标准进行比对并制作、印发成对照表的

① 参见《城市用地分类的发展与思考》,载 http://xueshu. baidu. com/s? wd = paperuri% 3A% 2848e66ed78898066d1547016e07ba2da0% 29&filter = sc_long_sign&tn = SE_xueshusource_2kduw22v&sc_vurl = http% 3A% 2F% 2Fwww. doc88. com% 2Fp - 9741857647090. html&ie = utf - 8&sc_us = 13448225772934494217,最后访问时间:2017 年 8 月 4 日。

② 参见《对〈城市用地分类与规划建设用地标准〉的透视和反思》,载 http://www. ixueshu. com/document/d02834c66d232752318947a18e7f9386. html,最后访问时间:2017 年 8 月 4 日。

③ 根据《城市用地分类与规划建设用地标准》总则,“依据《中华人民共和国城乡规划法》,为统筹城乡发展,集约节约、科学合理地利用土地资源,制定本标准”。

做法[①],将《城市用地分类与规划建设用地标准》(GB 50137—2011)与《土地利用现状分类》(GB/T 21010—2007)进行衔接。

三、集体土地用益物权概述

近年来,围绕集体土地的制度改革逐渐升温,但无论是《中共中央、国务院关于深入推进农业供给侧结构性改革加快培育农业农村发展新动能的若干意见》还是《土地管理法(修正案)》的征求意见稿,实际上探讨的都是集体土地用益物权流转方式的改革;在2017年年初,中央农村工作领导小组副组长、办公室主任陈锡文还在国家新闻办举行的发布会上表示,农村土地改革应该在农村集体经济所有制,农村土地集体所有制的底线之上逐步推进。[②] 因此,在本文的后续分析中,我们将着重讨论集体土地用益物权及其流转问题。

《物权法》第三编对用益物权的内容、权能、行使方式等进行了规定。就集体土地而言,在其之上可以设定的用益物权形式包括土地承包经营权、建设用地使用权、宅基地使用权和地役权。

(一)土地承包经营权

1. 权利内容

《物权法》第十一章"土地承包经营权"第一百二十五条规定,"土地承包经营权人依法对其承包经营的耕地、林地、草地等享有占有、使用和收益的权利,有权从事种植业、林业、畜牧业等农业生产"。

该条文构成,可以分解为三个部分:

第一,土地承包经营权的客体,为承包经营的耕地、林地、草地等。《物权法》并没有对可以承包经营的土地的所有权形式加以限制,土地承包经营权的客体既包

---

① 例如,南京市国土资源局于2015年2月15日发布了《关于印发〈土地利用现状分类与规划用地分类衔接对照表(2014)〉的通知》(宁国土资〔2015〕60号),并在该通知中规定,"土地出让、土地划拨、核发建设用地批准文件、土地调查、土地登记的土地类别,按照《土地利用现状分类》(GB/T 21010—2007)执行;涉及需与规划用地分类衔接的,按照《土地利用现状分类与规划用地分类衔接对照表(2014)》执行";天津市国土资源和房屋管理局于2010年4月21日发布了《关于印发〈《城市用地分类与规划建设用地标准》与《土地利用现状分类》对照表〉和〈《土地利用现状分类》与《城市用地分类与规划建设用地标准》对照表〉的通知》(津国土房地权〔2010〕126号)。

② 载 http://news.eastday.com/eastday/13news/auto/news/china/20160128/u7ai5235496.html,最后访问时间:2017年8月4日。

括国有土地，也包括集体土地。①

第二，土地承包经营权的权能，包括占有、使用和收益。

第三，土地承包经营权的行使方式，包括利用该等土地从事种植业、林业、畜牧业等农业生产。

2. 取得方式

《农村土地承包法》第三条规定了农村土地承包经营权的两种取得方式，即农村集体经济组织内部的家庭承包方式和对不宜采取家庭承包方式的荒山、荒沟、荒丘、荒滩等农村土地采取的招标、拍卖、公开协商等方式（以下简称其他方式）。

3. 确权方式

《物权法》第一百二十七条规定，“土地承包经营权自土地承包经营权合同生效时设立。县级以上地方人民政府应当向土地承包经营权人发放土地承包经营权证、林权证、草原使用权证，并登记造册，确认土地承包经营权”。因此，土地承包经营权的权属证明包括土地承包经营权证、林权证和草原使用权证。《农村土地承包法》第二十三条亦有类似规定。

延伸阅读

农村土地承包经营权和农村土地经营权

“农村土地经营权”一词最早在中央的政策性文件中以原则性的表述出现。在《中共中央、国务院关于全面深化农村改革加快推进农业现代化的若干意见》（2014年1月19日发布，中发〔2014〕1号）当中提出“在落实农村土地集体所有权的基础上，稳定农户承包权、放活土地经营权，允许承包土地的经营权向金融机构抵押融资”。而后，《中共中央办公厅、国务院办公厅关于引导农村土地经营权有序流转发展农业适度规模经营的意见》（2014年11月20日发布，中发〔2014〕61号）中提出，“坚持农村土地集体所有，实现所有权、承包权、经营权三权分置，引导土地经营权有序流转，坚持家庭经营的基础性地位，积极培育新型经营主体，发展多种形式的适度规模经营，巩固和完善农村基本经营制度”；“抓紧研究探索集体所有权、农户

① 根据《土地管理法》第十五条的规定，“国有土地可以由单位或者个人承包经营，从事种植业、林业、畜牧业、渔业生产。农民集体所有的土地，可以由本集体经济组织以外的单位或者个人承包经营，从事种植业、林业、畜牧业、渔业生产”；《物权法》第一百三十四条规定，“国家所有的农用地实行承包经营的，参照本法的有关规定”，因此，土地承包经营权的客体既包括国有土地、也包括集体土地。

承包权、土地经营权在土地流转中的相互权利关系和具体实现形式”。

之后我国相继出台的《农村承包土地的经营权抵押贷款试点暂行办法》(2016年3月15日发布)、《农村土地经营权流转交易市场运行规范(试行)》(2016年6月29日发布)、《关于完善农村土地所有权承包权经营权分置办法的意见》(2016年10月30日发布)等,对农村土地经营权流转制度进行了一定的构建。

从上述政策性文件及法律法规上看,农村土地经营权是农村土地承包经营权的一种权能,即承包人和经营人不再合二为一,而将承包人所享有的承包权和经营人所享有的经营权相分离。比如,《农村承包土地的经营权抵押贷款试点暂行办法》就采用了“承包土地的经营权”的表述,目的就是将经营权放活(进行流转),培育新型的农业经济主体,发展规模化(集约化)农业。由于土地承包经营权受到发包—承包关系的持续限制,将经营权单独进行流转无疑为我国未来农业发展提供促进作用。不过,目前除了开展土地经营权入股等试点的部分地方①之外,全国范围内就土地经营权作为从土地承包经营权分离出来可以单独流转的权能,可否成为独立的财产权,以及其确权形式、具体流转方式等尚未出台统一的、系统性的法律文件,仍待日后立法上的进一步明确。

(二)建设用地使用权

1. 权利内容

《物权法》第十二章“建设用地使用权”第一百三十五条规定,“建设用地使用权人依法对国家所有的土地享有占有、使用和收益的权利,有权利用该土地建造建筑物、构筑物及其附属设施”;第一百五十一条规定,“集体所有的土地作为建设用地的,应当依照土地管理法等法律规定办理”。

该条文构成,可以分解为三个部分:

第一,建设用地使用权的客体,为国家和集体所有的土地。

第二,建设用地使用权的权能,包括占有、使用和收益,与土地承包经营权相同。

---

① 根据《农业部办公厅关于组织申报土地经营权入股发展农业产业化经营试点方案的通知》(2015年3月19日发布,农办经〔2015〕9号)的要求,全国范围内指定了山东省青州市、四川省成都市等7个试点地区开展土地经营权入股试点。其中,山东省青州市农业局印发了《青州市土地经营权入股发展农业产业化经营管理办法(试行)》(2017年6月2日发布),就土地经营权入股及入股后流转方式进行了规定;成都市亦曾印发了《成都市农村土地经营权证管理办法》(2015年5月15日施行,已失效),规定以登记颁证的方式对流转取得的农村土地经营权进行确权。

第三,建设用地使用权的行使方式,包括利用该土地建造建筑物、构筑物及其附属设施。

2. 取得方式

如本文第二部分所述,根据《土地管理法》第四十三条的规定,“任何单位和个人进行建设,需要使用土地的,必须依法申请使用国有土地;但是,兴办乡镇企业和村民建设住宅经依法批准使用本集体经济组织农民集体所有的土地的,或者乡(镇)村公共设施和公益事业建设经依法批准使用农民集体所有的土地的除外”。因此,集体建设用地包含三种利用形式,即兴办乡镇企业用地、村民建设住宅以及乡(镇)村公共设施和公益事业建设,以上述三种利用形式使用集体建设用地的应当经过依法批准。

根据全国人大法工委对《土地管理法》第四十三条的立法释义①,上述规定所述“村民建设住宅经依法批准使用本集体经济组织农民集体所有的土地”为宅基地,有关宅基地使用权的内容、取得方式及确权方式,详见后文。

3. 确权方式

《土地管理法》第十一条规定,“农民集体所有的土地依法用于非农业建设的,由县级人民政府登记造册,核发证书,确认建设用地使用权”。

(三)宅基地使用权

1. 权利内容

《物权法》第十三章“宅基地使用权”第一百五十二条规定,“宅基地使用权人依法对集体所有的土地享有占有和使用的权利,有权依法利用该土地建造住宅及其附属设施”。

该条文构成,可以分解为三个部分:

第一,宅基地使用权的客体,为集体所有的土地。

第二,宅基地使用权的权能,包括占有和使用,不同于土地承包经营权和建设用地使用权,宅基地使用权并不包括收益的权能。

第三,宅基地使用权的行使方式,包括利用该等土地建造住宅及其附属设施。

2. 取得方式

《物权法》第一百五十三条规定,“宅基地使用权的取得、行使和转让,适用土地

---

① 载 http://www.npc.gov.cn/npc/flsyywd/xingzheng/2000-11/25/content_8294.htm,最后访问时间:2017 年 8 月 4 日。

管理法等法律和国家有关规定”。

《土地管理法》第六十二条规定，“农村村民一户只能拥有一处宅基地，其宅基地的面积不得超过省、自治区、直辖市规定的标准。农村村民建住宅，应当符合乡(镇)土地利用总体规划，并尽量使用原有的宅基地和村内空闲地。农村村民住宅用地，经乡(镇)人民政府审核，由县级人民政府批准；其中，涉及占用农用地的，依照本法第四十四条的规定办理审批手续。农村村民出卖、出租住房后，再申请宅基地的，不予批准”。

3. 确权方式

《土地管理法》第十一条规定，“农民集体所有的土地依法用于非农业建设的，由县级人民政府登记造册，核发证书，确认建设用地使用权”。

(四)地役权

1. 权利内容

《物权法》第十四章“地役权”第一百五十六条规定，“地役权人有权按照合同约定，利用他人的不动产，以提高自己的不动产的效益”。

该条文构成，可以分解为两个部分：

第一，地役权的客体，为他人的不动产。

第二，地役权的行使方式，为利用他人的不动产提高自己的不动产的效益。

《物权法》并未明确规定地役权的权能。不过如上文所述，地役权的权能应为按照合同约定对他人的不动产的利用。《物权法》第一百五十九条、第一百六十条[①]规定，供役地权利人的义务及地役权人的权利义务均通过地役权合同进行约定。因此，地役权权能的具体内容亦通过地役权合同的形式进行约定。

2. 取得方式

《物权法》第一百五十七条规定，“设立地役权，当事人应当采取书面形式订立地役权合同”。因此，地役权的取得方式为当事人之间以书面方式订立地役权合同。

3. 确权方式

《物权法》第一百五十八条规定，“地役权自地役权合同生效时设立。当事人要

① 《物权法》第一百五十九条规定，“供役地权利人应当按照合同约定，允许地役权人利用其土地，不得妨害地役权人行使权利”；第一百六十条规定，“地役权人应当按照合同约定的利用目的和方法利用供役地，尽量减少对供役地权利人物权的限制”。

求登记的，可以向登记机构申请地役权登记；未经登记，不得对抗善意第三人”。

四、集体土地用益物权的流转

集体土地的流转可分为所有权的流转和用益物权的流转。集体土地所有权的流转即集体土地通过征收程序转为国有土地；集体土地用益物权的流转即通过转让、出租等方式进行集体土地用益物权的流转。

（一）土地承包经营权的流转

如前所述，我国的土地承包经营权分为家庭承包取得的土地承包经营权和其他方式承包取得的土地承包经营权。

《物权法》第一百二十八条规定，“土地承包经营权人依照农村土地承包法的规定，有权将土地承包经营权采取转包、互换、转让等方式流转。流转的期限不得超过承包期的剩余期限。未经依法批准，不得将承包地用于非农建设”。

《农村土地承包法》第三十二条规定，“通过家庭承包取得的土地承包经营权可以依法采取转包、出租、互换、转让或者其他方式流转”。第四十九条规定，“通过招标、拍卖、公开协商等方式承包（以下简称‘其他方式承包’）农村土地，经依法登记取得土地承包经营权证或者林权证等证书的，其土地承包经营权可以依法采取转让、出租、入股、抵押或者其他方式流转”。[①]

现就上述土地承包经营权的流转方式总结如表1所示：

① 除《农村土地承包法》规定的土地承包经营权流转方式以外，我们并未检索到国家层面的法律法规统一规定的其他流转方式。在近些年，实践中还存在土地托管、土地流转信托等其他流转方式。但鉴于该等流转方式尚无国家层面的统一规定，各地实践不一，故本文不再作展开详细分析。

表1　土地承包经营权流转方式的法律及政策规定

流转方式	定义	流转依据	流转范围
转让	转让是指承包方有稳定的非农职业或者有稳定的收入来源，经承包方申请和发包方同意，将部分或全部土地承包经营权让渡给其他从事农业生产经营的农户，由其履行相应土地承包合同的权利和义务。转让后原土地承包关系自行终止，原承包方承包期内的土地承包经营权部分或全部灭失	《农村土地承包法》第三十二条、第四十一条①、第四十九条；《农村土地承包经营权流转管理办法》(2005年3月1日施行，农业部令〔2005〕第47号)第三十五条②	家庭承包和其他方式承包取得的土地承包经营权皆可通过此方式流转
转包	转包是指承包方将部分或全部土地承包经营权以一定期限转给同一集体经济组织的其他农户从事农业生产经营。转包后原土地承包关系不变，原承包方继续履行原土地承包合同规定的权利和义务。接包方按转包时约定的条件对转包方负责。承包方将土地交他人代耕不足一年的除外	《农村土地承包法》第三十二条、第三十九条③；《农村土地承包经营权流转管理办法》第三十五条	仅家庭承包取得的土地承包经营权可通过此方式流转；转包范围限于同一集体经济组织内
出租	出租是指承包方将部分或全部土地承包经营权以一定期限租赁给他人从事农业生产经营。出租后原土地承包关系不变，原承包方继续履行原土地承包合同规定的权利和义务。承租方按出租时约定的条件对承包方负责	《农村土地承包法》第三十二条、第三十九条、第四十九条；《农村土地承包经营权流转管理办法》第三十五条	家庭承包和其他方式承包取得的土地承包经营权皆可通过此方式流转

① 根据《农村土地承包法》第四十一条的规定，“承包方有稳定的非农职业或者有稳定的收入来源的，经发包方同意，可以将全部或者部分土地承包经营权转让给其他从事农业生产经营的农户，由该农户同发包方确立新的承包关系，原承包方与发包方在该土地上的承包关系即行终止”。

② 《农村土地承包经营权流转管理办法》第三十五条规定了农村土地承包经营权的转让、转包、互换、入股和出租的基本概念，其条款内容已分别摘录至本表“定义”项下。

③ 根据《农村土地承包法》第三十九条的规定，“承包方可以在一定期限内将部分或者全部土地承包经营权转包或者出租给第三方，承包方与发包方的承包关系不变。承包方将土地交由他人代耕不超过一年的，可以不签订书面合同”。

续表

流转方式	定义	流转依据	流转范围
互换	互换是指承包方之间为方便耕作或者各自需要，对属于同一集体经济组织的承包地块进行交换，同时交换相应的土地承包经营权	《农村土地承包法》第三十二条、第四十条①；《农村土地承包经营权流转管理办法》第三十五条	仅家庭承包取得的土地承包经营权可通过此方式流转；互换范围限于同一集体经济组织内
入股	入股是指实行家庭承包方式的承包方之间为发展农业经济，将土地承包经营权作为股权，自愿联合从事农业合作生产经营；其他承包方式的承包方将土地承包经营权量化为股权，入股组成股份公司或者合作社等，从事农业生产经营	《农村土地承包法》第三十二条、第四十二条②、第四十九条；《农村土地承包经营权流转管理办法》第三十五条	家庭承包和其他方式承包取得的土地承包经营权皆可通过此方式流转
抵押	为担保债务的履行，债务人或者第三人不转移财产的占有，将该财产抵押给债权人的，债务人不履行到期债务或者发生当事人约定的实现抵押权的情形，债权人有权就该财产优先受偿③	《农村土地承包法》第四十九条；《最高人民法院关于审理涉及农村土地承包纠纷案件适用法律问题的解释》(2005年9月1日施行，法释〔2005〕6号)第十五条	仅其他方式承包取得的土地承包经营权可通过此方式流转④

① 《农村土地承包法》第四十条规定："承包方之间为方便耕种或者各自需要，可以对属于同一集体经济组织的土地承包经营权进行互换。"

② 《农村土地承包法》第四十二条规定："承包方之间为发展农业经济，可以自愿联合将土地承包经营权入股，从事农业合作生产。"

③ 此为《物权法》第一百七十九条关于抵押的规定。

④ 关于以其他方式取得的土地承包经营权是否可以抵押的问题：根据《物权法》第一百八十四条第二项的规定，"耕地、宅基地、自留地、自留山等集体所有的土地使用权不得抵押，但法律规定可以抵押的除外"。《农村土地承包法》第四十九条规定了其他方式承包取得的土地承包经营权可以抵押，我们理解，对于以其他方式承包取得的土地承包经营权，属于法律规定的可以抵押的例外情形。

（二）建设用地使用权的流转

1.有关建设用地使用权流转的现行法律规定

根据《物权法》第一百五十一条的规定，“集体所有的土地作为建设用地的，应当依照土地管理法等法律规定办理”。《土地管理法》第六十三条规定：“农民集体所有的土地的使用权不得出让、转让或者出租用于非农业建设；但是，符合土地利用总体规划并依法取得建设用地的企业，因破产、兼并等情形致使土地使用权依法发生转移的除外。”因此，根据现有法律的规定，集体建设用地使用权的流转必须同时满足如下两个条件：第一，流转的集体建设用地符合土地利用总体规划；第二，依法取得集体建设用地的企业因破产、兼并等情形致使土地使用权发生了转移。除因破产、兼并等情形致使土地使用权依法发生转移的情形外，集体建设用地使用权不得出让、转让或出租用于非农业建设。

根据《土地管理法》第六十条的规定，“农村集体经济组织使用乡（镇）土地利用总体规划确定的建设用地兴办企业或者与其他单位、个人以土地使用权入股、联营等形式共同举办企业的，应当持有关批准文件，向县级以上地方人民政府土地行政主管部门提出申请……”根据上述规定，农村集体经济组织可以用建设用地使用权以入股、联营的形式与其他单位、个人举办企业。

根据《物权法》第一百八十四条第二项的规定，“耕地、宅基地、自留地、自留山等集体所有的土地使用权不得抵押，但法律规定可以抵押的除外”。《物权法》第一

关于以家庭承包方式取得的土地承包经营权是否可以抵押的问题：最高人民法院《关于审理涉及农村土地承包纠纷案件适用法律问题的解释》第二部分“家庭承包纠纷案件的处理”中第十五条的规定，“承包方以其土地承包经营权进行抵押或者抵偿债务的，应当认定无效”；而《担保法》（1995年6月30日颁布，主席令第50号）第三十四条第五项规定可以抵押的土地使用权包括“抵押人依法承包并经发包方同意抵押的荒山、荒沟、荒丘、荒滩等荒地的土地使用权”。由于前述司法解释规定的不可抵押的土地承包经营权是从承包方获取土地承包经营权的方式的角度阐述的，而《担保法》规定的可以抵押的土地承包经营权则是从土地用途的角度阐述的，因此，我们理解，前述司法解释与《担保法》的规定存在一定冲突，即，对于以家庭方式承包取得的荒山、荒沟、荒丘、荒滩等荒地的土地使用权是否可以抵押的问题，现行司法解释与《担保法》的规定并不一致。根据《农村土地承包法》第四十九条的立法释义（http://www.npc.gov.cn/npc/flsyywd/jingji/2003-10/28/content_323096.htm，最后访问时间：2017年8月4日）“……第二，流转的方式有一定区别。家庭承包的流转方式有转包、出租、互换、转让等方式。而其他方式承包的流转方式有转让、出租、入股、抵押等方式。比如，以家庭承包方式获得的土地承包经营权不得抵押，依照我国担保法第三十四条、第三十七条的规定，耕地、自留地、自留山等集体所有的土地使用权不得抵押，而依法承包的荒山、荒沟、荒丘、荒滩等荒地的土地使用权可以抵押。”综合上述立法释义与司法解释，我们倾向于认为，以家庭承包方式获得的土地承包经营权不得抵押。

百八十三条和《担保法》第三十六条第三款规定了以乡镇、村企业的厂房等建筑物抵押时,其占用范围内的建设用地使用权一并抵押,我们理解,该种情形属于法律规定的集体建设用地使用权可以抵押的例外。除此以外,我们尚未检索到现行法律规定的其他允许以集体建设用地使用权进行抵押的例外情形。因此,我们倾向于认为,根据现行法律的规定,除以乡镇、村企业的厂房等建筑物抵押时,其占用范围内的建设用地使用权一并抵押的情形外,其他情况下集体建设用地使用权不得抵押。

2. 有关建设用地使用权流转的政策及立法趋势

在现行法律对集体建设用地使用权流转进行了相对严苛规定的制度背景下,近年来,我国在农村集体经营性建设用地入市流转的问题上逐渐流露出政策和立法松动。

2015 年 2 月 27 日全国人大常委会通过的《全国人民代表大会常务委员会关于授权国务院在北京市大兴区等三十三个试点县(市、区)行政区域暂时调整实施有关法律规定的决定》,开启了集体经营性建设用地使用权进行流转的试点。

2016 年 5 月 13 日中国银监会、国土资源部发布的《关于印发〈农村集体经营性建设用地使用权抵押贷款管理暂行办法〉的通知》(银监发〔2016〕26 号)第三条和第五条规定,在试点地区内,在符合规划、用途管制、依法取得的前提下,以出让、租赁、作价出资(入股)方式入市的和具备入市条件的农村集体经营性建设用地使用权可以办理抵押贷款。

3. 小结

综上,我们将现行法律及政策中对集体建设用地使用权流转方式的规定总结如表 2 所示:

表 2　集体建设用地使用权流转方式的法律及政策规定

流转方式	流转依据	流转范围
破产、兼并致使土地使用权依法发生转移	《土地管理法》第六十三条	一般规定:允许符合土地利用总体规划并依法取得建设用地的企业因破产、兼并等情形致使土地使用权依法发生转移。

续表

流转方式	流转依据	流转范围
出让、转让、出租	《土地管理法》第六十三条	一般规定：农民集体所有的土地的使用权不得出让、转让或者出租用于非农业建设。
	《全国人民代表大会常务委员会关于授权国务院在北京市大兴区等三十三个试点县（市、区）行政区域暂时调整实施有关法律规定的决定》第一条	试点地区内：暂时调整实施集体建设用地使用权不得出让等的规定。在符合规划、用途管制和依法取得的前提下，允许存量农村集体经营性建设用地使用权出让、租赁、入股，实行与国有建设用地使用权同等入市、同权同价。
入股、联营	《土地管理法》第六十条	一般规定：农村集体经济组织可以使用乡（镇）土地利用总体规划确定的建设用地兴办企业或者与其他单位、个人以土地使用权入股、联营等形式共同举办企业。
抵押	《物权法》第一百八十三条、《担保法》第三十六条第三款	一般规定：乡镇、村企业的建设用地使用权不得单独抵押。以乡镇、村企业的厂房等建筑物抵押的，其占用范围内的建设用地使用权一并抵押。
	《关于印发〈农村集体经营性建设用地使用权抵押贷款管理暂行办法〉的通知》第三条、第五条	试点地区内：在符合规划、用途管制、依法取得的前提下，以出让、租赁、作价出资（入股）方式入市的和具备入市条件的农村集体经营性建设用地使用权可以办理抵押贷款。

（三）宅基地使用权的流转

1. 有关宅基地使用权流转的现行法律规定

如前文第二部分所述，村民建设住宅用地亦属于集体建设用地的一部分，因此，《土地管理法》第六十三条关于农民集体所有的土地的使用权不得出让、转让或者出租用于非农业建设的规定同样适用于宅基地使用权。尽管存在上述法律规定，我们也注意到，在司法实践中，(1)法院通常倾向于认可符合一定条件的宅基地使用权在同一集体经济组织内部的成员之间[1]进行转让[2];(2)在宅基地使用权随农民出租住房的行为而出租,且该等出租不违反法律和国家规定的宅基地使用权用途的前提下,法院通常倾向于认定农民出租宅基地使用权的行为有效[3]。

根据《物权法》第一百八十四条第二项的规定,“耕地、宅基地、自留地、自留山等集体所有的土地使用权不得抵押,但法律规定可以抵押的除外”。我们尚未检索到现行法律规定的其他允许以宅基地使用权进行抵押的例外情形。因此,我们倾向于认为,根据现行法律的规定,宅基地使用权不得抵押。

2. 有关宅基地使用权流转的政策及立法趋势

近些年,中央在政策层面上,对与宅基地使用权流转相关的规定作出了一些改革尝试。

2016 年 9 月 29 日国土资源部、国家发展改革委员会、公安部、人力资源社会保障部、住房城乡建设部发布的《关于印发〈关于建立城镇建设用地增加规模同吸纳农业转移人口落户数量挂钩机制的实施意见〉的通知》(2016 年 9 月 29 日发布,国土资发〔2016〕123 号)第二-(五)条提出,“……结合农村宅基地制度改革,允许进城落户人员在本集体经济组织内部自愿有偿退出或转让宅基地……”。根据上述政策,宅基地制度改革的内容包括允许进城落户人员在本集体经济组织内部自愿有偿退出或转让宅基地。

2015 年 8 月 10 日国务院发布的《关于开展农村承包土地的经营权和农民住房财产权抵押贷款试点的指导意见》(国发〔2015〕45 号)第二-(四)条提出,“……农民住房财产权设立抵押的,需将宅基地使用权与住房所有权一并抵押……”。2015 年 12 月 27 日第十二届全国人民代表大会常务委员会第十八次会议通过的《全国人民代表大会常务委员会关于授权国务院在北京市大兴区等 232 个试点县(市、区)、

---

① 就宅基地使用权的转让问题,国家明令禁止本村村民以外的组织或个人取得宅基地使用权,如国务院办公厅《关于严格执行有关农村集体建设用地法律和政策的通知》(2007 年 12 月 30 日发布,国办发〔2007〕71 号)第二条规定:“农村住宅用地只能分配给本村村民,城镇居民不得到农村购买宅基地、农民住宅或‘小产权房’。”

② 参见奚晓明等:《房地产纠纷裁判思路与规范指引》(上),人民法院出版社 2014 年版,第 178 页。本书认为转让宅基地使用权必须符合以下条件:(1)转让人拥有两处以上的农村住房(含宅基地);(2)转让人与受让人属于同一集体经济组织内部成员;(3)受让人没有住房和宅基地,符合宅基地使用权分配条件;(4)转让行为须征得本集体经济组织同意;(5)宅基地使用权不得单独转让,必须与合法建造的住房一并转让。

③ 参见奚晓明等:《房地产纠纷裁判思路与规范指引》(上),人民法院出版社 2014 年版,第 179 ~ 180 页。

天津市蓟县等59个试点县(市、区)行政区域分别暂时调整实施有关法律规定的决定》),在试点地区内,暂时调整实施《物权法》《担保法》关于集体所有的宅基地不得抵押的规定。

此外,如前文所述,《中共中央、国务院关于深入推进农业供给侧结构性改革加快培育农业农村发展新动能的若干意见》中还曾提到"探索农村集体组织以出租、合作等方式盘活利用空闲农房及宅基地",但是,我们尚未检索到全国范围内就农村集体组织以出租、合作等方式盘活利用空闲农房及宅基地事项出台的进一步规定。

3. 小结

综上,我们将现行法律及政策中对宅基地使用权流转方式的规定总结如表3所示:

表3 宅基地使用权流转方式的法律及政策规定

流转方式①	流转依据	流转范围
出让、转让、出租	《土地管理法》第六十三条	一般规定:农民集体所有的土地的使用权不得出让、转让或者出租用于非农业建设(但司法实践中,法院通常倾向于认可(1)符合一定条件的宅基地使用权在同一集体经济组织内部的成员之间进行转让;以及(2)不违反法律和国家规定的宅基地使用权用途的、随农民出租住宅而一并出租宅基地使用权的行为)。

① 除表格中所列示的流转方式以外,实践中还存在因婚姻、继承等方式引起的流转。但鉴于该等流转方式在商业活动中较少涉及,故本文不再作展开详细分析。

续表

流转方式	流转依据	流转范围
出让、转让、出租	《关于印发〈关于建立城镇建设用地增加规模同吸纳农业转移人口落户数量挂钩机制的实施意见〉的通知》第二条第五款	结合农村宅基地制度改革,允许进城落户的农民自愿有偿退出或转让宅基地①。
抵押	《物权法》第一百八十四条	一般规定:宅基地使用权不允许抵押。
	《关于开展农村承包土地的经营权和农民住房财产权抵押贷款试点的指导意见》第二条第四款; 《全国人民代表大会常务委员会关于授权国务院在北京市大兴区等232个试点县(市、区)、天津市蓟县等59个试点县(市、区)行政区域分别暂时调整实施有关法律规定的决定》	试点地区内:暂时调整实施《物权法》、《担保法》关于集体所有的宅基地不得抵押的规定。

(四)地役权的流转

根据《物权法》第一百六十四条、第一百六十五条的规定,地役权不得单独转让,也不得单独抵押。根据《物权法》第一百六十六条、第一百六十七条的规定,需役地及需役地上的土地承包经营权、建设用地使用权部分转让时,转让部分涉及地役权的,受让人同时享有地役权;供役地及供役地上的土地承包经营权、建设用地使用权部分转让时,转让部分涉及地役权的,地役权对受让人具有约束力。

地役权作为附着于土地所有权、土地承包经营权、建设用地使用权、宅基地使

---

① 根据国土资源部《关于建立城镇建设用地增加规模同吸纳农业转移人口落户数量挂钩机制的实施意见》的新闻发布会上国土资源部规划司副司长周建春的解读(http://www.mlr.gov.cn/wszb/2016/jsydgg/jiabin/index_1205.htm,最后访问时间:2017年8月4日)"五是提高农村土地利用效率。结合农村宅基地制度改革试点的要求,允许进城落户人员在本集体经济组织内部自愿有偿退出或转让宅基地,鼓励农村土地经营权规范有序流转。规范推进城乡建设用地增减挂钩,通过整理复垦,增加耕地面积",未来,包括允许进城落户的农民自愿有偿退出或转让宅基地在内的宅基地制度改革可能会从试点地区开始展开,但我们尚未检索到关于试点范围的具体规定。

实践中,部分地区已经展开了宅基地制度改革的试点工作,例如,湖北省宜城市就制定了《宜城市农村宅基地制度改革试点实施方案》,并提出了"分段+调节"的有偿使用办法,依据城区、副城区、集镇中心村与普通村的区别,划分基准价格,并明确一户多宅的村民可自愿选择退出农村宅基地使用权,由村委会回购(http://www.mlr.gov.cn/xwdt/dfdt/201607/t20160718_1411792.htm,最后访问时间:2017年8月4日)。

用权的用益物权，在法律上不存在单独流转的可能性。

结　语

近年来，集体土地用益物权流转制度的改革方兴未艾。在集体经营性建设用地使用权、宅基地使用权流转改革的试点正在全国范围内如火如荼推进的同时，我们也注意到，围绕集体土地用益物权，诸多政策文件中出现的包括“土地经营权”、“农民住房财产权”等在内的全新概念均突破了《土地管理法》《物权法》等法律规定的集体土地用益物权形式。“物权法定”原则是物权法的基本原则，我们期待在包括《土地管理法》在内的法律修编过程中，能够在法律层面对集体土地用益物权的形式、内容及行使方式加以明确，以为农村土地制度改革和农业现代化进程提供坚实的法律基础和制度保障。

集体土地流转的相关政策及现状

王丽娟　赵　亮*

* 作者简介：

王丽娟，合伙人，中伦律师事务所北京办公室，

电邮为 wanglijuan@ zhonglun. com；

赵亮，律师，北京办公室。

序　言

2017年以来,以农村土地征收、集体经营性建设用地入市、宅基地制度改革试点,“三箭齐发”①的新一轮农村土地改革方兴未艾！而这一轮农村土地改革的重点将围绕着集体土地流转制度。

随着《国土资源部关于〈中华人民共和国土地管理法(修正案)〉(征求意见稿)公开征求意见的公告》(2017年5月23日发布)、《国土资源部、住房城乡建设部联合印发〈利用集体建设用地建设租赁住房试点方案〉的通知》(2017年8月28日发布,国土资发〔2017〕100号)等的相继出台,又为集体土地流转提供了进一步的理论支持与新的思路。可以预见的是,将有越来越多的企业将投资目光投向集体土地,本文旨在通过对现行集体土地流转政策及实践的梳理,以求为企业参与集体土地流转提供一定的建议。

一、集体土地流转概述

根据我国现行土地相关法律法规,集体土地具体可分为集体农用地、集体建设用地和集体未利用地②。集体农用地包括:耕地、园地、林地、牧草地等,只能用于农业生产。集体农用地转为集体建设用地,需要办理农用地转用手续。根据《土地管理法》的规定,集体建设用地可以“有限”地用于建设,仅包括:兴办乡镇企业、村民建设住宅以及乡(镇)村公共设施和公益事业建设。将集体建设用地征收为国有建设用地后才可以面向集体经济组织成员、乡镇企业以外的单位、个人流转。

根据上述规定,在现行法律框架下,对于集体农用地的流转和集体建设用地的流转,形成了两套规则,并由两套行政机构分别进行管理,即由农业部门负责管理农用地的承包和承包经营权的流转;由国土资源部及地方国土厅、局、办负责管理农用地的转用和集体建设用地流转。

近年来,随着集体土地流转相关的法规及政策的不断更新以及各地实践经验的不断积累,一些地方政府、农村集体经济组织、农民群众以及社会投资人通过制度创新,形成了一些具有地方性特征的集体土地流转方式。值得注意的是,一些地方(如四川、广东、南京、湖北、重庆、山东等地)还建立了农村土地流转市场、流转服

---

① 《新一轮农村土地制度改革试点大幕开启》,载《人民日报》2014年12月15日版。

② 因未利用土地尚未大面积进入土地流转市场,本文在此不做讨论。

务中心或农村产权交易中心(以下简称流转交易中心),该等流转交易中心形成了省、市、县三级农村土地流转交易市场,在全省范围内建立了统一的农村土地流转信息化公示系统、农村土地流转价格评估体系、农村土地流转政策保障体系、农村土地流转监督服务体系,对全省范围内农村集体土地的出让、转让、发包、租赁等交易行为进行监管和备案。

二、集体农用地流转

我国实行农村土地承包经营制度,《农村土地承包法》第二条规定:"本法所称农村土地,是指农民集体所有和国家所有依法由农民集体使用的耕地、林地、草地,以及其他依法用于农业的土地。"因此,在现行法律框架下,集体农用地流转主要是土地承包经营权的流转。

土地承包经营权流转,系指:"在农村土地承包中的物权性质土地承包经营权有效存在前提条件下,在不改变农村土地所有权权属性质和主体种类与农村土地农业用途的基础上,原承包方依法将该物权性质土地承包经营权或者从该物权性质土地承包经营权中分离出来的部分权能等具体民事权利转移给他人的行为。"①

(一)流转方式

1. 传统的土地承包经营权流转模式

根据我国《农村土地承包法》《农村土地承包经营权流转管理办法》,集体经济组织的农户依法承包集体所有或使用的耕地、林地、草地和其他依法用于农业的土地后,可以在承包剩余期限内通过转包、出租、互换、转让等方式将承包经营权进行流转。

《物权法》确定了土地承包经营权是一种用益物权,其中耕地的承包期为三十年,草地的承包期为三十年至五十年,林地的承包期为三十年至七十年。基于物权登记公示原则,土地承包经营权需要由县级以上地方人民政府发放土地承包经营权证、林权证、草原使用权证,予以确认。

承包经营权的流转应遵守以下原则:(1)应当自愿、有偿;(2)不得改变土地所有权的性质和土地的农业用途;(3)流转的期限不得超过承包期的剩余期限;(4)受让方须有农业经营能力;(5)转包人或承租人将承包经营权再次转包或转租的,须取得承包人的同意;以及(6)在同等条件下,本集体经济组织的成员享有优先权。

---

① 《农村土地承包经营权流转的法律思考》,载国土资源政策法律网(2010 年 5 月 31 日)。

2. 土地承包经营权入股模式

土地承包经营权入股根据合作成立的组织类型，又分为土地股份合作社模式和土地股份公司模式。农民自愿以土地承包经营权量化入股或引进社会资金、农户以土地承包经营权量化入股，建立土地合作社或农业股份制公司，实现按股分红。如按照股份制公司模式设立，则按照现代企业制度，成立董事会、监事会。从运作管理而言，一般采用订单式销售的方式，统一生产材料和标准流程，并且还可以优先解决村民务工。

3. "土地银行"经营模式

以村集体经济组织名义注册成立农业资源经营合作社，农民自愿将土地承包经营权"存入"合作社，经营业主从合作社"贷出"土地进行经营。农业资源经营专业合作组织采取"银行"运作模式，农民自愿将土地承包经营权存入"土地银行"，收取存入"利息"，"土地银行"再将土地划块后贷给愿意种植的农户，收取贷出"利息"。

4. 园区经营模式

通过统一规划或市场主体引导，建立现代农业产业园区，配套完善水渠路网等基础设施，龙头企业、专合组织或种植大户进入园区，通过"单元化"方式流转土地开展规模经营，形成"大园区 + 小业主"经营模式。

（二）需关注的相关问题

可以说，与土地承包经营权流转相关的法律法规较为完备并且在实践操作中也较为成熟。但企业在参与土地承包经营权流转的过程中仍需要关注以下问题：

1. 权利主体问题

根据现行法律规定，流转必须以确权为基础，即土地承包经营权流转应当首先确定承包经营权的主体。我们在服务企业参与农村土地承包经营权流转的过程中发现，很多企业都认为土地流转只需要和村集体经济组织或者村委会签订流转合同，实则不然。《农村土地承包法》明确规定，土地承包经营权流转的主体是承包人。如果是以村集体经济组织的名义订立有关流转合同，企业需要关注其是否履行了相应的程序以及是否通过合法的途径自承包人处取得了承包经营权。

《物权法》规定，土地承包经营权需要由县级以上地方人民政府发放土地承包经营权证、林权证、草原使用权证，予以确认。但实践中，在我国实行土地承包制度以来，农村土地承包经营权确权登记工作并未及时开展，截至目前仍有大量地区的土地承包经营权并未完成确权登记工作，这就导致土地承包经营权缺乏法定的流转权利主体,给相关土地承包经营权流转带来极大的不确定性。同时,部分地区还存在村集体经济组织仅将水田进行发包,而旱地和自留地等均未进行发包的情况,该种情况下旱地与自留地将不存在法定的承包人。

综上,建议企业在参与土地承包经营权流转的过程中应首先核查相关转出方是否为合法的流转权利主体,即应以土地承包经营权证、林权证、草原使用权证载明的承包人为准,并进一步确定已经确权的流转面积、流转期限等。对于未进行确权登记的存在承包关系的土地以及不存在承包关系的农用地的流转,建议应首先就本次流转获得该村集体经济组织2/3以上成员或者2/3以上村民代表的同意;其次在流转协议中明确本次流转的土地面积(建议实地丈量)、范围及期限;最后在流转交易中心对本次流转及签署的相关流转协议进行备案。

2. 大范围流转的问题

我国土地承包经营权以农村集体经济组织内部的家庭承包为主要形式,这就意味着每一承包主体承包的面积不会太大,企业参与土地承包经营权流转通常用于规模性农业生产、庄园、农场等大型农业项目,因此土地需求量较大,这也就导致了企业采取传统流转模式进行流转时,须与众多的村民进行谈判及签约,缔约成本徒增且很难保障流转土地价格的统一性以及流转土地的整体利用。

建议企业在参与土地承包经营权流转的过程中,首先与村集体经济组织进行沟通,并要求村集体经济组织首先通过合法方式自农民手中将土地承包经营权流转回村集体经济组织,再由村集体经济组织作为转出方将土地承包经营权再次流转给企业。这样就减少了企业与农民之间的沟通成本,并可要求村集体经济组织协调农民与企业之间的关系。值得注意的是,该种模式下属于土地承包经营权的转包或转租,根据相关法律的规定,应须取得原承包人同意的书面文件。

3. 转入方权利的保障问题

根据《物权法》的规定,土地承包经营权人的承包经营权可以依法得到确认,承包人对其承包经营的耕地、林地、草地等农用地和荒地享有物权性保护(占有、使用和收益的权利)。那么农村土地承包经营权流转后,转入方的权利是否得到足够的保障呢?

《农村土地承包经营权流转管理办法》规定,农村土地承包经营权流转合同需交发包方和乡(镇)人民政府农村土地承包管理部门各备案一份。《农村土地承包经营权证管理办法》规定,承包方采取转包、出租、入股方式流转土地承包经营权的,不须办理农村土地承包经营权证变更;采取转让、互换方式流转土地承包经营权的,当事人可以要求办理农村土地承包经营权证变更登记。因此,目前对于农村承包经营权的流转已经形成了承包人有权自主流转、政府备案或确认、转入方按流转合同约定使用的一套办法。除采取转让、互换方式流转的,土地承包关系并未发生改变,转入方仅能获得债权性保护(通过与承包人签署的流转合同的相关约定获得土地承包经营权及相应保障)。

综上,建议企业在参与土地承包经营权流转的过程中应尽可能完善与承包人签署的土地承包经营权流转合同,尤其应明确流转期限、流转面积、承包人的保障义务等并设计相应的违约责任。同时建议要求村集体经济组织作为矛盾协调方全程参与土地承包经营权流转。

4. 不能抵押的问题

根据我国现行法律规定,流转的土地承包经营权面临无法作为抵押物进行融资的尴尬。《物权法》第一百八十条就明确规定,土地承包经营权可以抵押仅限于"以招标、拍卖、公开协商等方式取得的荒地等"情形,第一百八十四条明确了"耕地、宅基地、自留地、自留山等集体所有的土地使用权"不能抵押。《农村土地承包法》第四十九条规定"通过招标、拍卖、公开协商等方式承包农村土地,经依法登记取得土地承包经营权证或者林权证等证书的,其土地承包经营权可以依法采取转让、出租、入股、抵押或者其他方式流转"。尽管有一些地方在探索或出台了地方政策允许土地承包经营权抵押①,但是在现有法律框架下,金融机构接受《农村土地承包法》第四十九条规定外的土地承包经营权作为抵押物,如果发生纠纷,能否胜诉存在重大不确定性,或者说即便胜诉后仍然面临执行的困难。

5. 农村土地股份合作社的法人地位与土地承包经营权不受公司解散、破产等市场风险影响的矛盾

《农村土地承包经营权流转管理办法》针对入股土地承包经营权的处置提出了解决思路。该办法第十九条规定:"承包方之间可以自愿将承包土地入股发展农业合作生产,但股份合作解散时入股土地应当退回原承包农户。"该条规定表明土地承包经营权不受公司解散、破产等市场风险的影响。这也就意味着土地承包经营权人只从公司获得收益,而不会承担因公司破产和解散引起的风险。然而,这种全面倒向农民的政策与公司资本风险规则明显矛盾。

---

① 2015年年底,全国人大再次通过授权的方式在232个县(市、区)试点农村土地承包经营权抵押。

(三)最新政策及突破

党的十九大报告中提出:"巩固和完善农村基本经营制度,深化农村土地制度改革,完善承包地'三权'分置制度。保持土地承包关系稳定并长久不变,第二轮土地承包到期后再延长三十年。"这一政策释放了以下两个信号:

1. 关于承包期限

我国第二轮承包基本上在 2025 年至 2027 年结束,根据这一政策,至少四十年也就是到 2057 年前,现有的土地承包关系保持稳定,不会调整。这进一步巩固了企业参与土地承包经营权流转并加大投资力度的信心,实践中企业甚至可以与相关权利人签署流转期限为四十年的土地流转合同。

2. 关于"三权分置"

2014 年中央颁布的《关于全面深化农村改革加快推进农业现代化的若干意见》中强调"在落实农村集体所有权的基础上,稳定农户承包权、放活土地经营权,允许土地的经营权向金融机构抵押融资",在原有土地所有权与承包权二分的基础上实现承包权与经营权的再分离。而后,《中共中央办公厅、国务院办公厅关于引导农村土地经营权有序流转发展农业适度规模经营的意见》(2014 年 11 月 20 日发布,中发〔2014〕61 号)提出,"坚持农村土地集体所有,实现所有权、承包权、经营权三权分置,引导土地经营权有序流转,坚持家庭经营的基础性地位,积极培育新型经营主体,发展多种形式的适度规模经营,巩固和完善农村基本经营制度";"抓紧研究探索集体所有权、农户承包权、土地经营权在土地流转中的相互权利关系和具体实现形式"。至此"三权分置"被正式提出。

截至目前,我国虽然相继出台了《农村承包土地的经营权抵押贷款试点暂行办法》(2016 年 3 月 15 日发布)、《农村土地经营权流转交易市场运行规范(试行)》(2016 年 6 月 29 日发布)、《关于完善农村土地所有权承包权经营权分置办法的意见》(2016 年 10 月 30 日发布)等规范性文件,对农村土地经营权流转制度进行了一定的构建。但仍并未对"土地经营权"进行明确的界定,亦未完全明晰"三权分置"的具体内涵以及土地所有权、承包权、经营权三者的权利关系,尤其是农村土地承包经营权与农村土地经营权之间的关系更是处于模糊状态,这使土地经营权的抵押融资及创新流转存在一定障碍。

综合各试点地区的实践,我们初步理解,土地经营权系指:民事主体通过转让、转包、租赁或其他流转方式依法获得的流转土地的使用权、收益权、处置权等。其主旨应是打破土地承包经营权受限于承包法律关系的现状,将经营权自承包经营权中分离出来而单独进行流转。但截至目前，在全国范围内就土地经营权的确权方式、分离规则、操作方法、流转方式、流转规则等尚未出台统一的、系统性的法律文件，相关立法或政策亟须进一步完善。

三、集体建设用地流转

我国原则上禁止农村集体建设用地使用权的流转，尽管近年来，法律法规不断修订变化，但到目前为止的《土地管理法》，其基本精神有两个：一是农地转为非农地的决策者和操控者是各级政府机构，而不是农地权属的主体；二是严格控制农地转为非农地。集体建设用地流转涉及两个制度，一个是农用地转用制度，另一个则是土地征收制度。

农用地转用制度，即对农用地转用实行审批和计划管理。《土地管理法》第四十四条第一款规定："建设占用土地，涉及农用地转为建设用地的，应当办理农用地转用审批手续。"

土地征收制度，即对建设使用土地的性质作了要求。《土地管理法》第四十三条规定，"任何单位和个人进行建设，需要使用土地的，必须依法申请使用国有土地"。这就是说，农用地首先要转为非农业用地，集体建设用地必须经过国家征用，方能用于非农业建设。

如前文所述，《土地管理法》将集体建设用地流转严格限定在以下两种情形下：(1)集体经济组织"单独"或"共同"使用建设用地兴办企业的，必须满足两个条件，即符合土地利用总体规划，且已经有权机关批准；(2)符合土地利用总体规划并依法取得建设用地的企业，因破产、兼并等情形，集体土地使用权可以依法进行转移。因此，根据现行的法律法规，集体建设用地的流转受到诸多限制，如果不征收为国有，那么其流转的范围就仅限于乡镇企业、村民、乡村公益设施等。

(一)流转方式

2004年以来，中央政府频频发文，为集体土地使用权流转"松绑"，旨在由地方政府通过实践去探索相关经验。国土资源部相继在安徽、广东、浙江、四川、重庆等一些省市进行城乡统筹综合配套改革试点，当地政府、社会投资人和农村集体经济组织在城镇化进程中创新了集体建设用地流转的各种具体模式。以《广东省集体建设用地使用权流转管理办法》为代表的地方性集体建设用地使用权流转规则相继出台。总结各地实践，目前比较成熟的流转方式包括：

1. 集体建设用地使用权出让模式

集体建设用地使用权出让,是指集体土地所有者将集体建设用地使用权在一定年限内让与土地使用者,并由土地使用者向土地所有者支付土地出让费的行为。具体做法参照国有土地使用权出让制度,允许符合条件的集体建设用地通过公开出让方式用于工业、商业、旅游业、服务业、建设农民住房、农村集体经济组织租赁性经营房屋。

2008 年成都市国土局出台了《成都市集体建设用地使用权流转管理暂行办法》,确定了在成都市范围内可以通过公开竞买集体建设用地。目前,在成都市范围内已有汽车 4S 店、加油加气站通过公开方式取得了集体建设用使用权。虽然集体建设用地使用权目前的出让价格,仍远远低于邻近城镇建设用地的市场价格,但集体建设用地的市场化定价方式、商业用地四十年的使用年限、产业发展的布局规划、当地国土部门办理的红色农村集体建设用地使用权证等,基本与城镇建设用地相一致。

2. 集体建设用地使用权入股模式

集体建设用地使用权入股,是指集体土地使用者将一定年期的集体建设用地使用权收益金折成股份,由土地使用者持股参与分红。

广东的南海模式就是股份合作的典型模式。南海模式的具体做法是将集体财产、集体土地及农民的土地承包权都折资入股,根据成员情况设置不同配股标准,根据预设的比例进行分红。经营方式是股份合作组织通过采取土地出租或是将集体建设用地规划和开发后,兴建厂房、商铺出租而不直接参与商业经营,降低土地收益的风险的同时也实现了土地增值的收益。这种模式既满足了城镇化、工业化对土地的需求,又在一定程度上保障了农民对土地的收益。

3. 城乡建设用地增减挂钩模式

城乡建设用地增减挂钩是指依据土地利用总体规划,将若干拟整理复垦为耕地的农村建设用地地块(拆旧地块)和拟用于城镇建设的地块(建新地块)等面积共同组成建新拆旧项目区,通过建新拆旧和土地整理复垦等措施,在保证项目区内各类土地面积平衡的基础上,最终增加耕地有效面积,节约集约利用建设用地。国土资源部在 2008 年出台了《城乡建设用地增减挂钩试点管理办法》,我国已先后有河南、重庆、浙江、成都等地推出城镇建设用地增加与农村建设用地减少挂钩的试点改革。

（二）需关注的相关问题

1. 法律法规在很大程度上限制了集体建设用地流转

集体建设用地使用权流转的制度创新中，允许占用农村集体土地建设非公益性项目，允许农民依法通过多种方式参与开发经营并保障农民合法权益。如前文所述，我国现有法律法规对集体建设用地的流转、使用限制是非常严格的，从国家法律层面来看，集体建设土地只能用于法律规定的乡镇企业建设、宅基地划分、乡镇基础设施建设及乡镇公益事业建设；出于公共利益需要，可以将集体土地征收为国有土地用于开发建设。只有物权法给集体建设用地的流转开了一个小口子，使破产或兼并等原因造成的乡镇企业用地被动流转合法化。目前还没有法律对农村集体经营性建设用地如何进入现有的土地市场作明确规定，更没有将其与国有土地平等地享有权益纳入法律保护的范畴。法律对建设用地流转的严格规定在很大程度上限制了集体建设用地流转的正常发展，也使企业的投资只有当地政府政策和政府信誉保证，缺乏法律保障。

2. 部分地区流转的前提不完善

集体建设用地流转的前提，一是完成土地利用规划和乡镇建设规划；二是拟流转的集体建设用地所有权和使用权完成权属调查、登记发证工作；三是用地必须合法，不存在纠纷和矛盾。从各地的实践来看，集体建设用地流转工作开展得较好的地方，往往是前提工作做得好、经济比较发达地区，而大部分地区由于集体建设用地的规划、权属、用地合法性等问题没有解决好，加之经济不太发达，即使有相应法规，也难以操作。

3. 法律不允许或不鼓励宅基地使用权流转

实践中存在大量村庄的农民进城或“上楼”的情况，导致大面积宅基地空置或闲置，一些村集体经济组织便采取租赁的方式对宅基地及地上房屋进行了流转。从宅基地使用权具有用益物权的属性而言，其采取租赁的流转在法律上应不存在障碍。但是，就我国立法所赋予宅基地使用权特有的身份属性而言，它具有社会保障的功能及身份属性，因此宅基地以及宅基地上房屋的流转关系处于不稳定的状态。截至目前，我国尚未出台在全国范围内就农村集体组织以出租、合作等方式流转宅基地或宅基地上房屋的统一性规定。

4. 国家政策对集体建设用地用于商品房开发持否定态度

近段时期以来，国土资源部下发了一系列针对集体土地开发建设的政策文件，再三强调不得利用农村集体土地建设商品住宅、不得建设其他违反国家产业政策和土地供应政策等法律法规规定的项目。因此，从政策层面来看，尽管在符合土地总体规划、获得批准的前提下，允许占用农村集体土地建设非公益性项目，包括工厂建设、旅游区建设等，但仍然严令禁止将集体建设用地用于建设商品住宅及其他违反国家产业政策和土地供应政策等法律法规规定的项目。

综上，建议企业在参与集体建设用地使用权流转过程中，应因地制宜，严格按照地方政府制定的规则及流程完成流转，并注意核实相关流转的前提是否具备，并尽量完善相关流转合同，在具体利用集体建设用地时要时刻注意不能跨越禁止进行房地产开发的红线。

（三）最新政策及突破

1. 集体经营性建设用地直接入市试点

党的十七届三中全会第一次提出了农村集体经营性建设用地，这也是区分于《土地管理法》所规定的公益性集体建设用地，集体经营性建设用地这个概念的提出意味着政府明确集体建设用地可有条件入市。十八届三中全会进一步明确了集体建设用地的入市方式。

党的根据十八届三中全会的精神，第十二届全国人民代表大会常务委员会于2015年2月27日第十三次会议通过了《全国人民代表大会常务委员会关于授权国务院在北京市大兴区等三十三个试点县（市、区）行政区域暂时调整实施有关法律规定的决定》（以下简称《决定》），提出在符合"土地所有制性质不变""耕地红线不突破""农民利益不受损"三大前提要求下，允许存量农村集体经营性建设用地土地使用权出让、租赁、入股，实行与国有建设用地使用权同等入市、同权同价。《决定》指出，农地入市并不能"任意为之"，需在满足严苛的前提条件下进行：(1)仅允许在《决定》明确的33个试点范围内暂时实施农地入市；(2)入市的土地必须符合规划、用途管制且依法取得；(3)入市的方式仅限于出让、租赁和入股；(4)入市土地仅限于存量农村集体经营性建设用地。由此可见，《决定》在遵循十八届三中全会会议精神的基础上，扩大了试点范围，细化了农地入市条件，但仍为农地入市设置了严格的入市前提条件，并将农地入市的方式牢牢限定为"出让、租赁和入股"三种形式。

以北京大兴为例，2015年12月11日，北京市国土资源局大兴分局发布了北京首宗集体经营性建设用地使用权出让公告，经北京市大兴区人民政府批准，北京市盛世宏祥资产管理有限公司（其股东为大兴区西红门镇、村村民委员会和经济合作社）在北京市土地交易市场大兴分市场公开挂牌出让北京市大兴区西红门镇绿隔产业用地集体经营性建设用地使用权。

但时任中央农村工作领导小组副组长陈锡文在接受记者采访时强调，农村集体经营性建设用地不是所有农村集体建设用地。所谓“农地入市”或“农村集体土地入市”是不准确的。“入市”有着明确的前置条件和限制条件，前置条件是只有符合规划和用途管制的这部分土地才可以，限制条件则必须是集体经营性建设用地。这是因为农村的集体建设用地分为三大类：宅基地、公益性公共设施用地和经营性用地。也就是说，只有属于集体经营性建设用地的，如过去的乡镇企业用地，在符合规划和用途管制的前提下，才可以进入城市的建设用地市场，享受和国有土地同等的权利。①

2. 集体建设用地建设租赁住房入市试点

国土资源部、住房城乡建设部联合印发《利用集体建设用地建设租赁住房试点方案》的通知，确定第一批在北京、上海、沈阳、南京、杭州、合肥、厦门、郑州、武汉、广州、佛山、肇庆、成都13个城市开展利用集体建设用地建设租赁住房试点。试点内容涵盖完善试点项目审批程序、完善集体租赁住房建设和运营机制、探索租赁住房监测监管机制、探索保障承租人获得基本公共服务的权利四方面。

该通知，最值得关注的是明确了“村镇集体经济组织可以自行开发运营，也可以通过联营、入股等方式建设运营集体租赁住房”，也就是说，农村集体土地不用经过国家征地环节，可直接进入市场，而企业可以通过联营或者入股的方式与村集体经济组织共同参与布局和开发租赁住房市场。其重大意义在于，将以前严格红线内不能用于住房市场开发的农村集体用地，通过租赁市场，使其成为住房市场一项重要的组成部分。但在具体作法上，有待各地进一步出台实施细则及实践经验。

结 语

综观新一轮农村土改的立法和实践经验，不难看出集体土地入市是大势所趋，同时集体经营性建设用地有了与国有建设用地同价同权的机会，集体建设用地可以直接用于开发租赁住房市场，“市场调节机制”将有望成为土地空间资源配置的基础机制。可以预见的是，越来越多的企业将加入集体土地流转市场。

但由于集体建设用地的流转问题在历史上一直是农村土地改革中最艰难的部分，政策操作的难度大，执行缓慢，新一轮的土地改革进展仍然是一个循序渐进的

---

① 陈锡文:《“农村集体土地入市”是误读》，载《北京日报》2014年2月10日版。

过程。同时,无论从法律、政策还是现实的角度,诸如“土地经营权流转”“集体土地建设租赁住房”等政策、规定还需进一步的细化及明确,而农村土地流转模式中的一些积极的做法和突破还需要从政策上升到法律,完善法律保障和配套政策,使政府、企业投资人、农民、村集体经济组织等集体土地流转过程中的各个主体的权益都能从新的流转模式中得到保障。

集体经营性建设用地入市相关问题研究

魏轶东　王振华
刘　洁　赵继凯*

*作者简介：
魏轶东，合伙人，中伦律师事务所北京办公室，电邮为 weiyidong@ zhonglun. com；
王振华，合伙人，中伦律师事务所北京办公室，电邮为 wangzhenhua@ zhonglun. com；
刘洁，律师，北京办公室；
赵继凯，律师，北京办公室。

我国实行土地所有权与使用权相分离的制度，土地按权属可以分为国家所有的土地和集体所有的土地，按用途可分为农用地、建设用地和未利用地。根据该等分类，集体所有的、用途为建设用地的土地即为“集体建设用地”。“集体建设用地”根据不同的使用用途，又可分为村民住宅建设用地（宅基地）、公益性公共设施用地和集体经营性建设用地。其中“集体经营性建设用地”即为本文讨论的对象。

长期以来，我国对农民集体所有的土地实行非常严格的管理制度，集体土地使用权不得出让、转让或者出租用于非农业建设。对于一般的商事主体而言，原则上只有国有建设用地可以用于非农建设。

2013 年 11 月 12 日，中共十八届三中全会通过的《中共中央关于全面深化改革若干重大问题的决定》明确指出：“建立城乡统一的建设用地市场。在符合规划和用途管制前提下，允许农村集体经营性建设用地出让、租赁、入股，实行与国有土地同等入市、同权同价。”自此拉开了集体经营性建设用地改革的序幕。此后，2015 年 1 月，中共中央办公厅和国务院办公厅联合印发的《关于农村土地征收、集体经营性建设用地入市、宅基地制度改革试点工作的意见》，2015 年 2 月 27 日，全国人大常委会通过的《关于授权国务院在北京市大兴区等 33 个试点县（市、区）行政区域暂时调整实施有关法律规定的决定》，以及 2015 年 3 月 20 日国土资源部印发的《农村土地征收、集体经营性建设用地入市和宅基地制度改革试点实施细则》（国土资发〔2015〕35 号）等一系列改革文件，对“集体经营性建设用地入市”进行了进一步的规范、为相关试点改革工作的开展提供了法律依据。

本文将重点探讨集体经营性建设用地入市中的立法与实践问题，对未来开发利用集体经营性建设用地的政策方向进行简要介绍。

一、现行法律对集体建设用地入市的限制

（一）集体土地直接作为建设用地的法律限制

任何单位或个人进行建设需要使用土地的，原则上必须申请使用国有土地。但也存在例外，根据《土地管理法》第四十三条第一款的规定，在三种情况下集体土地可以不经征收程序和国有化直接作为建设用地：乡（镇）企业用地、乡（镇）村公共设施及公益事业用地和农村宅基地。在实践中对该三种情况的适用条件具有严格的限制：

（1）乡（镇）企业用地：根据《土地管理法》第六十条的规定，在取得县级以上地方人民政府批准的情况下，农村集体经济组织才可以使用乡（镇）土地利用总体规

划确定的建设用地兴办企业或者与其他单位、个人以土地使用权入股、联营等形式共同举办企业，并且对该等建设用地应当严格控制。

(2)公益公共设施用地：《土地管理法》第六十一条规定："乡(镇)村公共设施、公益事业建设，需要使用土地的，经乡(镇)人民政府审核，向县级以上地方人民政府土地行政主管部门提出申请，按照省、自治区、直辖市规定的批准权限，由县级以上地方人民政府批准。"对于该等建设用地，基于公共设施、公益事业的明确定位，几乎不可能用于商业开发。

(3)宅基地：宅基地使用权具有一定的身份属性，基于"一户一宅"的原则，宅基地主要发挥保障村民集体居住的功能。在《物权法》中，宅基地使用权甚至并未被纳入到建设用地使用权的范畴，被当作一种特殊的用益物权进行规范。除天津等地区实行"宅基地换房"政策试点外①，宅基地使用权也仅限于在集体经济组织内部进行流转，利用宅基地进行成规模商业开发的仍然非常罕见。

(二)集体建设用地使用权流转的限制

我国的土地管理制度原则上禁止农村集体建设用地使用权的流转，但在以下两种情形下，可能在实际效果上实现集体建设用地使用权的流转，并有严格的限制：

(1)在符合土地利用总体规划，且已经有权机关批准的情况下，集体经济组织可以"单独"或"共同"使用建设用地兴办企业(《土地管理法》第六十条)；

(2)上述企业因破产、兼并等情形，可以依法转移集体土地使用权(《土地管理法》第六十三条)。

然而，普通商事主体很难被归入上述企业的范畴，如较为普遍的"乡镇企业"，不但需要经由县级以上地方人民政府批准才能成立，而且要求农村集体经济组织或者农民投资超过百分之五十或掌握控制权。② 并且，农村集体经济组织和农民的契约精神有待提高，普通商事主体介入到集体建设用地的开发建设成本较高。

(三)集体建设用地使用权抵押的限制

《担保法》第三十六条和《物权法》第一百八十三条均规定，乡镇、村企业的土地

① 2008年天津作为国务院批准的挂钩试点城市之一，以宅基地换房形式的土地流转在天津取得了显著效果。该政策以小城镇住宅按标准置换农民宅基地，在集约整治后再通过"招拍挂"出让。

② 根据《乡镇企业法》(全国人大常委会/1997年1月1日)第二条规定，"本法所称乡镇企业，是指农村集体经济组织或者农民投资为主，在乡镇(包括所辖村)举办的承担支援农业义务的各类企业。前款所称投资为主，是指农村集体经济组织或者农民投资超过百分之五十，或者虽不足百分之五十，但能起到控股或者实际支配作用"。

使用权不得单独抵押。以乡镇、村企业的厂房等建筑物抵押的，其占用范围内的土地使用权同时抵押。《担保法》第三十七条和《物权法》第一百八十四条则进一步规定，宅基地等集体所有的土地使用权和社会公益设施不得抵押。该规定与上述集体建设用地使用权的流转受限存在一定的因果关系。根据《物权法》第一百七十九条的规定，债务人不履行到期债务或者发生当事人约定的实现抵押权的情形，抵押权人有权就该财产优先受偿，因此抵押的内在逻辑基础在于抵押物具有交换/交易价值。鉴于集体建设用地使用权的流转受到严格限制，其交易价值相应地受到影响，进而使得以集体建设用地使用权为标的的抵押权难以实现。上述规定限制了以集体建设用地使用权作为抵押物获得融资的可能性，使得原本就受到严格限制的集体建设用地流转"难上加难"。

二、集体经营性建设用地入市的突破

（一）法律法规的突破

1.《关于授权国务院在北京市大兴区等三十三个试点县（市、区）行政区域暂时调整实施有关法律规定的决定》（以下简称《授权决定》）

2015 年 2 月 27 日全国人大常委会通过的《授权决定》针对集体经营性建设用地入市对 33 个试点地区有关法律规定作出了如表 1 所示的调整：

表 1 《授权决定》的调整内容

<table>
<tr><th>现行法律规定</th><th>《授权决定》对试点地区法律的暂时调整</th></tr>
<tr><td>《土地管理法》第四十三条第一款：任何单位和个人进行建设，需要使用土地的，必须依法申请使用国有土地；但是，兴办乡镇企业和村民建设住宅经依法批准使用本集体经济组织农民集体所有的土地的，或者乡（镇）村公共设施和公益事业建设经依法批准使用农民集体所有的土地的除外。
第六十三条：农民集体所有的土地的使用权不得出让、转让或者出租用于非农业建设；但是，符合土地利用总体规划并依法取得建设用地的企业，因破产、兼并等情形致使土地使用权依法发生转移的除外。</td><td rowspan="2">暂时调整实施集体建设用地使用权不得出让等的规定。在符合规划、用途管制和依法取得的前提下，允许存量农村集体经营性建设用地使用权出让、租赁、入股，实行与国有建设用地使用权同等入市、同权同价。</td></tr>
<tr><td>《城市房地产管理法》第九条：城市规划区内的集体所有的土地，经依法征收转为国有土地后，该幅国有土地的使用权方可有偿出让。</td></tr>
</table>

《授权决定》的出台，意味着在33个试点地区可以暂停适用《土地管理法》及《城市房地产管理法》中限制集体经营性建设用地入市的相关规定。该举符合《立法法》第十三条的规定，“全国人民代表大会及其常务委员会可以根据改革发展的需要，决定就行政管理等领域的特定事项授权在一定期限内在部分地方暂时调整或者暂时停止适用法律的部分规定”。并且，《土地管理法》和《城市房地产管理法》均由全国人大常委会通过，因此由全国人大常委会通过《授权决定》对该等法规做出调整亦符合《立法法》对全国人大常委会立法权限的相关规定。

2.《土地管理法（修正案）》征求意见稿

2017年5月23日国土资源部发布了《土地管理法（修正案）（征求意见稿）》及起草说明，该修正案征求意见稿删除了限制集体经营性建设用地入市的第四十三条和第六十三条，并对集体经营性建设用地入市的范围、条件等进行了原则规定，明确符合土地利用总体规划的集体经营性建设用地，土地所有权人可以采取出让、租赁、作价出资或者入股等方式由单位或者个人使用；集体经营性建设用地使用权可以转让、出租、抵押；集体经营性建设用地出让转让的办法，由国务院另行制定。该修改思路与《授权决定》一致。

3.《农村集体经营性建设用地使用权抵押贷款管理暂行办法》

2016年5月13日，中国银监会、国土资源部印发了关于《农村集体经营性建设用地使用权抵押贷款管理暂行办法》（银监发〔2016〕26号，以下简称《抵押贷款暂行办法》）的通知，明确“在符合规划、用途管制、依法取得的前提下，以出让、租赁、作价出资（入股）方式入市的和具备入市条件的农村集体经营性建设用地使用权可以办理抵押贷款”。《抵押贷款暂行办法》共三十五条，从贷款的目的、依据和总体要求，贷款业务开展的范围、贷款的全流程管理、贷款的风险保障机制、监管部门的职责等方面对开展农村集体经营性建设用地使用权抵押贷款业务进行了详细的规定。

就实施范围而言，《抵押贷款暂行办法》明确允许开展抵押贷款的农村集体经营性建设用地仅限于国家确定的15个入市改革试点县（市、区）地区，且与农村集体经营性建设用地入市试点时限一致。如德清县等试点区域，据此积极制定各种政策，推动金融机构对小微企业的创业资金支持，实现了“同等抵押”。

就抵押物的范围而言，《抵押贷款暂行办法》明确了满足相应条件的、存量的农村集体建设用地中，土地利用总体规划和城乡规划确定为工矿仓储、商服等经营性用途的土地，虽未入市也可以办理抵押贷款。

就该暂行办法的效力而言，不同于《授权决定》，《抵押贷款暂行办法》属于部门规章，其效力级别低于全国人大制定的《物权法》和《担保法》，在未按照《立法法》的相关规定得到全国人大未就法律进行调整或就相关事项进行授权的情况下，违反上位法的《抵押贷款暂行办法》的效力存在不确定性。

（二）各地集体经营性建设用地入市立法探索

1. 各地立法实践

集体经营性建设用地试点区内相继出台了入市试点的暂行办法及配套文件，我们通过公开检索共获取 8 个试点区的配套文件，表 2 为各地的重点政策的总结。

表 2　各试点地区集体经营性建设用地入市重点政策

试点地区	重点政策
辽宁鞍山市海城市	1. 农村集体经营性建设用地不得用于商品房地产开发和其他住宅开发建设。 2. 农村集体经营性建设用地的入市主体包括村集体经济组织或村民委员会、集体经济组织或者村民小组代表、镇集体经济组织、土地股份合作社、土地专营公司等。 3. 农村集体经营性建设用地应当进入公共资源交易平台公开入市。
浙江湖州市德清县	农村集体经营性建设用地使用权出让原则上采取招、拍、挂形式。（注：《德清县农村集体经营性建设用地使用权出让规定（试行）》基本上是参照 2016 年国土资源部发布的《招标拍卖挂牌出让国有土地使用权规范（试行）》制定的。）
广东佛山市南海区	1. 由入市管理办公室认定为农村集体经营性建设用地产业载体项目的，可以进行分割登记、分拆销售。 2. 区交易中心、镇（街道）交易中心是区农村集体经营性建设用地入市公开交易的服务机构。 3. 以出让、租赁、作价出资（入股）方式入市的农村集体经营性建设用地可以通过一定程序改变土地用途，并需补交地价款（租金）。
海南文昌市	1. 海南文昌市的入市规范文件中多次提到住宅用地，且规定住宅用地收益调节金的计提比例，可以推断出，土地性质为住宅用地的农村建设用地可以入市。 2. 缴完土地增值收益调节金且土地增值收益余额全部缴给土地所有权人后，可以变更土地用途。
四川成都市郫县	1.《郫都区招标拍卖挂牌出让农村集体经营性建设用地使用权规则》基本上是参照 2016 年国土资源部发布的《招标拍卖挂牌出让国有土地使用权规范（试行）》制定的。 2. 原则上，以出让、租赁方式入市的，应采取招投标形式。

另外，通过公开渠道查询，福建省泉州市晋江市、江苏省常州市武进区虽然未被列入《国土资源部关于印发〈农村土地征收、集体经营性建设用地入市和宅基地制度改革试点实施细则〉的通知》（国土资发〔2015〕35 号）中的集体经营性建设用地试点分工范畴，但上述两个地区相继在今年出台了集体经营性建设用地入市的规范性文件，规范体系和内容与上述区域基本一致，随即也展开了集体经营性建设用地入市的工作，并有部分入市案例。我们判断，随着改革的深入推进，试点区域、试点分工范畴有进一步扩大的趋势。

2. 各地立法分析

根据我们检索到的各地区政策文件和实践情况，我们归纳出如下集体经营性建设用地的入市范围、入市主体和入市途径。

（1）入市范围

目前允许入市的农村集体建设用地存在如下两个限制：

首先，试点入市的是存量集体经营性建设用地使用权，并非所有的集体建设用地均可入市。如前所述，集体建设用地包括宅基地、公益性公共设施用地和经营性建设用地，宅基地、公益性公共设施用地并不在入市试点范围内。准予入市的集体经营性建设用地必须是存量集体经营性建设用地，从而禁止为获取入市的经济利益，盲目地新增集体经营性建设用地。其次，必须依法取得集体经营性建设用地使用权。

（2）入市主体

《土地管理法》及《物权法》均对集体所有土地的经营、管理作出了规定，各地在该等规定的基础上进行探索。结合各地的实践情况，我们总结了如下四种主要情形。

其一，村集体经济组织。例如，广东南海试点实施方案规定，农村集体经营性建设用地的入市主体为村集体经济组织，即经联社和经济社。

其二，村委会或乡（镇）、街道办事处。辽宁海城提出，没有村（组）农村集体经济组织的，由村民委员会代表行使集体土地所有权；由村民委员会代表行使集体土地所有权的，应当取得该农民集体 2/3 以上成员或 2/3 以上成员代表同意。河南长垣提出，鉴于该县管理农村集体资产的乡、村、组集体经济组织均已不复存在，结合长垣现状，对村集体所有、村民小组集体所有的经营性建设用地，可由村委会作为入市申请主体；对乡集体所有的经营性建设用地，可经民主决策程序指定经济组织作为申请入市主体，也可成立乡集体经济组织作为申请入市的主体，以上途径行不通的,可由乡(镇)、街道办事处作为申请入市的主体。

其三,农民集体委托授权的具有市场法人资格的土地股份合作社、土地专营公司等代表集体行使所有权。在具体做法上,各地并不一致。例如,四川郫县提出了两套方案:一套是由镇(街道)、村、村民小组成立集体资产管理公司,代表农民集体行使农村集体经营性建设用地的使用权。村民小组也可采取委托授权方式,授权村级集体资产管理公司作为入市主体。另一套是成立镇(街道)级、村级、村民小组级股份经济合作社(联社),作为该农村集体经营性建设用地入市的实施主体,代表农民集体行使农村集体经营性建设用地的使用权。

其四,有关集体经济组织联合设立实施主体。浙江德清在实践的基础上提出,集体经济组织将零星分散的集体经营性建设用地复垦后,无法在本集体经济组织所在地实现调整入市的,允许该集体经济组织与其他集体经济组织合作入市,取得的收益协商分成。

(3)入市途径

就入市途径而言,各地的相关规定均参考了国有建设用地使用权取得制度,亦有文件直接规定"参照国有建设用地相关规定执行"。国有建设用地使用权的取得主要有行政划拨、出让和租赁等方式,其中出让方式最为常见。而国有建设用地使用权的出让又包括协议、招标、拍卖、挂牌四种方式。我国现行国有土地使用权出让采用的"协议出让""招拍挂出让"并行的双轨制,但通过"招拍挂"出让是实践中的主流方式。但由于集体建设用地存在产权关系不明晰、较为分散等特点,各地区政策文件还根据土地的不同情况对入市途径作出了如下几种特殊的规定:

其一,直接入市。直接入市成本低,土地产权关系一般比较明晰,借助国有土地交易平台就可开展入市交易,因此在试点初期颇受各地重视,目前大部分入市项目均属于此种途径。但目前试点地方农村集体经营性建设用地直接入市不少以底价成交,明显低于同区域国有土地出让价格。

其二,村庄内分散的集体经营性建设用地经整合后入市。根据土地利用规划、土地整治规划等,可将村庄内分散的土地复垦后按计划调整至产业集中区入市。

其三,城中村集体建设用地经整治后入市。对于历史形成的城中村集体建设用地,对规划范围内各类土地统一进行复垦后确定产权归属。从试点情况看,只有个别地方尝试采取城中村整治入市,绝大多数地区有意回避这一途径。

(三)典型案例分析

我们通过公开渠道查询,截至 2017 年 5 月,在国土资源部统计的 11 个试点地区中,农村集体经营性建设用地入市地块达到443宗(见图1)①。各地入市数量差别非常明显,最多的浙江省德清县达到128宗,较少的海南省文昌市仅有6宗,未被计入本次统计的试点地区北京市大兴区截至目前仅有1宗土地入市。

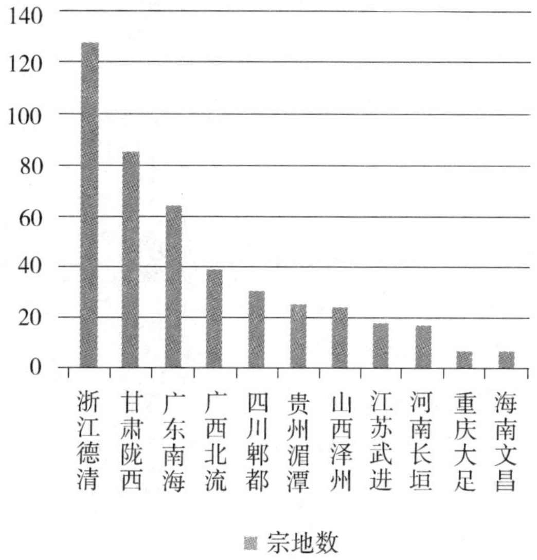

图1　11个试点地区农村集体经营性建设用地入市宗地数

根据检索,集体建设用地使用权的出让常常会附带一定限制条件,尤其表现在限制未来土地使用权的再转让以及项目投资强度等。以下选取上海市松江区永丰街道H单元H41-04号地块("上海市松江区永丰街道地块")及北京市大兴区西红门镇2号地小B(2-004)地块F81绿隔产业用地集体经营性建设用地("北京市大兴区西红门2号地")通过挂牌方式入市的两个案例中较为特殊的内容介绍。

1. 北京市大兴区西红门2号地挂牌出让

(1)出让主体

西红门2号地出让时的《挂牌文件》显示,该地块的土地所有权人为西红门镇集体经济组织,通过集体经济组织民主程序,"一次授权,全权委托",北京市盛世宏祥资产管理有限公司作为该地块入市实施主体,代表村集体行使所有权,使用权属于该公司;北京市盛世宏祥资产管理有限公司由西红门镇政府组建,其股东为大兴

① 参见《农村"三块地"改革试点今年底完成》,载http://news.xinhuanet.com/2017-07/25/c_1121373226.htm。

区西红门镇、各村民委员会和经济合作社,法人代表为西红门镇副镇长王彪。[1] 该地块挂牌出让起始价为人民币45,428万元,竞价阶梯为人民币200万元。经过67轮竞争,北京赞比西房地产开发有限公司最终以80,500万元成交,楼面价约为15,075元/平方米。该公司与北京市盛世宏祥资产管理有限公司签订协议,并由区国土分局核发成交确认书。

(2)限制性条件

根据我们查询到的相关资料[2],西红门2号地的出让主要有以下限制性条件:

①要求优先安置西红门镇劳动力就业;

②要求项目投资强度不低于人民币1.2亿元/公顷;

③要求年纳税额不低于600万元/公顷;

④建设期间,建设税需在本地缴纳,经营公司在本地注册;

⑤为保障以上顺利落实,需在项目用地内选取3400平方米经营性用房(地上)作为上述要求的履约保证。竞得人如未按以上要求落实,上述建筑物所有权及分摊的土地使用权面积一并无偿划转北京市盛世宏祥资产管理有限公司使用。

集体经营性用地依法处置时亦设有限制:①房屋出售时,购房者身份限制,购房者必须具有工商营业执照;②为保障投资强度和纳税要求,北京市盛世宏祥资产管理有限公司(出让人)可在项目用地内选取位置相对集中的3400平方米经营性用房作为履约保证,自房屋产权初始登记之日起,履约用房5年内不得以任何形式出售和转让。5年后在满足上述开发建设条件并经西红门镇政府确认,方可出售、转让;③集体经营性土地使用年限届满,双方同意按照届时有关法律法规处理。

2. 上海市松江区永丰街道地块挂牌出让

上海市松江区永丰街道地块确定竞买人后,竞买人需要签署土地出让合同与《上海市农村集体经营性建设用地使用权开发建设与利用监管协议》(以下简称《监管协议》)。我们注意到,土地出让合同与国有土地使用权出让合同基本一致,其中有如下特殊条款"办公地块不得建设公寓式办公。商业地块未经约定不得建设公寓式酒店""受让人应当按出让年限整体持有商业物业、办公物业""受让人应按本

---

① 参见聂燕军:《北京市首宗农村集体经营性建设用地使用权出让有关问题分析》,载http://www.bjhxpg.com/news/ztnews/2016-06-22/946.html。

② 参见聂燕军:《北京市首宗农村集体经营性建设用地使用权出让有关问题分析》,载http://www.bjhxpg.com/news/ztnews/2016-06-22/946.html。

合同第二十二条约定自持物业，不得整体、分幢、分层、分套转让”。

与其他地区不同的是，竞买人还需与出让人及上海市松江区规划和土地管理局签署《监管协议》。在该协议项下，监管方是上海市松江区规划和土地管理局，被监管方是出让人与竞买人。监管事项通常包括规划条件、后续开发建设要求、公寓式办公要求、保护、保留建筑要求、开竣工要求、绿化要求、建筑节能、节地等资源能源节约要求、功能管理要求、运营管理要求、物业自持要求、土地使用权转让、出租、抵押管理要求、原出让合同内容变更等。监管方式为“监管人的监管采取被监管人主动申请监管为主，结合监管人主动监管的方式进行”。

另外，针对不同性质的地块，还需考虑法律法规对该类地块是否存在其他限制性规定。例如西红门 2 号地属绿隔产业用地，针对绿隔产业用地，北京市政府先后出台了一系列政策文件，除京政办发〔2001〕37 号文明确规定产业用地不得用于房地产开发外，根据 2000 年 3 月 29 日《关于加快本市绿化隔离地区建设的暂行办法》（京政办发〔2000〕20 号）第四条和 2001 年 6 月 28 日《首都绿化办（市林业局）关于实施北京市绿化隔离地区绿地系统总体规划的意见》（京政办发〔2001〕53 号）第二条的规定，对经营性的绿色产业项目，其绿化建设用地面积在 6.67 公顷（100 亩）以上的，允许有 3%～5% 的土地用于与绿地相适宜的建设项目，但不得搞房地产开发和任何工业项目，且此类项目的建筑物高度要严格限定在 2 层以下（不高于 9 米）。

结　语

农村土地改革一直被认为是解决农村问题的关键环节，高层对农村土地改革也充满决心。根据最新消息，集体经营性建设用地入市试点工作将延期至 2018 年年底，并且根据《土地管理法（修正案）（征求意见稿）》及起草说明对未来《土地管理法》的制度设计，未来极有可能通过修法的形式将试点成果法律化、制度化。而集体经营性建设用地入市制度的最终确立是无法脱离现行土地制度的基本框架的，并应顺应土地政策改革的大方向。

房企新蓝海：集体建设用地租赁住房项目的权利义务设定要点

吴方荣　季宸昕*

* 作者简介：
吴方荣，合伙人，中伦律师事务所杭州办公室，电邮为 wufangrong@ zhonglun. com；
季宸昕，律师，杭州办公室。

在“租售并举”的大背景下，国内众多知名房企纷纷开始布局自身的租赁住房业务，如万科推出了“泊寓”，龙湖推出了“冠寓”，旭辉、世茂等一众房企选择了与合作方共同发展租赁住房业务。但发展租赁住房市场，很现实的一个问题就是要解决土地供应，以往开发企业一般都是通过土地公开市场获取土地来定向开发租赁住房项目，或是利用开发企业自持物业来发展租赁住房业务。日前，国土资源部和住房城乡建设部联合出台的《利用集体建设用地建设租赁住房试点方案》（以下简称《方案》），为正在开发租赁住房市场的开发企业提供了又一个用地选择：集体建设用地。

《方案》在试点内容中提到的“完善集体租赁住房建设和运营机制。村镇集体经济组织可以自行开发运营，也可以通过联营、入股等方式建设运营集体租赁住房”，既为村镇集体经济组织指明了在发展租赁住房过程中解决资金、建设和运营的方法，也为想要布局和开发租赁住房市场的房企开辟出了一片新蓝海。

根据《方案》搭建的基本框架，在此类项目中合作的主体将主要是村镇集体经济组织和开发企业，合作各方合作的主要依据是双方签订的合同，政府则将在整个过程中做好监督和管理工作。最终通过各方共同努力实现政府、农民集体、开发企业和个人利益的共赢。

本次《方案》的出台对整个租赁住房市场的发展将有一个重大的引导和刺激作用，之后十三个试点城市的实施方案也将陆续推出。而项目如何合作、利益如何分配、政府如何管理在接下去很长一段时间都将成为此类项目各方讨论的重点。而合作各方在项目的具体合作过程中应当充分沟通讨论，以厘清各方关系及关心的问题，搭建交易框架、选定合作模式并最终确定既符合法律规定和政策要求又能充分体现自身权益的法律文本。

本文将结合《方案》相关政策内容，并从各方的核心诉求出发，从开发企业、村镇集体经济组织、政府三个维度，就交易框架的搭建、合同权利义务的设定分析各自面对的法律问题并给出一定的建议。

一、开发企业

一般而言，在此类项目中，开发企业的商业诉求往往是希望通过主导项目的设计、建造和运营全过程，以保证整个项目能按照其思路运行进而实现预期利润。故开发企业对此类项目的关注点将主要聚焦在合作项目的控制权、合作项目的利益分配等方面，而这些方面归根结底就是合作模式的选择。根据《方案》的内容，开发企业可以选择的合作模式主要有两种:一是与村镇集体经济组织共同设立公司开发项目;二是通过代建加运营的方式进入项目。

(一)与村镇集体经济组织共同设立公司开发项目

1. 关于项目控制权

由于村镇集体经济组织在与开发企业进行此类项目合作时主要的出发点是通过开发企业来解决项目的资金、建设和运营,而另一方面开发企业利用其自身优势来进行项目的建设和运营的前提是其必须要尽可能掌握项目的控制权。故在设计公司章程时可以在保障村镇集体经济组织的分红权益的基础上加强开发企业对公司股东会及董事会的控制能力,即通过章程设置让开发企业在股东会和董事会中有更强的话语权,以加强开发企业对项目公司及项目的控制。

2. 合作项目的利益分配

由于集体建设用地的特殊性,故《公司法》第三十四条规定的公司全体股东约定不按出资比例进行分红后期可能由于政府的监管而在此类项目中不适用。但在此类项目中开发企业除了设计建设项目外还将负责项目的运营,所以开发企业可以考虑通过设立运营目标和配套奖励的方式来获得除股权分红外的额外收益。

(二)通过代建加运营的方式进入项目

在《方案》公布的十三个试点城市中,有部分城市的个别村镇集体经济组织由于发展起步早故其自身就拥有极其雄厚的财力,其对寻找合作开发企业的出发点是开发企业对此类项目设计、建造及运营本身的专业度,资金能力则不在其考虑范畴中,故在此类型项目合作中"项目代建"将是开发企业和村镇集体经济组织双方一个很好的选择。当然,对于一些资金能力相对薄弱同时又不希望开发企业分走项目股权的村镇集体经济组织,"资本代建"也是双方的一个选择。

1. 关于项目控制权

代建本身就是开发企业不作为股东,而是作为经营管理者角色,通过专业能力和品牌号召力提供全流程的开发建设及运营服务,获取相应收益和回报。村镇集体经济组织负责提供土地,开发企业负责提供全流程的开发建设及运营服务(在"资本代建"情况下开发企业还将提供项目的融资或融资渠道),所以合作双方的权利义务都将在《代建合同》中体现,也可以说《代建合同》一旦签订整个项目的操作蓝图就已勾画完成。

但由于《代建合同》根据合同分类应属于"委托合同"范畴,故在此类合作模式下开发企业几乎不可能对项目有绝对的控制权,但开发企业仍可通过对《代建合同》的文本设置，在双方合意的基础上做出一些约定，如为了实现自身品牌下项目的特色性，可约定委托方在进行相关决策时应在保证受托方品牌特色性的基础上进行。举一个例子，如某品牌旗下租赁住房都会在项目中配备一个200平方米的项目特色图书馆，则双方可约定“委托方可要求受托方进行设计方案的修改，但设计方案中有关于面积约200平方米的项目特色图书馆的设计方案由受托方最终确定”等将项目部分最终决策权交由开发企业的条款设置。该类条款可保证一些品牌开发企业的项目特色可以一以贯之，而不会受到委托方不必要的牵制。

2. 合作项目的利益分配

在此类项目合作模式下，开发企业的收益主要来源于两块：第一块是狭义代建（不包含后期租赁运营）收取的代建费用，当然品牌授权使用费也可以在该部分得到体现；第二块是后期租赁运营收费。第一块收益除了品牌授权使用费外基本都相对固定，而第二块收益则需要靠开发企业前期代建品质以及后期运营中的市场接受度和满意度来决定。所以对于第二块收益，建议有能力的开发企业除了收取固定的运营费用外，还可以通过设立运营目标和配套奖励的方式来获得奖励收益，此类方案设计中可以衡量的量包括租金的附加值，即相较竞品项目租金的溢价率，项目出租率，项目租金缴交的及时率等来综合设立，当然具体的方案还应根据不同的项目量体裁衣。

二、村镇集体经济组织

在《方案》开篇部分有“拓宽集体经济组织和农民增收渠道”的方案设置背景阐述，即此方案对于村镇集体经济组织而言主要是增加其收益，故一般而言，在此类项目合作中，村镇集体经济组织的主要考量点应是项目可给村镇集体经济组织带来的收益，而对于项目的其他工作在如今分工如此细密的社会大背景下村集体经济组织完全可以交给更专业的人来完成。所以对村镇集体经济组织而言其最理想的状态是除了管好项目的内部决策、申报以及财务账目外，项目的其他事项均有专人管理。

（一）做好村集体经济组织内部的决策程序

由于集体土地的特殊性，在村集体经济组织利用集体建设用地合作开发租赁住房项目前，必须严格按照《村民委员会组织法》的相关主体、程序、人数、期限等要求做好村民会议、村民代表会议、村民小组会议等内部讨论决策工作，并充分留存此方面的书面材料，这是集体土地租赁住房项目所有合法性的最初来源，这一环节一旦出现不到位甚至弄虚作假的情况,整个项目的合法性就荡然无存,需要推倒重来。

(二)如何监督好项目账目

对于该点,在采用合作设立公司的模式下村镇集体经济组织可安排专人进入公司财务部门担任如财务部门副总等职务,该人员在参与公司经营管理的同时可以监督公司的日常经营,另外聘请会计师事务所对公司定期开展审计工作也是一项不错的选择,这样可以保证公司账目清晰,避免产生不必要的争议和损失。另外前文指出为加强开发企业对项目的控制能力,势必会要求公司的股东会及董事会的话语权,那么村集体经济组织可以考虑加强监事会中的话语权,来平衡和监督开发企业对项目公司的经营,上述内容均可在双方的合作协议中进行详细约定。

(三)如何使项目产生更大的收益

村镇集体经济组织在此类项目合作中应当首先着眼于如何与合作方一起将蛋糕做大而非优先讨论蛋糕如何分配。前文在开发企业部分已经提到了可根据项目设立运营目标和配套奖励的方式来刺激运营团队,就此不再赘述。另外,村镇集体经济组织在采用代建加运营的合作模式的情况下,还可以考虑在政策允许的情况下拿出部分股权来激励开发企业运营团队,即可约定开发企业运营团队在一段时期内若项目利润均达到一定数值的时候,其可按照股权的初始价格购买一定的项目公司股权,当然也可以定向向开发企业增发一定的股权,以激发开发企业运营团队的活力。这些操作在初期的合作协议中可以体现,在后期的运营过程中同样可根据实际需要进行设定。

三、政府

一般而言,对于此类项目,政府除了进行经营环节的税、费、金的收取外,考虑到集体土地资源的稀缺性,更应当做好村集体经济组织利益的平衡和保护工作,同时也要发挥监管作用。

(一)村集体经济组织利益的平衡和保护

由于此类项目的特殊性,故在开发企业采取入股方式进行项目合作时,政府可考虑在制度设计时给村镇集体经济组织占股比划定一个下限,如参照留用地项目中的“不低于51%”等做法,同时可要求股东不得在《公司章程》或通过其他方式对”股东分红”做特别约定,或是仅同意在一定年限可做特别约定。

（二）项目监管

由于存在可观的利益，此类项目必然容易滋生出腐败的土壤，故建议政府应强制要求开展此类合作项目的村镇集体经济组织必须通过“招、拍、挂”流程来决定合作方，以增强其透明公开性，同时加强对“招、拍、挂”流程的监管。除正常的监管措施之外，还应鼓励本村镇集体经济组织的成员对项目合作的全流程进行监督，以切实保障农民集体的利益不受损害。

利用集体建设用地建设租赁住宅项目是一个新生的事物，除了原来个别城市（如杭州）试点的留用地政策外，并没有太多可供借鉴的开发先例，但这个政策的推出对于房地产市场、房企、村集体、政府等又具有特别重要的意义，这方面的实践很快便会铺开，边实践边探讨，边实践边总结，相信集体建设用地租赁住宅项目会逐渐成为住房开发市场的一项有益补充。

社会投资者参与集体土地运营模式初探

刘 娜　张 贤　王若曦*

* 作者简介：

刘娜，合伙人，中伦律师事务所北京办公室，电邮为 liuna@ zhonglun. com；

张贤，律师，北京办公室；

王若曦，律师，北京办公室。

一、背景

2017年10月18日，习近平总书记在中国共产党第十九次全国代表大会作了题为《决胜全面建成小康社会　夺取新时代中国特色社会主义伟大胜利》的报告，其中指出"深化农村集体产权制度改革，保障农民财产权益，壮大集体经济"。农村集体土地制度改革作为农村集体产权制度改革的重要组成部分，日益受到重视。

伴随着我国城市化进程的加速，大量农村人口向城市聚集。而北、上、广、深等特大城市也汇集了来自全国各地的逐梦者，供需矛盾日益突出。人口的增加，带动用地需求的增加，从基础设施建设到产业、住房，均要求更多的供地。但是另一方面，以北京为例，供地面积却一直未能满足市场的需求。统计资料显示，从2013年到2016年，北京住宅供地分别为1357公顷、900公顷、1002公顷和219公顷，呈急剧下降的趋势。长江证券一份研报显示，北京近年来各类土地计划供应完成率均不高，2016年的住宅和商品住宅供应完成率仅有39%和12%。这种供需的严重不平衡也成为北京房价居高不下且持续上涨的重要原因。

与此同时，中国农业人口占全国总人口的约40%，而农村建设用地却占建设用地总量的约60%，大量农村人口外流也导致农村建设用地的利用效益一直不高。当城市扩张到农村的边界，国有用地无法满足需求，农村特别是城乡结合部地区的集体建设用地却因为现行法律法规和政策上严苛的限制难以合法利用。

近年来，我国在农村集体经营性建设用地入市流转的问题上逐渐显现政策和立法上的松动。2017年以来，集体建设用地上建设租赁住房的政策法规相继出台，众人翘首以盼的《土地管理法》的征求意见稿也于2017年5月对外发布，为未来的集体土地运营模式留下充分的想象空间。

二、现行法律框架下的集体土地运营模式

目前，社会投资者利用集体土地开发建设的最大障碍源于现行《土地管理法》的规定。该法第六十三条规定，农民集体所有的土地使用权不得出让、转让或者出租用于非农业建设（该条唯一的例外情况将在下文论述）。此外，《城市房地产管理法》第九条也规定，城市规划区内的集体所有的土地，经依法征收为国有土地后，该等国有土地的使用权方可有偿出让。

实践中，存在村集体或镇政府将集体土地违法出让、转让或出租给社会投资者用于非农建设的情况。此种情形下的社会投资者将面临被国土部门处罚和被收回

土地的风险,法院也可能以违反强制性法律规定而将此等出让、转让或租赁合同认定为无效。近年来关于"小产权房"的新闻屡见报端,"小产权房"就多是指村集体通过自筹资金或与开发商合作的方式在集体土地上从事住宅项目的开发建设并对外出售的房屋。根据《土地管理法》和其他法律的有关规定,该等"小产权房"的购房者非但无法取得房屋的产权,而且这种开发建设行为本身就是一种违法违规行为。

此外,还有社会投资者通过承包土地的方式与村集体签订《土地承包合同》,对项目地块进行开发建设和运营。但《农村土地承包法》的立法目的为"稳定和完善以家庭承包经营为基础、统分结合的双层经营体制,赋予农民长期而有保障的土地使用权,维护农村土地承包当事人的合法权益,促进农业、农村经济发展和农村社会稳定",强调的是对农民进行农业建设的保障,社会投资者可否通过承包土地的方式对集体所有的土地进行非农业建设,还存在争议。而且,根据《土地管理法》第四十三条的规定,经依法批准使用农民集体所有的土地适用的范围也仅限于:①兴办乡镇企业;②村民建设住宅;③乡(镇)村公共设施和公益事业建设。

依据现行法律法规,如果社会投资者欲合法利用农村集体所有的土地进行开发建设可初步总结为以下三种方式。

1. 通过征收转为国有土地

根据《土地管理法》第四十三条的规定,不符合三种规定情形的,任何单位和个人进行建设,需要使用土地的,必须依法申请使用国有土地。该等依法申请使用的国有土地既包括国家所有的土地,也包括国家征收的原属于农民集体所有的土地。所以,如果该等土地目前的性质为集体所有的土地,可通过征收将该块土地转为国有土地后,再通过正常的国有土地取得方式取得。另外,建设占用土地,涉及农用地转为建设用地的,还应当办理农用地转用审批手续。

根据《土地管理法》第四十五条至第四十九条的规定,在市、县人民政府依法定程序逐级上报经省级政府或国务院审批后,方可组织实施将集体土地征收为国有土地,且政府要对被征地农民和集体经济组织进行补偿安置。集体土地转为国有土地后,还要走招拍挂程序。整个过程不仅程序烦琐,而且政府审批严格,社会投资者还需要缴纳高昂的土地出让金及其他税费。

2.《土地管理法》第六十三条规定的例外情形

《土地管理法》第六十三条规定,农民集体所有的土地的使用权不得出让、转让或者出租用于非农业建设;但是,符合土地利用总体规划并依法取得建设用地的企业，因破产、兼并等情形致使土地使用权依法发生转移的除外。

该条规定为集体建设用地使用权的流转设置了两个严苛的条件：第一，流转的集体建设用地须符合土地利用总体规划；第二，依法取得集体建设用地的企业因破产、兼并等情形致使土地使用权发生了转移。不同时满足上述两个条件，集体建设用地使用权不得出让、转让或出租用于非农业建设。

3.《土地管理法》第六十条与农村集体经济组织共同举办企业

根据《土地管理法》第六十条的规定，农村集体经济组织可与其他单位、个人以土地使用权入股、联营等形式共同举办企业，但要求该“村集体经济组织应当持有关批准文件，向县级以上地方人民政府土地行政主管部门提出申请，按照省、自治区、直辖市规定的批准权限，由县级以上地方人民政府批准；其中，涉及占用农用地的，应当按照规定办理审批手续”。对此类用地行为，《土地管理法》体现的态度为“严格控制”，要求“省、自治区、直辖市可以按照乡镇企业的不同行业和经营规模，分别规定用地标准”。

社会投资者与农村集体经济组织共同举办的企业，性质上属于乡镇企业，即农村集体经济组织或者农民投资为主，在乡镇（包括所辖村）举办的承担支援农业义务的企业。结合《乡镇企业法》的有关规定①，我们理解农村集体经济组织与其他单

① 涉及乡镇企业的有关法律规定：

《国务院办公厅关于严格执行有关农村集体建设用地法律和政策的通知》（国办发〔2007〕71 号）明确指出：当前一些地方在使用农民集体所有土地进行建设的过程中，擅自扩大农民集体所有土地的使用范围，违法提供建设用地的问题比较严重……按照《中华人民共和国乡镇企业法》规定，乡镇企业必须是农村集体经济组织或者农民投资为主，在乡镇（包括所辖村）举办的承担支援农业义务的企业。要严禁以兴办“乡镇企业”“乡（镇）村公共设施和公益事业建设”为名，非法占用（租用）农民集体所有土地进行非农业建设。农村集体经济组织使用乡（镇）土地利用总体规划确定的建设用地，兴办企业或与其他单位、个人以土地使用权入股、联营等形式共同兴办企业的，必须符合土地利用总体规划和乡（镇）、村规划，并纳入建设用地年度计划管理；涉及占用农用地的，必须先依法办理农用地转用审批手续，用地规模必须符合有关企业用地标准。

《乡镇企业法》第二条第一、二款明确规定，本法所称乡镇企业，是指农村集体经济组织或者农民投资为主，在乡镇（包括所辖村）举办的承担支援农业义务的各类企业。前款所称投资为主，是指农村集体经济组织或者农民投资超过百分之五十，或者虽不足百分之五十，但能起到控股或者实际支配作用。

《乡镇企业法》第四条规定，发展乡镇企业，坚持以农村集体经济为主导，多种经济成分共同发展的原则。

根据《乡镇企业法》第十条第一款的规定，农村集体经济组织与其他企业、组织或者个人共同投资设立的乡镇企业，其企业财产权按照出资份额属于投资者所有。

《乡镇企业法》第二十八条规定，举办乡镇企业，其建设用地应当符合土地利用总体规划，严格控制、合理利用和节约使用土地，凡有荒地、劣地可以利用的，不得占用耕地、好地。举办乡镇企业使用农村集

位、个人以土地使用权入股、联营等形式共同举办企业的,必须满足以下三个条件:①经有关主管部门批准;②土地符合规划和用途管制;③该等乡镇企业必须以农村集体经济组织为主,即“农村集体经济组织或者农民投资超过百分之五十,或者虽不足百分之五十,但能起到控股或者实际支配作用”,社会投资者不得实际控制该等乡镇企业。此外,考虑到乡镇企业的性质,并结合《土地管理法》第六十三条的规定,该等乡镇企业设立的目的是承担支援农业义务,能否用于开展非农建设,存在争议。

就此种土地运营模式而言,其弊端在于,申请与审批流程烦琐而严苛,且社会投资者也不愿轻易放弃对被投资企业的控制权。显然,这种土地运营模式无法满足渴望操盘并表并取得利益最大化的社会投资者的需求。

三、现行法律框架下的集体土地运营模式风险——以某房地产商与某村经济合作社的合作开发为例

在实践中,结合特殊的地方政策,针对本文第二部分所述的模式也出现了新的变形。

根据某地针对绿化隔离地区出台的政策,对于绿化建设用地面积超过一定数量的经营性的绿色产业项目,允许有3%~5%的土地用于与绿地相适宜的建设项目。针对该项政策,A房地产商与B村经济合作社就此等绿地的集体用地展开合作。

A房地产商与B村经济合作社独资设立的乡镇企业(以下简称乡镇企业),就该村集体经济组织所有的集体用地(以下简称合作地块)进行合作,于该地块上开发建设商业办公综合性项目(以下简称项目)。其中,乡镇企业负责提供土地,配合房地产商办理前期开发所需的立项、规划、用地、开工等审批文件和必要手续,由房

体所有的土地的,应当依照法律、法规的规定,办理有关用地批准手续和土地登记手续。乡镇企业使用农村集体所有的土地,连续闲置两年以上或者因停办闲置一年以上的,应当由原土地所有者收回该土地使用权,重新安排使用。

《乡镇企业法》第三十八条规定,违反本法规定,有下列行为之一的,由县级以上人民政府乡镇企业行政管理部门责令改正:(1)非法改变乡镇企业所有权的;(2)非法占有或者无偿使用乡镇企业财产的;(3)非法撤换乡镇企业负责人的;(4)侵犯乡镇企业自主经营权的。前款行为给乡镇企业造成经济损失的,应当依法赔偿。

北京市人民政府法制办公室等四部门《关于郊区土地开发利用若干问题的暂行规定》(京政农〔1993〕83号)的有关规定:乡村集体经济组织可以以集体所有的土地资产作价入股,兴办外商投资企业和内联乡镇企业,但集体土地股份不得转让,并按国家有关政策交纳土地使用费(税)。

地产商承担项目申报、建设、经营过程中所需全部费用,并向乡镇企业支付土地使用权收益。项目建成后,房地产商以上述房屋的自营、招商和对外出租等方式开展经营活动。

双方约定,乡镇企业代表该经济合作社出资设立项目公司,由项目公司作为项目的立项主体,完成项目建设所需的全部前期审批手续、投资建设手续和项目验收。在项目取得立项手续后,乡镇企业将项目公司的全部股权转让至房地产商,之后,房地产商通过项目公司完成项目的投资、建设和运营。双方合作期限为40年。合作期限期满后,房地产商将投资形成的地上地下建筑物及附属设施交给乡镇企业,由乡镇企业享有所有权。

在项目公司成立后,由于相关政策的限制,项目公司的股权无法转让至房地产商,为保障房地产商的合同权利和投资资金的安全,双方约定在办理上述股权转让事项前先由乡镇企业将其持有的项目公司全部股权质押给该房地产商。实际上,因为种种原因未能办理股权质押手续。

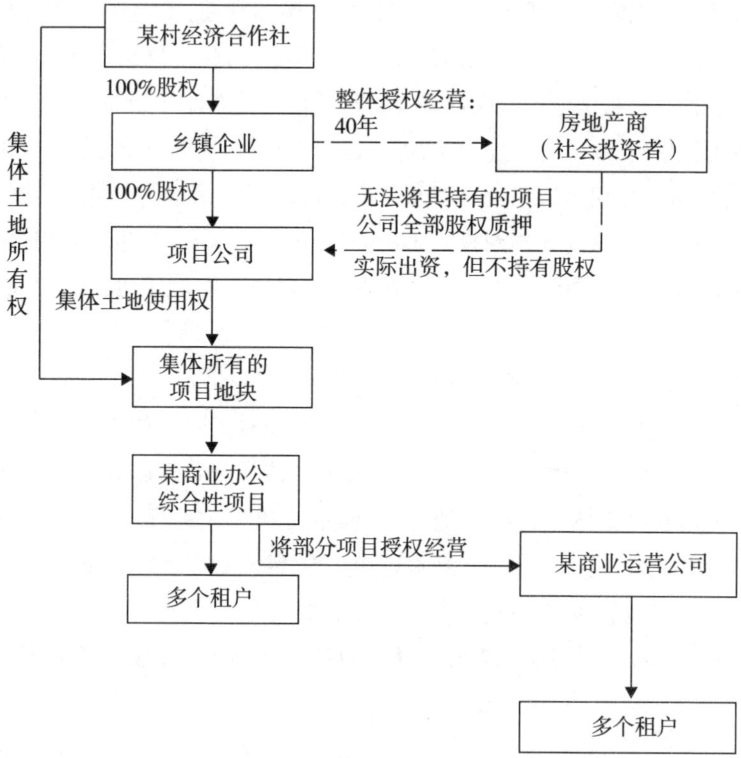

图1 集体土地运营的合作开发模式

该种合作模式对于社会资本来讲主要存在以下风险。

1. 关于房地产商大额投资无法顺利收回的风险

根据上述介绍,房地产商实质上是通过运营项目公司来间接运营项目,项目用地的权利人是项目公司,建成后房产的房产证亦办理在项目公司名下,根据《物权法》①,项目公司是该等房产的所有权人。但是由于相关限制,房地产商最终并不持有项目公司任何股权,对于该房地产商来说,既不直接享有该项目的任何物权,又不持有项目公司的任何股权,但该项目几十亩用地的投资建设所需的巨额建设资金全部需要该房地产商负责筹措、自行投入,而项目地块由于集体土地的限制性政策亦无法办理抵押登记,因此也无法以委托贷款加抵押担保的方式保证资金安全。这对于房地产商来说,投入的巨额建设资金仅靠一种没有任何担保的债权法律关系维系,存在较大风险。

2. 关于在确定合作方式并产生收益(收益不确定性)之前,房地产商需要垫资支付土地费用的财务风险

集体经济组织实质上代表着全体村民的意愿和利益,土地作为村民赖以生存的主要经济来源,如果用于开发建设,则首先要保障的就是村民的收入来源问题,因此,根据双方约定,房地产商在签署合作开发合同后立即开始向乡镇企业支付相关土地费用,尽管在项目开发建设期,尚未运营,没有任何收益,但房地产商亦要先行支付土地费用,以保障村民收入不受影响。因此,在此种合作模式下,尽管双方系合作开发,但实质上该房地产商投入大量资金,包括土地费用、建设费用,而作为合作另一方的乡镇企业则就项目运营不论是否盈利均不承担任何风险,并能获得稳定的收益。

3. 关于存在项目土地被收回的风险

根据《土地管理法》规定,除了兴办乡镇企业和村民建设住宅经依法批准使用本集体经济组织农民集体所有的土地的,或者乡镇村公共设施和公益事业建设经依法批准使用农民集体所有的土地外,任何单位和个人进行建设,需要使用土地的,必须依法申请使用国有土地。建设占用土地,涉及农用地转为建设用地的,应当在征收征用农用地前,办理农用地专用审批手续。

双方签署的合作开发合同存在被认定为租赁合同进而要求提前收回该集体土

---

① 《物权法》第十四条规定,不动产物权的设立、变更、转让和消灭,依照法律规定应当登记的,自记载于不动产登记簿时发生效力;第十六条规定,不动产登记簿是物权归属和内容的根据。

地的风险。在上述案例中,实质上该集体土地并未用来兴办乡镇企业,该村集体实质上将该土地提供给房地产商使用,房地产商按照约定每年向其缴纳约定费用。因此,合作开发合同可能被乡镇企业主张为租赁合同,进而主张《合同法》关于租赁期限最高不得超过20年规定且超出20年约定期限无效,在这种情况下,合作地块存在被提前收回的风险。

4. 关于授权运营法律关系的不稳定性导致连环违约的风险

房地产商通过授权经营的方式享有项目的经营权和收益权。为运营该项目,房地产商采取自营、租赁(直接与多个小承租人签署租赁合同)或将部分项目的经营权转给其他合作方的模式运营。如上所述,由于政策限制原因,尽管房地产商实际投资该项目,但既不直接持有物业权益也不持有项目公司股权,房地产商仅以授权经营为基础取得了经营管理权,在此基础上为运营该项目又与很多第三方建立了很多的租赁或授权经营法律关系。一旦集体经济组织违约、终止授权经营或项目用地因任何原因被收回,导致房地产商无法继续运营管理该项目时,则将产生一系列的连锁违约,房地产商在其与众多第三方签署的合同项下均可能产生或多或少的违约责任。

四、新政策下新的集体土地运营模式

1. 限制性规定松绑

从党的十八届三中全会开始,针对集体建设用地的限制性规定开始松绑,对于农用地转变为集体建设用地、集体建设用地的租赁、转让、抵押、入股等经营性措施逐步放开,这将有利于缓解国有土地的缺口。

2013年11月,党的十八届三中全会《中共中央关于全面深化改革若干重大问题的决定》提出,"在符合规划和用途管制前提下,允许农村集体经营性建设用地出让、租赁、入股,实行与国有土地同等入市、同权同价","完善土地租赁、转让、抵押二级市场"。

2015年2月27日全国人大常委会通过的《全国人民代表大会常务委员会关于授权国务院在北京市大兴区等三十三个试点县(市、区)行政区域暂时调整实施有关法律规定的决定》,开启了集体经营性建设用地使用权进行流转的试点。

2016年5月13日中国银监会、国土资源部发布的《关于印发〈农村集体经营性建设用地使用权抵押贷款管理暂行办法〉的通知》(银监发〔2016〕26号)第三条和第五条规定,在试点地区内,在符合规划、用途管制、依法取得的前提下,以出让、租赁、作价出资(入股)方式入市的和具备入市条件的农村集体经营性建设用地使用权可以办理抵押贷款。

2017 年 4 月 1 日,住房和城乡建设部、国土资源部印发《关于加强近期住房及用地供应管理和调控有关工作的通知》(建房〔2017〕80 号),提出“在租赁住房供需矛盾突出的超大和特大城市,开展集体建设用地上建设租赁住房试点”。

2017 年 7 月 18 日,住房和城乡建设部、国土资源部等九部委联合印发《关于在人口流入的大中城市加快发展住房租赁市场的通知》(建房〔2017〕153 号),再次提出“按照国土资源部、住房和城乡建设部的统一工作部署,超大城市、特大城市可开展利用集体建设用地建设租赁住房试点工作”。

2017 年 8 月 28 日,国土资源部、住房城乡建设部印发《利用集体建设用地建设租赁住房试点方案》(国土资发〔2017〕100 号),确定在第一批 13 个城市开展利用集体建设用地建设租赁住房试点,并指出“村镇集体经济组织可以自行开发运营,也可以通过联营、入股等方式建设运营集体租赁住房”。

尽管有以上政策和法律规定,但作为顶层制度的上位法《土地管理法》的修正案还未正式出台;新政策又仅限于试点地区和特定事项,不具有普遍性;而且对于如何出让、租赁、作价出资(入股),目前暂无具体的配套措施。

2.《土地管理法(修正案)(征求意见稿)》的发布

2017 年 5 月 23 日,国土资源部正式发布《土地管理法(修正案)(征求意见稿)》。该征求意见稿的最大亮点是,删去了现行《土地管理法》第四十三条和第六十三条关于建设用地必须使用国有土地、集体土地不得用于非农建设用途的规定,并试图明晰征地的公共利益范围。新的第六十三条可看作对十八届三中全会以来新出台的关于集体经营性建设用地使用方面的政策法规的总结,该条规定:“国家建立城乡统一的建设用地市场。符合土地利用总体规划的集体经营性建设用地,集体土地所有权人可以采取出让、租赁、作价出资或者入股等方式由单位或者个人使用,并签订书面合同。按照前款规定取得的集体经营性建设用地使用权可以转让、出租或者抵押。集体经营性建设用地出让转让的办法,由国务院另行制定。”

如果该征求意见稿能最终在人大获得通过,将为社会投资者新添出让(由集体土地所有权人直接向其出让而无需走征收程序)和租赁两种集体土地运营模式。而集体土地作价出资或入股一直是很多投资者的优选方案,因为股权投资可为投资者带来更多的稳定性,不用担心被收回土地,而且收入分配也可与投入比例相匹配,前文案例所分析的目前合作模式下社会资本的几个主要风险也就迎刃而解。

但如果对集体土地所有权人将土地作价出资或者入股而设立的企业，社会投资者的持股比例仍有不高于50%的限制，对于社会投资者的吸引力仍然有限。同时，该等股权比例的限制也可能使得拥有丰富房地产开发建设经验的房地产开发企业难以操盘并表，不能充分发挥其经验和运营方面的优势。

结　语

随着农村集体土地制度改革的稳步推进，农村集体土地的运营模式也将不断丰富。社会投资者如果想合法利用集体土地进行开发建设，则应明晰《土地管理法》的种种限制，权衡各种经营模式的利弊，还要时刻关注农村集体土地方面的政策法规变化，从而避免不必要的法律风险，实现自身利益的最大化。

第二章

基础设施项目与PPP模式

1. 政府视角的 PPP 考量

PPP 项目物有所值定量评价实务探索与思考

周兰萍　叶华军*

*作者简介：
周兰萍，合伙人，中伦律师事务所上海办公室，
电邮为 laurazhou@ zhonglun. com；
叶华军，律师，上海办公室。

引　言

随着我国政府和社会资本合作相关法规政策的陆续出台和 PPP 项目实践的不断探索,PPP 模式正在逐步朝着规范化和有序化的方向蓬勃发展,而物有所值定量评价作为评判基础设施和公共服务项目是否适宜采取 PPP 模式实施的决策依据之一,在 PPP 项目的识别和准备阶段发挥着重要作用。尽管如此,由于物有所值定量评价方法在国内推行时日尚短,无论是在理论上还是实践中都仍存在探索和改进的空间。

一、物有所值定量评价的目的与作用

不同的国家和组织对于物有所值(Value for Money,VFM)的定义并不相同,而实施物有所值评价的目的,并不在于评价项目自身完成建设投入运营后可以产生多大的经济成果和社会效益(该评价通常在工程可行性研究报告中解决),而在于重点对比该项目采用 PPP 模式或传统政府采购模式时哪种方式实施更为适合。换句话说,PPP 项目中的物有所值评价并不是评价项目本身是否“物有所值”,而是评价项目采取 PPP 模式实施相比传统政府采购模式是否“物有所值”。

英国财政部将物有所值定义为“在使得提供的产品或服务满足使用者需求的前提下全生命周期成本和质量(或合目的性)的最佳组合”,因此,物有所值评价中的两个组成部分即定性分析(Qualitative Analysis)和定量分析(Quantitative Analysis),通常可视为对质量和成本这两个不同因素分别进行评价的工具,即定性评价主要用于评价 PPP 模式下提供的公共产品或服务的质量是否优于传统政府采购模式;而定量评价则主要用于评价 PPP 模式下政府方所发生的全生命周期成本是否少于传统政府采购模式。

二、我国关于 PPP 项目物有所值定量评价的主要规定

国际上较常使用的物有所值定量评价方法主要有两种:一种是成本效益分析法(Cost - Benefit Analysis,CBA),即通过计算出不同方案下项目的全部成本和效益后,按照一定的原则进行比较,选择出其中可以最小成本获得最大效益的方案;另一种是公共部门参照标准法(Public Sector Comparator,PSC),该方法是以政府传统采购方式下的成本作为标杆价格,将 PPP 模式下的全生命周期成本与标杆价格进行比较,从而判断 PPP 模式与政府传统采购方式相比是否更为物有所值。目前

PSC方法是国外PPP实践中采取较多的方式，如英国、澳大利亚、日本等国家均广泛运用该方法进行物有所值评价。

在我国国内，尽管较早时间就已经有行业专家开始了对PPP项目的物有所值定量评价研究，但国家层面最早提到物有所值定量评价的文件，是财政部于2014年底出台的《财政部关于印发〈政府和社会资本合作模式操作指南（试行）〉的通知》（财金〔2014〕113号）。其中第八条规定："财政部门（政府和社会资本合作中心）会同行业主管部门，从定性和定量两方面开展物有所值评价工作。定量评价工作由各地根据实际情况开展"，及"定量评价主要通过对政府和社会资本合作项目全生命周期内政府支出成本现值与公共部门比较值进行比较，计算项目的物有所值量值，判断政府和社会资本合作模式是否降低项目全生命周期成本。"但文件中并未规定定量评价的具体操作细则，导致在后续一段时间内物有所值定量评价工作仍然缺乏明确依据，不同PPP项目之间实践做法差异较大。

2015年年底，财政部发布了《PPP物有所值评价指引（试行）》（财金〔2015〕167号），规定了物有所值评价的方法和流程的相关指导性原则，为国内的PPP项目评价提供了较为明确的实施依据。《PPP物有所值评价指引（试行）》（以下简称《评价指引》）中，关于定量评价部分选取的是国际较为通行的PSC方法，即在假定采用PPP模式与政府传统投资方式产出绩效相同的前提下，通过对PPP项目全生命周期内政府方净成本的现值（PPP值）与公共部门比较值（PSC值）进行测算和比较，判断PPP模式能否降低项目全生命周期成本，具体评价方法和步骤在此不作赘述。

三、目前物有所值定量评价实务中存在的主要问题

（一）参照项目的选择缺乏统一标准

根据PSC的评价原则，在进行定量评价时应当确定参照项目。所谓参照项目，是指采取政府传统投资方式实施的，且与拟用PPP模式实施的项目产出相同或相近的项目。《评价指引》中也推荐了两种不同的选取方式，即"（一）假设政府采用现实可行的、最有效的传统投资方式实施的、与PPP项目产出相同的虚拟项目"，或"（二）最近五年内，相同或相似地区采用政府传统投资方式实施的、与PPP项目产出相同或非常相似的项目"。

PPP项目实践中，一方面，由于每个项目都具有自身的独特性，很难找到完全满足"最近五年内，相同或相似地区采用政府传统投资方式实施的、与PPP项目产出相同或非常相似"这一条件的参照项目；另一方面，即便可以找到此类项目，由于项

目历史数据不足或数据获取难度较大等原因,往往也无法与 PPP 项目进行直接对比。因此,目前定量评价实务中采取上述第(二)种方式确定参照项目的做法较少,大多数 PPP 项目会选择以上述第(一)种方式所确定的虚拟项目作为参照项目。然而,在设定虚拟项目的边界条件时,如何判定"政府采用现实可行的、最有效的传统投资方式实施"这一标准,一直是定量评价实践中争议较大的问题之一。

举例来讲,从政府传统投资方式的项目筹资方式来看,过去主要包括:(1)通过地方融资平台公司融资;(2)全部使用自有财政资金投资;(3)通过发行地方政府债券进行融资等其他方式筹集项目资金。由于前述第(1)种筹资方式下并不会产生融资成本,而后两种筹资方式则需要将相应的融资成本计入参照项目的运营维护净成本,因此,当虚拟项目选用不同的筹资方案时,其 PSC 值的计算结果显然会存在差异。而到底哪种筹资方式最为符合"现实可行的、最有效"这一要求,缺乏明确的评价标准,实践中往往有赖于评价人员的主观判断。此外,在目前国家规范地方政府举债机制,剥离融资平台公司政府融资职能的大环境下,通过融资平台公司为政府投资项目进行融资存在违规之嫌;而对于地方财政能力有限的地区,全部使用自有财政资金进行项目投资显然也不现实;同样地,地方政府债券发行额度毕竟有限,对于大型基础设施建设所需的大量资金而言也是杯水车薪,因此,政府投资项目的一些传统筹资方式都有可能不完全符合"现实可行"的标准,给定量评价过程中虚拟项目融资边界条件的合理设定带来了一定难度。

此外,虚拟项目的其他边界条件的不同设定,也会导致参照项目有不一样的 PSC 值测算结果。例如,政府传统投资方式下,运营阶段既可能选择自行运营,也可能选择外包给社会资本,当选择不同的运营模式作为虚拟项目的边界条件时,项目运营成本和收入的测算结果往往也会存在较大差异。

综上所述,由于参照项目的选择缺乏统一标准,不仅可能导致本项目的 PSC 值测算不准确,影响最终的 VFM 定量评价结果;同时也会导致不同 PPP 项目的 VFM 量值之间缺乏横向比较的可行性,不利于开展大数据分析和比较工作,为 PPP 项目的区域和行业分析提供较为准确的数据支持。

(二)PSC 值中的风险承担成本计算方式有待商榷

根据《评价指引》第三十一条规定,组成 PSC 值的"项目全部风险成本包括可转移给社会资本的风险承担成本和政府自留风险的承担成本,参照《政府和社会资本合作项目财政承受能力论证指引》(财金〔2015〕21 号)第二十一条及有关规定测算",且"政府自留风险承担成本等同于 PPP 值中的全生命周期风险承担支出责任,两者在PSC值与PPP值比较时可对等扣除”。

尽管上述观点在理论界一向较为被认可，但从实际情况来看，由于PPP模式下的融资、建设、运营等环节与政府传统模式下均可能存在差异，故当项目采取不同的模式实施时，项目的全部风险成本可能会发生变化，即采用政府传统投资模式时的项目全部风险成本并不必然等于PPP模式下的项目全部风险成本。另外，采用政府传统投资模式时，由于政府也可通过外包等方式达到将部分风险转移给第三方的效果，即政府方只承担自留风险部分的成本（注：政府传统投资模式下的政府自留风险成本RRC与PPP模式下的政府自留风险成本RRC’也可能并不等同，如图1所示）。

因此，我们认为，在计算PSC值时，同样需要考虑政府传统投资模式下部分风险可转移的可能性，即不应当直接以参照项目的全部风险成本作为PSC值的构成项，而应当以参照项目的全部风险成本减去可转移风险成本之后的政府自留风险成本（RRC）作为PSC值的构成项。而相应的，由于PPP模式下的政府自留风险成本（RRC’）是PPP值的构成项，故在对PSC值和PPP值进行比较时，两种模式下政府自留风险成本的差值（ΔRRC = RRC − RRC’）反映的才是政府在PPP模式下比政府传统投资模式下所减少的风险支出责任的正确数额，具体可参见图1。

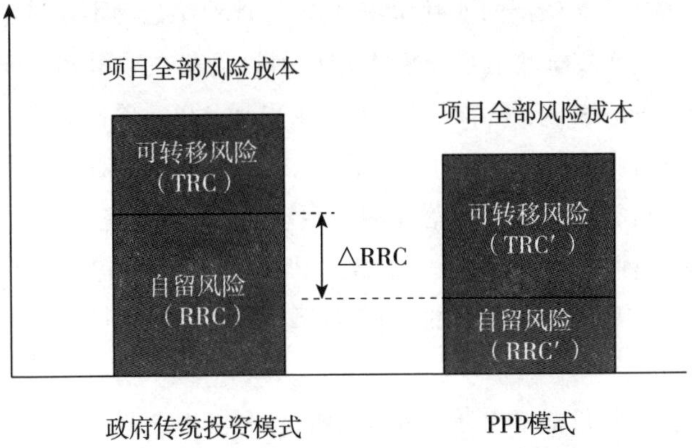

图1　政府传统投资模式下和PPP模式下的风险成本构成对比

（三）定量评价结果与定性评价结果不应被割裂，而应有机结合统筹考量

如前所述，英国财政部将物有所值定义为“在使得提供的产品或服务满足使用者需求的前提下全生命周期成本和质量（或合目的性）的最佳组合”，由于成本与质量一般呈反向关系，即成本的下降会导致质量变差，而质量提升意味着需要更多的

成本。而可实现物有所值的PPP模式一定是使成本和质量的组合达到最佳平衡点时的选择,此时成本不一定是最低,提供的公共产品和服务的质量也不一定是最好,但综合起来是最佳的选择。举个例子,同样建一条高速公路,政府传统模式下政府的全生命周期成本是10亿元,公路的使用寿命是20年;而采取PPP模式时政府的全生命周期成本是12亿元,公路的使用寿命可以达到30年,在此情形下,尽管PPP模式下政府的成本更高,但换来的是更长的使用寿命,PPP模式下的成本与质量的组合更佳,因而更为符合物有所值的本意。

因此,在进行物有所值评价时,应当将成本和质量作为两个相关的因素进行考虑,因而定性评价和定量评价不应作为两个独立的评价过程,而应当将两个评价结果进行有机结合(如计算加权值),综合判定是否通过物有所值总体评价。而从目前的物有所值评价相关规定和实践来看,定量分析和定性分析的结果显然是割裂的,不利于寻求真正能够实现物有所值的成本和质量的最佳平衡点。

(四)部分项目定量评价流于形式

根据《评价指引》的规定,PPP项目开展物有所值评价时,可由项目本级财政部门(或PPP中心)会同行业主管部门,确定是否进行定量评价以及定量评价结果是否作为采用PPP模式的决策依据。据此理解,对于已明确不将定量评价结果作为是否采用PPP模式决策依据的项目,即使当定量评价结论为不通过(PPP模式下的全生命周期成本高于传统政府投资模式)时,项目仍存在采用PPP模式的可能性。但事实上出于各种原因,该种情形实际上极少出现。PPP项目实践中,无论是政府方还是其委托进行物有所值定量评价的第三方咨询机构,从各自的利益角度出发,均不缺少推动项目采取PPP方式落地的主观动机,因而在进行物有所值定量评价时,往往会通过各种方式调低PPP值或增大PSC值,人为地达到"物有所值",实现项目通过PPP物有所值评价的目的,因而导致了此类PPP项目的定量评价缺乏客观性和严谨性。

此外,也要看到,目前PPP项目市场中的咨询机构良莠不齐,少量咨询机构和人员并不具备项目咨询相应的专业知识和能力,协助政府方开展的定量评价工作流于形式,缺乏实际意义和参考价值。对于此种情形,建议相关主管部门加强对PPP咨询机构的监督和管理,规范咨询市场的有序竞争。

(五)定量评价存在不能体现社会效益的时间价值等局限性

尽管物有所值定量评价是进行PPP项目全生命周期内成本测算的重要手段,可以为项目决策和绩效评价提供重要的参考依据,但由于各方面原因,定量评价自身也存在一定的局限性。

首先,在传统政府投资模式下,受地方财力不足、政府方缺少专业人才和建设运营经验等原因所限,大量亟须投资建设运营的基础设施和公用事业项目往往无法立即上马,尤其是不能很快地落实公众迫切需要解决的“上学难”“看病难”等社会难题。而 PPP 模式的一个重要的优势不仅在于可以为当下基础设施和公共事业建设提供融资功能,更可以让具备专业能力和相关资源的社会资本方参与到项目的规划策划及运营中来,用他们的专业资源和经验帮助政府提前满足社会需要。相比于传统模式,项目采取 PPP 模式实施可以提前完成建设投入运营,并为社会公众提供公共产品和服务,使公众得以提前享受基础设施和公共服务所带来的便利,然而物有所值定量评价一般无法直接反映 PPP 模式所带来的公共产品和服务的提前,即不能体现社会效益的时间价值。

此外,定量评价作为 PPP 项目识别和准备阶段的决策参考依据,所依据的边界条件和基础数据在项目实施过程中可能会发生较大变化。因此,前期开展的定量评价预测结果往往无法准确地反映后续项目的实际情况,可能存在决策错误的风险。对于该问题,建议一方面积极开展项目期中评价和后评价,为项目决策提供依据;另一方面也建议通过建立 PPP 项目定量评价数据库,为后续实施类似项目提供必要的和可行的参考。

四、总结与建议

如同 PPP 模式本身一样,任何新兴事物都需要有一个逐步发展和完善的过程,尽管目前实践中物有所值定量评价方法仍存在各种不足和局限性,但不能因此而完全否定定量评价的价值,不能“因噎废食”。而无论是从为项目自身决策提供参考依据角度,还是从为后续 PPP 项目推进和模式推广提供经验角度考虑,都有必要继续坚持开展物有所值定量评价工作的实践和探索。

我们建议相关主管部门组织行业专家深入研究定量评价方法,继续细化相关操作指引,建立定量评价示范机制,规范定量评价工作,让物有所值定量评价工具自身也能真正实现“物有所值”,为 PPP 模式的健康和规范推广提供有力支持。

政府购买服务的边界分析：兼论87号文对PPP模式的影响

刘永青　杜太山*

*作者简介：

刘永青，合伙人，中伦律师事务所青岛办公室，电邮为 liuyongqing@ zhonglun. com；

杜太山，律师，青岛办公室。

一、87 号文出台背景介绍

2017 年 6 月 30 日，财政部官方网站发布《河南省严肃处理个别地区违法违规举债担保问题切实加强政府债务风险防控》一文，该文指出 2015 年驻马店市政府承诺将驻马店市公共资产管理有限公司两笔贷款本息列入市财政中长期规划和政府购买服务预算，涉及资金 8.18 亿元。具体如下：

2015 年 9 月 14 日，驻马店市政府通过政府常务会议纪要，要求将驻马店市公共资产管理有限公司向中信信托有限责任公司申请的 1.78 亿元信托贷款本息列入市财政中长期规划和年度预算，由市财政局出具承诺函。实际执行中，市财政局未向中信信托有限责任公司出具承诺函。

2015 年 9 月 28 日，驻马店市政府通过政府常务会议纪要，承诺将驻马店市公共资产管理有限公司贷款本息列入市财政中长期规划和政府购买服务预算，涉及资金 6.4 亿元。市财政局据此向中国建设银行驻马店分行出具了承诺函。

2017 年 1 月，财政部向河南省反映了驻马店市利用政府购买服务名义违法违规举债担保问题，提出了相关处理建议。①

驻马店政府将融资平台的债务纳入政府购买服务预算并出具承诺函，违反了《预算法》和国务院办公厅《关于印发〈地方政府性债务风险应急处置预案〉的通知》（国办函〔2016〕88 号）的相关规定，属于利用政府购买服务名义违规举债担保的典型，是继重庆黔江区及山东邹城市违规举债担保后又一典型案例。

近期多地频繁出现政府购买服务作为地方政府违规举债工具的现象，主要是因为新的预算管理制度及《国务院关于加强地方政府性债务管理的意见》（国发〔2014〕43 号）、《关于制止地方政府违法违规融资行为的通知》（财预〔2012〕463 号）限制了地方政府举债，加之有些项目又不能采用 PPP 模式，因此只好包装成为政府购买服务形式。另外，政府购买服务不需要进行物有所值评价和财政承受能力评价，不受公共预算 10% 的上限约束，也是地方政府滥用政府购买服务形式举债所考虑的因素。

一些地方政府违反国家法律法规和政策规定，利用政府购买服务名义举债进行基建项目建设，一定程度上架空了 PPP 模式，绕开监管，规避程序，将一些条件不

① 载财政部官方网站：http://www.mof.gov.cn/zhengwuxinxi/caizhengxinwen/201706/t20170630_2635002.htm。

达标或难以入库的项目落地,从而将国家重大改革举措异化为变相融资的渠道。面对日益增多的地方政府利用政府购买服务模式变相违规举债的案例,财政部2107年6月1日发布《财政部关于坚决制止地方以政府购买服务名义违法违规融资通知》(财预〔2017〕87号,以下简称87号文),对政府购买服务的适用范围、负面清单及遵循程序等进行了细化规定,制止地方以政府购买服务名义违法违规融资。

二、政府购买服务的定义及边界

(一)政府购买服务的定义

《政府采购法》所称的政府采购,是指各级国家机关、事业单位和团体组织,使用财政性资金采购依法制定的集中采购目录以内的或者采购限额标准以上的货物、工程和服务的行为。《政府采购法》第二条规定,本法所称服务,是指除货物和工程以外的其他政府采购对象。

(二)政府购买服务的边界

《政府采购法》的上述规定实际上以排除法确定了政府采购服务的内容边界,即政府购买服务不适用于货物和工程采购。

另外,《国务院办公厅关于政府向社会力量购买服务的指导意见》(国办发〔2013〕96号)将政府向社会力量购买服务的内容界定为适合采取市场化方式提供、社会力量能够承担的公共服务,突出公共性和公益性,并列举要逐步加大政府向社会力量购买服务力度的领域为教育、就业、社保、医疗卫生、住房保障、文化体育及残疾人服务等基本公共服务领域。

2015年1月1日起施行的《财政部政府购买服务管理办法(暂行)》(财综〔2014〕96号)规定,各级财政部门负责制定本级政府购买服务指导性目录,确定政府购买服务的种类、性质和内容。纳入指导性目录的服务事项,应当实施购买服务。

综上,通过上述法律规定,我们国家对政府购买服务的内涵和外延进行了清晰的界定,政府购买服务具有其特定含义和实施范围。

三、政府付费类PPP模式与政府购买服务的关系及区别

《政府和社会资本合作模式操作指南(试行)》(财金〔2014〕113号)规定PPP项目合同中涉及的政府支付义务,财政部门应结合中长期财政规划统筹考虑,纳入同级政府预算,按照预算管理相关规定执行。财政部门(政府和社会资本合作中心)和项目实施机构应建立政府和社会资本合作项目政府支付台账,严格控制政府财

政风险。在政府综合财务报告制度建立后,政府和社会资本合作项目中的政府支付义务应纳入政府综合财务报告。政府付费,是指政府直接付费购买公共产品和服务,主要包括可用性付费、使用量付费和绩效付费。

上述规定,容易使人误认为政府购买服务是PPP模式的一种,但是实际上政府付费类PPP模式和政府购买服务大不一样。政府购买服务,从广义上来说,包含了公共服务的购买,而PPP模式在我国强调的也是在公共服务领域,因此,广义上的政府购买服务是包含PPP模式的。但是,从87号文内容来看,其所定义的政府购买服务是狭义的,指的是国办发〔2013〕96号文规定的内容,而PPP模式是一种特殊的基础设施领域的投融资形式,两者明显不同。当然,PPP也有三种付费模式,其中政府付费,对应的就是完全没有使用者付费的公益项目。即便如此,政府付费类的PPP项目和政府购买服务也是并行的概念。PPP模式是基础设施领域的一种投融资形式,政府付费只是PPP模式当中的一种付费形式,和政府购买服务是两回事,不能同等地对待。另外,PPP模式与政府购买服务的地方政府预算管理逻辑不同:政府购买服务是要先纳入预算后购买,而PPP模式,根据《政府和社会资本合作项目财政承受能力论证指引》的规定,每一年度全部PPP项目需要从预算中安排的支出责任占一般公共预算支出比例不超过10%。

四、87号文对政府付费类PPP模式的影响

根据财综〔2014〕96号文的规定,各级财政部门负责制定本级政府购买服务指导性目录,确定政府购买服务的种类、性质和内容。纳入指导性目录的服务事项,应当实施购买服务。因此,政府购买服务指导性目录具有一定的强制约束力。87号文强调增强指导性目录的约束力,对暂时未纳入指导性目录又确需购买的服务事项,应当报财政部门审核备案后调整实施。

根据财综〔2014〕96号文的规定,政府购买服务指导性目录一般包括六大类:

1. 基本公共服务

公共教育、劳动就业、人才服务、社会保险、社会救助、养老服务、儿童福利服务、残疾人服务、优抚安置、医疗卫生、人口和计划生育、住房保障、公共文化、公共体育、公共安全、公共交通运输、三农服务、环境治理、城市维护等领域适宜由社会力量承担的服务事项。

2. 社会管理性服务

社区建设、社会组织建设与管理、社会工作服务、法律援助、扶贫济困、防灾救灾、人民调解、社区矫正、流动人口管理、安置帮教、志愿服务运营管理、公共公益宣传等领域适宜由社会力量承担的服务事项。

3. 行业管理与协调性服务

行业职业资格和水平测试管理、行业规范、行业投诉等领域适宜由社会力量承担的服务事项。

4. 技术性服务

科研和技术推广、行业规划、行业调查、行业统计分析、检验检疫检测、监测服务、会计审计服务等领域适宜由社会力量承担的服务事项。

5. 政府履职所需辅助性事项

法律服务、课题研究、政策(立法)调研草拟论证、战略和政策研究、综合性规划编制、标准评价指标制定、社会调查、会议经贸活动和展览服务、监督检查、评估、绩效评价、工程服务、项目评审、财务审计、咨询、技术业务培训、信息化建设与管理、后勤管理等领域中适宜由社会力量承担的服务事项。

6. 其他适宜由社会力量承担的服务事项

根据 87 号文的规定,在政府购买服务的范围上,财政部又设置了“负面清单”,要求不得将原材料、燃料、设备、产品等货物,以及对建筑物和构筑物的新建、改建、扩建及其相关的装修、拆除、修缮等建设工程作为政府购买服务项目。严禁将铁路、公路、机场、通信、水电煤气,以及教育、科技、医疗卫生、文化、体育等领域的基础设施建设,储备土地前期开发,农田水利等建设工程作为政府购买服务项目。严禁将建设工程与服务打包作为政府购买服务项目。严禁将金融机构、融资租赁公司等非金融机构提供的融资行为纳入政府购买服务范围。并且,87 号文提出,不得利用或虚构政府购买服务合同为建设工程变相举债,不得通过政府购买服务向金融机构、融资租赁公司等非金融机构进行融资,不得以任何方式虚构或超越权限签订应付(收)账款合同帮助融资平台公司等企业融资。87 号文以列举的方式,明确将有形的建设和物品的采购与无形的服务分开,将融资行为与政府的服务分开。

从整体的立法体系上看,87 号文对政府购买服务其实并无新的规定要求,而是采用负面清单、严格程序的方式,对之前出台的限制和控制地方政府违法违规举债的文件的细化和明确。

那么,87 号文对政府付费类 PPP 模式到底有何影响? 有多大影响呢?

可以说,87号文的出台,堵住了一些地方政府利用所谓的政府购买服务的方式违法违规举债的后门,使地方政府按照中央和国务院的精神,认真细致地研究利用PPP模式合法依规操作项目的可行性,并充分利用社会资本实现项目的落地。

我们必须了解到,国家在此特定时期推出PPP模式的目的即激活社会资本,特别是民营资本,从而达到降低财政支付,实现预算中安排的支出责任占一般公共预算支出比例不超过10%的目标。换句话说,PPP模式本身就是为了减少政府财政支付,利用市场手段发挥项目自身的吸引力,达到与社会资本合作,从而推动国家建设的目的。

真正的PPP模式是靠政府资本和社会资本形成SPV公司,SPV公司再利用项目的可行性、未来现金流量、收益等吸引融资并最终实现PPP项目的建设、运营、管理,完全不是政府购买服务或者提供政府信用担保。当然,一些包装成政府付费类PPP模式,实质就是政府购买服务的假PPP项目另当别论。

由此可见,87号文的出台与政府付费类PPP模式并无冲突,笔者认为,87号文对政府付费类PPP模式实际上没有影响,反而对政府付费类PPP模式是个利好。

五、政府付费类PPP模式如何应对87号文

在认清了政府购买服务与政府付费类PPP模式的区别之后,笔者认为,政府付费类PPP模式项目,可从以下几点着手,应对87号文:

(一)做好承接不合规政府购买服务项目的准备

根据87号文的规定,各省级财政部门要会同相关部门组织全面摸底排查本地区政府购买服务情况,发现违法违规问题的,督促相关地区和单位限期依法依规整改到位,并将排查和整改结果于2017年10月底前报送财政部。这意味着政府购买服务的项目应当全部排查,凡是有违法违规的均应当整改到位,并没有新老划段的安排。即使是已经进行了政府购买服务,并且也由当地人大审批了,但是如果不符合先有预算后采购,并且期限超过了三年,那么也存在合法性的问题。因此地方政府应及时咨询专业机构,对于87号文负面清单所列项目类型进行深入研究,对涉及负面清单所列的现有和拟实施的政府付费类PPP项目进行全面的梳理和细致的分析,做好利用政府付费类PPP模式承接不合规政府购买服务项目的准备。但是,在承接过程中,也应避免采用PPP模式包装政府购买服务项目,如明股实债、政府兜底等方式,同时需要考虑PPP模式不能超过预算10%的限制,合理疏导不合规的政府购买服务项目。

(二)特殊类型项目特殊对待

在87号文发布之前,国务院发布的《关于进一步做好城镇棚户区和城乡危房改造及配套基础设施建设有关工作的意见》《关于推进城市地下综合管廊建设的指导意见》等文件中,已经明确列入政府购买服务的事项,从表面来看,也会落入负面清单。87号文规定,棚户区改造和易地扶贫搬迁工作中涉及的政府购买服务事项,按照相关规定执行。从文义解释的角度来看,尚不能得出87号文已明确豁免前述项目类型的结论。

对国务院及下属部委出台的文件提供政府购买服务、PPP等两种以上可供选择操作模式的项目类型,如农村公路建养一体化、各类体育场地、海绵城市、地下综合管廊、小城镇建设等进行细致甄别,注意目前不同法律法规之间存在前后不一致的地方。确认在87号文出台后,是否可继续采用政府购买服务方式操作,在操作具体项目的过程中需谨慎处理。如不可行,需及时研究各种类型项目如何设计良好可实施的PPP模式,吸引社会资本投资。

(三)妥善处理重点推进PPP模式的政府采购领域

《财政部关于在公共服务领域深入推进政府和社会资本合作工作的通知》(财金〔2016〕90号)及《关于印发〈政府和社会资本合作项目财政管理暂行办法〉的通知》(财金〔2016〕92号)均提出PPP的应用范围主要是公共服务领域。具体操作中,存在两个“强制”:一是试点包括垃圾处理、污水处理等公共服务领域强制应用PPP;二是其他中央财政给予支持的公共服务领域,对于有现金流、具备运营条件的项目,要强制实施PPP模式识别论证,鼓励尝试运用PPP模式,注重项目运营,提高公共服务质量。因此,在上述国家重点推进PPP模式的领域,即使在政府购买服务的“白名单”范围内,也应尽量采用PPP模式。

(四)切实加强政府付费类PPP模式的筛选

一个合理的PPP项目,应当靠未来的现金流量、利润、补贴等实现PPP项目的健康运作,而不应建立在政府信用和背书之上。因此,PPP投融资模式关键在于筛选适合的项目,充分论证SPV公司及项目本身的信用、综合建设运营能力、盈利能力和现金流管理能力。

将商业项目纳入 PPP 合作范围的风险及破解路径探讨

周兰萍　史梦清　张留雨*

* 作者简介：

周兰萍，合伙人，中伦律师事务所上海办公室，电邮为 laurazhou@ zhonglun. com；

史梦清，律师，上海办公室；

张留雨，律师，上海办公室。

自2013年下半年以来,中央各部委在交通运输、市政工程、环境保护、保障性安居工程等基础设施和公共服务领域力推政府和社会资本合作(PPP)模式,全国各地的PPP项目呈井喷式增长,但受限于“每一年度全部PPP项目需要从预算中安排的支出责任占一般公共预算支出比例应当不超过10%”及国发〔2014〕43号文规范政府举债的规定,地方政府的财政逐渐开始紧缩,表现得有些“力不从心”。

虽然财力有限,但地方谋生存、图发展的需求决定了政府不可能停止向社会公众提供公共产品或服务。因此,实践中,地方政府为了上马可行性缺口补助或政府付费等政府财政补贴支出责任较重的项目,开始将大量商业项目(如商品住宅、酒店、商场、游乐设施等)纳入PPP合作范围中,以期以商业项目营收平衡非经营性项目或准经营性项目的现金流,实现减少财政补贴金额或实现提供公共产品/服务与周边商业配套有机组合的目的。

那么,将商业项目纳入PPP合作范围的操作,是否合法合规?如不合规,该种操作面临何种法律风险及后果呢?笔者结合现行法律法规、PPP相关规范性文件规定,对商业项目纳入PPP合作范围可能存在的风险进行了仔细梳理,并对风险的破解路径进行了进一步探讨。

一、商业项目不适宜采用PPP模式实施

(一)PPP模式是政府提供公共产品/服务的机制创新

《关于在公共服务领域推广政府和社会资本合作模式的指导意见》(国办发〔2015〕42号)第一条规定:“政府和社会资本合作模式是公共服务供给机制的重大创新,即政府采取竞争性方式择优选择具有投资、运营管理能力的社会资本,双方按照平等协商原则订立合同,明确责权利关系,由社会资本提供公共服务,政府依据公共服务绩效评价结果向社会资本支付相应对价,保证社会资本获得合理收益。”该规定明确了PPP模式的三大特征:(1)PPP模式适用于公共服务领域,诸如能源、交通运输、水利、环境保护、农业、林业、科技、保障性安居工程、医疗、卫生、养老、教育、文化等;(2)PPP模式是政府提供公共产品/服务的创新机制,即属于政府职责范围内的事项,提供的是公共产品或公共服务;(3)政府提供公共产品/服务的职责,可通过一定程序交由社会力量代为履行。

(二)政府推广和应用PPP模式过程中应有所不为

根据《财政部关于推广运用政府和社会资本合作模式有关问题的通知》(财金〔2014〕76号)第一条第三款规定:“政府和社会资本合作模式的实质是政府购买服

务。”以及《国务院办公厅关于政府向社会力量购买服务的指导意见》(国办发〔2013〕96 号)第三条第三款“购买内容”中规定:“对应当由政府直接提供、不适合社会力量承担的公共服务,以及不属于政府职责范围的服务项目,政府不得向社会力量购买。”可见,政府在 PPP 模式推广和应用中是有所不为的,其中不属于政府职责范围应提供的服务事项,是不适宜采用 PPP 模式实施的。

(三)商业项目不属于政府职责范围内应提供的公共产品/服务

根据上述国办发〔2015〕42 号、财金〔2014〕76 号及国办发〔2013〕96 号文件对于 PPP 模式的定义、实质及政府购买服务内容等的规定,PPP 模式是政府购买公共服务的一种方式,该模式的适用领域限于“有公益属性的公共产品或者服务领域”。而商业项目在性质上“不属于政府职责范围的服务项目”范畴,不属于政府应当提供的公共产品或服务,不适宜采用政府购买服务/PPP 模式实施,不应当将商业项目纳入 PPP 合作范围①交由中选社会资本/PPP 项目公司负责实施。因此,将商业项目纳入 PPP 合作范围的障碍在于:PPP 模式的制度不适用性②。

二、将商业项目纳入 PPP 合作范围的风险

(一)合规风险

基于上述财金〔2014〕76 号、国办发〔2013〕96 号、国办发〔2015〕42 号及财金〔2016〕90 号文等规定,商业项目不适宜采用 PPP 模式实施,如将商业项目直接纳入 PPP 合作范围,存在违反相关 PPP 规范性文件规定的风险,即该类 PPP 项目的实施不符合规范性文件的要求。

(二)存在无法纳入财政部 PPP 项目库的风险

根据《财政部关于规范政府和社会资本合作(PPP)综合信息平台运行的通知》(财金〔2015〕166 号)中《政府和社会资本合作(PPP)综合信息平台运行规程》第十九条的规定:“省、市、县级财政部门在项目库中上传的 PPP 项目信息不真实、不准

---

① PPP 项目合作范围,是政府方与社会资本方就 PPP 项目哪些内容及范围开展合作,即在特定合作区域内由社会资本/PPP 项目公司根据授权或委托承担规划服务、投融资、设计、建设、运营维护、移交等事项,并由政府方对其提供公共产品/服务的质量进行监管、支付补贴等费用(如需)。

② 除了模式制度不适用性外,还涉及将商业设施纳入 PPP 项目合作范围目的无法实现的障碍,如商业设施的资金投入是否需要纳入 PPP 项目总投资?如纳入总投资,对于缺口补助及政府付费项目,政府方是否要就该部分给予缺口补助或付费?如需,显然,以商业设施营收弥补政府缺口补助的目的将在 PPP 项目合作期内很难实现。如不纳入,商业设施部分的营收是全额,还是部分弥补缺口补助?期满是否移交?

确、不规范、不完整的，将不予采用。”

因此，如存在项目合作范围等不合规问题的，财政部综合信息平台将不予认可，存在无法纳入财政部 PPP 项目库的风险。

（三）存在无法将政府方应支付的投资补助等资金通过预算安排列支的风险

1. 未纳入财政部 PPP 项目库的，不得列入各地 PPP 项目目录且不得通过预算安排支出责任

根据《财政部关于规范政府和社会资本合作（PPP）综合信息平台运行的通知》（财金〔2015〕166 号）中《政府和社会资本合作（PPP）综合信息平台运行规程》第十九条的规定：“未纳入 PPP 综合信息平台项目库的项目，不得列入各地 PPP 项目目录，原则上不得通过预算安排支出责任。”

2. 政府财政预算列支范围不包括对商业项目的投资补助，不得安排财政预算资金

根据《预算法》的规定，预算包括一般公共预算、政府性基金预算、国有资本经营预算、社会保险基金预算；同时根据《预算法》对该四项预算科目收支范围的规定可知，不具有公益属性的商业项目不属于各预算科目列支范围。

《预算法》第十三条明确规定，“各级政府、各部门、各单位的支出必须以经批准的预算为依据，未列入预算的不得支出”。

因此，根据现行规定，未纳入 PPP 综合信息平台项目库的项目，存在政府方无法将财政补助等 PPP 项目相关费用支出列入地方政府预算和中长期财政规划的风险。

（四）存在被财政部问责并对直接负责人员追责的风险

2016 年下半年财政部曾印发《关于开展部分地区地方政府债务管理存在薄弱环节问题专项核查工作的通知》（财办预〔2016〕94 号），据此，2017 年 1 月初，财政部分别致函内蒙古自治区、河南、重庆、四川等几个地方政府及商务部、银监会 2 个部委，依法问责部分县市违法违规举债、担保的行为，并依法处理个别企业和金融机构违法违规行为，“要求严肃问责，并按照《中华人民共和国预算法》的有关规定，对负有直接责任的主管人员和其他直接责任人员予以处理”，并将结果于 2 月 3 日前反馈给财政部[①]。

---

① 杜涛：《财政部发飙了——首次要求问责地方政府违规举债、担保行为》，载经济观察网：http://www.eeo.com.cn/2017/0220/298428.shtml，最后访问时间：2017 年 2 月 21 日。

而将商业项目纳入 PPP 合作范围并将商业项目投入计入总投、给予财政补贴/付费,并将该等费用列入预算和中长期财政规划的,将涉及违法违规举债等行为,存在因此而遭受财政部门的问责、追究直接责任人的风险。

（五）存在无法申报参评财政部等国家级示范项目或存在列入示范项目后被剔除的风险

1. 存在无法列入财政部等国家级示范项目的风险

以财政部示范项目申报为例,根据《关于进一步做好政府和社会资本合作项目示范工作的通知》(财金〔2015〕57 号)的规定:"地方各级财政部门要在能源、交通运输、水利、环境保护、农业、林业、科技、保障性安居工程、医疗、卫生、养老、教育、文化等公共服务领域,筛选征集适宜采用 PPP 模式的项目";《关于组织开展第三批政府和社会资本合作示范项目申报筛选工作的通知》(财金函〔2016〕47 号)明确将"项目属于能源、交通运输、市政公用、水利、环境保护、农业、林业、科技、保障性安居工程、医疗、卫生、养老、教育、文化、体育等适宜采用 PPP 模式的公共服务领域"作为示范项目的定性评审标准。

2. 存在列入财政部示范项目后被剔除的风险

根据财政部等 20 部委《关于联合公布第三批政府和社会资本合作示范项目加快推动示范项目建设的通知》(财金〔2016〕91 号)第六条的规定:按照"能进能出"的示范项目管理原则,对不具备继续采取 PPP 模式实施条件的第一批和第二批部分示范项目予以调出,包括:天津新能源汽车公共充电设施网络项目、南京市垃圾处理设施项目、渭南市主城区集中供热项目和兰州市轨道交通 2 号线一期工程项目。

由此可知,即使是已经入选示范的项目,后续若经查发现不合规,财政部也会按规定予以调出示范。

（六）存在被审计风险

项目中如需要政府方支付一定的财政补助资金或使用上级专项资金等特殊情形,后续可能会按规定接受审计单位的审计。而审计机关的重要职责是对本级各部门(含直属单位)和下级政府预算的执行情况和决算以及其他财政收支情况,进行审计监督。因此,此类项目在执行过程中,可能还要面临审计机构的审计风险。

三、风险破解路径探讨

鉴于商业项目不适宜采用 PPP 模式实施的障碍,以及纳入 PPP 项目合作范围将会面临的诸多风险,笔者在此围绕实现以商业项目营收弥补政府缺口补贴金额或实现提供公共产品/服务与周边商业配套有机组合之目的,尝试提出以下破解路径,以供参考。

(一)将商业项目与PPP项目的产业导入和产业发展服务相关联

可借鉴片区综合开发PPP项目中,将合作范围内的产业落地投资额、引入产业类型等因素作为产业导入和产业发展服务的绩效考核内容的做法,引导或督促社会资本或其指定机构以及其他市场竞争主体参与该区域内商业项目的建设、运营等。即,由该等市场竞争主体通过招拍挂等方式依法取得商业项目的土地使用权,并根据该区域、该地块的规划要求进行建设、运营等,社会资本同时还能获得相应的产业导入和产业发展服务的绩效考核服务费用,以此实现政府方提供公共产品/服务与周边商业配套有机组合之目的。

(二)借鉴铁路建设实施土地综合开发的运作思路

根据国务院办公厅《关于支持铁路建设实施土地综合开发的意见》(国办发〔2014〕37号)确立的"实施铁路用地及站场毗邻区域土地综合开发利用政策,支持铁路建设"原则,借鉴"新建铁路项目未确定投资主体的,可在项目招标时,将土地综合开发权一并招标,新建铁路项目中标人同时取得土地综合开发权"的思路,实现商业项目的投资主体与PPP项目的社会资本合并招选,并将商业项目的营收用于抵减PPP项目中政府方应当支付的可行性缺口补助或政府付费金额。

但是,将铁路建设实施土地综合开发的操作直接移植到其他类型PPP项目,尚缺乏明确的法律法规或政策依据,有待后续中央及地方进一步出台相关支持性文件,使商业项目与PPP项目同步招选、以商业项目营收反哺PPP项目的设想能够得以顺利实施。

结　语

当然,将商业项目纳入PPP合作范围的出发点是好的,但即便是在财务上进行合理安排,仍面临不适用PPP模式的制度风险。如何在合法合规的前提下实现两者有机结合,达到减少财政补贴金额或实现提供公共产品/服务与周边商业配套有机组合的目的,成为一道问答题。目前,实操层面的片区综合开发PPP项目、铁路建设实施土地综合开发项目中的操作路径,为我们破解难题提供了有益参考。

2. 社会资本的参与

保险资金投资 PPP 产业基金概述

陈　芳*

* 作者简介：

陈芳，合伙人，中伦律师事务所上海办公室，电邮为 catherinechen@ zhonglun. com。

一、关于 PPP 产业基金

1. PPP 产业基金的概念

根据国家发改委 2006 年制定的《产业投资基金管理暂行办法》,产业投资基金(或简称产业基金),是指一种对未上市企业进行股权投资和提供经营管理服务的利益共享、风险共担的集合投资制度。即通过向多数投资者发行基金份额设立基金公司,由基金公司自任基金管理人或另行委托基金管理人管理基金资产,委托基金托管人托管基金资产,从事创业投资、企业重组投资和基础设施投资等实业投资。而 PPP 产业基金,顾名思义,即指以产业基金形式成立的投资于 PPP 项目的基金。PPP 产业基金一般通过股权或股债联动投资于地方政府纳入 PPP 框架下的项目公司,由项目公司负责具体基建项目的设计、建造、运营,政府根据协议授予项目公司一定期限的特许经营权,在基金存续期限届满时通过约定回购、份额出让或资本市场变现等方式实现投资退出。

目前,PPP 产业基金的名称多种多样,比如城市发展基金、基础设施建设基金、产业振兴基金等,但无论名称如何,这些基金的核心还是在于以私募股权投资的方式投资于 PPP 项目。

2. PPP 产业基金的组织形式

PPP 产业基金通常按照私募股权投资基金的运作模式,以有限合伙型基金或契约型基金形式存在。由于产业基金成立后,要根据具体项目的投资节奏分步投入资金,有限合伙制先认缴后实缴的模式相对更为便利,因此 PPP 产业基金目前仍以有限合伙制居多。

3. PPP 产业基金的属性

(1)结构化设计和杠杆效应

结构化设计和杠杆效应可谓是 PPP 产业基金最主要的特点和灵魂所在。所谓结构化是指基金份额进行分级设置,一般可分为优先级和劣后级(次级)两级,视情况也可增加中间级(夹层);杠杆效应系指在结构化设计的基础上,对劣后级与优先级(也包括中间级在内,下同)的资金比例进行一定的配置。结构化和杠杆效应保证了优先级投资人的风险相对可控,但其可发挥杠杆作用,提高劣后级投资人的收益。

(2)金融机构担任财务投资人

一般情况下,产业基金的优先级投资人,主要为金融机构,是以财务投资人的身份出现的，也就是说，金融机构与其他类型的投资人并非“同股同权”，而是“明股实债”。由于具有价格优势的金融机构主要是银行理财资金和保险资金，而这两类机构一贯以风控要求严格甚至苛刻著称。PPP 项目收益低，金融机构不能指望项目在资本市场中溢价退出，故而没有动力同股同权，保本和稳定的现金回报即成为该类投资人的普遍诉求。因此，金融机构在 PPP 产业基金中一般只做财务投资人，其投资本质上是属于债性的。

（3）非标性和固收性

一般而言非标类产品是浮动收益的，风险相对较大；固收类产品则是固定收益的，风险相对可控。这两类性质相反的产品特性，在 PPP 产业基金身上却完美调和。具体而言：由于 PPP 项目在项目本身、社会资本的实力、地方政府的财力方面的差异，使得以投资 PPP 项目为主的 PPP 产业基金很难做到完全的标准化，因此具有非标性；但是，由于银行、保险等金融机构严格的风控和增信要求，又使 PPP 产业基金的投资回报相对有保障，收益相对稳定，风险相对可控，因此又具有了固收性。

4. PPP 产业基金的核心商业要素

（1）基金规模：PPP 产业基金的募集规模，一般根据资金用途、PPP 项目体量以及政府、社会资本可承受的债务水平等因素确定。

（2）基金期限：PPP 产业基金的期限，一般而言需要配合优先级投资人的资金使用期限决定。如上文介绍，PPP 产业基金的优先级投资人 LP，较为常见的是银行理财资金和保险资金。其中，银行理财资金通常为中短期，一般在 1 年至 5 年；保险资金的期限相对长一点，5～10 年较为常见。PPP 产业基金的期限通常与这两类资金的期限相匹配，但也会根据实际情况允许适当延期或提前终止。

（3）基金费用：基金的成本构成，主要是优先级金融机构的资金成本，以及基金管理公司收取的合理的基金管理费。由于 PPP 项目投资回报率相对较低，政府也要求降低财政支出，因此目前 PPP 产业基金通常与具有低价资金优势的银行和保险合作。随着经济下行趋势和市场环境的变化，银行、保险的资金成本近些年变化较大，仅两三年的时间，从过去的 13%～15%，降到了目前最低的 5%～7%。当然，市场化导致资金成本未来还会有波动。

（4）投资决策机制：按照私募基金相关法律、法规规定，PPP 产业基金也要建立投资决策机制。通常是由基金管理人负责组建投决会，但作为优先级投资人的金融机构，通常会要求在投决会中拥有至少一个席位，并且在重要投资决策事项上享有一票否决权。

二、保险资金和 PPP 产业基金的天然契合性

保险资金具有周期长、规模较大的特点,与 PPP 项目建设周期长、资金需求非常契合,一般不存在项目端和资金端错配的问题。

2016 年 7 月 3 日,保监会出台《保险资金间接投资基础设施项目管理办法》(保监会令 2016 年第 2 号),扩大保险资金可投资的基础设施项目所属行业种类,增加"政府和社会资本合作模式"作为投资模式,保险资金自此成为 PPP 产业基金和 PPP 项目的重要资金来源之一。

2017 年 5 月 4 日,保监会又发布了《关于保险资金投资政府和社会资本合作项目有关事项的通知》(保监发〔2017〕41 号),从以下四个方面对保险资金参与 PPP 项目给予政策创新和支持:

(1)投资渠道方面,明确保险资金可以通过基础设施投资计划形式,向 PPP 项目公司提供融资;

(2)监管标准方面,取消对作为特殊目的载体的 PPP 项目公司的主体资质、信用增级等方面的硬性要求,交给市场主体自主把握,避免与保监会等其他规范性文件的冲突;

(3)投资方式方面,除债权、股权方式外,还可以采取股债结合等创新方式,满足 PPP 项目公司的融资需求;

(4)建立绿色通道方面,优先鼓励符合国家"一带一路"、京津冀协同发展、长江经济带、脱贫攻坚和河北雄安新区等发展战略的 PPP 项目开展融资。

三、保险资金优先级收益的增信措施

保险资金出于资金安全、稳定的现金流回报、覆盖投资本金和合理收益等商业诉求,一般会在 PPP 项目层面或者 PPP 基金层面提出一些增信要求,要求对基金投资的投资本金和收益或者优先级份额采取有效的风控和保障措施。实践中比较常见的增信要求包括:

(1)要求地方财政部门出具相关承诺函,将 PPP 项目还款来源列入中长期财政预算;

(2)要求项目公司收费权(特许经营权)质押,账户封闭管理;

(3)要求地方平台公司提供担保措施;

(4)要求在发生诸如(i)无法按期分配收益,(ii)无法按时收回投资本金,

(iii)项目公司或劣后级投资人出现信用评级下滑、财务指标恶化、交叉违约等重大不利事件时,要求以优先级份额赎回、劣后级投资人受让(回购)优先级份额或无条件追加出资等方式获得差额补足,或者实现提前退出投资。

对于上述第(4)项中提到的各种差额补足措施,这些差额补足措施虽然或多或少具有与法律意义上的担保(尤其是连带保证责任担保)相似的特征,或可称为"类担保",但究其本质应属于合同之债,这些差额补足措施能否实际起到增信目的,取决于多方面因素,包括但不限于劣后级投资人或者项目方等增信主体的履约意愿、履约能力、合同目的合法性等。尤其是对于劣后级投资人无条件追加出资的增信方式(增信主体作为一类特殊的投资人加入到基金中,其在基金正常运行的情况下只是认缴出资但不会实缴出资,但当出现基金现金流不足以按照约定节点向优先级投资人进行分配或返还出资等情况时,则触发该等增信主体的实缴出资义务。增信方有义务按照基金管理人,甚至是优先级投资人向其签发的书面指令,向基金缴付出资,基金在收到增信主体缴付的出资款项后向优先级投资人分配收益)。在研拟这种增信方案的可行性时,除了需要考察增信主体的履约能力外,也需要将私募投资基金运作的合规要求纳入考量,在基金文件中也有必要对相关的监管政策风险作出充分提示。

PPP 项目履约担保机制的设计策略

王霁虹　李晓丹[*]

[*] 作者简介：
王霁虹，合伙人，中伦律师事务所北京办公室，电邮为 wangjihong@ zhonglun. com；
李晓丹，律师，北京办公室。

PPP 项目中,一系列履约担保机制的设计无疑是政府方起草招标文件时的重要环节。为确保投资人、项目公司能够按照合同约定履约,从维护政府方利益出发,咨询机构、政府方律师往往从最严格的角度出发,设计出环环相扣的履约担保机制,如投标保证金、投资人履约担保、建设期履约担保、运营期履约担保,甚至移交担保等。该等系列担保的初衷无疑是保护政府方利益,确保项目顺利实施,但如果设计不当或过于僵化,看似保护政府利益的保函机制,反而会成为束缚政府自己手脚的羁绊,在增加投资人负担的同时,也不利项目的有效推进。①

1. 关于担保形式

大多数 PPP 项目中,政府方会要求投资人或项目公司提交见索即付的银行保函作为履约担保。这样做的好处是,一方面,若投资人或项目公司违约,政府方无须提供任何证明即可要求银行扣除相应的违约金;另一方面,投资人或项目公司的资金不会白白闲置。

然而,在笔者遇到的不少 PPP 项目中,政府方依然坚持要求使用现金形式提交履约担保。笔者曾处理的另一个大型 PPP 项目,政府方要求项目公司自竣工验收鉴定书签发后次年起,每年 2 月 1 日之前向政府方交纳上一年度运营收入的 5% 作为运营期的履约保证金,直至累计金额达 18 亿元为止。该笔巨额现金将在项目特许经营期满后 12 个月退还给项目公司。事实上,《政府采购法实施条例》及《政府和社会资本合作项目政府采购管理办法》已有明确规定,“社会资本应当以支票、汇票、本票或者金融机构、担保机构出具的保函等非现金形式交纳保证金”。因此,考虑到 PPP 项目投资金额大、履行时间长的特点,笔者建议在 PPP 项目中尽量采用见索即付的保函作为担保,避免使用高额现金保证金作为履约担保,这样可在不增加社会投资人额外负担的同时,也令政府方的利益得到有效保护。

2. 担保提交主体

鉴于 PPP 项目对投资能力、设计能力、施工能力以及专业运营经验等多方面的

---

① 笔者日前处理的某 PPP 项目中,政府方在招标文件中提出了如下履约担保要求:首先,投资人(若为联合体的应为牵头人)需要在投标时提交 2 亿元投标保证金(银行保函形式),在投资协议签订后 5 日内退还;其次,投资人(若为联合体的应为牵头人)在收到中标通知书后 30 日内并在签订投资协议之前要提交金额为 5 亿元的投资人履约担保(银行保函形式),在项目交工验收合格之日起 30 日内退还;再次,项目公司在注册登记并完成项目核准手续后 30 天内并在签订合作项目合同前要提交金额为 10 亿元的建设期履约担保,该担保将在项目交工验收合格之日起 30 日内退还;最后,项目公司在收费期开始前要提交金额为 10 亿元的收费期履约保函,该担保在收费期满 12 个月后 30 日内退还。

要求，政府方往往允许投资人通过联合体的形式投标。在现行法律框架下，联合体各成员方对政府方承担连带责任。一些招标文件中，政府方要求联合体保函由牵头人提交。但此要求对投资人来说可能面临如下问题：首先，联合体成员间会发生误解，认为提交履约保函仅是牵头人的义务，其他成员对投标保证没有任何义务和责任。若牵头人提交，则联合体任一成员违约，都将由牵头人先行承担责任。其次，若其他成员无法或不愿向牵头人提交反担保，则牵头人要求其他成员承担相应责任将变得十分困难。而对于政府方来说，无论是牵头人全部提交还是各成员分别提交，只要担保金额能够满足招标文件要求，政府方在联合体违约时均可基于联合体的连带责任提取任一保函，此时政府方的利益保护已然很充分，没有受到任何损失。

3. 保函有效期设置

如此前举例，政府方要求的投资人履约担保和项目公司建设期履约担保的退还时间均为项目交工验收后30日内。首先，投资人履约担保顾名思义，是为确保投资人按合同约定履行出资义务的担保，建设期履约担保即为确保项目公司项目建设符合合同约定的担保。如招标人要求社会投资人出具建设期履约担保，则投资人履约担保的时间就应在建设期履约保函开始前结束，且投资人履约担保的金额应随着项目资本金的分期到位而相应分批退还，没必要在建设期同时存在两个重复的保函，突然增加投资人的财务负担。

综上，从PPP项目的顺利开展、政府方与投资人平等合作的角度出发，笔者建议招标人在担保方式、保函种类及有效期的设置方面，能从有利于项目推进的角度出发，在确保招标人利益得到有效保护的同时，尽可能允许项目参与方提交履约保函，避免不同保函期限出现交叉重叠，以利项目的顺利完成。

PPP 基金监管要点解读

刘新辉　董健君　张宸烨*

* 作者简介：
刘新辉，合伙人，中伦律师事务所北京办公室，
电邮为 liujason@ zhonglun. com；
董健君，律师，北京办公室；
张宸烨，律师，北京办公室。

“PPP 基金”并非法律概念,是政府与市场互动产生的一种私募基金形态。PPP 基金通过股权、债权或投贷联动方式,投资于政府纳入 PPP 框架下的项目公司,由项目公司负责具体 PPP 项目的设计、建造、运营,在基金存续期限届满时通过特定方式实现基金从项目公司、基金投资者从基金中的退出。

2014 年新《预算法》和国务院《关于加强地方政府性债务管理的意见》(国发〔2014〕43 号)的出台,地方政府传统融资渠道——地方融资平台全面受限,而 PPP 基金以其灵活的组织形式、权责清晰等特点成为地方政府争相推进的一种新型融资渠道。2014 年 11 月,国务院发布《关于创新重点领域投融资机制鼓励社会投资的指导意见》(国发〔2014〕60 号),给予了政府与社会资本合作模式(Public - Private Partnership,PPP)重要的法规依托。

PPP 项目和 PPP 基金在市场实践中探索、成长;随着中央政府对地方政府债务约束越来越严格,以及财政部、发改委频繁出台对 PPP 项目、PPP 基金的规范性文件,PPP 基金的监管格局已经越发明晰,相关政策性文件也帮助 PPP 基金在融资、投资、退出等重要方面规划出很多可供选择的路径。本文从 PPP 基金“资金募集”“投资范围”“投资退出”三个角度,梳理并解读近期与 PPP 基金相关的监管文件,并对新政策环境下 PPP 基金的发展方向进行评析。

一、PPP 基金常见架构

如前所述,PPP 基金汇集政府与社会资本,通过母子基金架构或单一基金架构,投资于政府纳入 PPP 框架下的项目公司,以满足 PPP 项目融资需求。其中,母子基金结构是国务院公布的《关于在公共服务领域推广政府和社会资本合作模式指导意见的通知》(国办发〔2015〕42 号)中明确推行的 PPP 基金运作方式,其常见结构如图 1 所示:

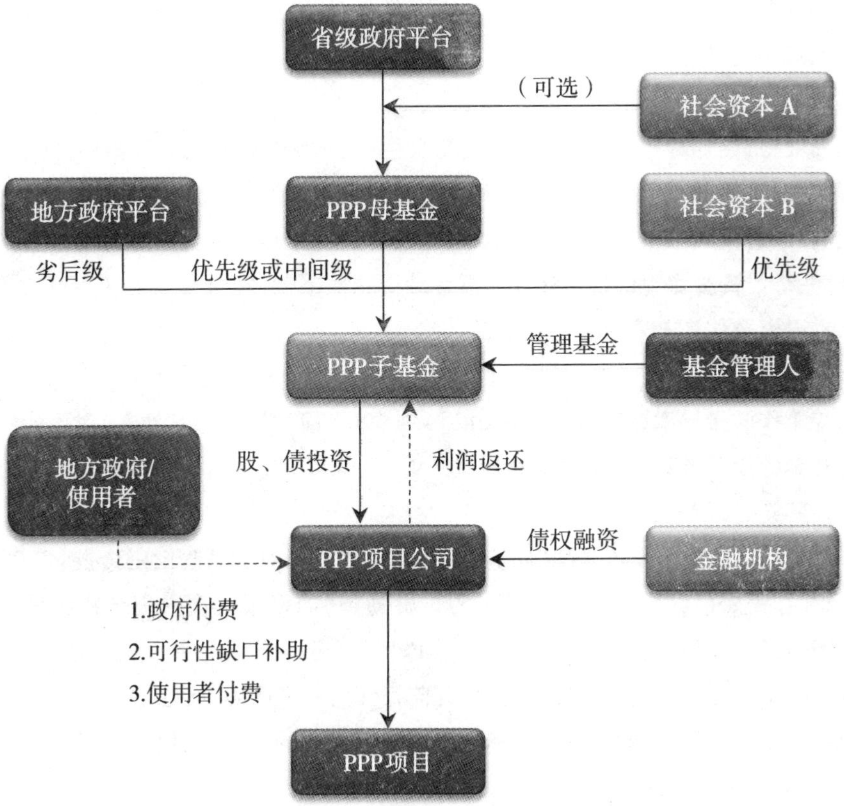

图1 PPP基金常见架构

二、PPP基金募集资金来源的新特点

依据财政部《政府投资基金暂行管理办法》(财预〔2015〕210号,以下简称财政部210号文)和2016年12月31日国家发改委《政府出资产业投资基金管理暂行办法》(发改财金规〔2016〕2800号,以下简称发改委《暂行办法》)。这两部法规,从资金来源区分,PPP基金可以分为"单一政府出资的基金"、"政府与社会资本共同出资的基金"。其中,"政府出资"部分的重要特征"财政性资金",系由中央政府、地方政府及其所属部门通过财政预算进行安排出资;"社会资本"部分主要有以下资金来源:(1)国有企业自有资金出资;(2)民营企业出资;(3)政策性银行资金支持;(4)商业银行理财资金以及资管计划、私募基金、信托计划、保险资金计划等泛资管产品资金。

近期发改委及各金融监管部门公布的政策文件,对 PPP 基金的资金来源产生了较大影响,具体如下:

(一)商业银行理财资金

商业银行一般通过向社会公众发行理财产品募集资金设立合法的理财资金池,利用募集到的资金对接 PPP 项目资金需求。在 2017 年 4 月以前,对商业银行来说,相较于直接向 PPP 项目发放贷款的传统做法,使用理财资金参与 PPP 基金有明显优势:理财资金作为银行表外资金不受借贷总额限制,理财资金到期后可通过发行新理财资金保证 PPP 基金的现金流。

但自 2017 年 4 月以来,银监会连续发布多个监管文件,尤其是《关于银行业风险防控工作的指导意见》(银监发〔2017〕6 号,以下简称银监会 6 号文)对商业银行理财资金的投资方式影响较大:

1. 禁止“多层嵌套”

PPP 基金多采用公司、合伙企业、契约作为载体,过往银行理财资金投向 PPP 基金时,往往需要借助同业资管产品作为投资通道,即以银行理财资金购买信托计划、证券资管、保险资管份额,间接投资于 PPP 基金。但银监会 6 号文要求,新开展的同业投资业务不得进行多层嵌套,尽管监管部门并未明确“多层”的具体含义,但可以预见的是,随着商业银行自查和检查等监管手段的加强,该规定对 PPP 基金使用银行资金将产生影响。

2. 禁止实质性增加政府债务

银监会 6 号文要求银行业金融机构要依法合规开展专项建设基金、政府与社会资本合作、政府购买服务等新型业务模式,明确各方权利义务关系,不得通过各种方式异化形成违规政府性债务。这一点与财政部在 2016 年连续发布的《关于在公共服务领域深入推进政府和社会资本合作工作的通知》(财金〔2016〕90 号)以及《政府和社会资本合作项目财政管理暂行办法》(财金〔2016〕92 号)中禁止 PPP 项目中基金“名股实债”安排的监管口径一致。

财政部、银监会等监管部门对市场上存在的“名为 PPP,实为借贷”的 PPP 基金、PPP 项目采取了否定的态度,这对于未来政府、社会资本方、基金管理人等参与主体在融资、退出方案设计上提出了更高挑战和要求。

(二)保险资金

保险资金具有周期长、规模较大的特点,与 PPP 项目建设周期长、资金需求非常契合,一般不存在资金端与负债端错配的问题。2016 年 7 月 3 日,保监会正式发布《保险资金间接投资基础设施项目管理办法》，扩大保险资金可投资的基础设施项目所属行业种类，增加“政府和社会资本合作模式”作为投资模式。自此，保险资金也成为 PPP 基金和 PPP 项目重要的资金来源之一。据保监会统计数据显示，截至 2017 年 3 月末，保险资金累计通过债权投资计划、股权基金、信托等形式，直接投资国家重大基础设施建设以及民生工程累计金额已超过 4 万亿元。

2017 年 5 月 4 日，保监会又发布了《关于保险资金投资政府和社会资本合作项目有关事项的通知》（保监发〔2017〕41 号），该通知重点内容有：（1）拓宽投资渠道，明确保险资金可以通过“基础设施投资计划”形式，向 PPP 项目公司提供融资；（2）取消对作为特殊目的载体的 PPP 项目公司的主体资质、信用增级等方面的硬性要求，避免与保监会等其他规范性文件的冲突；（3）明确保险资金可以采取债权、股权、股债结合方式进行投资；（4）鼓励优先向符合国家“一带一路”、京津冀协同发展、长江经济带、脱贫攻坚和河北雄安新区等发展战略的 PPP 项目开展投资。以上新政策，为保险资金投资 PPP 基金和 PPP 项目提供了绿色通道，有利于解决 PPP 项目公司融资难问题。

（三）政府出资产业投资基金专属的“PPP 项目专项债券”

根据发改委《暂行办法》规定，已登记并通过产业政策符合性审查的各级地方政府或所属部门、直属机构出资设立的产业投资基金，可以按规定取得中央各部门及其直属机构设立的政府出资产业投资基金母基金支持；该等基金中，除政府外的其他股东或有限合伙人可以按规定申请发行企业债券，扩大资本规模，增强投资能力。

2017 年 5 月 3 日，国家发改委发布《政府和社会资本合作（PPP）项目专项债券发行指引》（发改办财金〔2017〕730 号，以下简称《PPP 债券指引》），允许 PPP 项目中的项目公司或社会资本方发行“PPP 项目专项债券”，该等企业债券在核定发债规模时不考察非金融企业债务融资工具的规模，并且允许发行企业使用不超过 50% 的债券募集资金用于补充自身营运资金（但以项目收益债券形式发行 PPP 项目专项债券除外）。尽管《PPP 债券指引》仅针对进入发改委传统基础设施领域政府和社会资本合作（PPP）项目库的 PPP 项目，可能无法覆盖全部的 PPP 基金，但《PPP 债券指引》的出台对于 PPP 基金二次募集用于补充流动资金来说，仍然是利好消息。

三、PPP 基金投资方面的规制

(一)新规对有政府出资的 PPP 基金投资标的的影响

《关于创新重点领域投融资机制鼓励社会投资的指导意见》中规定,“支持重点领域建设项目开展股权和债权融资”,因此过往有政府出资的 PPP 基金在投资时,会采用股权、债权、股债结合等方式向 PPP 项目公司进行投资;而发改委《暂行办法》则明确政府出资产业投资基金只能是“股权投资基金和创业投资基金”,在此规定下,基金投资目标公司企业债券或直接向目标公司发放委托贷款的投资模式是否还具有可行性,目前存在不确定性。

因为,从中国证券投资基金业协会(以下简称基金业协会)对私募基金的分类来看,我们理解投资债券的私募基金属于“证券投资基金”,以单纯发放贷款为投资方式的私募基金会被归类为“其他私募基金”,两者与“股权投资基金和创业投资基金”属性冲突。从发改委《暂行办法》第十条“政府出资产业投资基金社会资金部分应当采取私募方式募集,募集行为应符合相关法律法规及国家有关部门规定”来看,发改委《暂行办法》与基金业协会的监管框架是互相衔接的。但是,这是否意味着从 2017 年 4 月 1 日发改委《暂行办法》正式实施后,政府出资产业投资基金不可以再通过“投资目标公司企业债券”或“直接向目标公司发放委托贷款”的方式进行投资?而财政部 210 号文,则允许政府投资基金投资于评级 AAA 以上的企业债。监管规定之间衔接上的空当,对 PPP 基金的基金设立、投融资方案确定,以及在发改委、基金业协会完成备案/登记,提出了挑战。

(二)PPP 基金投资 PPP 项目的问题

无论是国家发改委的“政府出资产业投资基金”还是财政部的“政府投资基金”,PPP 项目才是基金投资的核心事项。

2015 年 12 月 18 日,财政部发布《关于规范政府和社会资本合作(PPP)综合信息平台运行的通知》,正式宣布建立财政部 PPP 综合信息平台(财政部 PPP 库);2016 年 12 月 21 日,国家发改委发布《传统基础设施领域政府和社会资本合作(PPP)项目库管理办法(试行)》,也建立传统基础设施领域 PPP 项目库(发改委 PPP 库)。

从名称来看,财政部 PPP 库范围似乎比发改委 PPP 库覆盖范围更广。根据 2016 年 7 月 7 日召开的国务院常务会议上确定的权责划分原则,针对 PPP 项目的分工,国家发改委负责“传统基础设施领域”、财政部负责“公共服务领域”。但从两部委各自 PPP 库的统计数据来看，两个 PPP 库中的项目覆盖范围仍有较大重合。

从两部委的相关规定来看，财政部要求不办理进入财政部 PPP 库的项目，政府不得安排财政支出预算；国家发改委则对进入发改委 PPP 库的项目视情况给予国家发改委安排的财政拨款政策（包括中央预算内的投资、专项建设基金、中央专项债券筹集的专项建设基金、其他中央财政建设性基金及其他有关 PPP 项目的专项政策），后期基金投资者亦可通过发行企业债券募集资金。因此，当政府出资产业投资基金投资于两部委 PPP 库重合行业领域的 PPP 项目时，最佳的策略是要求 PPP 项目同时申请进入两个 PPP 库，以获得最大化政策支持。

四、PPP 基金投资者的退出渠道

PPP 基金有回购安排、售后回租、IPO 或并购、资产证券化、PPP 交易所交易等常见的退出渠道。

（一）股权回购或 PPP 基金份额回购退出

股权回购是指由特定主体对 PPP 基金持有的 PPP 项目公司股权或者对社会资本持有的 PPP 基金份额进行回购。在过往项目中，政府或政府指定第三方回购较为常见。但如前所述，发改委、财政部在近期发布的 PPP 规范性文件中均明确禁止政府方承诺进行回购安排等行为，这对于已安排政府方回购的存量 PPP 项目和社会资本方要求回购增信措施的增量 PPP 项目中，原本寻求固定回报的社会资本方来说都是不利的。

2017 年 5 月 4 日财政部、国家发改委、司法部、中国人民银行、银监会、证监会等六部委联合发布了《关于进一步规范地方政府举债融资行为的通知》（财预〔2017〕50 号），要求地方政府融资担保清理整改工作，并且要求地方政府“不得以任何方式承诺回购社会资本方的投资本金，不得以任何方式承担社会资本方的投资本金损失，不得以任何方式向社会资本方承诺最低收益，不得对有限合伙制基金等任何股权投资方式额外附加条款变相举债”。在这种强力监管规制下，地方政府将很难再对 PPP 基金做出回购安排。

（二）售后回租退出

售后回租是指承租方以融资为目的，将资产出售给从事融资性售后回租业务的企业后，从事融资性售后回租业务的企业（以下简称金融租赁企业）将该资产出租给承租方的业务活动。为实现社会资本的退出，PPP 项目公司在 PPP 基金退出期到来时，可将 PPP 项目资产进行售后回租处理，金融租赁企业向 PPP 项目公司支付资产买卖全部价款后,PPP 项目公司将价款所得向 PPP 基金进行分配,实现 PPP 基金/社会资本的退出;之后 PPP 项目公司向金融租赁企业支付租金,租金收入的来源为项目自身收益及政府相应补贴资金,同时 PPP 项目公司继续负责项目运营或委托专业的运营公司进行运营管理(具体运作模式见图 2)。

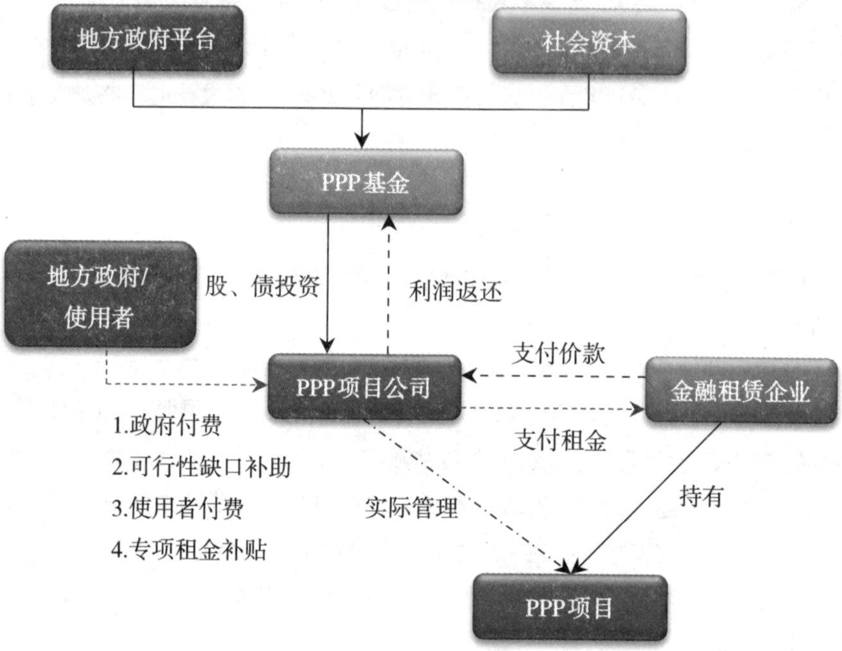

图 2　PPP 项目售后回租运作模式示意

金融租赁企业可以为 PPP 项目提供更加方便快捷的退出机制,在设计 PPP 基金以售后回租方式实现退出时,法律监管环境、税收政策等因素,都将影响最终交易的达成。比如,尽管社会资本的退出与政府支付的租金补贴资金之间,由金融租赁企业承担了资金支付的时间差,但考虑到财政预算“实质大于形式”的监管思路,该等方式是否会被同样认定为“名股实债”,目前存在不确定性。另外,PPP 项目资产需要进行物权转移,在租赁期结束后以名义价格转回 PPP 项目公司,而对于 PPP 项目资产中的不动产,将在资产转让环节产生较多土地增值税和契税。这些税收方面的政策,都将提高 PPP 项目的退出成本。

目前,监管部门尚未就金融租赁企业参与 PPP 业务提供差别化监管政策优待。

（三）IPO 或并购退出

对于有稳定现金流且有丰富资源或题材的 PPP 项目，其项目载体（PPP 项目公司）可通过首次公开发行股票，实现 PPP 项目与资本市场的对接，借助二级市场交易完成社会资本的退出。2015 年 5 月，北京碧水源科技股份有限公司以 PPP 模式投资的云南水务投资股份有限公司在香港联交所挂牌上市，实现了 PPP 项目中社会资本以 IPO 形式退出。

但对于 PPP 项目中有 PPP 基金投资的，则需要注意 PPP 项目公司在 IPO 过程中可能存在国有股东转持义务。根据 2009 年 6 月 19 日财政部、国务院国资委、证监会、全国社保基金理事会发布的《境内证券市场转持部分国有股充实全国社会保障基金实施办法》（财企〔2009〕94 号，以下简称《国有股转持办法》），凡在境内证券市场首次公开发行股票并上市的含国有股的股份有限公司，除国务院另有规定的，均须按首次公开发行时实际发行股份数量的 10%，将股份有限公司部分国有股转由社保基金理事会持有。其中，国有股是指国有股东持有的上市公司股份；国有股东是指经国有资产监督管理机构确认的国有股东。国有股东的认定是一个较为复杂的问题，由于本文篇幅所限，不再具体展开探讨。因此，PPP 基金在设计之初，需将 PPP 基金中国有股权份额比例降低到 50% 以下，并尽量避免政府部门、机构、事业单位、国有独资公司（及其各级子公司）、国有控股企业等国有实体在基金中是最大的权益所有人或实际控制人；对国有实体作为基金最大权益所有人或实际控制人的基金，亦应避免使用 IPO 途径，可考虑转由上市公司并购途径实现社会资本退出。

（四）资产证券化

资产证券化作为项目融资的金融手段之一，其基础资产特征与 PPP 项目投资收益稳定、回报期长的特点相契合。随着资产证券化产品上市从审核制改为注册制，PPP 项目资产证券化成为推动 PPP 模式发展的重要动力。对于可将 PPP 项目投资产生的收益或稳定的现金流，如高速公路、桥梁、供水、供热、供气所产生的收费收益权，借助资产证券化，转化为可上市交易的标准化产品，增强资本的流动性，便于 PPP 基金中的社会资本退出。

资产证券化目前主要分为四种类型：中国证券业监督管理委员会主管的资产支持专项计划（ABS）、中国银行间市场交易商协会主管的资产支持票据（ABN）、中国保险监督管理委员会主管的项目资产支持计划（保险 ABS）、中国人民银行与中国银行业监督管理委员会主管的信贷资产证券化（CLO）。其中，国家发展改革委、中国证监会联合印发了《关于推进传统基础设施领域政府和社会资本合作（PPP）项目资产证券化相关工作的通知》，PPP资产证券化（ABS）对PPP项目退出的政策支持力度最强。

2017年2月3日，“太平洋证券新水源污水处理服务收费收益权资产支持专项计划”在机构间私募产品报价与服务系统成功发行，成为全国市场首单发行成功的PPP资产证券化（ABS）项目；2017年3月16日，基金业协会完成了对中信建投证券股份有限公司发起设立的“中信建投——网新建投庆春路隧道PPP项目资产支持专项计划”的备案，作为全国首支在基金业协会完成备案的PPP资产证券化（ABS）项目，从备案申请到完成备案用时很短。可以预见，在证监会及基金业协会的相关政策支持下，PPP项目资产证券化（ABS）将成为PPP项目中社会资本退出的便捷通道。

（五）PPP交易所

2017年2月28日，财政部政府和社会资本合作中心（以下简称CPPPC）、天津金融资产交易所（以下简称天金所）签署战略合作协议，确定合作共建天金所“政府和社会资本合作（PPP）资产交易和管理平台”，该平台是财政部PPP中心推广的首家全国性PPP资产交易和管理平台。2017年3月1日，CPPPC与上海联合产权交易所签订战略合作协议，上海联合产权交易所PPP资产交易中心作为财政部PPP中心指导下的PPP资产交易流转试点平台也正式成立。

PPP交易所为PPP项目参与方提供PPP项目资源对接，为PPP资产持有方提供资产交易转让服务，以实现社会资本方灵活退出。

境外投资者 PPP 项目投资可行性分析

宋成哲*

*作者简介：

宋成哲，合伙人，中伦律师事务所青岛办公室，电邮为 songchengzhe@ zhonglun. com。

随着 PPP 项目的发展,各种资本开始逐步参与到 PPP 项目中。但在法律适用上,因缺乏明确规定,各地 PPP 项目普遍存在一个问题,即境外投资者能否投资国内 PPP 项目。针对此问题,本文基于我国现有的法律法规与政策研究进行了简要分析。

根据财政部《PPP 项目合同指南(试行)》第一章第一节第二项的规定:"本指南所称社会资本方是指与政府方签署 PPP 项目合同的社会资本或项目公司。本指南所称的社会资本是指依法设立且有效存续的具有法人资格的企业,包括民营企业、国有企业、外国企业和外商投资企业。"从该项规定可看出,政府对于外国资金投资国内 PPP 项目持肯定态度。本文中,笔者旨在就我国现行的法律体系框架下,对境外投资者以全口径跨境融资、设立合格境外投资基金企业、投资项目收益票据、加入 PPP 产业基金四种方式投资 PPP 项目的投资途径以及投资可行性作一个简要分析,并给予大家一些投资建议。

一、全口径跨境融资

(一)全口径跨境融资概述

由于全口径跨境融资此前早已在几个自贸区进行试点,因此市场上对于该类"全口径"跨境融资产品的叫法也五花八门,有内保内贷、外债内贷、跨境人民币贷款、内保直贷、海外直贷等多种叫法,但万变不离其宗,通过银行办理的全口径融资产品,多是由国内银行方面为企业寻找海外融资渠道,并通过外债的形式流入境内,通过占用境内企业的全口径额度来完成间接融资。

全国范围内的跨境融资管理体制改革具体分析如图 1 所示:

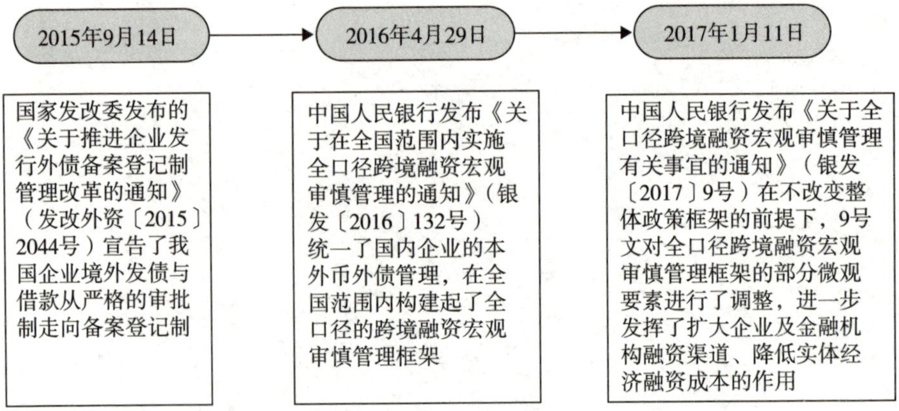

图 1　跨境融资管理体制改革

因此,通过全口径跨境融资,境外企业可以直接通过签订跨境融资合同向境内PPP 项目公司进行融资,投资 PPP 项目。

(二)开展全口径跨境融资要点分析

1. 投资方式:境外融资机构同境内企业签订跨境融资合同;

2. 境外机构类型:无限制;

3. 融资资金额度:融资资金上限为境内企业 2 倍净资产;

4. 企业办理跨境融资业务具体要求如图 2 所示:

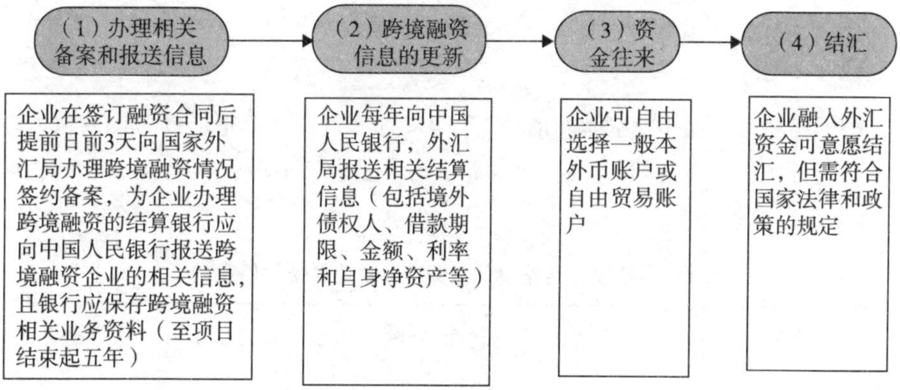

图 2 企业办理跨境融资业务要求

(三)通过开展全口径跨境融资来实现投资的可行性分析

由于全口径跨境融资新政颁布时间尚短,山东省内目前也尚无实施细则可供参考。在 2017 年 4 月 14 日,中信银行济南分行为企业设计的内保直贷综合融资方案成功落地山东,成为山东省首批全口径跨境融资新政下的内保直贷业务。该业务的开展也更好地为境外机构直接投资国内企业提供了便利,全口径跨境融资成为现实。对于没有海外融资渠道又想降低融资成本的企业,可以向境内银行寻求帮助,通过融资性保函等形式向境外银行借款。

境外机构如果想要通过全口径跨境融资渠道投资 PPP 项目,该境外机构属于金融机构的,可以选择和境内金融机构合作,由境内金融机构寻找需要资金投入的PPP 项目,境内外银行双方以融资性保函、风险参与、银团、全球授信等模式开展业务合作,通过占用境内企业的全口径额度来完成投资。该境外机构属于一般性企业的话,可以通过直接和 PPP 项目公司接触,签署融资贷款协议,以外债的形式将资金注入项目公司进行投资。

二、通过 QFLP 的形式设立合格境外投资基金企业

（一）QFLP 概述

QFLP 指境外投资机构在境内设立投资机构作为一般合伙人，发起设立人民币私募投资基金，向境内外投资人募集外币资金或人民币资金，结汇后可直接投资于境内的未上市企业、上市企业的非公开交易股权、可转换债券、产业基金等。

关于 QFLP，目前国内只在北京、上海、天津、深圳、青岛、重庆等地试行，根据试行地点的不同，具体操作程序会有所不同，本文以青岛为例进行介绍。

（二）设立合格境外投资基金企业的条件及程序

1. 设立条件

根据青岛市金融办公室印发的《关于印发青岛市开展合格境外有限合伙人试点工作暂行办法的通知》的规定，在青岛申请设立合格境外投资基金企业的投资者，需满足以下条件：

表 1　申请设立合格境外投资基金企业的条件（青岛）

<table>
<tr><td colspan="2">（1）具有健全的治理结构和完善的内控制度，近两年未受到司法机关和相关监管机构处罚</td></tr>
<tr><td colspan="2">（2）境外投资者或其关联实体具有相关的投资经历</td></tr>
<tr><td colspan="2">（3）应主要由境外主权基金、养老基金、捐赠基金、慈善基金、投资基金的基金（FOF）及投资基金公司，保险公司、银行、证券公司及工作小组研究的其他境外机构投资者组成</td></tr>
<tr><td rowspan="2">（4）按照“审慎、择优”的原则，申请设立合格境外投资基金企业的境外投资者，还应至少具备以下条件之一：</td><td>①在其申请前的上一个会计年度，具备自有资产规模不低于 1 亿美元或者管理资产规模不低于 2 亿美元，有境外金融监管部门颁发的资产管理牌照</td></tr>
<tr><td>②世界知名投资机构</td></tr>
</table>

2. 程序

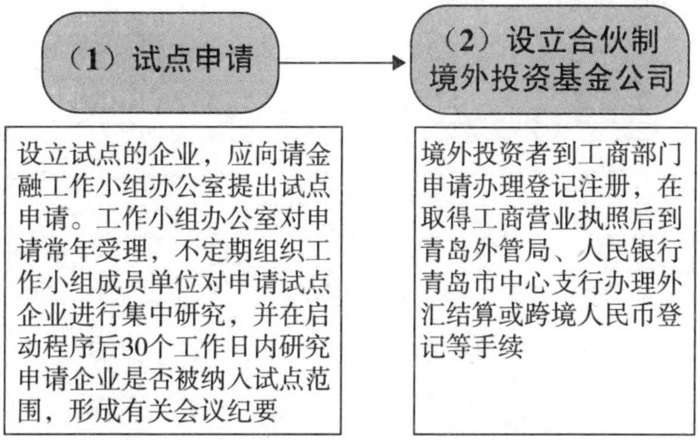

图 3　设立合格境外投资基金企业的程序

（三）设立合格境外投资基金企业实现投资的可行性

因为合格境外投资基金企业结汇后可直接投资于境内的未上市企业、上市企业的非公开交易股权、可转换债券、产业基金等，所以境外机构在满足条件成立了合格境外投资基金企业后，即可以投资 PPP 项目。在实务操作中，境外机构申请合格境外投资基金企业试点合格后，于项目投资结汇时，相关机构会根据基金企业递交的投资项目资料，确定单个投资项目实际结汇投资额度，在结汇投资额度内，可灵活使用结汇资金进行投资，但对于个别资质不佳的投资项目的结汇要求，可能会被否决。经研究《关于印发〈青岛市开展合格境外有限合伙人试点工作暂行办法〉的通知》（青岛）等相关规定，笔者认为可以在设立合格境外投资基金企业后通过以下几种方式投资 PPP 项目：

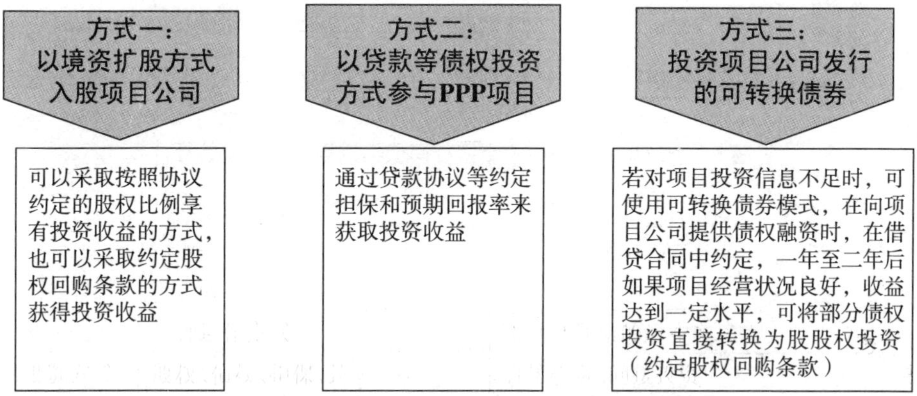

图 4　合格境外投资基金企业投资 PPP 项目的几种方式

三、投资项目收益票据

(一)项目收益票据概述

根据《银行间债券市场非金融企业项目收益票据业务指引》的规定,项目收益票据是指非金融企业在银行间债券市场发行的,募集资金用于项目建设且以项目产生的经营性现金流为主要偿债来源的债务融资工具。

项目收益票据的发行主体一般为项目公司,其偿债来源以项目收益为主,且期限可覆盖整个项目投资周期,包括项目建设阶段与运营收益阶段。

根据《关于进一步做好境外机构投资者投资银行间债券市场有关事宜公告》(中国人民银行公告〔2016〕第3号)的规定,境外机构投资者满足一定的条件后可以投资银行间债券市场。符合条件的境外机构投资者可委托结算代理人向中国人民银行上海总部申请投资备案。该公告所称境外机构投资者,是指符合该公告要求,在中华人民共和国境外依法注册成立的商业银行、保险公司、证券公司、基金管理公司及其他资产管理机构等各类金融机构。境外机构投资者投资银行间债券市场应当符合以下条件:

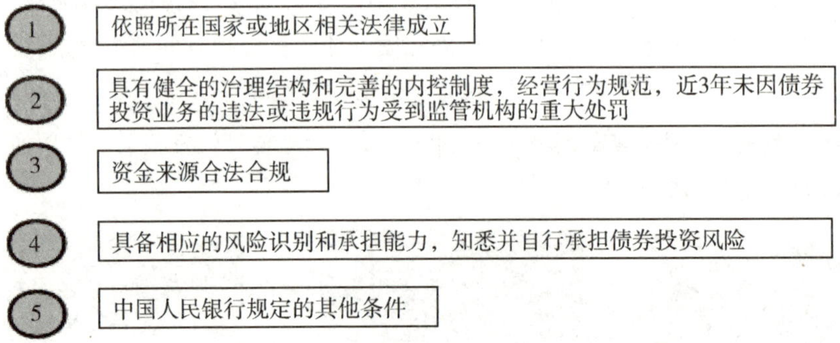

图5 境外机构投资者投资银行间债券市场须具备的条件

（二）投资项目收益票据融资的操作流程

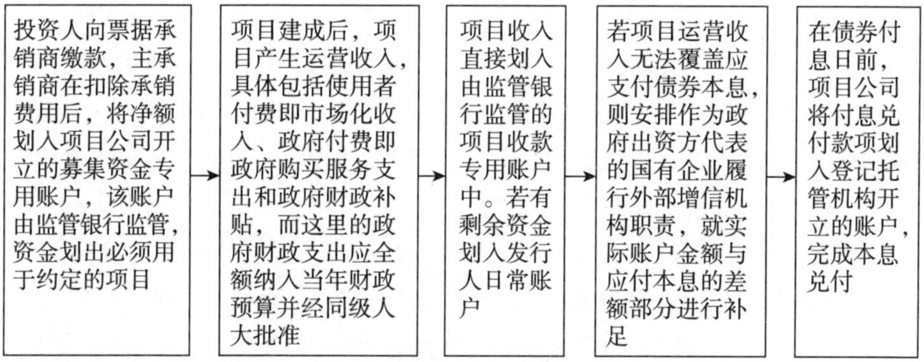

图6　投资项目收益票据融资操作流程

（三）投资项目收益票据的可行性分析

项目收益票据在发债主体、票据投资人及还款来源等产品设计方面均有所创新，并能够促使相关债务更加阳光化，有效防范传统融资平台模式带来的财政和金融风险。其发行主体包括但不限于市政、交通、公用事业、教育、医疗等与城镇化建设相关的、能产生持续稳定经营性现金流的项目，在日后的PPP项目中，发行项目收益票据将成为项目公司融资的主要手段之一。因此，外国投资者通过投资项目公司发行的项目收益票据参与到PPP项目中来，也将成为主要手段之一。

不过，其中需要注意的是，符合条件的境外合格投资者投资PPP项目公司发行的项目收益票据时，需要向中国人民银行上海总部申请备案。申请备案时可委托结算代理人，由代理人代理备案，代理提交《境外机构投资者投资中国银行间债券市场备案表》及结算代理协议。但是，已进入银行间债券市场的境外机构投资者则无须重新备案。

四、加入PPP产业基金

（一）PPP产业基金概述

根据《产业投资基金管理暂行办法》，产业投资基金是指对未上市企业进行股权投资和提供经营管理服务的利益共享、风险共担的集合投资制度，即通过向投资者发行基金份额设立基金公司，由基金公司自任基金管理人或另行委托基金管理人管理基金资产，委托基金托管人托管基金资产。PPP产业基金则是专门为了投资PPP项目而设立的专项基金。

PPP 产业投资基金参与 PPP 项目投资具有灵活的特点,既可以直接投资地方政府确定的项目公司(特许经营公司或运营公司),作为股东持有项目公司股权,参与项目公司建设运营,分享项目公司收益;也可以债权或股权债权相结合的方式对 PPP 项目进行投资;还可以参股地方政府发起设立的 PPP 基金,由其投资地方政府确定的 PPP 项目。因此,外国投资者也可以通过投资 PPP 产业基金来间接投资 PPP 项目。

(二)PPP 产业基金模式

目前国内如春笋般涌出的各类 PPP 产业基金,虽然设立的结构、主发起人、退出机制等方面存在着差异,但其投资方无非是地方政府、金融机构、基金管理人、社会资本,并且在优先级劣后级安排上多表现为地方政府和社会资本作为劣后及 LP,而金融机构作为优先级 LP,各自承担各个级别的风险。

PPP 产业基金的形式,按照发起主体的不同,可分为政府主导、金融机构主导和企业主导型产业基金。具体分析如下:

政府参与发起 PPP 基金,其目的相对简单,主要为了发挥政府引导作用,通过政府引导、政府承诺购买服务、政府回购等方式,撬动大量社会资本。

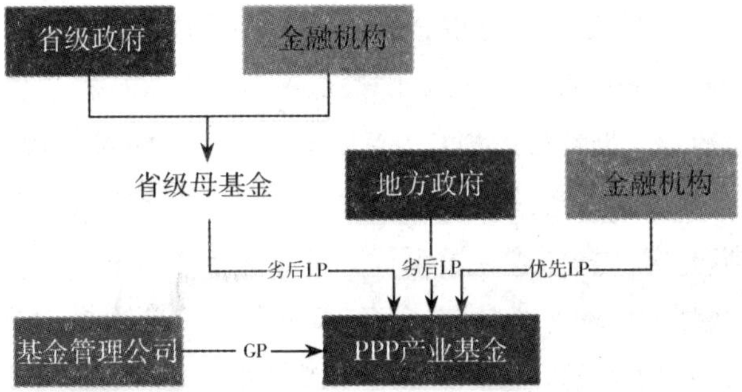

图 7 政府引导的母子基金型 PPP 产业基金

在金融机构主导成立的 PPP 产业基金中,金融机构既可以是基金出资人,又可以承担基金管理人的角色。如某证券公司成立的 PPP 产业基金就采用这种方式,基金总规模 100 亿元,由该证券公司控股的资产管理公司作为基金管理人,出资 1%,由该证券公司的另一关联公司作为劣后出资方,出资 10%,政府引导层出资 10%,其余由基金管理人向其他金融机构进行募集。金融机构引导的产业基金的优势在于募集资金。金融机构因为其本身拥有较强的资金实力,加之他们具备同行业及银行、信托等其他机构的募资渠道,因此在募集资金上比较容易。

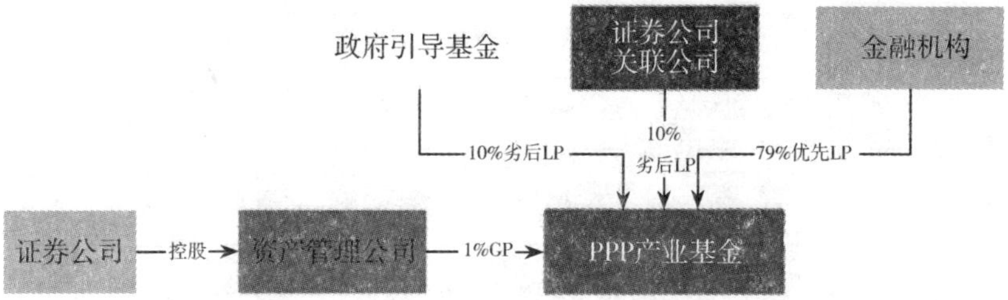

图8 金融机构发起成立的PPP产业基金

上市公司参与设立PPP产业基金一般和该公司的主营业务相关。如某以智能交通、公共安全软件研发为主营业务的上市公司发起成立智慧城市发展基金，投向智慧城市、轨道交通相关的PPP项目，由该上市公司通过成立基金管理公司，出资6.25%作为劣后级资金，联合省政府引导基金及三家银行，设立百亿元规模基金。这种模式下因为上市公司参与到具体的基金运作，既可以实现上市公司市值的增长，又能够有效保证基金投资人稳定退出。

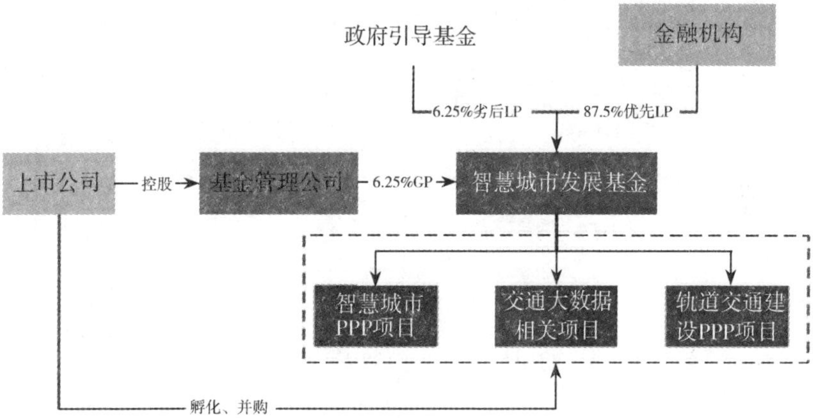

图9 上市公司发起成立的PPP产业基金

（三）投资PPP产业基金可行性分析

在实务中，以上三种类型的PPP产业基金中参与的机构均指国内设立的机构，其中同时包括境外机构在国内的分支机构，但是还没有境外机构直接参与PPP产业基金的先例。境外机构具体能否直接参与到PPP产业基金中，还有很多疑点与障碍，有待相关法律的进一步完善。据了解，境外机构虽然无法直接参与PPP产业基金，但是目前其可以通过以下方式变通地参与到PPP产业基金中：

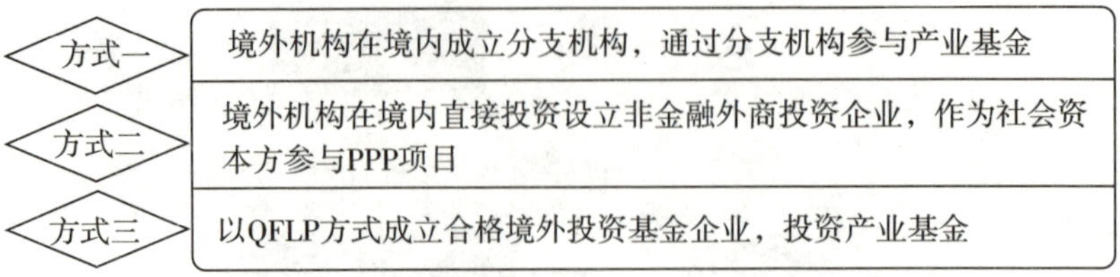

图 10　境外机构间接参与 PPP 产业基金的方式

结　语

综上所述，外国投资者虽然可以有多种途径投资国内 PPP 项目，但应根据各自企业性质选择最为合适的投资方式。同时还应密切跟踪国际、国内资本市场变化，关注国家经济金融形势、国际收支状况、跨境资本流动以及外债外汇政策调整，统筹考虑汇率、利率、币种及企业资产负债结构等因素，确保项目投资风险控制在自身可以承受的范围之内，审慎投资。

PPP合同签订后项目无法通过审批的法律责任探析

郝　利　吕辉木*

*作者简介：
郝利，合伙人，中伦律师事务所杭州办公室，电邮为 haoli@ zhonglun. com；
吕辉木，律师，杭州办公室。

近年来，随着国家新型城镇化建设的加速推进，城市基础设施和公共服务需求的激增与地方政府债务高企、建设资金短缺之间的矛盾日益明显。为缓解这一矛盾，PPP 模式被以一种前所未有的规格和力度进行推介，尤其随着发改委、财政部一系列 PPP 框架性文件的出台，PPP 模式受到的关注近乎“炙热”状态。

PPP 模式通常应用于发电厂、机场、港口、收费公路、隧道、供水和污水处理等基础设施和公用事业项目。根据我们国家有关建设项目投资管理的规定，这些建设项目在规划、环保、土地等各环节都需要经过有关政府部门的行政审批。因此，协调处理好 PPP 项目运作和建设项目各审批环节之间的关系至关重要，否则不仅影响 PPP 项目的推进，还可能因为责任不清引发争议，严重影响 PPP 模式的推广和应用。本文将以笔者代理的 PPP 案件为例，对 PPP 模式下项目审批及有关法律责任问题进行探讨。

一、案情简介

2010 年 6 月，A 县建设局受县政府委托就 A 县生活垃圾焚烧发电厂 BOT 项目组织了竞争性谈判。《竞争性谈判文件》明确，A 县人民政府决定通过 BOT（建设—运营—移交）方式建设生活垃圾焚烧发电厂，建设规模为 500 吨/日；工程地点在县经济开发区；建设工期为 18 个月，特许经营期为 27 年；项目用地由业主有条件提供使用，投资商应按每亩 6 万元人民币的标准支付相关的政策处理及拆迁费用。

B 工程公司等三家企业组成联合体参加竞争并竞得该项目后，与 A 县建设局签订了《A 县生活垃圾焚烧发电厂建设—运营—移交特许经营权协议》。协议约定本项目所需的项目立项（仅指项目建议书报批）、征地拆迁、厂外公用设施的审批和许可证等工作由 A 县建设局负责，并协助项目公司获得全部必要的政府主管部门的审批、授权书和许可证。

《特许经营权协议》签订后，联合体三家股东按照协议规定成立 C 项目公司，并在 A 县建设局提供的项目选址上开展了“建设用地预审文件”“可行性研究报告”“环评报告”“水土保持”“水资源论证”“选址论证”等报告的编制、报批等工作，还根据要求向 A 县国土局支付土地定金 300 万元。

2011 年 3 月，省建设厅做出了《不予建设行政许可受理通知书》，决定对 A 县垃圾焚烧发电厂建设项目选址不予受理。同时指出“论证报告提供的选址方案不符合垃圾焚烧厂规划选址要求，请你单位在县域范围内严格按照规划要求重新选址，并进行多方案比较，进一步论证可行后申报选址”。

省建设厅对于项目选址的否定，使得垃圾焚烧发电厂项目无法推进，A县建设局也迟迟未提供新的符合要求的选址方案，导致C项目公司前期投入资金无法收回。于是C公司根据《特许经营权协议》约定向仲裁委员会申请仲裁，委托笔者代理本案，要求A县人民政府和建设局返还土地定金和支付违约金1000余万元。

二、PPP项目的主要审批环节与风险分析

在PPP项目运作流程中，建设项目审批是非常重要的环节，而通常在此环节时PPP项目已经选定投资者并且特许经营协议已经签署生效。也就是说，PPP合同签订生效在先、建设项目各项审批在后。本案的BOT项目就是先经过招商程序确定了投资者并签署BOT协议后，再开始办理项目选址等审批手续。因此，PPP合同能否顺利履行，取决于后续的建设项目行政审批能否顺利通过。

根据国家有关项目投资管理的规定，无论是政府投资项目还是企业投资项目，都需要向有关政府主管部门办理相应的审批、核准和备案手续。同时，项目建设单位还应当分别向城乡规划、国土资源和环境保护部门申请办理规划选址、用地预审和环境影响评价审批等手续。

虽然近年来国家持续加大简政放权的力度，取消了一大批企业投资项目核准的前置条件，仅国家发改委和中编办发布的“发改投资〔2014〕2999号”通知中就明确要求取消银行贷款承诺、可行性研究报告审查意见、电网接入意见等十八项项目核准的前置条件的事项。但是，根据现行有效的法律法规，水土保持方案审核、压覆矿产资源批复、地震安全性评价等十余项行政审批虽然不作为项目核准的前置条件，但仍然是投资项目绕不过去的行政许可。这些许可中任何一项未获批准，都可能使已经生效的PPP合同无法继续履行，甚至使项目半途而废。

三、PPP模式下项目审批职责的分配

如上所述，PPP合同能否顺利履行，在很大程度上取决于建设项目审批能否顺利通过，若有关行政许可未获批准，PPP项目将无法继续推进，而PPP合同则面临难以继续履行的风险。由此引发一个关键问题，即PPP模式下的项目审批职责的分配。

基于风险分配理论“应由对风险最有控制力且最有效率的一方承担”的基本原则，笔者认为，PPP项目的项目选址和用地相关的行政审批（包括压覆矿产资源、地震安全性评价和地质灾害危险性评估等）职责应当分配给政府方承担，特许经营者

或其项目公司协助。理由如下:

一方面,PPP 项目的规划选址由政府方负责,更为经济和效率。主要原因在于:政府方具有城乡规划和土地管理的行政职能,其对于具体的建设项目选址是否符合总体规划、控制性详细规划、修建性详细规划等规划,以及是否符合土地利用总体规划,是否符合国家供地政策和土地管理法律、法规规定等条件,相比特许经营者或其项目公司而言,明显更有能力、更有优势。

另一方面,PPP 项目的用地预审等土地手续由政府方负责办理,更具有控制力。主要原因在于:PPP 项目一般适用于城市基础设施和公益事业项目,以及国家重点扶持的能源、交通、水利等基础设施项目,而这类项目的用地,根据《土地管理法》及其他相关法律的规定和实践,大多采用划拨的方式,特许经营者或其项目公司一般无法自行取得该土地的使用权。并且,在我国法律框架下,由对土地使用权有一定控制力的政府方负责取得土地使用权更为便利。

具体而言,可参照财政部《PPP 项目合同指南(试行)》有关项目用地的内容进行分配,如政府方以土地划拨或出让等方式向项目公司提供项目建设用地的土地使用权及相关进入场地的道路使用权,并根据项目建设需要为项目公司提供临时用地。项目的用地预审手续和土地使用权证均由政府方办理,项目公司主要予以配合。上述土地如涉及征地、拆迁和安置,通常由政府方负责完成该土地的征用补偿、拆迁、场地平整、人员安置等工作,并向项目公司提供没有设定他项权利、满足开工条件的净地作为项目用地。

至于项目环境影响评价、节能评估等与项目技术方案相关的行政许可则可以由项目建设单位负责取得。因为在 PPP 项目中政府部门之所以和社会资本合作,很重要的因素就是看中了社会资本投资方的技术和管理优势,希望通过专业机构的设计、施工和运营管理,提高建设、运营管理效率和服务质量。而项目的环保和节能指标正是和项目的技术方案及设计运营息息相关,这理应成为社会资本投资方或项目公司重点关注和负责的,政府部门仅需提供必要协助即可。

四、PPP 项目无法通过审批时的责任承担

基于上述分析,PPP 项目的规划选址、用地预审等前置审批的职责应当由政府方承担,PPP 合同应当对此作出明确约定。若因规划选址、用地预审等前置审批未能获得批准导致项目无法通过审批或核准的,由此造成 PPP 合同无法继续履行的违约责任应当由政府方承担。

项目无法通过审批或核准时,政府方在PPP合同项下的责任承担问题,主要包括承担责任的途径和承担责任的方式两个方面。

(一)承担责任的途径:行政诉讼还是民事诉讼

明确政府方承担责任的途径,前提是确定PPP合同的合同性质,即PPP合同到底是行政合同还是民事合同。若为行政合同,则政府方承担责任的途径,在实体上应当适用《国家赔偿法》、在程序上应当适用《行政诉讼法》等行政法律法规;若为民事合同,则政府方承担责任的途径,在实体上应当适用《合同法》、在程序上应当适用《民事诉讼法》等民事法律法规。

尽管PPP合同的性质究竟属于行政合同还是民事合同的争议由来已久,但主流观点一般认为PPP合同的主要性质为民事合同。然而,根据2014年11月1日修订的《行政诉讼法》第十二条第十一款规定,认为行政机关不依法履行、未按照约定履行或者违法变更、解除政府特许经营协议的,属于行政诉讼案件的受理范围。即PPP合同被认定为行政合同,政府方不依法履行、未按照约定履行或者违法变更、解除PPP合同的,适用行政诉讼的法律程序。

《行政诉讼法》将PPP合同认定为行政合同,不仅与主流观点相悖,而且与此前财政部发布的一系列PPP文件中关于"政府与社会资本是基于PPP项目合同的平等法律主体,双方法律地位平等、权利义务对等""项目实施机构和中标、成交社会资本在PPP项目合同履行中发生争议且无法协商一致的,可以依法申请仲裁或者提起民事诉讼"的界定,存在本质的矛盾。而这一定性可能给PPP模式的推广和应用,尤其是在吸引社会资本方面,造成相当大的不利影响。

为了解决社会资本对于PPP合同纠纷在司法救济方面的顾虑,最高人民法院出台了《关于适用〈中华人民共和国行政诉讼法〉若干问题的解释》(法释〔2015〕9号,以下简称《行政诉讼法司法解释》)。该司法解释在既定法律框架下对此问题做了些弥补,包括:强调法院应当为社会资本提供司法救济保障的职责;引入民事法律规范作为审理PPP协议行政诉讼案件的依据;区分不同类型的纠纷适用各自的时效规定和费用标准等。

(二)承担责任的方式:赔偿损失还是合理补偿

《行政诉讼法司法解释》同时对政府方违反PPP合同约定时的责任承担方式作出了相应规定,主要有以下三种方式:

一是确认协议有效,判决继续履行或采取补救措施、赔偿损失。《行政诉讼法司法解释》第十五条第一款规定:"原告主张被告不依法履行、未按照约定履行协议或者单方变更、解除协议违法,理由成立的,人民法院可以根据原告的诉讼请求判决确认协议有效、判决被告继续履行协议,并明确继续履行的具体内容;被告无法继续履行或者继续履行已无实际意义的,判决被告采取相应的补救措施;给原告造成损失的,判决被告予以赔偿。”

本案中,原规划选址被省建设厅否决后,C公司首先要求继续履行合同,多次发函要求尽快提供新的符合要求的选址,但A县建设局不仅迟迟未提供新的选址,而且另行通过县财政出资组建国有环保公司的方式开发建设新的垃圾焚烧发电项目,其已经以实际行动表示不再履行BOT协议,导致合同无法继续履行,也无法采取补救措施,因此A县建设局应当按照上述规定赔偿给C公司造成的损失。

二是判决解除协议或确认协议无效,并根据《合同法》有关规定处理。《行政诉讼法司法解释》第十五条第二款规定:“原告请求解除协议或者确认协议无效,理由成立的,判决解除协议或者确认协议无效,并根据《合同法》等相关法律规定作出处理。”

三是因公共利益等法定理由单方变更、解除协议的,判决予以补偿。《行政诉讼法司法解释》第十五条第三款规定:“被告因公共利益需要或者其他法定理由单方变更、解除协议,给原告造成损失的,判决被告予以补偿。”

从司法实践的角度看,上款规定的难点在于如何准确界定“公共利益需要”和“其他法定理由”。人民法院对此问题应当持审慎态度,严格把握该款规定的适用范围,避免行政机关以此为由推脱责任。

五、案件的反思与建议

本案是一起典型的PPP合同签订后因项目无法通过审批而引发的纠纷。申请人在PPP合同签订后做了大量的准备工作,却因被申请人确定的项目选址未能获得批准而导致合同无法继续履行,并引发仲裁纠纷。

为了尽可能避免出现类似纠纷,除了一方面要做好合同安排,明确约定项目审批职责的承担方及其违约责任外;另一方面还要做好制度保障。在既定的“PPP合同签订在先、项目审批在后”的框架下,如何协调处理好PPP项目运作和建设项目审批之间的关系至关重要。对此问题,《基础设施和公用事业特许经营管理办法》关于“建立部门协调机制、简化审核内容”的制度规定值得借鉴和推广。

一是建立部门协调机制,确保PPP项目实施方案的法律可行性。

《基础设施和公用事业特许经营管理办法》第十三条规定:“项目提出部门依托

本级人民政府根据本办法第八条规定建立的部门协调机制，会同发展改革、财政、城乡规划、国土、环保、水利等有关部门对特许经营项目实施方案进行审查。经审查认为实施方案可行的，各部门应当根据职责分别出具书面审查意见。项目提出部门综合各部门书面审查意见，报本级人民政府或其授权部门审定特许经营项目实施方案。”

通过建立上述部门协调机制，就可以实现在PPP项目实施方案的审查阶段就对项目的规划选址、用地、环保等方面的可行性进行审查，事先剔除不可行的项目或方案，避免PPP合同签订后再出现项目审批无法通过的局面。

二是简化审核内容，保障PPP项目审批合法、有序、高效办理。

《基础设施和公用事业特许经营管理办法》第二十二条规定：“特许经营者根据特许经营协议，需要依法办理规划选址、用地和项目核准或审批等手续的，有关部门在进行审核时，应当简化审核内容，优化办理流程，缩短办理时限，对于本部门根据本办法第十三条出具书面审查意见已经明确的事项，不再作重复审查。实施机构应当协助特许经营者办理相关手续。”本条规定提出有关行政部门在办理PPP项目行政审批手续时应当简化审核内容、优化流程、缩短时限的要求，同时明确了有关行政部门对于已经根据“部门协调机制”出具审查意见的事项，不应再重复审查。

三是对于部分项目审批风险较大的项目，可以将通过项目审批作为合同生效条件。

国家对于部分项目在选址和环评等方面有严格的要求，像城市垃圾处理等项目更是公众非常关注和敏感的项目，其审批难度相当大，很多情况不是授予特许经营项目的地方政府所能掌控的。因此，对于此类项目可以在签署PPP特许经营合同时明确将项目通过政府审批作为合同生效条件，并且通过框架协议、备忘录等方式约定项目审批的风险分配和违约责任。

3. 理论研究与政策解读

PPP条例呼之欲出

——基本概念尚需厘清

王霁虹　韩江瑜*

*作者简介：

王霁虹，合伙人，中伦律师事务所北京办公室，

电邮为 wangjihong@ zhonglun. com；

韩江瑜，律师，北京办公室。

2017年7月21日，国务院法制办发布《基础设施和公共服务领域政府和社会资本合作条例》征求意见稿。条例作为首个行政法规级别的PPP法律文件，无疑将对未来PPP项目的实施产生重大影响。但正因如此，作为在基础设施和公共服务领域深耕数十年的专业人员，笔者亦喜亦忧。喜则PPP条例明确了PPP的根本目标、监督管理、参与各方的权利义务关系等多项内容，在一定程度上解决和改善了当前PPP实务中的立法层级低、规范冲突、多头管理等状况，舒缓了相应的实施困惑和矛盾；忧之PPP条例虽有亮点，但对于PPP合同的性质、当前制度冲突等许多基本问题、关键矛盾语焉不详或避而不谈，对于指导解决现实突出问题的力度十分有限。

一、关于PPP与特许经营的关系

到目前为止，中国在不同的规范性文件中同时出现了PPP和特许经营的概念，但规范性文件都没有对这两个概念之间的关系进行明确界定。由于特许经营项目的施工在“投资人依法能够自行建设、生产或者提供”的条件下可以不进行二次招标，因此对社会投资人收益回报影响很大。但是不同地方政府对PPP和特许经营概念之间关系理解不一，适用也大相径庭。建议未来出台的条例能对这两个概念之间的关系进行清晰界定，以从根本上避免因概念模糊而导致的实践混乱。

二、关于社会投资人的选择方式

条例提出“基础设施和公共服务领域政府和社会资本合作是指政府采用竞争性方式选择社会资本方……”从该条规定来看，条例否定了通过直接授予选择社会投资人的方式。笔者建议保留直接授予的采购方式。理由如下：首先，PPP项目本质上属于政府采购范畴，《政府采购法》第三十一条明确规定在特定的情形下可以采用单一来源方式采购。PPP条例应当与上位法《政府采购法》规定的采购方式保持一致。其次，并不是所有的PPP项目都具有竞争性，一些特定情形下的项目（如国防、军工、经济欠发达地区等）由于其特殊性、垄断性、缺乏吸引力等原因可能并不适合采用竞争方式采购，而更适合单一来源方式授予，故从立法的前瞻性和稳定性考虑，应保留直接授予的采购方式。

三、关于PPP政府付费项目与政府购买服务的关系

PPP自实施以来，业内关于PPP和政府购买服务之间的关系一直争论不休。在

87 号文对政府购买服务进行严格限定以后,业内的混乱和疑惑进一步加深,与政府购买服务貌合神似的政府付费类 PPP 还能否继续实施就成为许多地方政府和业内人士的巨大疑惑。根据 87 号文和相关规范性文件的规定,二者之间应具备的条件几乎完全不同。政府购买服务需要具备的条件是:适用范围必须在政府购买服务指导性目录之内,并且先有预算后有购买服务,采购主体除了行政机关、事业单位以外,还包括群团组织;而 PPP 政府付费项目适用范围较广,不受政府购买服务指导性目录的限制,并且实施程序须经过"两评一案"的论证评估,实施主体通常是政府或政府指定的职能部门/事业单位,无群团组织。从彼此的条件看,二者在适用范围、实施主体、程序等方面都有明显的不同。故条例应对两者关系作出指导性的规定,以免地方政府和实施机构把两者等同而影响和制约 PPP 的发展。

四、关于公共利益与社会投资人利益的平衡

条例第一章规定的原则仅提及公共利益优先,未涉及社会资本方的利益保护,建议增加"保障社会资本方合法权益"的相关表述。同时,增加"风险分担原则—合作项目应当按照风险收益对等原则,在政府和社会资本方之间合理分配项目风险。原则上,政府负责防范和化解法律、政策风险,社会资本方承担项目建设、运营等风险,自然灾害等不可抗力风险由政府和社会资本方共同承担"。

五、关于 PPP 项目发起方式

条例第二章规定的是项目发起的问题,但发起方式仅规定了政府发起而无社会资本方发起。笔者认为,PPP 作为一种新生事物,当前还处于探索前进阶段,政府方由于其自身限制,由其作为唯一发起方对于推广 PPP 项目并不一定有利。笔者建议增加社会资本方为项目的发起方之一的规定。

另外,PPP 项目在发起时并非所有的实施方案都有必要征求潜在社会资本方的意见,特别是技术相对简单、竞争非常激烈的 PPP 项目。强制征求潜在社会资本方的意见,在一定程度上加重了政府的负担,故建议修改"实施方案必须征求潜在社会资本方意见"的表述,并删除政府未征求潜在社会资本方意见时的法律责任。

同时,在项目实施方案的评估上,建议明确"物有所值评价"是否还是必备的程序。在目前的 PPP 项目操作中,物有所值评价和财政承受能力论证是 PPP 项目识别阶段的两项重要工作,无论理论界还是实务界都已形成了共识,PPP 项目需要做"两个评价",故建议条例明确"物有所值"评价的必要性,对于财政负有出资、承担

违约责任的情况理应也进行财政承受能力评估。

六、关于PPP项目实施的问题

PPP项目的实施包括采购、签约等环节。关于项目的采购，条例规定的方式不够全面。建议明确列举可以采用公开招标、邀请招标、竞争性谈判、竞争性磋商和单一来源采购等方式选择社会资本方。同时，为避免项目实施机构或社会资本方采购结束以后以各种理由拒绝或拖延签署PPP合同，建议明确PPP合同签订的时间限制。

关于项目的签约，PPP作为政府和社会资本两个平等主体之间长久合作的项目，双方之间的合同及合同的内容至关重要，合同中的签约主体、权利义务应该是公平合理且明确具体的。以合同主体为例，PPP项目合同的签约主体通常为项目实施机构和项目公司，而项目公司是独立于社会资本方的合同主体，不应将其项目合同下的权利义务与社会资本方混同。同时，为保证合同的有效性，项目实施机构也应具有完整的民事权利能力和行为能力，取得本级政府的授权和批准。以违约责任为例，条例不能只强调社会资本方的违约责任，而忽略政府方的违约责任，这有悖于合同的公平合理原则。

七、关于PPP监督管理的问题

条例第四章规定的是PPP项目的监督管理。笔者认为政府部门对项目的行政管理应当与政府实施机构在项目中的民事权责相区别，避免两者的混同和模糊。并且，PPP项目供给的是公共服务，项目应纳入公众监督的范畴，而公众的监督范围不能仅限于对社会资本方的监督，更要有对政府实施机构甚至PPP项目各有关部门的有效监督。同时，政府部门在进行行政管理的过程中对社会资本方的合法权益造成损害的，也应按照相关行政法律法规给予合理的补偿，保证社会资本的合法权益。因此，笔者建议在第四章增加“保障社会资本方的合法权益”“给予社会资本方合理补偿”的相关表述。

八、关于PPP争议解决的问题

笔者认为，PPP项目是政企合作的项目。从合作的角度来看，政府与社会资本应是平等的合同主体关系，发生争议应按照民事关系申请仲裁或进行民事诉讼。关于PPP项目中涉及的行政关系，对于政府部门依法行使行政管理、监督行为引发的争议,在条例第四十一条已明确约定,可以提起行政复议或行政诉讼,两者并不冲突。但是,条例第四十一条赋予社会资本方和项目公司的行政复议或行政诉讼的权利小于《行政诉讼法》中赋予行政相对人的权利,这是不合理的。在新修订的《行政诉讼法》及相关司法解释中,行政相对人可以提起行政诉讼的针对的是"行政行为"而非之前的"具体行政行为"。

另外,条例规定"履行发生的争议,可以申请仲裁或者提起诉讼"容易让人理解为仅仅是项目协议的履约阶段。实际上,PPP 项目包括了采购、签约、履约、移交、终止等环节,除了采购环节按照政府采购等行政法律法规执行外,项目协议的签订、履约、移交、终止等环节都受到《合同法》等法律法规的调整,故也应纳入争议解决的有关规定。同时,关于项目协议涉及的专业问题争议,建议增加专家或专业机构参与争议调解的功能,以拓宽争议解决的途径,节约讼争成本。

九、关于条例中法律责任的问题

条例第六章规定的是 PPP 项目中各方的法律责任,但相关内容有失偏颇,突出的问题就是对政府方责任的回避。例如,条例规定项目合作协议需载明的事项包括违约责任,然而政府作为项目协议的一方如何承担违约责任,其程序和标准是什么并没有说明。根据我国修订后的预算法,国家施行全口径的预算,政府的每一笔支出均需通过预算安排,在政府承担的责任中,只有违反规定而导致的国家赔偿可以通过预算安排加以监督,政府方在项目协议中的违约责任和违约金如何列入预算并通过预算安排尚有待明确。条例如果不对政府的违约责任进行原则性的规定,政府在项目协议中的违约责任恐无法得到落实。

另外,按照风险分配原则,法律变化、政策变化等风险应当由政府方承担,对于法律变化、政策变化、国家安全、救灾抢险、公共利益等非社会资本方所能控制的风险或变化带来的损失,政府方应当给予赔偿或补偿。

十、关于条例的其他建议

考虑到 PPP 实践中已客观出现的问题,为释疑解惑,推动 PPP 的顺利发展,笔者认为,条例还应该在以下几个问题上作出明确的规定。

首先,PPP 项目实施难的一大原因就是"双龙治水"——主管部门不明确,条例中仍然未明确国务院的具体主管部门,并未改变目前多头管理的现状,建议制定指导目录明确各类事项的主管部门,保证 PPP 项目得以顺利实施。

其次，社会资本方在 PPP 项目投资、建设和运营过程中，可能会形成具有一定价值的专利技术、知识产权、商业秘密。在向政府有关部门移交项目时，如何支付这些知识产权的相应对价，应当加以明确规定。否则，无偿移交将不利于调动社会资本方的积极性，不能充分地发挥项目的社会效益和经济效益，更无助于社会创新。

最后，在条例的适用问题上，条例所用的“运营”二字容易让人理解为只能是进入运营期的 PPP 项目，而把尚在建设期的存量 PPP 项目排除掉。故建议将第四十九条的适用范围修改为“存量 PPP 项目”。

英国 PPP 发展起源及实务操作要点

中伦伦敦办公室

一、英国PPP的起源及发展现状

PPP(Public Private Partnership)又称为“公共部门与社会资本合营计划”,是一种以政府和企业共同合作为特征的项目建设模式。PPP涵盖所有类型的公私合作关系,其中包括提供优惠政策、公共服务和基础设施。也可以按项目时间长短分为短期管理合同以及复杂的长期合同。PPP允许社会资本企业代替政府履行其为社会服务的职能,也可以将公共部门的资金用于企业经营的商业目的,或二者兼有。本质上,PPP为政府公共服务提供了一种方式,通过利用社会资本在国家、省或地方范围为社会提供公共服务。

PPP的类型多种多样,其中PFI(Private Finance Initiative或私人融资计划)是最常见也是最受欢迎的一种合作模式。私人融资计划是英国PPP典型的运作方式。“PFI”一词诞生于1992年,而PPP于20世纪90年代后期才开始逐步得到推广。PFI通过使用社会资本借助项目公司来融资建造基础设施,基础设施建成后由项目公司负责25年或30年运营提供公共服务,由公众或者政府支付使用费用。

从权属关系上来讲,由于PPP项目操作过程中涉及管理权利的转让及基础设施建设的责任转移,某种程度上也就意味着投资企业需要承担公共基础设施建设的风险。因此就政府而言,无论是长期还是短期的项目,选择用PPP来实现为公众提供必需的公共基础设施服务都可以最大限度地降低项目成本和风险。据官方统计结果显示,截至2013年年末,英国共有PFI项目725个,资本总价值542亿英镑,其中665个项目已经进入运营阶段。PFI项目的投资约占公共部门总投资的11%。

二、监管部门及法律法规

截至目前,虽然英国尚未颁布关于PPP的法律法规,但是已创建了PPP项目框架作为PPP项目实施的指引。财政部以及其他政府公共部门也针对一些已经存在的PPP项目风险公布了一些部门指引,强制要求凡是涉及该部门管辖领域的PPP项目遵守这些指引。在国际上,联合国国际贸易委员会也分别于2001年和2003年颁布了PFIP项目指南和PPP操作模式规定。值得注意的是,以上指引均不具备法律效力,只起到示范指导作用。虽然英国没有专门的PPP法律规定,但其独特的普通法体系为英国所有的PPP商业交易建立了良好的基础,有关的法律原则也有效地帮助政府公共部门降低了项目风险。

不同于英国,在一些欧洲国家,如意大利、比利时、西班牙等国家都有专门针对

PPP 的法律法规，且这些法律往往针对某些指定的部门如水利、电力等。一个 PPP 项目有时也不只专门应用于一个领域，有时也会跨部门跨行业同时应用。

三、PPP 项目审批操作流程

1. 政府审批

根据英国《2008 年规划法案》（Planning Act 2008）的规定，建设国家重点基础设施项目必须获得“开发许可”（Development Consent），开发许可的申请由英国规划监管局（Planning Inspectorate）下属的国家基础设施理事会（National Infrastructure Directorate）负责接收和审查。

英国 PPP 项目的审批步骤流程十分严格且具有很强的系统性。财政部会对项目的商业计划进行三轮审批：第一轮财政部要审批项目的战略纲要商业计划（Strategic Outline Case，SOC）；第二轮财政部要审批项目的纲要商业计划（Outline Business Case，OBC）；最后在采购完成后会审批项目最终商业计划（Full Business Case，FBC）。

以公共交通产业的开发许可申请为例，对于交通领域的国家重点基础设施项目，英国规划监管局在对开发许可进行审查后，将该项目编制报告和建议书提交交通部长（Secretary of State for Transport），由交通部长再决定是否授予授予开发许可。如果决定授予开发许可的，交通部长将签署“开发许可批复”，该批复包含了对于项目建设和运营的许可以及其他开发者需要的授权，如强制性购买土地等。

2. 操作流程

PPP 项目操作由八个环节组成，包括需求分析、项目识别、项目准备、采购资格预审、响应文件收集、财务结算、合同管理和项目终止。其中，项目决策和准备阶段主要从战略、经济、商业、财务以及管理的角度进行分析和评估，而项目采购主要采取竞标方式来选择要合作的私营部门企业作为政府公共部门的合作方。

四、实务操作要点及注意事项

1. 项目公司资格审批

在投资人资格预审过程中，项目公司需向主管部门提供关于其结构和组成的完整资料。这意味着，项目合作伙伴之间的关系必须是紧密联系的。虽然有一份完整签署的合资协议是最为理想的，但是实践中文件很少能做到如此完整。作为代替，合作各方应保证他们之间至少有相关意向书或条款清单以明确各方的利益。

以联合体投标的投资人，在通过资格审查之后、正式中标前，联合体成员允许有非实质性的变动调整。但是，由于资格预审阶段已对投资人的技术和融资能力进行了评估，因此改变联合体成员组成可能会被认定为是实质性的变动，有一定风险。理论上，如果这些改变不会影响承包商的技术或融资能力，例如改变项目公司的组成，那么不会被政府部门认定是实质性的。在实践中，投资者应在投资初期作出清晰决策避免后续变化，从而降低投资的风险。

英国PPP项目与中国不同，其对项目类型和投资者类型没有特殊要求。对于融资，政府主管部门也不会要求对融资提供担保。政府主管部门通常会要求EPC和运营维护商提供履约担保，同时还要求其母公司提供补充担保。贷款方通常也会要求项目公司提供同等的担保。

2. 操作流程的注意事项

在英国PPP项目中，EPC(总承包商)同时作为项目公司的成员和项目投资者很常见，无须就EPC部分安排二次招标，但是项目公司必须有能力提出建议。因此，EPC部分的谈判和PPP项目合同的谈判通常是同时进行的。项目公司将承担PPP项目设计、施工、融资、运营和维护的责任。在投标阶段一个重要的部分就是与EPC分包商明确责任的分配。在PFI交易中，项目公司仅保留小部分的责任和风险。

中国内地招投标规定在预中标阶段，政府可以与投资人就可变细节进行谈判，率先达成一致的投资人即可成为中标人，招投标阶段政府的自主决策权比较大。相反，英国PPP在竞标阶段选择社会资本合作方时会受到公共合同有关规定的监管。总体来说，在英国如果采用竞争性磋商程序，在最终报价前政府公共部门会与所有竞标人进行谈判，进而在对所有报价进行评估后再决定合同的签约者。在该阶段政府公共部门仅会对投标或条款的一小部分进行改动。如果采用谈判程序，会基于最初竞标人的报价对其进行选择并与中标者直接进行谈判确定有关细节内容。

PPP投资人如果在中标后出于优化项目税收结构的考虑，将出资人改为中标人的持股公司而非中标人，此类操作很有可能会被认为违反了PPP项目协议中有关控制权条款的规定。在通常情况下，在做出变更之前需要同时征得有关主管部门和融资协议贷款人的同意。

3. 投资限制条件

PFI项目中通常会规定投资人的股权在项目工程竣工后至少一年以内不得进

行转让。贷款协议同样会参照 PPP 项目合同执行。

英国对于 PPP 项目资本金的最低限额比例通常为项目公司通过购买股权和借款相结合的方式出资 10%，其余 90% 通过发行债券融资。但是通常项目公司的股本金一般仅为 50,000 ~ 100,000 英镑，余额部分通过发行次级债筹集。

五、PPP 优势

PPP 优势众多，其中最主要的是 PPP 有利于政府将项目融资、运营、技术等风险转移给私营部门，从而降低政府作为公共部门所承担的项目风险，保证了财政的稳定性同时也有效地运用了社会闲置资本。在降低风险的同时政府也可以结合企业独有的专业技术、经验、创新和多样化融资途径来降低由于缺少行业经验或技术而增加的项目成本，从而实现用更少的项目花销获取同样甚至更高水平的社会公共服务，提高基础设施的建设效率和设施质量。

现如今，英国政府财政赤字一直在增加，政府可用的财政资金往往无法满足公共基础设施建设所需的全部经费。政府资金的短缺推动了 PPP 的发展。这种普及在一定程度上意味着通过传统基础设施建设的方式即用 100% 财政拨款来建设基础设施的方式已经逐步走向没落。

六、PPP 风险

PPP 虽然有很多优点，但其投资企业的融资成本很高。另外，投资人在投资前要考虑 PPP 项目未来是否会有合理的项目利润回报，如果利润回报值得期待，则融资难度会相对降低。另外，社会资本方和公共部门在很多方面都存在诸多差异，例如，不同的决策方式、运营方式、问责方式，双方在合作时无法避免会有一些观念上的冲突。

PPP 项目具有长期性、复杂性，所以在项目的建设过程中往往会有很多不可预见的事件发生。PPP 合同往往比传统采购合同更加复杂，但是很多时候在不可预见的事件发生时，合作协议往往需要作出调整。另外，如果事件超出合作双方可控范围，则很有可能导致协议在项目完成之前终止。但是，考虑到 PPP 项目一般会有强大的政治力量支持，这些支持大大提升了 PPP 项目成功的可能性。

结　语

综上，英国目前 PPP 总体发展呈持续稳定增长状态，对外国投资者没有特殊的限制且政府审批流程公开公平，项目风险相对较小。但考虑到英国目前刚刚启动脱欧程序，英镑汇率波动很大，法律监管都将会受到政坛局势不稳定的影响，所以PPP项目的投资风险很有可能会受到上述局势的影响从而导致工程的截止期限被错过、项目完成时间被延长、项目成本增加。如果脱欧降低了英国的经济水平，那么英国政府对于用财政拨款来投资大型基础设施项目的热情会降低，因此政府的资金短缺会促使PPP加速发展。

中日 PPP 产业投资基金法律基础及投融资模式对比分析

宋成哲*

*作者简介：

宋成哲，合伙人，中伦律师事务所青岛办公室，

电邮为 songchengzhe@ zhonglun. com。

PPP 产业投资基金①在本质上是一种政府主导、民间资本参与的融资模式，在我国仍处于起步摸索的阶段，亟须从他国吸取更多有益经验。综观亚洲各国，日本是 PPP 模式的领跑者，早在 1999 年就推出了 PPP 基本法，经过十多年发展取得了可观的成绩。本文希望通过对中日两国 PPP 产业投资基金的法律基础及投融资模式进行对比分析，为我国 PPP 产业投资基金的运作提供有益参考。

因日本以东京都政府与中央政府设立的 PPP 产业投资基金为主，与我国省级政府和中央政府设立的产业投资基金具有可比性，所以本文的研究范围限定于中日两国由中央政府或省级地方政府发起设立的 PPP 产业投资基金。

一、中日 PPP 产业投资基金法律基础对比

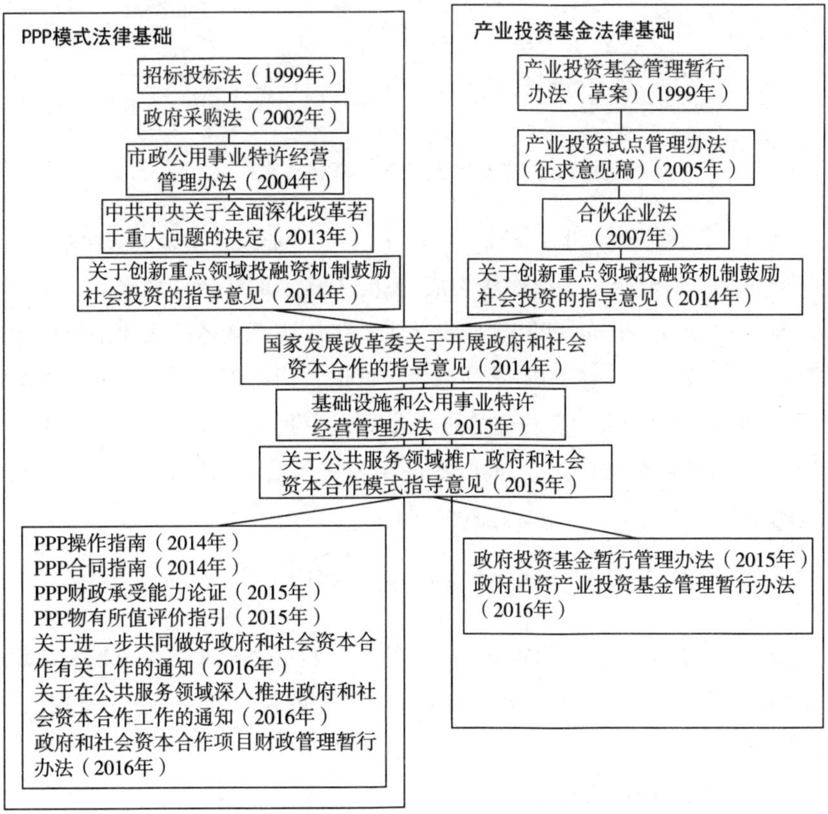

图 1　中国 PPP 产业投资基金法律框架

① PPP 产业投资基金在我国的法律体系中没有明确的定义，本文仅为表述方便，在此声明。

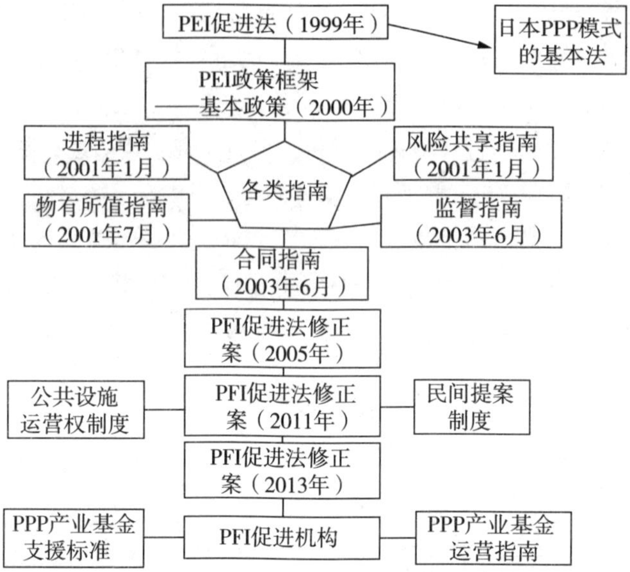

图2　日本PPP产业投资基金法律框架

通过图2直观地对比可以发现,目前我国PPP产业投资基金的法律基础由PPP模式与产业投资基金两大法律模块构成,不同于日本的法律构成形式。同时深入分析发现,在实践中我国的PPP产业投资基金存在缺乏具体的操作细则而导致明确性不够、缺少系统的法律基础、法律层级较低以及由此而导致的法律权威性不足等问题,未来在PPP产业投资基金的法制化进程中我国应注意进一步推出相关的操作细则,形成系统的法律体系,同时提高相关法律的法律层级,规范指导PPP产业投资基金的运作。

二、中日PPP产业投资基金投融资模式对比

投融资模式是PPP产业投资基金运作机制的核心。本文在参考相关文献和政策的基础上,对比分析中日两国PPP产业投资基金的投融资模式在出资构成、投资对象、运作模式及投资方式等方面的异同。

(一)我国的投融资模式

目前,地方不少省份出台了省级政府参与设立PPP产业投资基金管理办法和实施方案,中央也出资设立了PPP融资支持资金。为进行对比分析,本文选取了2015年度、2016年度具有代表性的中央及各省级政府设立的PPP产业投资基金,基

本情况汇总如表 1 所示。

表 1　中央及各省政府成立的 PPP 产业投资基金汇总

名称	设立时间	规模(亿元)	基金募集
中央引导示范性 PPP 基金	2015 年 5 月	500(国家级)	基金总规模 500 亿元,财政部出资 100 亿元,金融机构负责 400 亿元的支持。
政企合作投资基金	2016 年 3 月	1800(国家级)	财政部联合中国建设银行股份有限公司、中国邮政储蓄银行股份有限公司、中国农业银行股份有限公司、中国银行股份有限公司、中国光大集团股份公司、交通银行股份有限公司、中国工商银行股份有限公司、中国中信集团有限公司、全国社会保障基金理事会、中国人寿保险(集团)公司十大金融机构共同发起设立中国政府和社会资本合作(PPP)融资支持基金,总规模 1800 亿元。
河南省 PPP 发展投资基金	2015 年 6 月	1000(省级)	国家发展与改革委员会批复河南投资集团筹备 PPP 发展投资基金,总规模 1000 亿元,首期开发引进 50 亿元。
江苏 PPP 融资支持基金	2015 年 6 月	100(省级)	基金总规模 100 亿元,每 20 亿元为一个子基金。由省市县财政共同出资 10 亿元,金融机构认购 90 亿元。
山东省 PPP 发展基金	2015 年 7 月	800(省级)	PPP 发展基金分 3 年募集到位。政府引导基金出资 80 亿元,银行、保险、信托等其他出资人出资 720 亿元。
云南省 PPP 融资支持基金	2015 年 9 月	50(省级)	第一期定为人民币 50 亿元以上,其中:省财政厅筹集 2 亿元,向金融机构和社会资本募集 48 亿元以上。
新疆 PPP 政府引导基金	2015 年 10 月	1000(省级)	PPP 政府引导基金由自治区出资 100 亿元,招商银行和浦发银行各出资 450 亿元,基金规模 1000 亿元。
四川省 PPP 投资引导基金	2015 年 12 月	100(省级)	首期规模定为 100 亿元,其中:川投集团出资 30 亿元,中航信托、交银国信等其他合伙人出资 70 亿元。
山西省改善城市人居环境 PPP 投资引导基金	2016 年 2 月	144(省级)	山西省财政厅、住建厅与北京首创集团、兴业银行共同发起设立山西省改善城市人居环境 PPP 投资引导基金,该基金由省级母基金和市县子基金构成,母基金规模为 16 亿元,将带动社会投资 853 亿元。
黑龙江省 PPP 融资支持基金	2016 年 3 月	1340(省级)	由黑龙江省政府联合 13 家商业银行、15 个市(县)政府发起成立,总规模达 1340 亿元。

资料来源:根据中央及各省出台的 PPP 产业投资基金管理办法与实施方案整理汇总而成。

1. 出资构成

根据表1可以看出,我国的PPP产业投资基金出资构成包括政府出资方和其他出资方,其中政府出资方包括财政部门、政府委托的国有投资公司,其他出资方由金融机构及其他社会资本方构成。在出资比例上,政府财政仅占一小部分,杠杆比例为5~10倍。

2. 投资对象

各省的规定基本一致,地域上投资项目限于本省境内,项目来源要通过物有所值评价及财政承受能力论证,且已被纳入省级PPP项目库。从投资涉及的领域来看,主要集中于基础设施及公共服务项目,既可以是新建项目也可以是已建成的基础设施或已有的公共服务项目类的改造项目。

3. 运作模式

省级政府发起设立的PPP产业投资基金在运作机制上主要分为以下三种:

第一种,只设PPP母基金,不设PPP子基金。该种模式下,PPP基金虽然由政府发起,通常由政府委托特定出资平台与银行、保险等金融机构及其他出资人共同出资。PPP基金的管理人可以由PPP基金公司(公司制)或PPP基金有限合伙企业(有限合伙制)自任,也可另行委托基金管理人管理基金资产(契约型)。具体运作模式如图3所示。

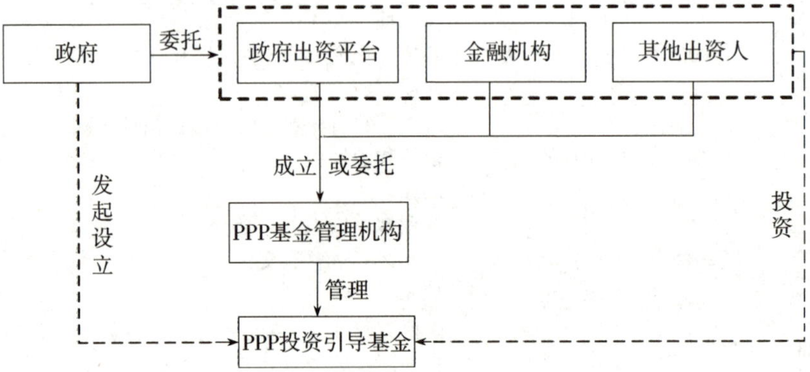

图3 四川省PPP投资引导基金运作机制

第二种,既设PPP母基金,也设PPP子基金,子基金资金来源多元化。首先由省级政府发起设立PPP母基金,出资人为省政府出资平台、金融机构和其他出资人,其中出资主要来自于银行、保险、信托等金融机构,有时也会引入特定行业的实体公司参与，省政府出资一般只占一小部分。母基金通过分散投资子基金，起到引导产业投资，撬动社会资本的作用。具体运作模式如图 4 所示。

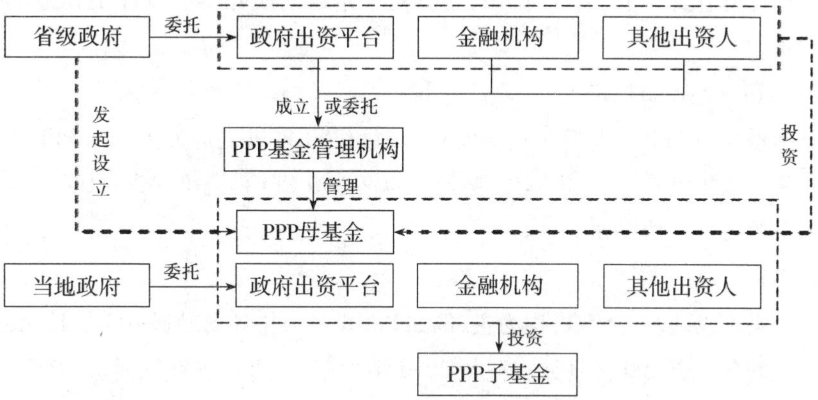

图 4　山东省 PPP 发展基金运作机制

第三种，既设 PPP 母基金，也设 PPP 子基金，子基金出资全来自母基金。与第二种交易结构不同，虽然都成立 PPP 母子基金，但在这种模式下，PPP 母基金的总规模等于各子基金规模的总和。且在某种情况下，政府可能对每个子基金分别委托基金管理机构，而不是由某个基金管理机构全权负责旗下的所有子基金。具体运作模式如图 5 所示。

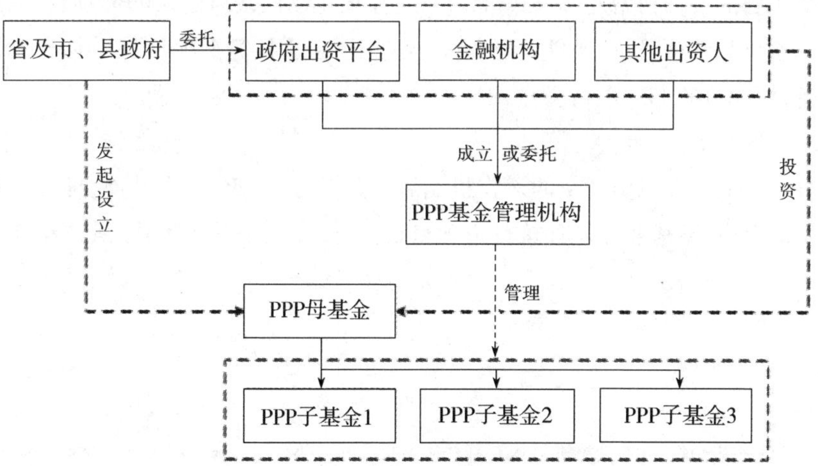

图 5　江苏省 PPP 融资支持基金运作机制

4. 投资方式

各省设立的 PPP 产业投资基金在投资方式上主要以股权、债权和股权债权结合的三种投资方式为主,也有部分省份立足于本省的实际情况设计了其他灵活的投资方式。

(二)日本的投融资模式

日本设立的 PPP 产业投资基金以东京都和 PFI 推进机构为主。因 PFI 推进机构在立法上比较完善,运作机制成熟,所以本文选取 PFI 推进机构为对比研究对象,其投融资模式基本情况如下。

1. 出资构成

在出资上以政府、金融机构为主,例如 PFI 推进机构计划融资 200 亿日元,其中政府与民间各出资 100 亿日元。截至 2016 年 3 月,已完成融资目标,共有 70 家金融机构出资①。在出资比例上,该融资计划政府与金融机构按照 1∶1 配资,杠杆比例较小。

2. 投资对象

在地域上,日本 PPP 产业投资基金可在全国范围内投资。在投资对象范围上,除了公共服务领域外,还可以涉及一些垄断性行业(如人造卫星、码头、机场等领域);在投资项目选择上,日本在 2011 年的《PFI 促进法》修正案中提出了“民间提案制度”,根据世界银行下属机构 PPIAF 的专题报告②,民间自提(Unsolicited Proposal)是 PPP 项目的一种初始发起方式,旨在促进企业主动向政府建议 PPP 项目,激励社会资本参与 PPP 项目;从项目类型来看,仅限于“独立核算型项目”(等同于我国的使用者付费型)的 PPP 项目。

3. 运作机制

日本 PPP 产业投资基金的运作机制属于母基金(FOF)基金性质,即实行母子基金两级架构,母基金可以直接投资项目,也可以参股子基金运作,具体运作机制如图 6 所示。

---

① 《民间资金等活用事业推进机构》,载株主情报:http://www. pfipcj. co. jp/about/stockholder. html 最后访问时间:2016 年 3 月 20 日。

② John T. Hodges G. D. ,Unsolicited Infrastructure Proposals:How Some Countries Introduce Competition and Transparency. PPIAF Publication,2007.

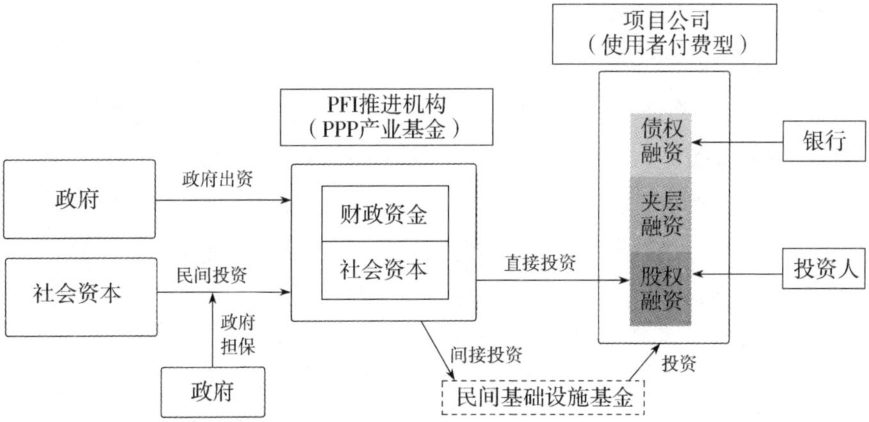

图6　日本PPP产业投资基金运作机制

4. 投资方式

日本PPP产业投资基金采用直接投资和间接投资两种方式。直接投资为直接投资“使用者付费型”的项目，具体的参与方式以股权融资和夹层融资为主。间接投资是指PPP产业投资基金出资参与民间基础设施基金，再由民间基础设施基金投资到“使用者付费型”项目，民间基础设施基金参与的方式不再仅限于股权融资，而是可以灵活地选择债权融资以及夹层融资等方式。

（三）投融资模式对比分析

以上四个方面的研究总结如表2所示。在出资构成和投资范围方面两国都是以政府和金融机构为主，并都集中于公共服务领域。但不同点居多，具体如下：

表2　中日PPP产业投资基金投融资模式对比

投融模式	中　国	日　本
出资构成	政府+金融机构	政府+金融机构
杠杆比例	5~10倍杠杆	1倍杠杆
投资地域	本省境内	全国范围内
投资范围	公共服务领域	公共服务领域，垄断行业
项目类型	未说明	仅限于“使用者付费型”
项目来源	PPP项目库	地方政府推动+民间自提
动作方式	三种运作方式	母基金性质的运作方式
投资方式	股权、债权、担保、技术支援	直接投资、间接投资

首先,最大的区别在于我国使用了 5 ~ 10 倍比例杠杆,而日本仅使用了 1 倍杠杆。高倍杠杆必然带来较高的风险,在国家“去杠杆、调结构”的政策背景下,推行产业投资基金参与 PPP 项目的时候也应适当把握杠杆比例,做好风险管理。

其次,在地域问题上,由于很多 PPP 项目可能跨区域甚至跨省域,因此,将范围仅限于本省可能导致一些跨省域的优质项目被忽略,所以应建立区域间协商合作机制,扩大 PPP 项目地域选择范围。PPP 项目的投资范围上,应进一步扩大,值得一提的是,2016 年全国“两会”上就有代表提议以 PPP 模式推进通用机场建设,相信随着 PPP 模式的推广,我国的 PPP 可投资领域也会进一步扩大。在 PPP 项目的类型和来源上,不同的项目 NPV 和收费难易程度上有较大差别,从项目可行性角度分析,应对财政承受能力进行总体评价,而不是仅仅评估单个项目的财政承受能力。日本在推行 PPP 产业投资基金之初仅选择“使用者付费型”项目作为投资标的,因其有稳定的现金流作保障,可从源头上控制基金风险。我国可借鉴日本的经验,初期以“使用者付费型”项目为主,最大限度地降低风险。同时,我国实行 PPP 项目库制度规范产业投资基金可投资的项目来源及选择范围,虽在发展初期有其存在的合理性,但也给政府带来了巨大的甄别压力和选择成本,而且容易导致寻租腐败的发生。而日本的“自下而上”的“民间提案制度”不仅可以自动甄选出优质项目,且成本低,可在一定程度上激励社会资本的参与。

再次,在运作方式上,我国 PPP 产业投资基金还处于推行初期,由各省自行出台管理办法,设置运行方式,并未形成统一的运作模式。今后应综合考虑各省运作方式的实践经验,向日本学习逐步形成统一的模式,以便更好地规范与管理。

最后,在投资方式上,各省均以股权为主,债权为辅,但在具体实施中应警惕“担保托底”“安慰函”“明股实债”等变相操作而给地方政府带来“隐形”债务。日本的投资方式分为直接投资和间接投资,由政府直接投资的项目仅以股权投资和夹层融资的形式参与,间接参与的项目则有条件地放宽融资方式,鼓励民间创新拓宽融资渠道。我国也可以借鉴日本的直接投资与间接投资相结合的方式,省级政府直接参与的项目应严格限制其投资方式,而 PPP 子基金的投资形式可以适当放宽,因社会资本会实际地考虑未来的收益状况,将风险甄别与选择交由市场来判断,可以实现较低运行成本、创造较大投资价值。

结　语

综上所述,在法律基础层面,日本利用 PFI 模式成熟的法律体系及管理系统,以较低的管理运行成本构建和推广 PPP 产业投资基金的做法值得我国借鉴。而在投融资模式方面,可参考日本的经验降低杠杆倍数以减少投资风险,逐步探索出成熟的运作模式。同时,我国还可借鉴日本的“民间自提制度”,鼓励私人部门提请项目,在提高效率、遏制腐败的同时,也能激励社会资本参与 PPP 项目。

PPP 项目收益权质押问题研究*

孙　慧　邹银晖*

*作者简介：

孙慧，非权益合伙人，中伦律师事务所北京办公室，电邮为 sunhui@ zhonglun. com；

邹银晖，律师。

* 本文原载于 2016 年中伦建设工程法律评论 PPP 专刊。

PPP项目通常需要巨大的资金投入且拥有漫长的项目周期,对于融资有着很迫切的需求。为控制自身风险,投资方往往期待自身仅承担公司法规定的股东风险,而将融资风险控制在项目以内,即利用SPV作为融资主体取得信贷或其他融资支持。在此情形下,以SPV自有资产或权益作为融资担保的可行性对于融资是否能成功非常重要。同样地,在存量PPP项目进行资产证券化的过程中,往往也需要将项目的相关土地、设施及项目收益权作为担保为债券进行增信,以便资产证券化交易尽快达成。基于PPP项目的公共性质,哪些财产或权利可以用于担保、该担保需如何操作是一个值得探讨的问题。本文将着重就PPP项目中利用项目收益权进行质押以获取融资的方式进行探讨。

本文所述项目收益权,是指权利人基于法律法规的规定或者政府的行政特许而获得的就特定基础设施项目或者公共事业项目等取得收益的权利。PPP项目的收益来源包括使用者付费、政府付费和可行性缺口补助等。无论来源为何,PPP项目中SPV根据PPP协议提供公共产品或公共服务而收取现金支付的权利,即该等项目的项目收益权。

基于PPP项目的特点,项目收益往往是此类项目的唯一还款来源(以其他项目作为可行性缺口补助而未将该其他项目与本项目作为同一融资主体的情况除外,在这种情形下,项目的融资和还款保证将基于另外的架构安排)。因此以往的PPP项目中债权人往往通过合同安排和监管机制的设置,制约SPV将项目收益优先用于还款。例如银行与SPV签订自动划款和账户监管协议等。这种安排在一定程度上保护了债权人的利益,但也存在无法对抗第三人的缺陷。在没有担保安排的情形下,设置了合同安排的债权人与其他债权人享有同等顺序的受偿权。PPP项目的公共性质导致其资产抵押受到限制,即便不存在限制,也存在变现困难的现实问题。对PPP项目的项目收益权设定质押,是PPP项目融资方倾向于接受的一种担保方式。

由于目前我国法律尚未对项目收益权质押进行明确规定,实践中虽已存在一些利用项目收益权出质的做法,但是相关法律的空缺使得社会资本方在具体出质过程中会面临诸多困难,资金提供方也因此对项目收益权质押持有顾虑。项目收益权质押是否能够实现主要取决于以下前提条件:首先,项目收益权本身应是一种可以出质的权利,不具有财产性或无法转让的权利等都无法出质;其次,对项目收益权的质押应由法律法规明确规定,否则在实践中将该权利质押也不具有可操作性。这两方面既是其能否进行出质的关键,也是质权人是否能够顺利实现质权的关键。以下将着重从这两个方面对项目收益权质押在实践中出现的问题进行分析。

(1)项目收益权是否为一种可以出质的权利

一般认为,只有同时具有财产性、可让与性及可登记公示性的权利才能够作为可出质的权利。项目收益权具有财产性无须赘言,而是否可以登记公示则与法律法规是否存在明确规定有关,这一问题将在下一部分进行讨论,本部分将主要就项目收益权是否具有可让与性进行探讨。

作为一项拟出质的权利,如果出质人无法将该权利让予第三方,那么质权人就不能在债务人无法清偿债务时转让该权利并获得优先受偿,质权就无法实现,因此只有项目收益权具有可让与性时才能将其进行出质。部分项目收益权是依法可以进行转让的,例如,我国《公路法》第六十条规定:"有偿转让公路收费权的公路,收费权转让后,由受让方收费经营。"即明确了公路项目收益权可以转让。对于这些可让与的项目收益权,自然应该认定其可以进行出质。但需要注意的是,由于项目收益权的获取需要经过招标、竞争性磋商等程序,并且往往对于该项目的社会资本方的资质有着严格的要求,因此在进行项目收益权转让以实现质权时,受让方应该具备该项目所要求的相关资质。对此,《最高人民法院关于人民法院民事执行中拍卖、变卖财产的规定》第十五条规定:"法律、行政法规对买受人的资格或者条件有特殊规定的,竞买人应当具备规定的资格或者条件。"

此外,有学者认为,对于某些不能转让的项目收益权,如果该项目收益权能够为债权人所控制并能够行使权利,也是能够设定质权的①。例如,某些项目收益权根据法律规定或公共利益的需要不能进行转让,但是该项目收益权具有稳定的、可预期的收益,在此情况下,虽然质权人不能通过拍卖、变卖、折价等方式转让项目收益权以实现质权,但是可以通过代替出质人收取项目收益的方式实现其质权,该项目收益权也可以进行出质。

2015 年最高人民院公布的 53 号指导案例就是针对不能进行转让的项目收益权的质权实现问题进行的裁决。在该案中,被告长乐亚新污水处理公司将污水处理项目等特许经营的收益权质押给福建海峡银行作为 3000 万元贷款的担保,后因贷款未能按期偿还,福建海峡银行请求法院将质权予以拍卖、变卖并行使优先受偿权。但福州市中级人民法院认为污水处理厂的收益权均附有一定之负担,且其经

① 王利明:《收费权质押的若干问题探讨》,载《法学杂志》2007 年第 2 期。

营主体具有特定性，故依其性质亦不宜拍卖、变卖，因此判决原告从判决生效之日起代替被告收取污水处理服务费并对该污水处理服务费就其债务行使优先受偿权。在本案中，法院认为项目收益权具有应收账款的性质，虽然该项目收益权无法进行拍卖、变卖，只能通过质权人代出质人收取项目收益的方式实现质权，但是法院仍认可该质权合法有效，出质人仍可以就其质权获得优先受偿。但是，禁止项目收益权拍卖、变卖的裁定并不能最大限度保护质权人的利益。如果某项目由于社会资本方自身的问题无法继续正常运营，必将导致该项目收益锐减，在此情况下，如果仅允许质权人代出质人收取项目收益而禁止将该项目收益权拍卖、变卖，将无法起到保护质权人利益的作用，权利质押的目的无法实现。就这个角度而言，福州市中级人民法院的裁决并没有达到《公路法》对于公路收费权规定的要求。

（2）当前实践中项目收益权出质是否具有可操作性

由于在《物权法》《担保法》等相关法律法规中，并没有明确将项目收益权列为可出质权利，因此在实践操作中会面临很多无法可依的困境。

首先，由于项目收益权是否可以转让在法律法规层面缺乏明确的规定，出于质权难以实现的顾虑，融资方可能不会接受这一融资形式。虽然《公路法》中已经对于公路项目收益权的转让进行了明确的许可，但除此之外大多数项目收益权并没有在相关法律中被明确规定为可转让的权利。由于PPP项目涉及向社会公众提供产品或服务，关乎公共利益，在相关法律法规没有明确规定某一项目收益权可以进行转让的情况下，司法机关在实践中往往会更加谨慎地处理该项目收益权是否可以进行转让的问题。如前述最高人民法院53号指导案例中，福州市中级人民法院就判定该案中的污水处理厂的项目收益权依其性质不能通过拍卖、变卖等方式转让。这一指导案例的发布可能会进一步加深融资方的顾虑，使SPV更加难以利用项目收益权进行出质融资，这对于我国PPP模式的发展可能会造成一定的负面影响。

其次，出于对善意第三人的保护，物权的变动必须以公示为要件。虽然我国《物权法》《担保法》对于各项权利质押的登记机构进行了明确的规定，但是由于项目收益权并未被明确列为《物权法》《担保法》可出质权利，因此在法律上难以确定项目收益权的登记主管机构。

实践操作中，由于法律规定的缺失，项目收益权质押登记的机构往往根据项目的具体情况由项目各方确定，在我们过往的项目中，曾经在市政主管部门、建设主管部门等机构进行过项目收益权登记。同时，也有地方规章规定将项目收益权作为应收账款的一种进行质押登记。例如，2003 年颁布的《重庆市基础设施项目收费权和收益权质押办法》原规定由重庆市发改委办理基础设施项目收费收益权质押登记事项，后根据 2013 年颁布的《重庆市人民政府关于取消和下放一批行政审批项目等事项的决定》，改由中国人民银行应收账款质押登记系统进行登记。① 此外，在前述最高人民法院第 53 号指导案例中，福州市中级人民法院也认为项目收益权应纳入《物权法》第二百二十三条第六项的“应收账款”范畴，故应当在中国人民银行征信中心的应收账款质押登记公示系统进行出质登记。

但是我们认为这种归纳并不准确，中国人民银行颁布的《应收账款质押登记办法》第四条规定：“本办法所称的应收账款是指权利人因提供一定的货物、服务或设施而获得的要求义务人付款的权利，包括现有的和未来的金钱债权及其产生的收益，但不包括因票据或其他有价证券而产生的付款请求权。”通过辨析项目收益权与应收账款的定义可知，项目收益权并不能纳入应收账款的范畴。应收账款是基于合同而产生的因权利人向特定主体提供货物、服务或设施而要求义务人付款的权利，应收账款质押的客体是实际发生的债权。而项目收益权仅仅是一种资格，即权利人拥有向不特定主体提供公共产品或服务并获取收益的资格②，项目收益权质押的客体并不是实际存在的债权，而是收益权本身。只要权利人通过招标、竞争性磋商等合法手段获得了 PPP 项目社会资本方的资格，即便是项目尚未启动、权利人尚未向不特定的主体提供公共产品或服务，项目收益权依然存在。前述最高人民法院 53 号指导案例中，福州市人民法院将项目收益权作为应收账款的一种，虽然在实际操作的层面解决了项目收益权质押登记的问题，但是这种归类在一定程度上限缩了质权人的合法权利，即质权人丧失了将项目收益权拍卖、变卖以实现质权的权利，而仅能通过代出质人收取项目收益的方式实现质权，这根本无法真正保护质权人的合法权益。

综上所述，由于相关法律法规的缺失，项目收益权出质在实践中存在权利难以转让、登记机关不明等问题。虽然《物权法》第二百二十三条对于可出质的权利有“法律、行政法规规定可以出质的其他财产权利”这一兜底条款，但是如果仅依据该兜底条款而不对项目收益权进行单独的规定，各地司法机关可能会基于对法律的不同理解而作出不同的裁判，这无疑将会提高 PPP 项目社会资本方的风险以及整

① http://www.cq.gov.cn/publicmail/citizen/ViewReleaseMail.aspx? intReleaseID = 509983.

② 王利明：《收费权质押的若干问题探讨》，载《法学杂志》2007 年第 2 期。

个市场的交易成本。此外，根据物权法定的原则，亦有必要将项目收益权质押进行单独规定。

同时，尽管相关政策对于 PPP 项目预期收益作为还款来源的探索做出了要求，法院指导案例也对项目收益权质押的实现形式有所涉及，但不能不说，仅将项目收益权质押定位为债权人对应收账款的优先受偿权显然不能完全满足融资方的期待，也没有完全发挥项目收益权的变现潜力。事实上，仅就单个 PPP 项目而言，通过一系列协议安排达到以收益权变现作为还款保障的目的并非不可能，但成本过高。而从普遍适用的法律、政策角度出发，简单地将 PPP 项目收益权规定为可转让可质押权利，无疑又带来“如果质押权实现是否会导致相关公共服务质量下降公众利益受损”的疑问。问题的核心在于在保护公共利益的前提下形成 PPP 项目收益权可转让的制度。在 PPP 模式被广泛接受的大环境下，社会资本方对于项目收益权质押的需求将会与日俱增。我们期待主管部门、金融机构、法院等一系列机构共同配合，完善相关制度，使 PPP 项目收益权质押尽快在法律上得到明确，在 PPP 项目的融资中发挥更大作用。

“期间”对质量责任的影响

张 炯 孙 傲*

*作者简介：

张炯，合伙人，中伦律师事务所北京办公室，电邮为 zhangjiong@ zhonglun. com；

孙傲，律师，北京办公室。

引 言

在买卖合同和施工合同中,有一些期间时常出现,但厘清它们之间的关系并非易事,如检验期间、缺陷责任期、质量保证期、保质期、保修期、合理使用年限、安全使用年限等。但是,上述期间的经过与否,将会直接影响出卖人和承包人应当承担的质量责任。因此,明晰这些期间的关系及其对质量责任的影响,不仅有助于双方在合同中进行清晰的责任约定,也能够督促买受人和发包人及时行使权利,以避免期间经过造成不利后果。本文聚焦检验期间、缺陷责任期、质量保证期、合理使用年限与安全使用年限,探讨各期间之间的关系及其对质量责任的影响。

一、检验期间与缺陷责任期对应瑕疵担保责任

(一)检验期间对应出卖人的瑕疵担保责任

1. 检验期间为买受人检验标的物并通知质量问题的期间

检验期间为买受人检验标的物的数量或者质量是否符合约定并通知出卖人的期间。一方面,《合同法》第一百五十七条规定,"买受人收到标的物时应当在约定的检验期间内检验",表明检验期间是对标的物检验的期间。另一方面,《合同法》第一百五十八条又规定,"当事人约定检验期间的,买受人应当在检验期间内将标的物的数量或者质量不符合约定的情形通知出卖人",表明检验期间也包括将质量瑕疵通知给出卖人的期间,即瑕疵通知期间。

而关于检验期间的确定方式,《合同法》第一百五十八条第二款规定:"当事人没有约定检验期间的,买受人应当在发现或者应当发现标的物的数量或者质量不符合约定的合理期间内通知出卖人。买受人在合理期间内未通知或者自标的物收到之日起两年内未通知出卖人的,视为标的物的数量或者质量符合约定,但对标的物有质量保证期的,适用质量保证期,不适用该两年的规定。"

根据上述规定,检验期间按如下方式确定:

(1)双方有约定检验期间的,适用约定的检验期间。

(2)双方未约定检验期间的,检验期间为买受人发现或者应当发现质量问题的合理期间。

合理期间的长短由法院综合各相关因素后判断,但不得超过下述时间:①如果标的物有质量保证期,合理期间不得超过质量保证期;②如果标的物无质量保证期,合理期间不得超过两年。

2. 检验期间经过,瑕疵担保责任免除

检验期间经过,视为标的物的质量符合约定。根据《合同法》第一百五十八条,当检验期间经过后,“视为标的物的数量或者质量符合约定”。前述“视为”应被理解为法律拟制,即一旦检验期间经过,即从法律上认为买受人认可了标的物,而无论标的物在客观上是否真的符合合同约定。[①]《最高人民法院关于审理买卖合同纠纷案件适用法律问题的解释》(以下简称《买卖合同司法解释》)第二十条第一款也规定:“合同法第一百五十八条规定的检验期间、合理期间、两年期间经过后,买受人主张标的物的数量或者质量不符合约定的,人民法院不予支持。”

上述规定的法理依据在于,出卖人对标的物所承担质量责任的性质为瑕疵担保责任。在大陆法系民商法中,瑕疵担保责任包括权利瑕疵担保责任和物的瑕疵担保责任。前者是指出卖人就其所移转的标的物不受他人追夺以及不存在未告知的权利负担的责任;后者是指出卖人就其所交付的标的物不符合债之本质,欠缺约定或法定品质所须负担的责任。因为本文不涉及权利瑕疵担保责任,为表述方便,文中所称瑕疵担保责任均指物的瑕疵担保责任。在我国,瑕疵担保责任为特殊的违约责任,其特殊性主要在于只有买受人在瑕疵通知期间内履行瑕疵通知义务,才能向出卖人主张瑕疵担保责任。[②] 如前所述,我国的检验期间既包括瑕疵检验期间,也包括瑕疵通知期间,故一旦检验期间经过,瑕疵通知期间也经过,买受人无权再主张出卖人的瑕疵担保责任或违约责任。

为什么当买受人在瑕疵通知期间未通知瑕疵时,会产生对其如此不利的法律后果?

在学理上,主要原因有三:(1)相比拒绝或迟延交货,出卖人在货物存在瑕疵时的过错程度较轻,甚至经常处于善意,因为货物交易频繁,出卖人在交付时可能没有机会检查供应商提供的货物是否存在瑕疵;(2)便于出卖人及时采取补救措施;(3)便于双方及时保存证据。[③]

如前所述,因为检验期间的主要目的是保护善意出卖人,故当出卖人是恶意(明知或因为过失而不知道标的物的质量问题)时,检验期间便不再适用。就此,

---

① 参见最高人民法院民事审判第二庭编著:《最高人民法院关于买卖合同司法解释理解与适用》,人民法院出版社 2012 年版,第 345 页。

② 参见最高人民法院民事审判第二庭编著:《最高人民法院关于买卖合同司法解释理解与适用》,人民法院出版社 2012 年版,第 270、272、274 ~ 277 页。

③ 参见王金根:《交货不符通知制度研究》,载《西南政法大学学报》2011 年第 2 期。

《合同法》第一百五十八条第三款规定："出卖人知道或者应当知道提供的标的物不符合约定的,买受人不受前两款规定的通知时间的限制。"

3. 检验期间内,买受人能够主张的瑕疵担保责任

检验期间内,对于买受人通知出卖人的质量瑕疵(可能是在检验时发现的,也可能是检验合格后在检验期间内发现的),买受人有权主张如下瑕疵担保责任:

(1)修理、更换、重作、退货

《合同法》第一百一十一条规定:"质量不符合约定的,应当按照当事人的约定承担违约责任。对违约责任没有约定或者约定不明确,依照本法第六十一条的规定仍不能确定的,受损害方根据标的的性质以及损失的大小,可以合理选择要求对方承担修理、更换、重作、退货、减少价款或者报酬等违约责任。"

第一百五十五条规定:"出卖人交付的标的物不符合质量要求的,买受人可以依照本法第一百一十一条的规定要求承担违约责任。"

(2)减少价款或者报酬

《合同法》第一百一十一条规定:"质量不符合约定的,应当按照当事人的约定承担违约责任。对违约责任没有约定或者约定不明确,依照本法第六十一条的规定仍不能确定的,受损害方根据标的的性质以及损失的大小,可以合理选择要求对方承担修理、更换、重作、退货、减少价款或者报酬等违约责任。"

《买卖合同司法解释》第二十三条规定:"标的物质量不符合约定,买受人依照合同法第一百一十一条的规定要求减少价款的,人民法院应予支持。当事人主张以符合约定的标的物和实际交付的标的物按交付时的市场价值计算差价的,人民法院应予支持。价款已经支付,买受人主张返还减价后多出部分价款的,人民法院应予支持。"

(二)工程验收和缺陷责任期对应承包人的瑕疵担保责任

通说认为,承揽合同中的承揽人负有瑕疵担保责任。[①] 而建设工程施工合同作为特殊的承揽合同,承包人亦应对工程承担瑕疵担保责任。那么,施工合同中是否也有一段期间类似买卖合同中的检验期间?如果经过这段期间,承包人的瑕疵担保责任也将被免除?

如前所述,我国买卖合同中的检验期间实际包括货物检验的期间和瑕疵通知

① 参见最高人民法院民事审判第二庭编著:《最高人民法院关于买卖合同司法解释理解与适用》,人民法院出版社2012年版,第272页。

的期间。而将施工合同与买卖合同比较,工程验收类似货物检验,缺陷责任期类似瑕疵通知期。

1. 工程验收对应承包人的瑕疵担保责任

不同于买卖合同的标的物大多是已完成的产品,承包人交付的工程会经历从无到有的建设过程。因此,不同于买卖合同的标的物在交付后进行检验,工程验收是伴随施工进度、由局部到整体逐步进行的。根据《建筑工程施工质量验收统一标准》(GB 50300—2013)的界定,验收是指"建筑工程质量在施工单位自行检查合格的基础上,由工程质量验收责任方组织,工程建设相关单位参加,对检验批、分项、分部、单位工程及其隐蔽工程的质量进行抽样检验,对技术文件进行审核,并根据设计文件和相关标准以书面形式对工程质量是否达成合格做出确认"。

工程最重要的一次验收是竣工验收。竣工验收合格,表明工程整体验收合格。《合同法》第二百七十九条规定:"建设工程竣工后,发包人应当根据施工图纸及说明书、国家颁发的施工验收规范和质量检验标准及时进行验收。验收合格的,发包人应当按照约定支付价款,并接收该建设工程。建设工程竣工经验收合格后,方可交付使用;未经验收或者验收不合格的,不得交付使用。"

工程验收类似买卖合同中的货物检验。检验期间内,买受人将货物检验不合格的结果通知出卖人,相当于买受人在检验期间内将质量问题通知出卖人,出卖人应承担瑕疵担保责任。同样,工程验收不合格,表明发包人已发现工程存在的质量问题并已通知承包人,承包人也应承担相应的瑕疵担保责任。

如果工程验收不合格,发包人有权主张如下瑕疵担保责任:

(1)修理、返工、改建

《合同法》第二百八十一条规定:"因施工人的原因致使建设工程质量不符合约定的,发包人有权要求施工人在合理期限内无偿修理或者返工、改建。经过修理或者返工、改建后,造成逾期交付的,施工人应当承担违约责任。"

《建设工程质量管理条例》第三十二条规定:"施工单位对施工中出现质量问题的建设工程或者竣工验收不合格的建设工程,应当负责返修。"

(2)拒付或减付工程款

一方面,在施工合同中,主体结构验收合格、竣工验收合格等验收合格的时点经常被设置为工程款支付节点,如果未通过验收,发包人有权拒付相应节点对应的工程款。

另一方面,施工合同中通常会约定,对于质量不合格的材料、设备或工程,如果承包人未按发包人要求更换或重作,发包人有权委托他人实施,并从工程款中扣减相应费用,如国际通用的合同范本FIDIC 1991年版《施工合同条件》(以下简称新红皮书)第7.6款。[①]

2. 缺陷责任期也对应承包人的瑕疵担保责任

(1)缺陷责任期内,发包人能够主张的瑕疵担保责任

工程验收合格类似于买卖合同中的货物检验合格,但这并不能产生类似检验期间经过的效果。在买卖合同中,货物检验合格并不代表货物的质量没有瑕疵,因为有些质量问题(尤其是隐藏瑕疵)需要在使用一段期间之后才能显现出来。这段期间已包含在检验期间之内。因此,即使货物检验合格,但如果没有超过检验期间,买受人仍然可以主张货物的质量瑕疵。

同样,工程竣工验收合格更不能表明工程的质量完全符合约定。相比货物,工程的质量问题更为隐藏、复杂,很难通过一次竣工验收便完全显现出来,而几乎所有工程在竣工验收合格后都会或多或少出现一些质量问题。因此,施工合同中通常会给予发包人在竣工验收之后一段发现质量问题并通知承包人的期间,这段期间即为"缺陷通知期"或"缺陷责任期"。

缺陷通知期是国际工程中常用的概念。根据新红皮书第1.1.3.7目,[②]缺陷通知期是合同中约定的发包人发现并通知工程缺陷的期限,从工程竣工之日起算。

而在我国,工程中通常使用的概念为"缺陷责任期"。关于缺陷责任期,《标准施工招标文件》(2007年版)通用合同条款第1.1.4.5目约定:"缺陷责任期:指履行第19.2款约定的缺陷责任的期限,具体期限由专用合同条款约定,包括根据第19.3款约定所作的延长。"《建设工程质量保证金管理办法》第八条规定"缺陷责任期从工

---

① 新红皮书第7.6款约定:

"尽管有先前的任何试验或证书,工程师仍可指示承包商进行以下工作:

(a)将不符合合同要求的任何生产设备或材料移出现场,并进行更换;

(b)去除不符合合同的任何其他工作,并重新实施;以及……

承包商应在指示规定的合理时间(如果有)内执行该指示……

如果承包商未能遵从指示,雇主有权雇用并付款给他人从事该工作。除承包商原有权从该工作所得付款的范围外,承包商应按照第2.5款[雇主的索赔]的规定,向雇主支付因其未履行指示而使雇主支付的所有费用。"

② 新红皮书第1.1.3.7目约定:"'缺陷通知期限'系指投标书附录中规定的,自工程或某单位工程(视情况而定)根据第10.1款[工程和单位工程的接收]的规定证明的竣工日期算起,至根据第11.1款[完成扫尾工作和修补缺陷]的规定,通知工程或单位工程(视情况而定)存在缺陷的期限(连同根据第11.3款[缺陷通知期限的延长]的规定提出的任何延长期)。"

程通过竣工验收之日起计……”简言之,缺陷责任期是合同中约定的承包人承担工程缺陷责任的期限,从工程竣工之日起算。而关于缺陷,根据《建设工程质量保证金管理办法》第二条,“是指建设工程质量不符合工程建设强制性标准、设计文件,以及承包合同的约定”,即质量问题。

无论是缺陷通知期还是缺陷责任期,发包人均有权扣留一定金额的工程款作为质量保证金。关于缺陷通知期,新红皮书第 14.9 款约定:“……在各缺陷通知期限的最末一个期满日期后,工程师应迅速确认将保留金未付的余额付给承包商……”而《建设工程质量保证金管理办法》第二条也规定:“本办法所称建设工程质量保证金(以下简称保证金)是指发包人与承包人在建设工程承包合同中约定,从应付的工程款中预留,用以保证承包人在缺陷责任期内对建设工程出现的缺陷进行维修的资金……”

严格来说,缺陷通知期和缺陷责任期存在一些差异,但是,对于在前述两个期间内发现并通知承包人的质量问题,发包人能够主张的瑕疵担保责任大致相同:

①维修

《建设工程质量保证金管理办法》第九条规定:“缺陷责任期内,由承包人原因造成的缺陷,承包人应负责维修,并承担鉴定及维修费用……”

新红皮书第 11.1 款约定:“……为了使工程、承包商文件和每个单位工程在相应缺陷通知期限期满日期或其后,尽快达到合同要求(合理的损耗除外),承包商应……(b)在工程或单位工程(视情况而定)的缺陷通知期限期满日期或其以前,按照雇主(或其代表)可能通知的要求,完成修补缺陷或损害所需的所有工作……”

②扣减工程款(质量保留金)

《建设工程质量保证金管理办法》第九条规定:“……如承包人不维修也不承担费用,发包人可按合同约定从保证金或银行保函中扣除……”

新红皮书第 11.4 款约定:“……如果承包商到该通知的日期仍未修补好缺陷或损害,且此项修补工作根据第 11.2 款[修补缺陷的费用]的规定,应由承包商承担实施的费用,雇主可以(自行选择):……(b)要求工程师按照第 3.5 款[确定]的规定,商定或确定合同价格的合理减少额……”

(2)缺陷责任期经过,瑕疵担保责任免除

而当缺陷通知期或缺陷责任期届满,且承包人已经修复发包人在前述期间内通知的质量问题后,表明工程的质量已经符合合同约定,承包人的瑕疵担保责任已经免除。此时,对于工程出现的质量问题,发包人无权再主张承包人的瑕疵担保责任或质量违约责任。就这一点,新红皮书约定的较为明确。根据新红皮书第 11.9 款,[①]当缺陷通知期届满且承包人修复缺陷通知期内通知的全部质量瑕疵后,承包人将获得履约证书。履约证书的发放表明承包人已经履行完毕施工合同中的全部义务,即发包人无权再主张承包人的违约责任。

而在我国,在不考虑关于质量保修的法定要求和特别约定的情形下,当缺陷责任期内出现的质量问题都修复后,承包人的质量违约责任也应免除。

3. 竣工验收合格并非瑕疵担保责任和质量保修责任的分界点

司法实践中有观点以工程竣工验收合格而非缺陷责任期届满作为瑕疵担保责任与质量保修责任的分界点。如《北京市高级人民法院关于审理建设工程施工合同纠纷案件若干疑难问题的解答》(京高法发〔2012〕245 号)第二十八条规定:“……(1)建设工程已经竣工验收合格,或虽未经竣工验收,但发包人已实际使用,工程存在的质量问题一般应属于工程质量保修的范围,发包人以此为由要求拒付或减付工程款的,对其质量抗辩不予支持……”据此,北京市高级人民法院认为竣工验收是否合格是瑕疵担保责任和质量保修责任的分水岭,其主要区别是承包人能否拒付、减付工程款。

但是,一方面,如前所述,竣工验收合格仅是相当于货物检验合格,发包人仍需要缺陷责任期去发现并通知工程存在的质量问题,因此缺陷责任期经过相当于检验期间经过,由此产生瑕疵担保责任免除的法律效果;另一方面,从责任内容来看,北京市高院的上述规定以能否拒付或减付工程款作为瑕疵担保责任和质量保修责任的区别,我们对此也予以认同。但是,仅从这一点来看,以缺陷责任期届满作为分界点也更为合适。因为在竣工验收合格之后、缺陷责任期之内,仍然有部分工程款作为保留金,所以如果工程有质量问题,发包人仍然有权从保留金中扣减相关金额,即发包人仍有拒付、减付工程款的权利。

二、质量保证期对应质量保证义务

如前分析,当检验期间或缺陷责任期经过后,瑕疵担保义务便已免除,买受人

---

① 新红皮书第 11.9 款约定:

“直到工程师向承包商颁发履约证书,注明承包商完成合同规定的各项义务的日期后,才应认为承包商的义务已经完成。

履约证书应由工程师在最后一个缺陷通知期限期满日期后 28 天内颁发,或在承包商提供所有承包商文件,完成所有工程的施工和试验,包括修补任何缺陷后尽快颁发。履约证书应抄送雇主。

只有履约证书应被视为构成对工程的认可。”

或发包人不能再主张出卖人或承包人的质量违约责任。那么,这是否意味出卖人或承包人在质量保证期内无须承担任何质量责任?

(一)质量保证期内出卖人的质量保证义务

1. 买卖合同中的质量保证期通常即质量保修期,但视标的物性质和质量保证义务的不同,也可能指保质期、有效期、包退期、包换期等

相比检验期间,法律法规并未明确规定质量保证期的概念和法律效果。关于买卖合同中的质量保证期,《合同法》仅在前述第一百五十八条中提到一次,而质量保证期在该条中的法律意义仅是作为合理期间的上限。

为确定质量保证期对应的义务或责任,首先需要对质量保证期的概念进行界定。结合相关法律及司法解释释义,质量保证期的含义可做以下理解:针对标的物在质量保证期间出现的质量问题,出卖人应根据合同约定和法律规定,履行修理、更换、重作、退货等义务。

(1)通常而言,质量保证期即保修期

关于质量保证期,“实践中较为常见的是所谓‘三包期’,即包退、包换、包修。一般而言,包退期最短,包换期略长,而包修期最长。既然检验期间是买受人有权提出标的物瑕疵异议的期间,买受人只要在出卖人承诺的最长期限内提出异议即可,也就是以包修期为最长合理期间”。① 最高人民法院《合同法释解与适用》中对《合同法》第一百五十八条的释义中也提出“如国家规定或当事人约定对标的物进行包修、包换、包退的标的物,在其保证期内,卖方必须承担质量瑕疵责任”。② 在“云南工祥橡胶管带有限公司诉青岛祥杰橡胶机械制造有限公司买卖合同纠纷案”[(2014)民申字第1280号]、“包头海平面高分子工业有限公司与天立环保工程股份有限公司买卖合同纠纷案”[(2014)民二终字第27号]等案件中,最高人民法院亦认为合同中的保修期条款属于对质量保证期的约定。

(2)质量保证期并非仅指保修期

一方面,维修作为出卖人弥补质量瑕疵的一种方式,并不适用于全部标的物。比如,对于食品而言,不存在保修问题,质量保证期指食品保持品质的期限,即俗称的保质期。《食品安全法》第一百五十条规定:“食品保质期,指食品在标明的贮存

① 参见最高人民法院民事审判第二庭编著:《最高人民法院关于买卖合同司法解释理解与适用》,人民法院出版社2012年版,第331页。

② 参见最高人民法院经济审判庭编著:《合同法释解与适用》,新华出版社1999年版,第732页。

条件下保持品质的期限。”同样，对于化妆品、药品等过期失效的产品，质量保证期也对应有效使用期限、有效期。《化妆品卫生监督条例》第十二条规定：“……小包装或者说明书上应当注明生产日期和有效使用期限……”《药品管理法》第五十四条规定：“药品包装必须按照规定印有或者贴有标签并附有说明书。标签或者说明书上必须注明药品的……生产日期、有效期……”对于食品、化妆品、药品等，如果在质量保证期内出现质量问题，买受人只能要求更换、退货等方式，而无法要求维修。

另一方面，双方也可能仅约定保修以外的方式，如果合同仅约定“两包期”（包退、包换），则质量保证期应当是包退期和包换期两个期间中较长的期间。

2. 质量保证期对应出卖人的质量保证义务

如前所述，对于质量保证期对应的法律效果，《合同法》中没有规定，仅能根据双方的合同约定和其他法律法规的规定确定。因此，虽然我们常说质量保修责任（如前所述，虽然两个概念并不等同，但因为质量保证期通常就指质量保修期，且质量保修期和质量保修责任的概念更为大家熟悉，故下文以质量保修责任为例对质量保证责任进行讨论），但是，出卖人在质量保证期内对出现质量问题的标的物采取维修等措施，并非是向买受人承担违约责任，而仅是履行约定或法定义务。

在日常用语中，责任有两层含义：一是分内应做的事，如“尽责任”；二是没有做好分内应做的事，因而应当承担的过失，如“追究责任”。① 就法律用语而言，前一含义实际对应法律上的“义务”，后一含义才对应法律上的“责任”。责任是对义务的违反，违约责任是对约定义务的违反。

质量保修责任中的责任是使用责任的第一个含义，准确的法律定性应为质量保修义务。出卖人有保证标的物没有质量问题的瑕疵担保义务，但如前所述，检验期间经过视为标的物的质量符合合同约定，故无论标的物之后是否会出现质量问题，均不会导致出卖人违反瑕疵担保义务。因此，当检验期间经过后，如果标的物出现质量问题，出卖人并没有违反任何瑕疵担保义务，也无须承担任何违约责任。而出卖人之所以应当在质量保证期内对出现质量问题的标的物进行维修或采取其他措施，并非因为出卖人违反了任何约定义务而需要承担违约责任，而只是出卖人在履行约定或法定义务。约定义务指双方在买卖合同（包括标的物所附产品说明书）中约定的出卖人在质量保证期内的义务，法定义务指法律法规就特定标的物规定

① 参见《现代汉语词典》（第5版），商务印书馆2007年版，第1702页。

的出卖人在质量保证期内应履行的义务。

综上,质量保修责任的准确定性应为质量保修义务,而质量保修义务的具体内容由合同约定和法律规定。通常而言,与瑕疵担保责任相比较,如果标的物在质量保修期内出现质量问题,买受人通常仅有权要求出卖人进行维修,而无权要求出卖人减少合同价款。

而只有当出卖人没有尽到维修义务时,才涉及法律意义上的质量保修责任,根据通常关于质量保修的约定,此时买受人有权委托他人进行维修并要求出卖人支付合理的维修费用。

(二)质量保修期内承包人的质量保修义务

1. 施工合同中的质量保证期即质量保修期

关于施工合同中的质量保证期,《合同法》第二百七十五条规定:“施工合同的内容包括……质量保修范围和质量保证期、双方相互协作等条款。”全国人大法工委对该条的释义为:“质量保证期是指工程各部分正常使用的期限,在实践中也称质量保修期。质量保证期应当与工程的性质相适应,当事人应当按照保证工程合理寿命年限内的正常使用,维护使用者合法权益的原则确定质量保证期,但不得低于国家规定的最低保证期限。”

结合工程法律法规和国家示范合同文本,《合同法》第二百七十五条及释义所称“质量保证期”指的是“质量保修期”。

一方面,《合同法》要求施工合同包括质量保证期条款,而施工合同示范文本中没有质量保证期条款,却约定了质量保修期。如《标准施工招标文件》(2007 年版)通用合同条款第 19.7 款规定:“合同当事人根据有关法律规定,在专用合同条款中约定工程质量保修范围、期限和责任。保修期自实际竣工日期起计算。在全部工程竣工验收前,已经发包人提前验收的单位工程,其保修期的起算日期相应提前。”《建设工程施工合同(示范文本)》(GF-2013-0201)通用条款第 1.1.4.5 目规定:“保修期:是指承包人按照合同约定对工程承担保修责任的期限,从工程竣工验收合格之日起计算。”

另一方面,前述释义中提道“质量保证期……不得低于国家规定的最低保证期限”,而《建设工程质量管理条例》明确规定了工程的最低保修期限。《建设工程质量管理条例》第四十条规定:“在正常使用条件下,建设工程的最低保修期限为:(一)基础设施工程、房屋建筑的地基基础工程和主体结构工程,为设计文件规定的该工程的合理使用年限;(二)屋面防水工程、有防水要求的卫生间、房间和外墙面的防渗漏,为5年……”

2. 质量保修期对应承包人的质量保修义务

如同买卖合同,质量保修责任实际也是质量保修义务。承包人负有保证工程没有质量问题的瑕疵担保义务,而竣工验收合格、缺陷责任期经过且缺陷责任期内通知的质量问题修复即表明工程的质量符合合同约定。承包人应在质量保修期内对工程出现的质量问题进行维修,并非因为承包人违反了任何约定义务而需要承担违约责任,而只是承包人在履行约定义务和法定义务。约定义务指双方在施工合同(尤其是合同附件质量保修书)中约定的承包人质量保修义务,法定义务指法律法规规定的承包人的质量保修义务。

关于承包人的保修义务,《建设工程质量管理条例》第三十九条规定:“建设工程实行质量保修制度。建设工程承包单位在向建设单位提交工程竣工验收报告时,应当向建设单位出具质量保修书。质量保修书中应当明确建设工程的保修范围、保修期限和保修责任等。”又根据《房屋建筑工程质量保修办法》第九条的规定,“房屋建筑工程在保修期限内出现质量缺陷,建设单位或者房屋建筑所有人应当向施工单位发出保修通知。施工单位接到保修通知后,应当到现场核查情况,在保修书约定的时间内予以保修……”

相比在竣工验收不合格或缺陷责任期内能够主张的权利,发包人虽然有权主张承包人修复工程存在的质量问题,但无权拒付或减付工程款。

而只有当承包人违反质量保修义务时,才涉及法律意义上的质量保修责任。此时,发包人可以委托其他单位维修,并由承包人承担合理的维修费用。《房屋建筑工程质量保修办法》第十二条规定:“施工单位不按工程质量保修书约定保修的,建设单位可以另行委托其他单位保修,由原施工单位承担相应责任。”

还需要注意的是,因为质量保修期和缺陷责任期的起始时间大都为工程的实际竣工日期,故两个期间之间通常会存在重叠,即有一段期间既是缺陷责任期,又是质量保修期。但这并不影响承包人就不同期间所应承担的质量责任。在这段期间内,发包人既有权主张承包人的瑕疵担保责任,也有权要求承包人履行质量保修义务。

三、工程合理使用年限对应承包人的侵权责任

(一)合理使用年限(设计使用年限)是设计规定的工程结构或结构构件无须进行大修即可按其预定目的使用的年限

1. 工程合理使用年限的概念

为准确理解"合理使用年限"的含义,我们先梳理一下在相关法律法规和工程标准中这个术语的演化历程:

(1)1987年"耐久年限"(JGC 37—1987)

针对民用建筑,在行业标准《民用建筑设计通则》(试行)(JGC 37—1987)中,已经有了"耐久年限"的概念。其第1.0.4项规定:"以主体结构确定的建筑耐久年限分下列四级:一级耐久年限100年以上适用于重要的建筑和高层建筑。二级耐久年限50~100年适用于一般性建筑。三级耐久年限25~50年适用于次要的建筑。四级耐久年限15年以下适用于临时性建筑。"

(2)1998年至2000年"合理使用寿命""合理寿命年限""合理使用期限""合理使用年限"(1998年《建筑法》、1999年《合同法》和2000年《建设工程管理条例》)。

1998年至2000年,在法律法规的层面,除"合理使用年限"外,还出现了"合理使用期限""合理使用寿命""合理寿命年限"等概念,如表1所示:

表1 工程合理使用年限的法律规定(1998~2000年)

概念	具体规定
合理使用寿命	《建筑法》第六十条:建筑物在合理使用寿命内,必须确保地基基础工程和主体结构的质量。建筑工程竣工时,屋顶、墙面不得留有渗漏、开裂等质量缺陷;对已发现的质量缺陷,建筑施工企业应当修复。 第八十条:在建筑物的合理使用寿命内,因建筑工程质量不合格受到损害的,有权向责任者要求赔偿。
合理寿命年限	《建筑法》第六十二条:建筑工程实行质量保修制度。 建筑工程的保修范围应当包括地基基础工程、主体结构工程、屋面防水工程和其他土建工程,以及电气管线、上下水管线的安装工程,供热、供冷系统工程等项目;保修的期限应当按照保证建筑物合理寿命年限内正常使用,维护使用者合法权益的原则确定。具体的保修范围和最低保修期限由国务院规定。

续表

概念	具体规定
合理使用期限	《合同法》第二百八十二条:因承包人的原因致使建设工程在合理使用期限内造成人身和财产损害的,承包人应当承担损害赔偿责任。
合理使用年限	《建设工程质量管理条例》第二十一条:设计单位应当根据勘察成果文件进行建设工程设计。 设计文件应当符合国家规定的设计深度要求,注明工程合理使用年限。 第四十条　在正常使用条件下,建设工程的最低保修期限为:(一)基础设施工程、房屋建筑的地基基础工程和主体结构工程,为设计文件规定的该工程的合理使用年限……

而根据《建设工程质量管理条例》第二十一条的释义,"合理使用寿命""合理使用期限""合理寿命年限"与"合理使用年限"均为同一概念①,即指设计文件规定的工程合理使用年限,是工程的地基基础、主体结构能保证在正常情况下安全使用的年限。释义中同时提道,"具体各类建设工程的合理使用年限,要根据建筑物、设备的结构、使用功能、所处的自然环境等因素,由有关技术部门作出判断,有关部门目前正在加紧研究制定相关规定。"而就民用建筑而言,前述《民用建筑设计通则》(试行)第1.0.4项中的"耐久年限即工程合理使用年限"。②

(3)1998年"设计工作年限"(design working life)(ISO 2394—1998)

1998年,国际标准《结构可靠度总原则》(ISO 2394—1998)中首次提出了"设计工作年限"(design working life),即结构或结构构件不需要大修即可按其预定目的使用的期间。③

(4)2001年至今"设计使用年限""合理使用年限"(GB 50068—2001)(GB 50352—2005)(GB 50153—2008)(SL 654—2014)

参考国际标准《结构可靠度总原则》中的"设计工作年限"(design working life)

---

① "《中华人民共和国建筑法》第六十二条关于建筑工程实行质量保修缺制度时有'建筑物合理寿命年限'的提法,《中华人民共和国合同法》第二百八十二条中称'工程合理使用期限',其他有关规定也有称'工程寿命期限'的,本条中'工程合理使用年限'与上述提法是一致的。"参见国务院法制办、建设部编著:《建设工程质量管理条例释义》,中国城市出版社2000年版,第70页。

② 参见国务院法制办、建设部编著:《建设工程质量管理条例释义》,中国城市出版社2000年版,第69页。

③ *General principles on reliability for structures* 2.2.15 design working life:Assumed period for which a structure or a structural element is to be used for its intended purpose without major repair being necessary.

以及前述法律法规中提到的“合理使用年限”,2001 年《建筑结构可靠度设计统一标准》(GB 50068—2001)、2005 年《民用建筑设计通则》(GB 50352—2005)和 2008 年《工程结构可靠性设计统一标准》(GB 50153—2008)等大部分规范中使用了“设计使用年限”的概念。但是,也有少数规范采用“合理使用年限”,如《水利水电工程合理使用年限及耐久性设计规范》(SL 654—2014)。

从上述规范的具体内容及条文说明中可以看出,“设计使用年限”与“合理使用年限”是同一概念。一方面,在《工程结构可靠性设计统一标准》第2.1.5项条文的说明中,明确指出:“在国家标准《建筑结构可靠度设计统一标准》(GB 50068—2001)中,已将‘合理使用年限’与‘设计工作年限’统一称为‘设计使用年限’……”另一方面,从《民用建筑设计通则》第 3.2.1 项的内容来看,民用建筑的“设计使用年限”对应“耐久年限”,而《建设工程质量管理条例》的释义中也指出“耐久年限即工程合理使用年限”,因此“设计使用年限”对应“合理使用年限”。

“设计使用年限”的概念主要参考了国际标准《结构可靠度总原则》(ISO 2394—1998)中对“设计工作年限”的定义。根据《建筑结构可靠度设计统一标准》第 2.1.7 项,设计使用年限即“设计规定的结构或结构构件无须进行大修即可按其预定目的使用的时期”。同时,根据该项的条文说明,“1.05……设计使用年限是设计规定的一个时期,在这一规定时期内,只需进行正常的维护而不需进行大修就能按预期目的使用,完成预定的功能,即房屋建筑在正常设计、正常施工、正常使用和维护下所应达到的使用年限,如达不到这个年限则意味着设计、施工、使用与维护的某一环节上出现了非正常情况,应查找原因。所谓‘正常维护’包括必要的检测、防护及维修。设计使用年限是房屋建筑的地基基础工程和主体结构工程‘合理使用年限’的具体化。”《工程结构可靠性设计统一标准》对“设计使用年限”的定义基本相同,但区别在于,《建筑结构可靠度设计统一标准》主要针对“房屋建筑结构”,而《工程结构可靠性设计统一标准》适用于“房屋建筑、铁路、公路、港口、水利水电等各类工程结构”。

综上,合理使用年限(设计使用年限)是针对工程结构而言的,即设计规定的结构或结构构件不需进行大修即可按其预定目的使用的年限。需要注意的,此处所指的结构也包括地基基础。① 因为工程的结构决定整个工程的使用期限,所以合理

---

① 《建筑结构可靠度设计统一标准》(GB 50068—2001)第 1.0.2 项规定:“本标准适用于建筑结构、组成结构的构件及地基基础的设计。”《工程结构可靠性设计统一标准》(GB 50153—2008)第 1.0.2 项规定:“本标准适用于整个结构、组成结构的构件以及地基基础的设计……”

使用年限也是工程在正常设计、正常施工、正常使用和维护下所应达到的使用年限。

2. 工程合理使用年限的具体期间

当论及工程合理使用年限时，通常以房屋建筑工程为例。如根据《建筑结构可靠度设计统一标准》(GB 50068—2001)第1.05款、《民用建筑设计通则》(GB 50352—2005)第3.2.1项和《工程结构可靠性设计统一标准》(GB 50153—2008)附录A第A.1.3项，房屋建筑结构的设计使用年限如表2所示：

表2　设计使用年限分类

类别	设计使用年限(年)	示例
1	5	临时性建筑结构
2	25	易于替换的结构构件
3	50	普通房屋和构筑物
4	100	标志性建筑和特别重要的建筑结构

但是，除房屋建筑工程外，建设工程还包括铁路、公路、港口、水利水电等其他工程。不同工程结构的设计使用年限也不同，因篇幅所限，我们仅举例如下：

表3　其他建筑工程设计使用年限

<table>
<tr><th colspan="2">结构类别</th><th>设计使用年限(年)</th><th>标准名称</th></tr>
<tr><td colspan="2">铁路桥涵结构</td><td>100</td><td rowspan="7">《工程结构可靠性设计统一标准》(GB 50153—2008)</td></tr>
<tr><td rowspan="3">公路桥涵结构</td><td>小桥、涵洞</td><td>30</td></tr>
<tr><td>中桥、重要小桥</td><td>50</td></tr>
<tr><td>特大桥、大桥、重要中桥</td><td>100</td></tr>
<tr><td rowspan="2">港口工程结构</td><td>临时性港口建筑物</td><td>5～10</td></tr>
<tr><td>永久性港口建筑物</td><td>50</td></tr>
<tr><td colspan="2">地铁的主体结构工程，以及因结构损坏或大修对地铁运营安全有严重影响的其他结构工程</td><td>100</td><td>《地铁设计规范》(GB 50157—2013)</td></tr>
</table>

(二)合理使用年限内承包人负有的侵权责任

在工程合理使用年限内，承包人承担如下侵权责任：

1. 结构或结构构件造成人身、财产损害的，承担损害赔偿责任

工程合理使用年限是设计规定的结构或结构构件不需进行大修即可按其预定

目的使用的年限。因为结构或结构构件的质量将影响到建筑物的安全性,故合理使用年限对应侵权责任。《建筑法》第八十条规定:“在建筑物的合理使用寿命内,因建筑工程质量不合格受到损害的,有权向责任者要求赔偿。”国务院法制局和建设部编著的《中华人民共和国建筑法释义》中在对该条解读时也指出“建设工程质量责任是一种特殊的侵权责任”。①

《侵权责任法》第八十六条也规定:“建筑物、构筑物或者其他设施倒塌造成他人损害的,由建设单位与施工单位承担连带责任。建设单位、施工单位赔偿后,有其他责任人的,有权向其他责任人追偿。因其他责任人的原因,建筑物、构筑物或者其他设施倒塌造成他人损害的,由其他责任人承担侵权责任。”

因此,在合理使用年限内,如果因承包人原因导致结构或结构构件出现质量问题,造成人身和财产损害的,承包人应承担相应的侵权损害赔偿责任。

2. 结构或结构构件危及人身、财产安全的,承担排除妨碍、消除危险责任

《侵权责任法》第二十一条规定:“侵权行为危及他人人身、财产安全的,被侵权人可以请求侵权人承担停止侵害、排除妨碍、消除危险等侵权责任。”

虽然法律法规没有明确规定当结构或结构构件危及人身、财产安全时侵权人应承担的责任,但根据前述第二十一条的规定及侵权法法理,我们认为承包人也应负有排除妨碍、消除危险的责任。实践中,有仲裁员即提出,虽然没造成损害,但存在损害危险时,如果属于承包人施工质量责任的,承包人也应承担消除危险的费用。②

需要注意的是,工程合理使用年限与地基基础和主体结构的最低保修期限相同。因此,如果工程地基基础或主体结构在合理使用年限内出现质量问题,除上述侵权责任外,承包人还应履行质量保修义务。但这部分义务实质还是承包人在保修期内的义务,只不过保修期的时间恰好与工程合理使用年限相同而已。

(三)合理使用年限经过,侵权责任免除

《建设工程质量管理条例》第四十二条规定:“建设工程在超过合理使用年限后需要继续使用的,产权所有人应当委托具有相应资质等级的勘察、设计单位鉴定,并根据鉴定结果采取加固、维修等措施,重新界定使用期。”

---

① 参见国务院法制局、建设部编著:《中华人民共和国建筑法释义》,中国建筑工业出版社 1997 年版,第 165 页。

② 参见杨虹:《试述工程保修期届满后,施工承包人的质量责任》,载《北京仲裁》(第 88 辑)。

根据上述规定，如果超过合理使用年限，工程不应继续使用，若使用，产权所有人应当进行鉴定并采取加固、维修等措施。之后，若出现质量事故造成损害，承包人无须再承担赔偿责任。

四、产品安全使用年限对应出卖人的侵权责任

（一）安全使用年限即保证产品安全性能的期间

对于买卖合同的标的物而言，相关规范标准中很少见到如工程“合理使用年限”“合理使用寿命”等概念，与之相近的是“安全使用年限”和“安全使用期”。

关于安全使用年限，根据《家用和类似用途电器的安全使用年限和再生利用通则》（GB/T 21097—2007）第3.2条，安全使用年限是“家用电器按照使用说明书的要求，经过一定时间后，其安全性能仍然符合GB 4706.1及其相应的特殊要求”。而最新一版的GB 4706.1即《家用和类似用途电器的安全第1部分：通用要求》（GB 4706.1—2005）第四条“一般要求”规定：“各种器具的结构应使其在正常使用中能安全地工作，即使在正常使用中出现可能的疏忽时，也不会引起对人员和周围的环境的危险。”

针对平板电视，中国电子视像行业协会已出台《平板电视机安全使用年限的规定》（CVIA-01-2014），根据该规定第四条①，平板电视机的安全使用年限为七年。第二条规定：“本规定中的安全使用年限：是指平板电视机按照产品使用说明书要求，使用达本安全使用年限时，其安全性能仍符合GB 8898—2011及其相应特殊要求。”GB 8898—2011为《音频、视频及类似电子设备安全要求》，第3.1条规定：“设备的设计和结构应当保证在按其预定用途使用时，在正常工作条件下或故障条件下不会出现危险，特别是对下列危险要提供防护：——通过人体的危险电流（电击）；——过高温度；——危险辐射；——内爆和爆炸的影响；——机械不稳定性；——机械零部件引起的伤害；——着火和火焰蔓延。”

如前所述，工程合理使用年限指工程结构或结构构件不需进行大修即可按其预定目的使用的年限，而结构或结构构件与工程的安全息息相关，故合理使用年限也是保证工程安全的期间。而安全使用年限也是针对产品的安全性能，即产品不会出现危害人身或财产安全危险的期间。

---

① 《平板电视机安全使用年限的规定》（CVIA-01—2014）第四条规定：“基于下列因素，规定平板电视机的安全使用年限为七年，电视机生产企业可以指定长于本规定的产品安全使用年限。”

质量保证期通常短于安全使用年限,最长不会超过安全使用年限。如就平板电视,根据《关于将平板电视机商品纳入〈部分商品修理更换退货责任规定〉调整范围的公告》,等离子电视机和液晶电视机的整机保修期为1年,主要部件保修期为3年,低于前述7年的安全使用年限。

(二)安全使用年限内出卖人负有的侵权责任

根据《产品质量法》,产品有瑕疵和缺陷之别。产品瑕疵是指产品不符合合同约定,包括不具备应当具备的使用性能,或者所具备的性能低于明示的产品标准等,但不存在危及人身、财产安全的不合理危险。而产品缺陷是指产品存在危及人身、他人财产安全的不合理的危险,不符合保障人体健康和人身、财产安全的国家标准、行业标准。① 产品瑕疵对应检验期间和质量保证期,产品缺陷对应安全使用期。产品缺陷和瑕疵的主要不同在于产品是否安全,是否会危及人身、财产安全。

产品缺陷对应产品责任,因为产品责任的核心是产品的安全性,所以对应的期间为安全使用年限。就此,《产品质量法》第四十五条第二款规定:"因产品存在缺陷造成损害要求赔偿的请求权,在造成损害的缺陷产品交付最初消费者满十年丧失;但是,尚未超过明示的安全使用期的除外。"此处的安全使用期指的就是安全使用年限。根据该规定,在安全使用期内,买受人享有因产品缺陷造成损害要求赔偿的请求权。

产品责任为特殊的侵权责任。在安全使用年限内,出卖人负有保证标的物不出现产品缺陷的义务,并应承担以下侵权责任:

1. 当产品缺陷造成人身、财产损害的,承担损害赔偿责任

《侵权责任法》第四十二条规定:"由于销售者的过错使产品存在缺陷,造成他人损害的,销售者应当承担侵权责任。销售者不能指明缺陷产品的生产者也不能指明缺陷产品的供货者的,销售者应当承担侵权责任。"第四十三条规定:"因产品存在缺陷造成损害的,被侵权人可以向产品的生产者请求赔偿,也可以向产品的销售者请求赔偿。产品缺陷由生产者造成的,销售者赔偿后,有权向生产者追偿。因销售者的过错使产品存在缺陷的,生产者赔偿后,有权向销售者追偿。"

根据上述规定,在安全使用年限内,如果因产品缺陷造成他人人身、财产损害的,出卖人应承担相应的损害赔偿责任。但是,如果出卖人并非生产者,且对产品缺

① 《产品质量法》第四十六条规定:"本法所称缺陷,是指产品存在危及人身、他人财产安全的不合理的危险;产品有保障人体健康和人身、财产安全的国家标准、行业标准的,是指不符合该标准。"

陷没有过错的，当出卖人承担侵权责任后，有权向生产者追偿。

关于产品责任导致财产损害的范围，争议在于是否包括缺陷产品本身的损失。《产品质量法》第四十一条规定："因产品存在缺陷造成人身、缺陷产品以外的其他财产（以下简称他人财产）损害的，生产者应当承担赔偿责任。"据此，产品缺陷所造成的财产损失不包括缺陷产品本身。但是，《侵权责任法》在认定财产损害时，并未区分缺陷产品本身和其他财产。而在全国人大法工委对第四十一条的释义中提道，"我们认为本条的财产损害，既包括缺陷产品以外的其他财产的损害，也包括缺陷产品本身的损害，这样，有利于及时、便捷地保护用户、消费者的合法权益"。因此，关于产品责任导致财产损害的范围，也应包括缺陷产品本身的损失。

2. 当产品缺陷危及人身、财产安全的，承担排除妨碍、消除危险责任

《侵权责任法》第四十五条规定："因产品缺陷危及他人人身、财产安全的，被侵权人有权请求生产者、销售者承担排除妨碍、消除危险等侵权责任。"因此，当产品缺陷危及他人人身、财产安全的，出卖人应承担排除妨碍、消除危险等责任。

（三）安全使用年限经过，侵权责任免除

安全使用年限是产品保持安全性能的期间，也是出卖人承担产品责任的期间。如果超过安全使用年限，使用人应当意识到产品有出现安全问题的风险，并应采取相应的安全防范措施。否则，如果出现质量缺陷造成损害，受损害人难以向出卖人主张侵权责任。

结　语

综上所述，我们就相关期间对质量责任的影响总结如下：

（一）检验期间与缺陷责任期

检验期间（缺陷责任期）经过视为标的物（工程）的质量已经符合合同约定，买受人（发包人）无权再向出卖人（承包人）主张瑕疵担保责任，或主张质量不符合约定的违约责任。对于检验期间内发现的质量问题，买受人可以主张包括修理、更换、重作、退货、减少价款或者报酬等在内的瑕疵担保责任。而对于工程验收不合格或缺陷责任期内发现的质量问题，发包人也有权要求承包人采取修理、返工、改建等补救措施，并可以拒付或减付相应工程款。

（二）质量保证期与质量保修期

在买卖合同中，质量保证期通常指质量保修期，但视标的物性质和质量保证义务的不同，也可能指保质期、有效期、包退期、包换期等。而施工合同中的质量保证

期即质量保修期。在质量保修期内,出卖人(承包人)应承担的质量保修责任实为质量保修义务,而非瑕疵担保责任或违约责任。质量保修义务的具体内容需要根据双方合同约定和法律的特别规定确定,买受人(发包人)通常仅有权要求出卖人(承包人)进行维修,而无权要求减少合同价款。

只有当出卖人(承包人)违反质量保修义务时,才涉及法律意义上的质量保修责任,此时买受人(发包人)有权委托他人进行维修,并要求出卖人(承包人)支付合理的维修费用。

而在缺陷责任期和质量保修期重叠的期间内,发包人既有权主张承包人的瑕疵担保责任,又有权要求承包人履行质量保修义务。

(三)合理使用年限与安全使用年限

1. 合理使用年限

工程合理使用年限指工程结构或结构构件不需进行大修即可按其预定目的使用的年限。因为结构和结构构件的质量将影响到工程的安全性,故合理使用年限对应侵权责任。如果因承包人原因导致结构或结构构件出现质量问题,造成人身或财产损害或者存在损害危险的,承包人应承担相应的侵权责任。

同时,工程合理使用年限与地基基础和主体结构的最低保修期时间相同。因此,如果工程地基基础或主体结构在合理使用年限内出现质量问题,除上述侵权责任外,承包人还应履行质量保修义务。

如果超过合理使用年限,工程不应继续使用,之后若出现质量事故造成损害,承包人无须再承担侵权责任。

2. 安全使用年限

产品的安全使用年限是产品保持安全性能的期间,也是出卖人保证产品不存在缺陷的期限。产品缺陷是指产品存在危及人身、他人财产安全的不合理的危险,不符合保障人体健康和人身、财产安全的国家标准、行业标准。在安全使用年限内,如果因产品缺陷导致人身或财产损害,或者危及他人人身、财产安全的,出卖人应当承担相应的侵权责任。

如果超过安全使用年限,产品不应继续使用,之后若出现质量事故造成损害,出卖人无须再承担侵权责任。

4. 项目实践与具体应用

聚焦特色小镇PPP项目操作的核心法律问题

王霁虹　刘　瑛*

*作者简介：

王霁虹，合伙人，中伦律师事务所北京办公室，

电邮为 wangjihong@ zhonglun. com；

刘瑛，律师，北京办公室。

继2016年10月住房城乡建设部（以下简称住建部）公布第一批127个特色小镇，2017年7月27日，住建部又公布了第二批276个全国特色小镇名单，截至目前已公布的特色小镇已有403个。可以预见的是，达到住建部、国家发展改革委、财政部联合下发的《关于开展特色小镇培育工作的通知》（建村〔2016〕147号）所规划的“到2020年，培育1000个左右各具特色、富有活力的休闲旅游、商贸物流、现代制造、教育科技、传统文化、美丽宜居等特色小镇”，在数量上应该不是问题，但是否能够真正做到使1000个小镇具有鲜明的产业形态、和谐宜居的美丽环境、彰显特色的传统文化、便捷完善的设施服务、充满活力的体制机制，将是一个难题。

自2016年以来，国家各部委及地方政府纷纷出台了诸多促进特色小镇发展的支持性文件，其目的就是在当前大城市过度发展、农村人口大量涌入城市、农村空心化的背景下，通过特色小镇这种方式，探索小镇建设的健康发展之路以促进经济转型升级，推动新型城镇化和新农村建设。

特色小镇的建设周期长，投资规模大，其在全国范围内的大力推广也仅仅只有一年的时间，目前很多都处于摸索阶段，并且要突出产业特色，区别于传统乡镇模式，不是政府或企业单独一方就能够完成的任务。因此，采用PPP模式①可以极大地调动社会资本和政府方的积极性，发挥各自优势。目前的很多特色小镇投资开发均采用了PPP模式。

一、特色小镇应突出“特色”产业

特色小（城）镇包括特色小镇、小城镇两种形态。根据国家发展改革委（以下简称发改委）发布的《关于加快美丽特色小（城）镇建设的指导意见》（发改规划〔2016〕2125号）的界定，特色小镇主要指聚焦特色产业和新兴产业，集聚发展要素，不同于行政建制镇和产业园区的创新创业平台。特色小城镇是指以传统行政区划为单元，特色产业鲜明、具有一定人口和经济规模的建制镇。特色小镇和小城镇相得益彰、互为支撑。

从发改委的以上界定可以看出，特色小（城）镇包括了两种形态：一种是以传统行政区划为单元的建制镇，称为特色小城镇；另一种不是行政区划单元上的小镇，

① “PPP模式”即政府和社会资本合作模式（Public - Private Partnership），通常是指政府通过特许经营权、合理定价、财政补贴等事先公开的收益约定规则，引入社会资本参与城市基础设施等公益性事业投资和运营，以利益共享和风险共担为特征，发挥双方优势，提高公共产品或服务的质量和供给效率。

也不是产业园区，而是聚焦特色产业和新兴产业形成的特色小镇。目前，住建部公布的第一批和第二批特色小镇名单基本上均为建制镇形式的特色小城镇，以传统行政区划为单元，处于一级地方政府的管辖范围内，便于管理和进行统筹规划。比较而言，特色小镇的发展问题可能会更为复杂，因其不在某一行政区划单元上，首先要解决的就是主管机构、确定范围的问题，如跨越不同行政区划，还面临不同地方政府部门的协调问题。

无论是特色小城镇还是特色小镇，无论以PPP或其他模式实施，其关键均在于“特色”二字，形成独一无二的特色产业。产业是特色小镇①的灵魂，要从当地实际情况出发，挖掘本地最有基础、最具潜力、最能成长的特色产业，以该特色产业为出发点做精做强，形成区别于其他特色小镇的独特优势。否则，1000个特色小镇千篇一律，彼此复制商业模式，没有办法形成其自身的特色、没有不可替代性，则本轮特色小镇的建设必将是失败的。

按照不同功能分类，特色小镇主要有旅游小镇、金融小镇、生态小镇、影视小镇、汽车小镇、生态小镇、农业小镇等类型。从目前公布的特色小镇名单来看，旅游发展型的特色小镇占了一半以上，集中建设一批风格迥异的各式建筑和人造景观，照搬过去的房地产开发模式，既无法形成有竞争力的旅游资源，又无法满足特色小镇的发展要求。

目前，国家法律层面并无关于特色小镇的产业和规模的具体规定，该等规定主要集中在地方政府的具体落实政策上，地方政府最了解本地特点，易于制定符合地方特点的产业政策。本质上而言，特色小镇并非一种完全创新的形态，实质上是国家在新型城镇化进程中，为小镇建设指明的一个方向，即突出小镇自有特色的发展模式。特色小镇与产业园区等的建设不同，特色小镇要实现的是产业、配套基础设施、配套居住人口的一个生活圈。特色小镇的生存和发展不应完全依赖于外来人口，而应该形成自给自足的一个生态系统。

二、特色小镇的PPP操作模式

自2014年年底国家大力鼓励和支持以PPP模式实施基础设施和公用事业建设运营，PPP模式在全国范围内得到广泛推广。经过几年的发展，以PPP模式实施高速公路、市政基础设施、供电、供热、自来水厂、污水处理等单一的项目已经非常成

① 为行文方便，本文中如无特别说明，“特色小镇”一词涵盖了特色小城镇和特色小镇两种形态。

熟,笔者所在的团队已经为境内外超过几千亿元的基础设施 PPP 项目提供了法律服务,由此可见,目前国内 PPP 项目的规模。但是,特色小镇项目相比单一的基础设施项目更为复杂,以 PPP 模式实施特色小镇项目尚处于探索阶段,还面临诸多难题需要在实践中逐步探索和解决。

笔者认为,特色小镇的 PPP 模式操作可分为两大类:一类为将特色小镇打包作为一个整体 PPP 项目运作;另一类为将特色小镇范围内的具体项目采用 PPP 模式实施,如将一个污水处理厂以 PPP 模式实施。

特色小镇作为一个整体 PPP 项目。此种模式下,将整个特色小镇范围内的基础设施建设、产业运营、配套设施建设等作为一个整体,全部打包通过公开招标、竞争性磋商等规定的采购方式确定一个社会投资人负责项目的实施,中信汕头滨海新城项目采用的即该种模式。

此种模式对社会投资人的要求较高,其需要具有统筹规划的能力。如果仅是以传统的施工加投资的方式实施,是无法满足特色小镇的需求的。特色小镇的 PPP 投资人实际上相当于一个小型城市的运营商,首先要从规划角度即参与特色小镇的顶层设计。特色小镇的建设强调的是产业、文化、宜居、环境等各方面要素的整合,正是因为经过这么多年的发展,城镇一级的地方政府尚不具备这样的运作能力,小城镇没有焕发出应有的活力。因此,需要通过 PPP 模式引入专业化的城市规划和运营机构,借助大型企业集团的力量,整合专业化人才、资金、外部资源的力量,以促进小城镇的发展。

一个特色小镇整体 PPP 项目中可能包含非常多的子项目,如市政基础设施、公路、桥梁、商业综合体、医疗、学校等,其可以采用分步实施滚动开发的模式。一方面是因为这些子项目不一定同时具备实施的条件,如受到土地等因素的制约;另一方面先实施一些能产生经济效益带来使用者付费的项目,可以有效地缓解资金压力。

特色小镇中的具体项目采用 PPP 模式实施。此种模式下,地方政府根据自身的财力状况、项目的进度要求,可以自主选择将具备条件的土地一级开发项目、供水项目、供电项目、供热项目、污水处理项目、医疗卫生项目、公用设施项目等按照单个 PPP 项目实施的流程操作。目前很多地方政府采用的都是这种方式,由于项目单个投资额非常小,对社会投资人吸引力有限,也可以将几个同类项目打包作为一个 PPP 项目实施。

然而,此种模式实际上对地方政府的要求较高。地方政府需要统筹规划,找准拟实施的特色小镇的优势产业是什么,对特色小镇的布局进行总体筹划。再根据不同项目的特点，选择最适宜的操作方式，可以是政府和社会资本合作的方式，也可以是政府购买服务。对于有些财力雄厚的地方政府来说，还可以直接以施工总承包的方式。从我们的经验来说，即使地方政府不计划将整个特色小镇项目以 PPP 模式实施，也建议可以在特色小镇规划、进行总体设计的环节，通过政府购买服务的方式聘请专业的中介机构，对特色小镇的总体规划设计提供专业的意见。

特色小镇不是新一轮的房地产开发。值得注意的一点是，在当前“去房地产化”的大背景下，特色小镇的建设不应成为新一轮的房地产开发。房地产开发与国家大力推动特色小镇的真正意图——培育特色产业，提高产业竞争力背道而驰。2017 年 5 月 4 日，北京市发展和改革委员会、市农村工作委员会、市规划和国土资源管理委员会、市住房和城乡建设委员会联合下发了《关于进一步促进和规范功能性特色小城镇发展有关问题的通知》（京发改〔2017〕549 号），该通知明确了严禁房地产企业以特色小镇名义搞大规模的商品住宅开发。在特色小镇建设过程中各部门要加强产业管控，对不符合新增产业禁限目录的项目，项目审批、核准、备案部门不予批准。加快不符合首都城市战略定位的产业淘汰退出和疏解转型，积极引导与首都相适应的服务城市、带动农村、惠及群众的产业发展。

管委会作为 PPP 项目实施机构的问题。我们在一些特色小镇的项目中，经常会碰到地方政府成立某某小镇管委会作为项目实施机构的情况。从我国行政管理的体系来看，管委会作为政府的派出机构，其符合财政部、发改委关于 PPP 项目实施单位的规定，在获取政府授权的情况下可作为项目实施单位负责 PPP 项目的发起、采购、签约。但就各类管委会是否能不经授权而作为独立层级政府发起实施 PPP 项目，目前并未有规范性文件明确。就此类情况而言，应结合管委会的管理权限、管委会的财政权力、管委会的财政能力区别对待。首先，需要明确管委会的管理权限，地方政府对于该管委会的授权决定了其是否有权采购公共服务、进行新建改建基础设施项目等。其次，应区分不同类型的管委会性质。一类管委会是具备一级财政管理权限的政府派出机构，其财政收支独立核算，并接受上级财政部门监管。另一类是纯粹的地方政府派出机构，不具备独立财政权限。作为无独立财政权限的管委会其无财政收入，在无上级政府授权的情况下，其不宜作为项目的政府购买服务支付主体。

三、特色小镇的用地问题

特色小镇涵盖的项目范围广，涉及的土地性质也很复杂，既有国有土地，也有集体土地。虽然在国家层面对特色小镇的用地范围没有明确界定，但是在浙江省、天津市等地的地方规定中，均提出了特色小镇规划面积一般控制在3平方公里左右，建设面积一般控制在1平方公里左右的具体规定。

国有建设用地层面，目前很多PPP项目中划拨方式占了很大一部分，但是土地储备有限，很难一次性到位。如何在特色小镇范围内进行滚动开发，需要社会投资人和政府方进行合理安排。为加强特色小镇规划建设管理，在国家层面也陆续出台了各种创新措施，以提高对土地综合利用的效率。一方面，要积极盘活存量土地；另一方面，国土资源部发布的《产业用地政策实施工作指引》（国土资厅发〔2016〕38号）中明确，采用政府和社会资本合作方式（PPP模式）实施项目建设时，相关用地需要有偿使用的，可将通过竞争方式确定项目投资方式与用地者的环节合并实施使用。

集体土地层面，集体土地的有效利用是解决特色小镇建设的难点问题。从浙江省、天津市的规定可以看出，特色小镇规划3平方公里，建设面积控制在1平方公里的国有建设用地，剩下2平方公里的集体土地，如何有效利用是关键。早在中共中央办公厅、国务院办公厅下发的《深化农村改革综合性实施方案》中就提出了诸多推动土地经营权流转的重大举措，提出了引导农民以多种方式流转承包土地的经营权，以及通过土地经营权入股、托管等方式，发展多种形式的适度规模经营等原则性规定。推进特色小镇建设要以推进农村土地流转和置换，提高土地利用率为前提。可以根据依法、自愿、有偿原则进行土地流转，并可在特色小镇产业发展过程中积极推动开展土地、资金等多种形式的股份合作。在有条件的地区，探索将“三资”（农村集体资金、资产和资源）、承包土地经营权、农民住房财产权和集体收益分配权资本化。在当前国家层面已经有了原则性规定的情况下，需要在实践中结合各地方的具体规定和实际情况在依法合规的前提下进行集体土地的利用。

以PPP模式实施特色小镇建设是一个相比于传统的单独PPP项目更为复杂的系统工程，实践中还有很多需要解决的制度障碍。PPP模式也不是唯一的选择，具体还需要根据地方政府实施特色小镇的具体情况来选择适用最合适的方式。

旅游景区开发项目中的 PPP 模式应用

穆　耸　李嘉辉*

* 作者简介：
穆耸，合伙人，中伦律师事务所北京办公室，电邮为 musong@ zhonglun. com；
李嘉辉，律师。

引 言

旅游景区是旅游业发展的物质基础。大型旅游景区一般都依托于山川、河流等自然景观或寺庙、历史遗址等人文景观建设而成。在我国,该等自然景观或人文景观的所有权属于国家,政府既是所有者,又是管理者。因此,依托于国有旅游资源的旅游,我国政府对于社会资本投资旅游业一直持鼓励的态度。2009 年发布的《国务院关于加快发展旅游业的意见》即提出"鼓励社会资本公平参与旅游业发展,鼓励各种所有制企业依法投资旅游产业"。2012 年 6 月,国家旅游局发布《关于鼓励和引导民间资本投资旅游业的实施意见》,明确鼓励民间资本经营和管理旅游景区、投资旅游基础设施。2014 年,国务院发布的《关于促进旅游业改革发展的若干意见》再次提出"推动旅游市场向社会资本全面开放"。但是,上述政策并没有具体阐述社会资本投资旅游景区项目的方式。社会资本投资大型旅游景区的整体开发与运营,一方面须与政府合作,另一方面必须面对旅游资源开发与旅游资源保护之间的张力,因此需要一个能够协调政企合作关系、平衡企业营利与政府公益的合作模式。

自 2014 年开始,中央政府开始在各个领域大力推广政府与社会资本合作模式(以下简称 PPP 模式)。PPP 模式也给民营企业参与旅游景区的开发提供了一种新的思路。民营企业,即 PPP 模式中的社会资本方,是否可以通过 PPP 模式参与大型旅游景区的整体开发和运营(以下简称旅游景区开发项目)呢?旅游景区开发项目是否符合 PPP 模式的基本要求,在具体实施上又可能存在哪些法律问题?由于实践中旅游景区 PPP 项目的成功案例并不多见,因此,相关法律问题尚未得到充分研究。基于业务需要,本文尝试对上述问题作初步的探析。

一、旅游景区开发项目与 PPP 模式的契合性

PPP 模式属于舶来品。但自国务院首倡 PPP 模式以来,财政部、国家发改委发布了一系列文件,在推广 PPP 模式的同时,阐述了 PPP 模式的政策目标和操作方式,形成了中国语境下 PPP 模式的独特内涵。

从适用范围的角度,我国的 PPP 模式有三个基本特点。第一,政府推广 PPP 模式的根本目的是增加公共产品和公共服务的供给,因此,PPP 模式适用于"政府负有提供责任又适宜市场化运作的公共服务、基础设施类项目"。第二,PPP 模式适用于投资总额巨大且需要专业化运营管理的项目。对于这种项目,政府无力以财政资

金投资建设，也缺乏管理运营的专业知识和经验，引入社会资本具有必要性。第三，目前政府力推的 PPP 项目，都是具有经营性的项目，即存在“使用者付费”基础的项目。PPP 模式兴起的初衷是解决地方政府债务问题。通过使用者付费，而非以地方政府存量财政资金，来偿还企业的投资成本和投资回报，可以有效地减少政府的债务负担。

从上述三个方面考量，旅游景区开发项目是适合采用 PPP 模式的。

首先，旅游景区本身具有公共产品的性质。根据《旅游法》的规定，“利用公共资源建设的景区的门票以及景区内的游览场所、交通工具等另行收费项目，实行政府定价或者政府指导价，严格控制价格上涨”。因此，旅游景区的运营并不是完全市场化的，而是具有一定的公益性。《国家发展改革委关于开展政府和社会资本合作的指导意见》（发改投资〔2014〕2724 号）明确将旅游项目作为一种公共服务项目，鼓励采用 PPP 模式，旅游景区作为提供旅游公共服务的基础设施，其开发与运营自然也适合采用 PPP 模式。

其次，大型旅游景区的开发与运营，需要巨大的投资和专业的运营管理经验。根据《旅游法》，旅游景区对外开放的前提条件之一是具备必要的旅游配套服务和辅助设施。通常来说，景区需要较为完善的道路、游步道、停车场、道路标识标牌以及给排水、供电、环保、公共卫生、通讯等设施；需要游客综合服务中心、旅游饭店、餐厅、商店等旅游服务和辅助设施。旅游配套服务和辅助设施的完善程度，在很大程度上决定了景区的综合服务能力和水平。在大型旅游景区内配备该等设施通常需要很大的投资，而且该等旅游设施的修建和后续运营需要专业的景区开发、运营管理经验。政府通过引入具有资金实力和专业经验的社会资本开发、运营旅游景区，不仅能够解决旅游景区开发、建设的资金问题，还能够提高旅游景区的吸引力和旅游服务的水平。

最后，旅游景区项目具有经营性。旅游景区的经营活动主要包括门票的经营和景区内交通、餐饮、商品销售等服务项目的经营。相应地，旅游景区的主要经营收入包括两部分，即门票收入和景区内服务项目的经营收入，最终都是由游客承担。因此，景区开发项目存在使用者付费的基础，引入社会资本合作不会显著增加政府的财政负担。

因此，综上所述，从旅游景区开发项目的性质而言，旅游景区开发项目是符合财政部、国家发改委对于 PPP 模式所适用项目的政策精神和基本要求的，适合采用 PPP 模式。

二、旅游景区开发 PPP 项目相关法律问题

财政部和国家发改委已分别颁布了 PPP 模式的操作指南及配套文件,对于 PPP 项目的操作流程作了较为详细的规定,可以称之为 PPP 模式的“通用程序”。以财政部颁布的政策规定为例,任何采用 PPP 模式实施的项目都必须履行政府财政承受能力评估、物有所值评价、实施方案编制等一系列程序,并且从包括招标在内的 5 种备选采购方式选择一种进行项目采购。因此,无论是水利工程、交通枢纽还是污水处理厂,所有 PPP 项目都应当根据财政部或者国家发改委的相关政策,履行标准化的通用程序。

对于不同投资项目而言,除了履行标准化的 PPP 模式通用程序之外,还应遵守与投资内容相关的较为特殊的法律法规。因此,采用 PPP 模式实施旅游景区开发项目时,必须符合法律、法规对于旅游景区开发、管理的相关规定。实践中,旅游景区的类型复杂多样,包括风景名胜区、文物保护单位、世界文化遗产、自然保护区、国家森林公园等,而且一个旅游景区可能同时涉及上述多种情况。上述不同类型的旅游景区均有特定的适用法律、法规,如《风景名胜区条例》《文物保护法》《世界文化遗产保护管理办法》《自然保护区条例》《国家级森林公园管理办法》等。因此,旅游景区开发项目不仅要符合《旅游法》和关于旅游业的地方性法规,还要根据旅游景区的不同类型,符合特定法律、法规的要求。因此,旅游景区类型的多样性导致旅游景区开发项目面临的法律问题也是非常复杂的。

由于篇幅限制,本文无法对各种旅游景区开发项目面临的法律问题进行系统、全面的分析,根据我们在旅游景区开发 PPP 项目中积累的相关经验,在下文中选择了几个主要的法律问题进行初步探讨。

1. 旅游景区经营权的出让依据

社会资本能够参与投资、运营旅游景区的前提,是国有旅游资源的所有权与经营权相分离,且社会资本可以依法取得旅游景区的经营权。但是,《旅游法》并没有对国有旅游资源或旅游景区的经营主体问题作出明确规定,相对而言,一些地方政府制定的地方性法规中,对于旅游景区的经营持有更加开放的态度。

根据我们对全国 31 个省、直辖市和自治区人大制定的旅游条例的调研,共有 16 个省级地方旅游条例规定了旅游景区所有权与经营权分离的原则,为企业取得旅游景区经营权奠定了基础。例如,《贵州省旅游条例》规定:“旅游景区可以依法实行所有权和经营权分离。旅游景区经营权的出让,应当符合法律及国家和省的

有关规定。”其中比较特殊的是,《西藏自治区旅游条例》对景区经营权的出让进行了限制,规定国有旅游资源的经营权不得整体性出让、转让,旅游景区(点)内的交通、餐饮、住宿、商品销售、娱乐、摄影摄像、户外广告和游客服务等项目的经营权可以依法出让、转让,西藏之外的其他省份尚未有此类限制性规定。

综观各省规定,企业取得旅游景区经营权的具体方式包括出让、转让、租赁、承包等合法方式,有的省份明确规定应通过招标、拍卖等方式选择受让方或承租方。此外,一些省份对于景区经营权出让收入的用途、旅游景区经营权受让方的条件、获得景区经营权的企业的开发经营方式等进行了限制。

对于特定类型的旅游景区,该等旅游景区所适用的法律、法规对于经营权的出让可能存在特殊规定。以风景名胜区为例,根据国务院颁布的《风景名胜区条例》的规定,进入风景名胜区的门票,由风景名胜区管理机构负责出售。也就是说,对于风景名胜区的门票,只能由风景名胜区管理机构经营。《风景名胜区条例》同时规定,风景名胜区内的交通、服务等项目,应当由风景名胜区管理机构采用招标等公平竞争的方式确定经营者。《贵州省风景名胜区条例》对于风景名胜区交通服务项目的特许经营进行了细化,将风景名胜区的特许经营分为整体项目和单个项目的特许经营,并分别规定了特许经营的期限。

当然,并非所有省级地方旅游条例都明确支持旅游景区经营权的出让。而且,就某些特定类型的旅游景区,其适用的法规、政策将该等旅游景区的经营主体限定为相关管理机构。例如,根据国家文物局发布的《国有文物保护单位经营性活动管理规定(试行)》,国有文物保护单位的经营性活动以文物保护单位管理机构为主体开展。我们理解,如根据相关法律法规或政策规定,某个旅游景区仅能由其管理机构经营,那么,企业希望通过 PPP 模式参与该旅游景区的开发经营就可能存在一定法律障碍。

因此,采取 PPP 模式开发旅游景区,首先要根据地方制定的旅游条例以及特定类型的旅游景区所适用的法律法规,确定旅游景区经营权出让的依据。对于法律法规允许将经营权出让给企业的旅游景区,应进一步确认可以出让的经营权的范围。此外,如相关法律法规规定应当以招投标方式选择景区经营方的,在选择 PPP 项目的采购方式时,应注意采用招标方式。

2. 付费机制相关法律问题

如上所述,理论上,旅游景区 PPP 项目可以实现使用者付费,以门票收入和景区内交通、服务等项目的经营收入作为支付社会资本方的投资成本和投资收益。

但是,从具体的法律规定来看,有以下四个问题值得注意。

第一,特定类型的旅游景区适用的法规中通常将门票经营的主体限定为旅游景区的管理机构。在这种情况下,社会资本无法直接获得门票收入。例如,《风景名胜区条例》规定,进入风景名胜区的门票,由风景名胜区管理机构负责出售。风景名胜区管理机构是当地县级以上政府设立的事业单位,一般而言,其收到的门票收入应上交财政。因此,门票收入转化为了财政收入。企业可以要求政府通过财政将门票收入支付给企业,但程序上应注意符合《预算法》的要求。

第二,旅游景区经营权出让可能需要依法支付对价。例如,根据《风景名胜区条例》,风景名胜区内交通、服务项目的经营者应当缴纳风景名胜资源有偿使用费。旅游景区经营权的对价可以理解为旅游景区未来经营收入的折现。如果社会资本为取得旅游景区的经营权支付了对价,那么,从商业的角度看,社会资本只能通过门票收入收回投资成本和投资收益。这对于社会资本而言,不仅增加了资金投入上的负担,而且减少了收回投资成本和投资收益的资金保障。一种可行的解决方案是由政府承诺将收取的经营权对价投入双方成立的合资公司,用于项目建设,这在一定程度上可以减少社会资本的资金压力。

第三,无论是旅游景区的门票收入还是经营权出让收入,法律、法规或地方政策可能规定了该等收入的特定用途。因此,政府使用该等资金时,应当注意符合法律规定的要求。

第四,调价机制的问题。根据《旅游法》,旅游景区的门票及服务项目的价格实行政府定价或政府指导价。因此,政府有权依法调整门票和服务项目的价格,从而影响社会资本的投资收入。社会资本为保障自身利益,可以要求在合同中约定调价必须以合理的经济测算为基础,并充分考量社会资本的意见。

3. 旅游景区开发 PPP 项目实施机构的确定

PPP 项目的实施机构是负责 PPP 项目的准备、采购、监管和移交等工作的主体,而且是 PPP 项目合同中代表政府的签约方。

对于能够作为 PPP 项目实施机构的主体范围,财政部与发改委发布的相关政策规定存在一定差异。财政部的文件中规定,“政府或其指定的有关职能部门或事业单位可作为项目实施机构”,并未明确企业可以作为项目实施机构。而根据国家发改委发布的文件,“行业管理部门、事业单位、行业运营公司或其他相关机构”可以作为政府授权的项目实施机构。因此,如果政府希望由政府部门或事业单位之外的主体作为 PPP 项目的实施机构,应当选择适用国家发改委发布的文件。

对于大型旅游景区综合开发及运营 PPP 项目，往往会涉及风景名胜区管理、文物保护、交通、土地等多方面的内容，一般而言，只有市、县政府具有相应的职权，某个政府部门、景区管理机构或政府平台公司都不具有相应的职权处理上述各方面的问题。因此，由市、县政府作为项目的实施机构并签署 PPP 项目合同，才能保障项目的顺利实施，才能有效地保障社会资本的利益。

PPP 项目实施机构是项目合同的签约主体，但不一定是与社会资本共同成立项目公司的主体，应当注意区分。在旅游景区 PPP 项目中，市、县政府作为项目实施机构与社会资本签署 PPP 项目合同，可以另行指定政府平台公司等主体与社会资本成立项目公司。

4. 特殊景区的建设限制

对于文物保护单位、自然保护区等特定类型的旅游景区，为保护相关的资源，法律、法规对于一定范围内的开发建设进行了限制，并要求取得主管部门的批准。以文物保护区为例，根据《文物保护法》，文物保护单位的保护范围内不得进行其他建设工程或者爆破、钻探、挖掘等作业。但是，因特殊情况需要进行建设的，须经核定公布该文物保护单位的人民政府批准，在批准前应当征得上一级人民政府文物行政部门同意。全国重点文物保护单位须经省、自治区、直辖市人民政府批准，在批准前应当征得国务院文物行政部门同意。

自然保护区、风景名胜区相关法规中也有此类对建设开发、观光游览、土地出让等行为进行限制的规定。社会资本在对特殊类型的旅游景区进行开发时，应注意相关法律、法规对于开发建设的限制，并符合相关规划的要求。

5. 上市限制问题

根据国家发改委、国家旅游局等八部门于 2008 年联合下发的《关于整顿和规范游览参观点门票价格的通知》，对依托国家资源的世界遗产、风景名胜区、自然保护区、森林公园、文物保护单位和景区内宗教活动场所等游览参观点，不得以门票经营权、景点开发经营权打包上市。我们注意到，近年来上市的旅游业上市公司，其主营业务中都不包括旅游景区的门票经营权或景点整体的开发经营权，而是以景区内某些经营项目（如酒店、索道经营、旅游客运等）作为主营业务。

因此，在 PPP 模式中，以门票经营权或景点开发经营权作为主营业务的景区平台公司如有上市计划，可能面临着政策障碍。社会资本如果有上市计划，在最初设计交易结构时，要考虑上述政策对于上市主体的业务限制。

结 语

多年来,我国对国有旅游资源的开发一直采取以财政投入为主的模式,一方面是因为政府不愿意将能够带来稳定财政收入的优质旅游景区资产与企业分享,同时另一方面也因为缺少一个良好的商业模式促进政府与企业就景区开发项目进行合作。在政府职能转变及政府投资体制改革的大背景下,PPP 模式也许能够为企业投资旅游景区开发项目提供新的契机。

大型旅游景区综合开发和运营项目属于综合性、区域性的 PPP 项目,涉及景区管理、文物保护、交通、土地等多方面内容,而且要将旅游景区相关法律问题与 PPP 模式结合,因此比较复杂。对于其中涉及的商业问题和法律问题,无论是政府、企业等参与方还是律师、咨询公司等中介机构,都缺少足够的实践经验和知识储备。因此,对于商业律师来讲,与旅游景区开发相关的法律问题仍是一个较为新颖的课题。本文仅是我们根据相关经验进行的初步探索,希望以此激发更多的研究和探讨。

政府还贷公路项目应用PPP模式存在的问题及应对建议

周兰萍　宋　茜*

*作者简介：

周兰萍，合伙人，中伦律师事务所上海办公室，

电邮为 laurazhou@zhonglun.com；

宋茜，律师，上海办公室。

根据《收费公路管理条例》的规定,我国的收费公路分为两类:一类是“县级以上地方人民政府交通主管部门利用贷款或者向企业、个人有偿集资建设的公路”即政府还贷公路;另一类是“国内外经济组织投资建设或者依照公路法的规定受让政府还贷公路收费权的公路”即经营性公路。自20世纪90年代以来,以BOT特许经营方式投资、建设、运营的经营性公路在全国范围内得到广泛推广和应用,并逐渐形成了一套较为成熟的社会资本招选流程及BOT模式投资建设项目示范文本。近两年,随着PPP投融资模式的大力推广,在收费公路项目应用PPP模式的实践中,出现了若干政府还贷公路拟采用PPP或BOT模式投资建设的案例。对于政府还贷公路项目如何正确运用PPP模式投资建设,笔者结合自身实践,从政府还贷公路与经营性公路的区别着手,就社会资本参与政府还贷公路PPP项目的风险进行了详细分析,并就政府还贷公路PPP项目的交易结构设计分别提出了方案建议,供同类项目操作参考。

一、政府还贷公路与经营性公路的区别

根据《收费公路管理条例》的规定及实践经验总结,政府还贷公路与经营性公路的区别主要包括以下几方面:

(一)投资和收费主体不同

政府还贷公路的投资主体是“县级以上地方人民政府交通主管部门”,一般而言,政府主管部门通过“依法设立专门的不以营利为目的的法人组织”管理收费公路并收取通行费。经营性公路的投资主体是采用招标投标方式选择的国内外经济组织,投资者在中标后通常需要设立项目公司以运作经营性公路项目并收取通行费,项目公司为营利性公司。

(二)收费用途不同

政府还贷公路为非营利性,因此其收取的车辆通行费只能用于偿还贷款、集资款和支付必要的公路养护费用。而经营性公路则允许社会资本通过投资建设公路项目获得合理收益。因此其收取的车辆通行费收入除偿还贷款、支付必要公路养护管理费用外,投资人还可以从中获取投资收益。

(三)对通行费收入的管理体系不同

政府还贷公路实行“统一管理、统一贷款、统一还款”的模式建设,因此其收取的车辆通行费需上缴至财政专户集中、统一管理,只有待财政专户按照经批准的通行费支出预算将通行费返还时,才能作为企业的营业收入。而经营性公路收取的

车辆通行费则全部属于公司经营收入，由项目公司按其章程约定自行管理和支配。

（四）收费年限不同

按照现行《收费公路管理条例》的规定，政府还贷公路的收费年限一般不超过15年，最长不超过20年。经营性公路的收费年限一般不超过25年，最长不超过30年。2015年7月《〈收费公路管理条例〉修订稿（征求意见稿）》（以下简称《修订稿》）对收费公路的收费年限规定作了重大修订。《修订稿》提出，政府还贷公路在一省范围内实行统借统还，偿债期限"应当按照用收费偿还债务的原则确定"。特许经营公路的经营期限，"按照收回投资并有合理回报的原则确定，并通过收费标准动态调整、收益调节等方式控制合理回报"。由此可见，即使《修订稿》对政府还贷公路和经营性公路的具体收费年限规定比现行《收费公路管理条例》更为宽泛，但两种类型的公路在收费年限的测算和确定原则上仍有重大区别。

（五）税收政策不同

在营业税时代，政府还贷公路无须缴纳营业税，而经营性公路企业需要缴纳营业税。全面营改增后，虽然对不同收费类型公路的增值税缴纳尚无明确规定，但多数地区仍继续沿用营业税时代的相应税收征管标准。在企业所得税方面，对于经省级以上投资主管部门核准的收费公路项目，项目公司企业所得税享受"三免三减半"的优惠政策。该税收优惠目录文件中所称的"核准"属于经营性公路区别于政府还贷公路的立项方式，因此应认为该项优惠政策属于针对经营性公路的税收优惠政策。

（六）建设管理所适用的法律法规不同

政府还贷公路一般被视为"政府投资项目"，在项目投资、建设管理中需要适用关于政府投资项目的若干法律法规规定，如工程立项审批制、政府工程审计和决算规范、政府工程招标投标相关强制性法律法规等。而经营性公路则属于"企业投资项目"，工程立项采用核准制、符合法定要求的项目施工等环节无须另行组织招标。由于社会资本往往需要对项目运营自负盈亏，承担了较大的市场风险，因此对于此类项目的工程管理要求、审计决算要求等强制性规定往往低于政府投资项目。但根据经营性公路投资主体自身的企业性质不同，经营性公路项目可能需要遵守公司法、证券法或国有资产监督管理等其他相关法律法规的强制性要求。

由上述梳理可以看出，政府还贷公路与经营性公路虽同属收费公路，但其法律性质不同，造成在实践中两种公路的经营管理方式大相径庭，泾渭分明。为及时制止和避免实践中一些地方将政府还贷公路违规转让或采取行政措施转成经营性公路进行建设和管理的问题,2012 年 4 月 12 日交通运输部、国家发展改革委、财政部、监察部、国务院纠风办联合下发《关于禁止将政府还贷公路违规转让或划转成经营性公路的通知》(以下简称五部委禁令),“禁止以体制调整、资产重组、有利融资等名义,违反《收费公路管理条例》等有关规定,将政府还贷公路,包括在建或已批复可研但尚未开工建设的政府还贷公路,转为经营性公路,随意变更政府还贷公路属性”。

二、社会资本以 PPP 模式参与政府还贷公路项目的风险考量

以 PPP 模式投资建设政府还贷公路项目时,必须根据项目的法律性质识别项目风险、设计交易结构,而不能直接照搬经营性公路的投资建设模式。社会资本在参与政府还贷公路 PPP 项目时考量的主要风险包括:

(一)社会资本投资地位及收费权合法性风险

几乎所有收费公路 PPP 项目文件中都明确将项目收费权授予社会资本组建的项目公司。但根据相关法律法规要求,一般而言,公路可研等批复文件中除明确项目的收费性质外,还会明确该项目的投资主体,项目建成后的收费经营权将授予批复文件中明确的投资主体或其组建的项目公司。因此政府还贷公路的收费权通常只能授予由政府在项目审批时已设立的非营利性公司。在“五部委禁令”规定下,若社会资本参与政府还贷公路 PPP 项目,并以自身名义另行设立项目公司,则可能面临无法申请和获得收费许可的困境。加之政府投资项目管理相关的强制性要求,在交易过程中,无论项目贷款融资还是工程建设管理等主体资格均会因收费权授予主体和项目性质问题,使社会资本自行设立的项目公司投资地位受到质疑,相应权益和管理权限将被赋予其他主体,从而导致社会资本及其组建的项目公司丧失在整个 PPP 交易架构中的核心地位,无法体现 PPP 模式以社会资本为核心的高效管理和资源整合优势。

(二)项目融资与收益风险

虽然《修订稿》对政府还贷公路的收费年限已做出较大修改,但一般而言,政府还贷公路的收费年限仍短于经营性公路。究其原因正是因为政府还贷公路的非营利性所致。而根据现有高速公路招选社会资本的实施方案来看,方案中的运营期往往均参照经营性公路的最长年限设定。这样设计的原因,其一是可以通过较长的收费年限,使社会资本获得更高的经营收益,有利于提高社会资本的投资意愿。其二是可以通过较长的贷款年限,进一步平滑项目的财务成本,提高项目收益率。

其三是很多收费公路项目自身的收益情况预测并不理想,只有通过延长收费年限的方式才有可能使社会资本获得合理收益,同时政府支付可行性缺口补助的资金压力也会相应减小。但因这种方案中的假设条件超出了现行《收费公路管理条例》对政府还贷公路收费年限的上限规定,从而可能在实际运作时遭遇贷款获批年限、收费许可获批年限大大短于项目实施方案或 PPP 合同约定的年限,从而引发项目的融资和获利风险。

1. 社会资本的收益来源风险

如前文所述,政府还贷公路项目的收入用途并不包括投资人合理回报在内,且其收入与支出应遵循《预算法》下"收支两条线"的管理方式,社会资本无法确保以项目自身收益,通过利润分配方式获取合理投资回报,从而可能导致社会资本投资目的落空。

2. 施工总承包权获取风险

对于由建筑施工领域转型做 PPP 项目投资的企业来说,获得公路项目的投资权时,其隐含的最重要权益往往是该项目的施工总承包权。但对于政府投资项目而言,施工总承包方往往需要通过招投标程序另行确定。若政府在招选项目社会资本时未明确在一次招投标过程中同时确定施工总承包方(通常所称的"两标并一标"),则在社会资本方确定后,对于施工总承包方需要另行招标确定。对于建筑施工企业来说,这将是一个巨大的潜在风险。

3. 项目税收风险和财务核算风险

如前所述,政府还贷公路项目是非营利性项目,经营性公路是营利性项目,二者在项目性质、适用的税收政策以及财务核算方式上均存在较大差别。而不少政府还贷公路 PPP 项目对于相关的交易边界条件设计往往比较模糊,通常会将免征营业税、企业所得税"三免三减半"等优惠措施不加区分地全部写入实施方案或招标文件,从而对社会资本在投标时造成误导。因此在设计交易结构时,必须理清纳税、财务主体的性质,根据具体情况判断应承担的税收成本和应采取的财务核算方式,避免因项目公司性质混淆造成项目成本测算上的重大失误。

综上可知,若是政府还贷公路不能及时转性为经营性公路,而社会资本仍按照传统经营性公路的运作模式参与该类 PPP 项目的话,投资风险不可谓不大。

三、应用 PPP 模式投资建设政府还贷公路项目的交易结构建议

笔者认为,尽管有上述差异与风险,但政府还贷公路项目并非不能采用 PPP 模

式运作,只是需要结合项目性质对交易结构进行重新设计,而不应照搬传统经营性公路的运作套路。笔者结合自己对 PPP 模式的理论研究和实践经验,对政府还贷公路 PPP 项目的交易结构设计提出如下建议方案,供同类项目操作参考。

方案一:项目改按政府付费型 PPP 模式实施

以往经营性公路 BOT 项目中,社会资本主要通过使用者收费收回投资。不同于以往经营性公路项目运作模式的是,在政府付费型 PPP 模式下,政府还贷公路 PPP 项目不需改变项目收费主体,但需将项目授权方式由直接授予收费公路特许经营权(包括收费权)改为授予项目收益权。由中选社会资本按规定组建 PPP 项目公司,PPP 项目公司按照 PPP 项目合同约定履行项目投资、建设、运营、养护义务,政府方将项目自身收费经营收入作为政府付费的最主要资金来源,专项列入政府财政预算,项目自身收入不足部分由政府另行安排预算内其他资金支付。项目融资由社会资本组建的项目公司负责。必要时,政府应安排将其组建的非营利性项目公司持有的项目特许经营权用于为本项目融资提供质押担保。融资和担保期限不超过政府还贷公路的法定最长年限。在项目运营期内政府方基于绩效评价结果通过政府直接付费方式向 PPP 项目公司支付服务费,以保障社会资本收回投资及收益。

该方案的主要不足在于:在法律性质上,因本方案主要的投融资主体是社会资本及其组建的项目公司,建设资金未通过政府设立的非营利性项目公司流转。从合同架构上来看,本方案是以社会资本为交易核心,政府并非实际的投资主体。因此,该方案中的交易结构设计与《收费公路管理条例》定义的政府还贷公路的投资模式要求存在一定冲突。

方案二:项目通过"产业基金投融资 + 工程建设管理 + 运营"(FEPC + O&M)模式运作

如上文所述,简单套用经营性公路的投资模式,由社会资本组建项目公司投资建设政府还贷公路显然无法避免项目的一系列交易风险。而除 BOT 模式外,现有 PPP 规范性文件中明确列举的 PPP 运作方式似乎又没有适合的交易结构可以运用。笔者认为,在此情况下,需要在风险识别和风险分配的基础上设计新的运作方式。笔者认为,可考虑采用"产业基金投融资 + 工程建设管理 + 运营"(FEPC + O& M)模式。

1. 产业基金投融资解决的是社会资本的资金投入政府还贷公路项目的合规性与收益风险问题。政府还贷公路的资金筹措来源除政府财政资金及向金融机构贷款外,还允许向企业有偿集资,该部分集资款的本金及利息应以项目收益作为主要还款来源。通常情况下,企业的融资渠道包括股权融资和债权融资两种。PPP 项目中社会资本的资金可以综合运用这两种融资渠道完成项目资金筹措。

(1)由社会资本通过与政府方共同设立产业基金并股权融资方式注入项目公司。由政府方指定的基金管理人作为 GP(基金管理人),社会资本或者社会资本联合其他金融机构作为 LP(财务投资人)共同设立产业基金,将募集资金投入政府还贷公路 PPP 项目公司。社会资本的投资回报并不直接体现在项目公司的收益中,而是通过基金层面的份额转让和收益分配实现。基金的收益来源于对政府还贷项目的投资收益,若产生可分配收益,则在基金层面予以分配。若投资项目无法产生满足合理投资回报率要求的收益回流至产业基金,则可通过签订与项目绩效考核结果相挂钩的基金份额转让协议锁定投资份额转让对价,从而实现社会资本的投资退出和获得合理收益。对于该项目自身收益无法覆盖的投资收益部分,应由政府另行安排财政资金予以补足。

(2)PPP 项目投资所需的股本金之外的资金通过债权融资方式进行筹集。项目债权融资应优先以项目公司名义向金融机构申请项目贷款。若项目贷款金额仍无法完全满足项目建设资金需要,则社会资本可以通过委托贷款或信托贷款等方式,将资金投入项目公司。社会资本的债权应与金融机构的债权享有同等受偿权,其债权资金本息与金融机构债权资金本息应一并列入项目预算支出金额,由项目公司按合同约定偿还。

2. EPC 工程总承包权则在社会资本招标时通过“两标并一标”的方式获取。

3. 就项目建成后的运营而言,可以由项目公司通过 O&M 方式委托专业运营单位负责;如投标联合体中包括具有运营资质的成员方,也可以在项目建成后由项目公司直接委托该成员方负责项目运营。

结　语

政府还贷公路项目应用 PPP 模式是收费公路项目的新型投资建设模式,在项目立项和论证初期即应做好项目尽职调查和论证,在厘清项目性质、识别项目风险的基础上对交易结构进行合理设计是确保政府和社会资本在 PPP 模式下实现项目合法合规、各方合作“共赢”的重要基础。

第三章

地产项目融资：资产证券化视角

1. 理论研究

房地产抵押权的转移登记相关法律问题

刘柏荣　许　苇
路竞祎　刘小丽*

* 作者简介：
刘柏荣，合伙人，中伦律师事务所北京办公室，电邮为 liuborong@ zhonglun. com；
许苇，合伙人，中伦律师事务所北京办公室，电邮为 weixu@ zhonglun. com；
路竞祎，合伙人，中伦律师事务所北京办公室，电邮为 lujingyi@ zhonglun. com；
刘小丽，合伙人，中伦律师事务所北京办公室，电邮为 liuxiaoli@ zhonglun. com。

我国《物权法》对于主债权转让时，附随房地产抵押权的转让是否应当办理抵押权转移登记没有明确的规定。根据对抵押权转移登记的相关法律问题的分析，我们认为，主债权转让的，附随房地产抵押权一并转让，是否办理抵押权转移登记不影响主债权受让方取得抵押权。未办理抵押权转移登记，抵押财产被查封、扣押不影响受让方抵押权的效力，抵押财产设置第二顺位抵押也不影响受让方抵押权的顺位利益。但未办理抵押权转移登记，受让方取得的抵押权不得对抗善意第三人。

引 言

根据《物权法》的规定，我国房地产抵押权采取登记生效主义的原则，即房地产抵押权自办理抵押登记时设立。但对于主债权转让时，附随房地产抵押权的转让是否应当办理抵押权转移登记，目前相关法律法规并没有明确的规定。有鉴于此，本文将通过对抵押权转移登记的相关理论、规范和判例等方面的检讨，对房地产抵押权的转移登记相关法律问题进行分析。

一、抵押权随主债权的转让一并转让

（一）理论研究——基于主债权与从权利不可分离的基本法理

根据《合同法》第八十一条①与《物权法》第一百九十二条②的规定，抵押权属于从权利，不得与主债权相分离，此为一项基本法律原则。因此，主债权转让时，若强制要求必须办理抵押权转移登记受让方才能取得抵押权，则在抵押权转移登记办理期间，将导致抵押权与主债权相分离，抵押权权利本身也失去权利主体为依托，违背权利不能脱离权利主体而存在的基本法理，即这将“形成债权已由受让人取得，而抵押权却遗留在转让人之手的局面，而这是违反我国现行法上的抵押权必须从属于被担保债权的规则和理论”③。

就主债权转让是否应办理抵押权转移登记问题，我国学者也对此有相关论述，且基本认同抵押权随主债权的转让而转让，无须办理抵押登记的观点，具体如下：

---

① 《合同法》第八十一条规定：债权人转让权利的，受让人取得与债权有关的从权利，但该从权利专属于债权人自身的除外。

② 《物权法》第一百九十二条规定：抵押权不得与债权分离而单独转让或者作为其他债权的担保。债权转让的，担保该债权的抵押权一并转让，但法律另有规定或者当事人另有约定的除外。

③ 崔建远：《物权法》（第二版），中国人民大学出版社 2011 年版，第 45 页。

梁慧星教授[①]认为,“抵押权属于从权利,随主权利的转让而转让,其转让无须登记。受让人取得债权的同时即取得该债权所附抵押权”[②]。

崔建远教授[③]认为,“不动产物权的设立、变更、转让和消灭,应当登记;未经登记,不发生物权效力;物权变动发生效力的时间为记载于不动产登记簿册之时。但存在以下例外:……(3)不动产抵押权随其担保债权的转让而转让,即使未办理变更登记,也是如此”[④]。

王泽鉴教授[⑤]认为,“最高法院”1998 年台上字第 576 号判决:按让与债权时该债权之担保及其他从属之权利,除与让与人有不可分离之关系者外,随同移转于受让人,为“民法”第二百九十五条第一项所明定。该条所谓“随同移转”,系属法定移转,无待登记即可发生移转之效力,与意定移转须经登记始发生移转效力者有异。又抵押权从属于主债权,观之“民法”第八百七十条规定自明。则主债权之让与,依前开说明,该抵押权自应随同移转,此与抵押权系以法律行为而为该与须经登记始发生移转效力之情形不同。[⑥]

(二)规范分析——抵押权转让不以转移登记为生效要件

1. 特别法优先于一般法的适用

根据《物权法》第九条[⑦]与第十四条[⑧]的规定,除法律另有规定外,不动产物权采取登记生效主义的原则,该两条规定属于《物权法》总则中的一般性、原则性的规定。而《物权法》第一百九十二条[⑨]规定,主债权转让的,抵押权一并转让,这是针对

---

① 梁慧星,中国社会科学院教授、博士生导师,《合同法》起草委员会组长,《物权法》、《侵权法》、《民法典》起草组核心成员。

② 我们以邮件形式取得梁慧星教授的上述观点。

③ 崔建远,清华大学法学院教授,清华大学法学院学位分委员会主席,法学院民法研究中心主任,《中国物权法草案建议稿》撰稿人之一。

④ 崔建远:《物权法》(第二版),中国人民大学出版社 2011 年版,第 45 页。

⑤ 王泽鉴,我国台湾著名法学专家,1938 年 6 月 2 日生,台湾台北人。1968 年获慕尼黑大学法学博士学位,曾担任台湾大学法律学系教授、系主任、法律研究所所长、中国比较法学会理事长、行政院消费者保护委员会委员等职,前中华民国司法院大法官。

⑥ 参见王泽鉴:《民法物权》(第二版),北京大学出版社 2011 年版,第 371 页注释二。

⑦ 《物权法》第九条规定:不动产物权的设立、变更、转让和消灭,经依法登记,发生效力;未经登记,不发生效力,但法律另有规定的除外。

⑧ 《物权法》第十四条规定:不动产物权的设立、变更、转让和消灭,依照法律规定应当登记的,自记载于不动产登记簿时发生效力。

⑨ 《物权法》第一百九十二条规定:抵押权不得与债权分离而单独转让或者作为其他债权的担保。债权转让的,担保该债权的抵押权一并转让,但法律另有规定或者当事人另有约定的除外。

主债权转让时抵押权转让这种特殊情形的特殊规定，是不动产物权采取登记生效主义原则的例外情形。因此，基于特别法优先于一般法的适用规则，笔者认为，主债权转让而涉及抵押权转让的问题，应优先适用《物权法》第一百九十二条的特殊性规定。

2. 抵押权附随主债权一并转让属于法定转让

根据《物权法》第一百九十二条①、第九条②、第十四条③，《合同法》第八十一条④以及最高人民法院《关于适用〈中华人民共和国担保法〉若干问题的解释》(以下简称《担保法司法解释》)第七十二条⑤的规定，我们认为，主债权转让的，抵押权附随于主债权一并转让，属于抵押权法定转让的情形，区别于一般转让，不办理抵押权转移登记，不影响受让方有效取得抵押权。另外，对于抵押权的附随转让，我国法律、行政法规并未明确要求必须办理抵押权转移登记，受让方才能取得抵押权。

3. 抵押权转移登记的规定属于行政规章的管理型规定

虽然根据《城市房地产抵押管理办法》第三十条⑥、第三十五条⑦和第三十七条⑧的规定，主债权转让的，需办理抵押权转移登记，但我们认为，前述规定仅是行政规章的管理性规定，而非效力性规定，并不影响受让方取得抵押权的效力。

---

① 《物权法》第一百九十二条规定：抵押权不得与债权分离而单独转让或者作为其他债权的担保。债权转让的，担保该债权的抵押权一并转让，但法律另有规定或者当事人另有约定的除外。

② 《物权法》第九条规定：不动产物权的设立、变更、转让和消灭，经依法登记，发生效力；未经登记，不发生效力，但法律另有规定的除外。

③ 《物权法》第十四条规定：不动产物权的设立、变更、转让和消灭，依照法律规定应当登记的，自记载于不动产登记簿时发生效力。

④ 《合同法》第八十一条规定：债权人转让权利的，受让人取得与债权有关的从权利，但该从权利专属于债权人自身的除外。

⑤ 最高人民法院《关于适用〈中华人民共和国担保法〉若干问题的解释》第七十二条第一款规定：主债权被分割或者部分转让的，各债权人可以就其享有的债权份额行使抵押权。

⑥ 《城市房地产抵押管理办法》第三十条规定：房地产抵押合同自签订之日起30日内，抵押当事人应当到房地产所在地的房地产管理部门办理房地产抵押登记。

⑦ 《城市房地产抵押管理办法》第三十五条规定：抵押合同发生变更或者抵押关系终止时，抵押当事人应当在变更或者终止之日起15日内，到原登记机关办理变更或者注销抵押登记。

⑧ 《城市房地产抵押管理办法》第三十七条规定：抵押权可以随债权转让。抵押权转让时，应当签订抵押权转让合同，并办理抵押权变更登记。抵押权转让后，原抵押权人应当告知抵押人。经抵押权人同意，抵押房地产可以转让或者出租。抵押房地产转让或者出租所得价款，应当向抵押权人提前清偿所担保的债权。超过债权数额的部分，归抵押人所有，不足部分由债务人清偿。

（三）裁判梳理——不办理转移登记不影响受让方取得抵押权

根据我们对浙江、广东、山东、湖南、河南等5个省10个地方法院关于“主债权转让而未办理不动产抵押权转移登记”相关案件的梳理［详见本文附表“各地法院关于‘抵押权随主债权一并转让’的判决情况（判决书摘要）”］，这些判决中均认为，根据《物权法》第一百九十二条、《合同法》第八十一条以及《担保法司法解释》第七十二条的规定，抵押权与所担保的主债权一并转让，抵押权转让符合法律规定，主债权的受让人可以就抵押财产享有优先受偿权。

二、未办理抵押权转移登记的法律后果

（一）未办理抵押权登记，抵押财产被查封、扣押不影响抵押权的效力

根据《担保法司法解释》第五十五条①以及最高人民法院、国土资源部、建设部《关于依法规范人民法院执行和国土资源房地产管理部门协助执行若干问题的通知》（法发〔2004〕5号）第二十二条②的规定，不办理抵押权转移登记，作为抵押财产的房地产被采取查封、扣押等财产保全或者执行措施的，不影响受让方已取得抵押权的效力。虽然受让方无法在房地产被查封、预查封期间办理抵押变更登记，但其有权通过向法院提请诉讼的方式确认其所取得抵押权的效力不受查封、扣押的影响。

（二）未办理抵押权登记，抵押权的顺位利益不受影响

根据本文第一点的分析以及《物权法》第一百九十九条③、第一百九十四条④的规定，不办理抵押权转移登记的，不影响受让方有效取得抵押权，若抵押房地产之后被设立第二顺位抵押权的，转让方享有的第一顺位抵押权登记在先，在清偿顺序

---

① 《担保法司法解释》第五十五条规定：已经设定抵押的财产被采取查封、扣押等财产保全或者执行措施的，不影响抵押权的效力。

② 最高人民法院、国土资源部、建设部《关于依法规范人民法院执行和国土资源房地产管理部门协助执行若干问题的通知》（法发〔2004〕5号）第二十二条规定：国土资源、房地产管理部门对被人民法院依法查封、预查封的土地使用权、房屋，在查封、预查封期间不得办理抵押、转让等权属变更、转移登记手续。

③ 《物权法》第一百九十九条规定：同一财产向两个以上债权人抵押的，拍卖、变卖抵押财产所得的价款依照下列规定清偿：（一）抵押权已登记的，按照登记的先后顺序清偿；顺序相同的，按照债权比例清偿；（二）抵押权已登记的先于未登记的受偿；（三）抵押权未登记的，按照债权比例清偿。

④ 《物权法》第一百九十四条规定：抵押权人可以放弃抵押权或者抵押权的顺位。抵押权人与抵押人可以协议变更抵押权顺位以及被担保的债权数额等内容，但抵押权的变更，未经其他抵押权人书面同意，不得对其他抵押权人产生不利影响。

上具有优先性。受让方从转让方受让取得的抵押权仍为第一顺位抵押权,未经受让方书面同意,抵押财产上的第二顺位抵押权不得对受让方已取得第一顺位抵押权产生不利影响。

(三)未办理抵押权转移登记,受让方的抵押权不得对抗善意第三人

由于抵押权仍登记在转让方名下,受让方取得的抵押权不具有公示和对抗善意第三人的法律效力。但是,该抵押权可以对抗转让方,且在将主债权及其附属抵押权转让的事实通知债务人及抵押人后,也可以对抗债务人及抵押人①。受让方向抵押人主张行使抵押权的,需先要通过诉讼的方式确认其享有的抵押权或需先将抵押权变更至自己名下。

三、办理抵押权转移登记的方案与建议

根据上文的分析,主债权转让时,附随抵押权一并转让,是否办理抵押权转移登记不影响主债权受让方取得抵押权。但是,不办理抵押权转移登记受让方取得的抵押权将不能对抗善意第三人,因此,为缓解前述法律风险,我们建议,在实务操作中,主债权的转让方和受让方应当在主债权及抵押权的转让合同中约定相关的特定事件,在该等特定事件发生后,转让方和受让方应当在一定期限内将主债权及其附属抵押权转让的事实通知债务人及抵押人,并同时办理完毕抵押权的转移登记手续。

如果在前述限定期限内未能办理完毕主债权项下抵押权的转移登记手续且导致受让方所享有的抵押权无法对抗善意第三人的,我们建议,转让合同中应该约定,在该等情形下,转让方应将主债权及其附属抵押权赎回,从而有效保障受让方的利益。

① “不过未经变更登记,不得对抗善意第三人。此类抵押权能够对抗转让人,在将债权及抵押权转让的事实通知给债务人,抵押人时,也能对抗他(它)们。”参见崔建远:《物权法》(第二版),中国人民大学出版社2011年版,第45页。

附表:各地法院关于"抵押权随主债权一并转让"的判决情况(判决书摘要)

编号	案件名称	判决书文号	判决书摘要
浙江省			
1	绍兴县金马燃化有限公司诉陈见(建)洪债权转让合同纠纷案	浙江省绍兴县人民法院民事判决书(2010)绍商初字第1753号	被告向章某借款,将房屋抵押予章某并在县房地产交易中心办理了房屋抵押登记手续;后章某因对原告负债而将该债权转让给原告,未再行办理抵押登记。法院根据被告与章某的借贷关系中双方已经办理抵押登记的事实,"对涉案的房产抵押担保的效力予以确认;而债权转让的,担保该债权的抵押权一并转让",故支持了原告就该抵押物依法享有优先受偿权的诉讼请求。
2	吴巍峰诉肖登贵等债权转让合同纠纷案	浙江省象山县人民法院民事判决书(2010)甬象石商初字第219号	被告向案外人陈某借款并以其所有的位于某小区4号的房屋对上述借款进行抵押担保,抵押期限至2009年9月18日,并办理了抵押登记手续(该笔抵押到期后未办理注销登记),2010年陈某与原告签订协议将对被告的债权转让给原告,法院认为"根据法律规定,债权转让的,担保该债权的抵押权一并转让",认定原告有权对抵押房屋的折价、拍卖、变卖所得款在原抵押金额范围内享有优先受偿权。
3	上海协通老年公寓有限公司与周培良债权转让纠纷上诉案	浙江省宁波市中级人民法院民事判决书(2010)浙甬商终字第171号	项某向林某借款,上诉人以其自有房产提供抵押担保。后项某、林某、上诉人及被上诉人就债权转让达成协议,约定林某将债权转让予被上诉人,未再行办理抵押登记。法院判决认为:"本案中四方签订的债权转让协议明确约定,林鹏年将主债权转让给周培良,项伟、协通公司同意转让,并继续以已办理抵押登记的房产提供担保。故周培良在受让取得主债权时一并取得了涉案房地产的抵押权,由此,对周培良要求协通公司以其提供抵押的房地产享有优先受偿权的请求,依法予以支持。"

续表

编号	案件名称	判决书文号	判决书摘要
4	谢某与温州银行股份有限公司××行债权转让纠纷案	浙江省宁波市江东区人民法院民事判决书(2011)甬东商初字第1747号	原告与被告签订《借贷债权买卖合同》,被告将到期债权转让给原告。上述债权已由叶某提供保证、由某公司以其房产提供最高额抵押。但上述债权转让给原告后未再行办理抵押登记。后抵押物被法院扣押,原告因无法办理抵押权变更登记手续而起诉。法院判决认为:“原、被告之间虽未能办理抵押权变更登记,但该事实并不影响抵押权转让的效力及其他债权人的利益,亦不影响原告享有因债权转让行为而取得的抵押权利,故原告关于未办理抵押权变更登记手续而导致抵押权未转让的主张,于法不符,本院不予支持。”
5	周培良诉项伟等债权转让纠纷案	浙江省象山县人民法院民事判决书(2009)甬象商初字第989号	根据我国《物权法》第一百九十二条的规定,抵押权不得与债权分离而单独转让或者作为其他债权的担保。债权转让的,担保该债权的抵押权一并转让,但法律另有规定或者当事人另有约定的除外。债权转让协议明确约定林鹏年将债权转让给原告,被告项伟、协通公司同意转让,并继续以已办理抵押登记的房产提供担保。故对原告要求被告协通公司以其提供抵押的房地产享有优先受偿权的请求,本院依法予以支持。
6	浙江渝汇置业有限公司诉浙江索赛特水暖器材有限公司债权转让合同纠纷案	浙江省玉环县人民法院民事判决书(2010)台玉商初字第789号	本院认为,既然《物权法》第一百九十二条对此作了明文的规定,属于法定转让,故县农行与原告之间的债权转让关系,应当有别于一般转让。现作为原债权人的县农行,已将债权转让的事项书面通知了被告,故县农行与原告之间的债权转让关系合法,其债权转让行为应当对被告发生法律效力,作为新债权人的原告,有权继受原债权人县农行的权利,向被告主张权利,并依据原债权人县农行与被告之间约定的关于提前收回借款的条件,针对目前被告经营状况恶化,要求被告提前偿还全部借款本息及其逾期付款利息和罚息,并对抵押财产享有优先受偿的权利。

续表

编号	案件名称	判决书文号	判决书摘要
广东省			
7	广州市华仕投资有限公司诉中国光大银行广州分行东环支行委托借款合同纠纷案	广东省广州市中级人民法院民事判决书（2004）穗中法民二初字第446号	由于新羊城公司为本案涉案贷款提供位于海珠区广州大道收费站东侧、广州教育学院北侧新羊城项目时代天骄广场；地下负一、负二层1920平方米、首层商业480平方米、住宅二至十七层15000平方米的房产作为抵押担保。上述抵押物已经在广州市国土资源和房屋管理局办理了抵押登记手续。虽然该《不可撤销抵押合同》是光大银行东环支行与新羊城公司签订，但由于依照法律规定，抵押权不得与债权分离，本案债权人是原告，被告光大银行东环支行对原告行使本案的抵押权并无异议，故原告华仕公司作为债权人及上述抵押物的抵押权人有权在债务人即第三人新羊城公司不能依约清偿债务时对抵押物有优先受偿权。第三人向本院提交的一些关于第三人与其他单位因债权债务而发生的执行通知书、民事判决书、民事起诉书等称“时代天骄”施工人中已有2600万元债权正在执行、判决、或正在起诉中，以及暂未诉讼的1000万元施工债权应为在建工程的优先受偿人，还有《征地补偿协议》、《关于终止拍卖的紧急报告》，声称“时代天骄”的建设用地提供人海珠区新滘镇凤和村民委员会，应在该建筑中获得万余平方米的房产，作为征地补偿物而优先受偿。
山东省、河南省、湖南省			
8	张丽诉青岛天林集团有限公司等民间借贷纠纷案	山东省青岛市中级人民法院民事判决书（2011）青民四初字第17号	对于原告张丽是否有权对被告王维民的抵押房产主张优先受偿权的问题，本院认为，董娟、张乃新的抵押权合法有效。依据《中华人民共和国物权法》第一百九十二条规定，抵押权不得与债权分离而单独转让或者作为其他债权的担保。债权转让的，担保该债权的抵押权一并转让，但法律另有规定或者当事人另有约定的除外。依据《最高人民法院关于适用〈中华人民共和国担保法〉若干问题的解释》第七十二条规定，主债权被分割或者部分转让的，各债权人可以就其享有的债权份额行使抵押权。主债务被分割或者部分转让的，抵押人仍以其抵押物担保数个债务人履行债务。本案抵押权与所担保的主债权一并转让，债权与抵押权转让的事实亦通知了债务人，因此该抵押

续表

编号	案件名称	判决书文号	判决书摘要
8	张丽诉青岛天林集团有限公司等民间借贷纠纷案	山东省青岛市中级人民法院民事判决书(2011)青民四初字第17号	权转让符合法律规定,原告有权对青房地权市他字第200968036号房地产他项权证项下的抵押房产所处分的价款在700万元范围内依法享有优先受偿权。
9	上诉人中国农业银行股份有限公司郑州绿城支行与被上诉人郑州农具厂金融借款合同纠纷案	河南省郑州市中级人民法院民事判决书(2012)郑民三终字第868号	二、关于绿城支行是否对抵押物享有优先受偿权问题。《中华人民共和国物权法》第一百九十二条规定:"抵押权不得与债权分离而单独转让或者作为其他债权的担保。债权转让的,担保该债权的抵押权一并转让,但法律另有规定或者当事人另有约定的除外";《中华人民共和国合同法》第八十一条规定:"债权人转让权利的,受让人取得与债权有关的从权利,但该从权利专属于债权人自身的除外";《最高人民法院关于审理涉及金融资产管理公司收购、管理、处置国有银行不良贷款形成的资产的案件适用法律若干问题的规定》第九条规定:"金融资产管理公司受让有抵押担保的债权后,可以依法取得对债权的抵押权,原抵押权登记继续有效";《最高人民法院关于审理涉及中国农业银行股份有限公司处置股改剥离不良资产案件适用相关司法解释和司法政策的通知》第一条规定:"人民法院在审理涉及农业银行处置上述不良资产案件时,可以适用最高人民法院就审理涉及金融资产管理公司处置不良资产案件所发布的相关司法解释、司法政策及有关答复、通知的规定"。第二条规定:"财政部驻各省、自治区、直辖市、计划单列市财政监察专员办事处出具的委托处置资产证明文件,可以作为人民法院确认农业银行处置的不良资产属于受财政部委托处置资产的依据"。根据以上法律及司法解释的规定,郊区支行将债权及抵押权转移给绿城支行并通知郑州农具厂后,绿城支行即可取得对债权的抵押权,原抵押权登记继续有效,无须再进行抵押权变更登记。因此,绿城支行对本案抵押物享有优先受偿权。
10	中国农业银行股份有限公司炎陵县支行诉炎陵县青石冈国有林场国有林场金融借款合同纠纷案	湖南省炎陵县人民法院民事判决书(2010)炎法民二初字第37号	抵押权不得与债权分离而单独转让或者作为其他债权的担保。中国农业发展银行炎陵县业务组将债权移交给原告中国农业银行股份有限公司炎陵县支行后,其抵押权也一并转让。

浅议我国 REITs 项目下资产支持证券持有人大会的制度设计

朱思颖　魏轶东*

* 作者简介：
朱思颖，律师，北京办公室；
魏轶东，合伙人，中伦律师事务所北京办公室，
电邮为 weiyidong@ zhonglun. com。

引　言

近年来,伴随着企业资产证券化备案制的落地,我国企业资产证券化产品得到了较快的发展,种类与数量增速明显。但我们也注意到,目前市场上绝大多数企业资产证券产品未能脱离主体信用,融资人的信用以及能够提供的外部增信措施对产品的发行与销售影响较大。真正能够脱离主体信用、仅依赖基础资产质量的项目仍是少数。在这样的背景下,再考虑到目前的实践中,管理人多数是在取得/确定能够取得交易所无异议函后才开始寻找投资人(此时投资人能够对交易文件提出的意见已相对有限),投资者在审阅交易文件以及衡量是否会购买企业资产证券化产品时,往往对投资人权利有直接影响的一个条款——资产支持证券持有人大会的组成与议事规则关注有限。

伴随着大量企业资产证券化产品进入处置、清算阶段,资产支持证券持有人(以下简称持有人)与管理人之间的分歧也逐渐显现。与此同时,我们也注意到,在不动产证券化领域,尤其是类 REITs 产品,伴随着交易结构的不断发展、创新,持有人对于自身权利的关注也日益增加,部分项目自立项初期便纳入了次级持有人甚至潜在优先级持有人共同参与交易结构的设计与交易文件的讨论、修订。

从第一单类 REITs 项目中信启航专项资产管理计划(以下简称中信启航项目),到此后的招商创融—天虹商场(一期)资产支持专项计划(以下简称天虹商场项目)、首誉光控—光控安石大融城资产支持专项计划(以下简称大融城项目),再到 2017 年以来恒泰弘泽—华远盈都商业资产支持专项计划、天风光大—亿利生态广场一期资产支持专项计划(以下简称亿利广场项目)、畅星—高和红星家居商场资产支持专项计划等项目的涌现,目前我国市场上的类 REITs 产品已初见规模。更值得注意的是,在国家大力发展住房租赁市场的政策支持下,新派公寓权益型房托资产支持专项计划、中联前海开源—保利地产租赁住房一号资产支持专项计划等长租公寓类 REITs 项目也已出现,市场对于公募 REITs 出台的呼声亦愈演愈烈。本文以 REITs(含类 REITs)项目为切入点,讨论我国 REITs[①] 交易结构下持有人大会的制度设计。

---

① 需要说明的是,目前实务中通常把类 REITs 区分为权益型(过户型)REITs、抵押型 REITs,为免疑问,本文仅讨论权益型 REITs 的情形。

一、现行 REITs 交易中涉及的法律关系

1. 已发行类 REITs 交易结构概览

(1) 专项计划直接持有项目公司——天虹商场项目

天虹商场项目是我们已发行的 REITs 产品中唯一采用"专项计划直接持有项目公司股权"结构的项目,该项目以天虹商场旗下、位于深圳市福田区华强商圈的鼎诚大厦裙楼作为专项计划的标的物业,是国内市场上首单以国有不动产资产为基础的交易所类 REITs 项目,在前期的重组环节经过了必要的挂牌转让程序。天虹商场项目的交易结构如图 1 所示:

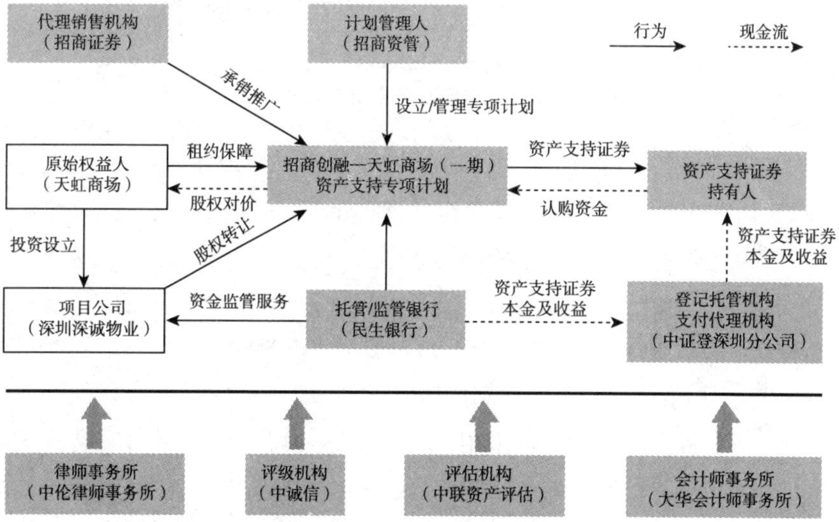

图 1 天虹商场项目交易结构

天虹商场项目以物业租赁收入作为资产支持证券利息支付来源,以物业未来退出所得作为本金偿付以及超额收益来源。退出路径包括原始权益人/第三方收购、挂牌拍卖以及公募 REITs 基金收购。

(2)"专项计划 + 私募基金"——中信启航项目

中信启航项目是我国第一单权益型 REITs,其设计的"专项计划 + 私募基金"交易结构具有里程碑式的意义。并且,该项目在前期重组环节所采用的实物增资、反向吸收合并等方式,也对此后的项目具有深远的借鉴意义。中信启航项目的交易结构如图 2 所示:

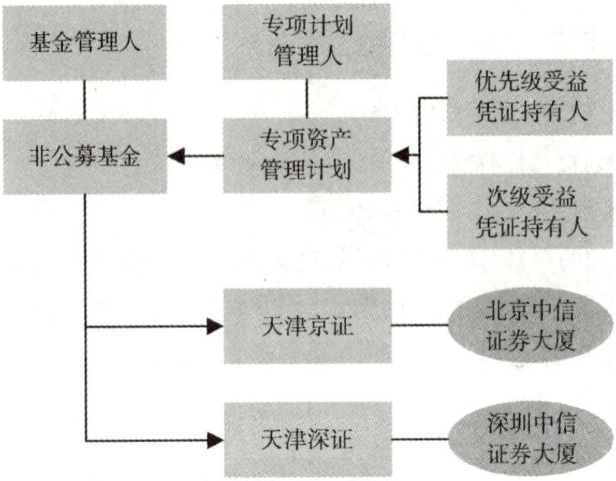

图 2　中信启航项目交易结构

中信启航项目共分为优先级受益凭证(36.5 亿元,占 70.1%)与次级收益凭证两档(15.6 亿元,占 29.9%),1 年 1 次付息,每年最后一个工作日分配,分配金额为完整年度的基础收益(首年分配金额为产品设立日到 12 月 31 日的应计利息)。其中,次级收益凭证持有人除在存续期间获得基础收益(日常收入满足优先级基础收益后的剩余收益)外,在项目退出时还可获得资本增值的 90%(浮动收益)。

(3)"专项计划 + 信托"——亿利广场项目

亿利广场项目是我国第一单采用"专项计划 + 信托计划"结构的类 REITs 项目。项目的原始权益人为首誉光控资产管理有限公司设立的"首誉光控—亿利泰达时代中心专项资产管理计划",资管计划将持有的 6 家项目公司(该等项目公司持有底层物业)的股权和债权作为信托财产、委托昆仑信托设立财产权信托,专项计划通过受让资管计划持有的对财产权信托的受益权而取得基础资产。此外,光控安石(北京)投资管理公司作为专项计划的特殊资产服务机构负责对项目公司物业资产的运营风险进行监控,并委托人专项计划直接或间接处置底层物业。亿利广场项目的交易结构如图 3 所示:

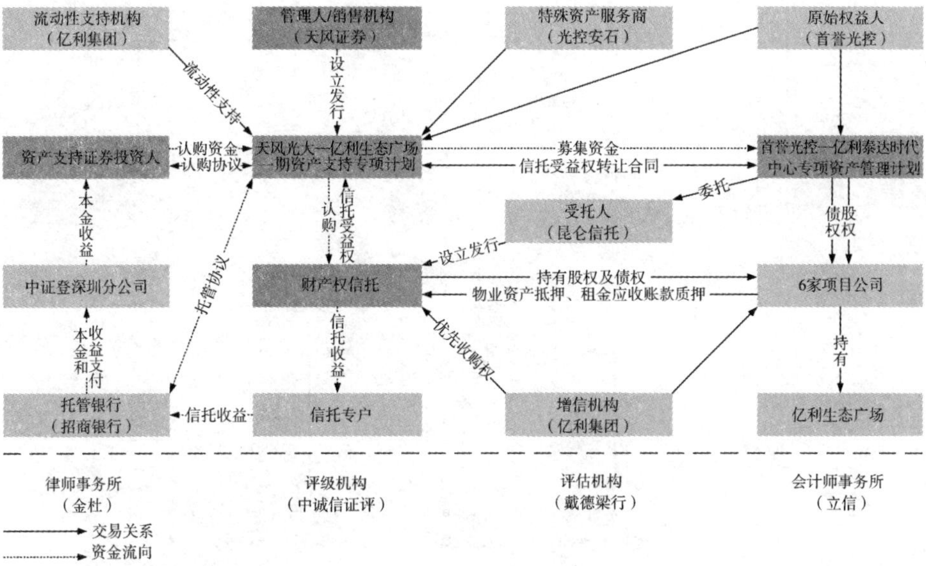

图3　亿利广场项目交易结构

亿利广场项目第一期成立于2017年1月17日，募集金额为107,682万元。2017年7月28日亿利广场项目第二期亦已发行成功，募集金额7.36亿元。

（4）REITs基金——鹏华前海万科REITs封闭式混合型证券投资基金

鹏华前海万科REITs封闭式混合型证券投资基金（以下简称万科REITs混合型基金）是我国第一个采用基金形式的REITs项目。基金的交易结构如图4所示：

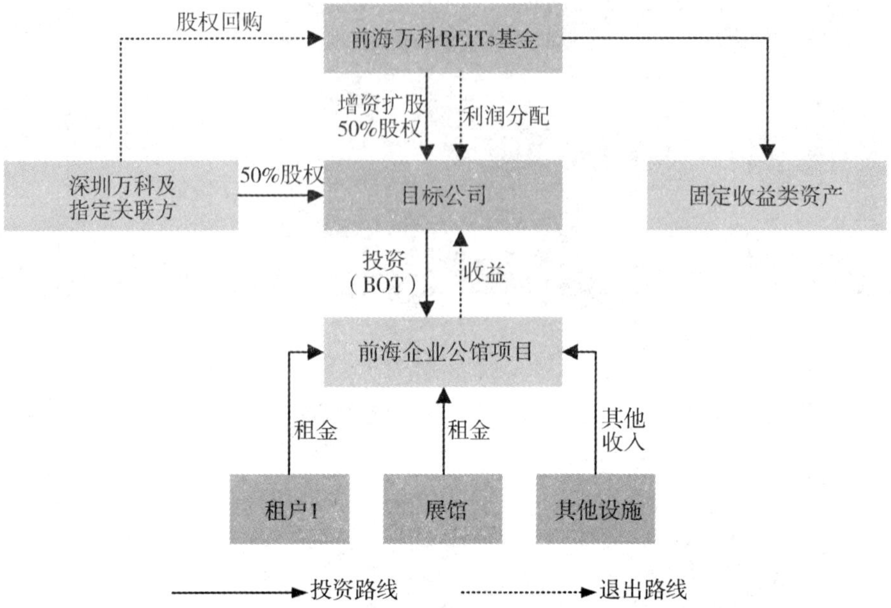

图4　前海万科 REITs 基金交易结构

万科 REITs 混合型基金的投资分为两部分:一部分是投资于目标公司,比例不超过基金资产的 50%;另一部分将投资于固定收益类资产、权益类资产等,比例不低于基金资产的 50%。因本文拟讨论的是 REITs 产品项下资产支持证券持有人大会的设置机制,因此本文暂不讨论封闭式基金项下基金份额持有人大会的设置机制问题。

2. 类 REITs 交易下可能涉及的法律关系

从上述列举的典型交易结构可以看出,目前的类 REITs 产品项下可能存在多种法律关系,如(1)专项计划作为私募基金/信托计划的投资人/受益人,持有私募基金份额/信托计划受益权;(2)专项计划直接持有项目公司股权,是项目公司的股东;(3)专项计划通过私募基金/信托计划间接持有项目公司/享有项目公司收益,项目公司持有底层物业。此外,亦可能存在:(1)专项计划委托资产服务机构对专项计划直接/间接持有的资产进行管理;(2)专项计划/私募基金/项目公司聘请专业物业运营/管理公司对底层物业进行运营管理。从上述各种法律关系来看,一方面各层专业机构的加入保证了专项计划自上而下的有效运营,但另一方面层层的委托关系也必然会导致代理成本与利益冲突的增加。鉴于此,持有人与管理人、私募基金管理人/信托计划受托人之间决策权的划分十分重要,每一个层面的决策都可能影响到专项计划的运营表现以及持有人可能获得的收益。

二、REITs 产品下资产支持证券持有人大会机制概览

《证券投资基金法》在第九章项下,对公开募集基金的基金份额持有人大会进行了较为详细的规定。某种程度上,证券化产品的持有人大会与基金产品的份额持有人大会的功能是类似的,都赋予了投资人对所投资产品的决策权,是投资人权利的体现。本部分将参考《证券投资法》的规定以及多数证券化产品交易文件的约定体例,并结合具体案例来讨论我国现有的 REITs 产品持有人大会机制。

1. 表决权

目前,资产证券化产品通常会设置优先级与次级,其中优先级又会根据募集规模与投资人需求区分为优先 A、优先 B 等数档。各级/档资产支持证券持有人享有不同的预期收益率,由此便决定了其在证券化产品项下的权利并不是完全等同的,可以通过交易文件的设置赋予部分投资人更多的权利。参考已发行的 REITs 产品关于持有人大会的安排,我们初步总结了如下三种常见的大会组成方式:

(1)全体资产支持证券持有人共同决策

我们注意到,较为早期的项目,如中信启航项目、恒泰浩睿—彩云之南酒店资产支持专项计划(以下简称彩云之南酒店项目)与中信华夏苏宁云创资产支持专项计划(以下简称苏宁云创项目),多数采用了全体持有人共同决策的方式,即任何需要持有人大会表决的事项全体持有人均有权参与表决,并没有就持有人进行区分。此外,与彩云之南酒店项目几乎同一时间发行的恒泰浩睿—海航浦发大厦资产支持专项计划虽然在交易文件项下约定了“有控制权的资产支持证券持有人大会”,但其实仅排除了“流动性支持机构及担保人通过提供流动性支持而担任的 A 类资产支持证券有人”,以及“优先收购权人、担保人或其指定主体通过行使优先收购权而担任的 B 类资产支持证券有人”,本质上仍然是由全体持有人共同决策。

(2)有控制权的资产支持证券持有人大会

所谓“有控制权”,并非根据持有人持有的证券份额数量进行区分,而通常是根据分配顺序进行区分,就专项计划现金流具有优先分配权的资产支持证券往往较具有劣后分配权的资产支持证券有控制权。如亿利广场项目即约定,在优先级资产支持证券本金和预期收益分配完毕前,有控制权的资产支持证券为优先级资产支持证券;在优先级资产支持证券本金和预期收益分配完毕后,有控制权的资产支

持证券为次级资产支持证券。

除就优先级与次级进行控制权区分外,亦可就优先级进行进一步细分,如大融城项目做了如下约定:“在优先本金和收益偿付完毕之前,系指优先 A 档资产支持证券;在优先 A 档资产支持证券本金和收益偿付完毕之后及优先级资产支持证券本金和收益偿付完前,系指 B 档资产支持证档资产支持证券;在优先 B 档资产支持证券本金和收益偿付完毕之后,系指次级资产支持证券。”①

(3)根据条件区分表决权

根据条件区分表决权,即意味着持有人是否有权就相关事项进行表决不再简单依据分配顺序进行划分,而需要结合具体情况来进行判断。如天虹商场项目的交易文件中即约定,除(i)基础资产上年度整体评估值低于人民币 9.425 亿元;或(ii)专项计划提前终止的情形下,计划管理人委托的评估机构对基础资产届时的整体评估值低于人民币 9.425 亿元外,优先级持有人均无权就持有人大会的召集事由进行表决。也就是说,除前述例外情形外,其他所有事项均仅由次级持有人表决决定。

而近期发行的一个类 REITs 产品则结合投资者的风险不同约定了:(i)当处置价格与权利维持费(如有)之和仅足以支付优先 A 档资产支持证券的应付未付本息(含应由专项计划承担的税费,下同),但不足以支付全部优先级资产支持证券的应付未付本息时,仅由优先级持有人进行表决;(ii)当处置价格与权利维持费(如有)之和不足以支付优先 A 档资产支持证券的应付未付本息时,仅由优先级 A 档持有人进行表决。除前述例外情形外,其他所有事项均仅由全体持有人表决决定。

(4)小结

可以看出,现行的 REITs 项目关于表决权的划分是越来越细致的。根本而言,是否享有表决权是与现金流分配紧密相关的。级别较劣后的持有人因为享有更高的收益,便需要承担更高的风险。当专项计划资产尚不足以对分配优先级最高的证券进行分配时,便应该对其他劣后级证券的表决权进行限制,除非他们能够提出更优的处置方案。“有控制权的资产支持证券持有人大会”与“根据条件区分是否有表决权”虽然表现形式不同,但根本目的是一致的,即通过对表决权的区分以尽可能保障较优级别持有人的利益。

① 但需要注意的是,大融城项目关于处置期持有人是否有权就处置方案行使否决权进行了特殊安排。

2. 召集事由

(1)各项目召集事由概览

采用"专项计划直接项目公司股权"结构的天虹商场项目就持有人大会的召集事由约定相对简单,即(i)需要更换管理人;(ii)专项计划终止,需要持有人大会对基础资产处置方案进行审核;(iii)专项计划终止,需要持有人大会对清算方案进行审核。考虑到"专项计划+信托计划"与"专项计划+私募基金"结构类似,以下我们选取采用了"专项计划+私募基金"结构不同时期发行的三个典型案例总结对比其召集事由:

表1　"专项计划+私募基金"结构REITs项目资产支持证券持有人大会召集事由的案例比较

早期项目	2016年发行项目	近期发行项目
1. 需要更换管理人; 2. 需要持有人大会对清算方案进行审核; 3. 管理人认为需审议的其他事项	1. 物业资产的估值低于每年度物业评估阈值; 2. 处置期内管理人拟提请持有人大会审议处置方案; 3. 清算时管理人拟提请持有人大会审议分配方案; 4. 发生管理人解任事件或管理人根据相关约定辞任; 5. 发生违约事件; 6. 发生专项计划终止事件; 7. 因不可抗力等原因,物业资产运营能力或现金流能力发生重大变化; 8. 管理人认为需审议的其他事项	1. 除终止情形外,提前终止或延长专项计划(包括任一类别的资产支持证券); 2. 专项计划文件的终止或重大修改; 3. 决定出售、转让全部或部分标的资产(包括基金份额、项目公司股权及物业)以及相关处置方案; 4. 法律规定或私募基金文件约定需要基金份额持有人大会决议的情形(包括不限于终止/延长基金期限、修改《基金合同》等); 5. 评估基准日对标的物业重新评估的估值数据较初始评估值降低20%,决定是否进入处置期; 6. 批准公开发行; 7. 决定私募基金下层SPV的对外担保、对外融资; 8. 更换计划管理人或托管银行机构,或增加管理人的管理费或托管银行的托管费; 9. 更换标的物业的物业运营方; 10. 需要持有人大会对清算方案进行审核; 11. 批准涉及修改持有人权利的提案; 12. 解除或免除管理人应承担的任何责任/义务; 13. 授权管理人、或选任并授权其他代表执行持有人大会所形成的决议; 14. 管理人认为需审议的其他事项

(2)分析

总结前述所列项目的持有人大会召集事由，大致可以分为三类，即(i)与专项计划本身相关的决策，如更换管理人、终止专项计划，或审议清算方案等；(ii)与底层物业相关的决策事宜；以及(iii)与专项计划直接或间接持有的私募基金/信托计划/项目公司相关的决策事宜。可以看出，在我国REITs项目的演进过程中，持有人已不再满足于将专项计划全权交与管理人进行管理，而逐渐要求更深入地参与专项计划决策以及专项计划持有/间接持有的权益、物业的管理。

就专项计划本身的决策而言，除基本的管理人更换、审议清算方案、专项计划的终止外，持有人要求的权利更加细致。《证券投资基金法》在第四十七条项下列明了四项基金份额持有人法定职权①，REITs项目均已逐渐参照适用。对专项计划文件的重大修改、托管人的更换，以及涉及管理人、持有人的权利义务的改变等事项需要经过持有人大会的审议，一定程度上都体现了持有人希望能够更积极更有效地参与专项计划的重大运营事项的决策，而不是被动地接受管理人的安排。

底层物业是REITs运营的核心。虽然目前我国的REITs项目并没有能够实现完全的权益型，持有人的收益更多的还是固定的债性收益，但持有人(尤其是在专项计划中处于较劣后级别的持有人)已逐渐重视对底层物业的决策权。近期几乎所有的REITs项目都约定了底层物业的处置方案需要经过持有人大会的表决。并且，还根据物业评估价值能够覆盖的持有人收益，进一步区分有权进行表决的持有人类型，即当物业评估或根据物业估值计算出的可分配现金流不足以覆盖某一类持有人的预期收益时，则由该类持有人单独组成持有人大会进行表决处置方案。此外，因为专项计划并不实际运营底层物业，而通常需要聘请外部管理公司进行管理，因此持有人亦希望能够对底层物业的一些重大经营事项享有决策权，以尽量避免物业的运营风险。

另外，我国目前多数REITs项目多数并非由专项计划直接持有项目公司，为税收筹划、发放贷款等考虑，在专项计划与项目公司之间通常会嵌套私募基金/信托计划，有时亦会再加设一个或多个公司，该等SPV的运营亦可能影响专项计划的收益。如未能处理好专项计划与私募基金管理人/信托受托人对于下层公司(包括项

① 即(一)决定基金扩募或者延长基金合同期限；(二)决定修改基金合同的重要内容或者提前终止基金合同；(三)决定更换基金管理人、基金托管人；(四)决定调整基金管理人、基金托管人的报酬标准。

目公司)的决策权分配,则可能导致代理成本。在专项计划作为基金份额持有人或信托受益人的情况下,除部分法定的决策权利外,其他具体的权利(尤其是通过私募基金/信托计划享有的对下层公司的决策权力)通常需要通过私募基金合同与信托合同进行约定,因此需要依赖持有人与管理人、基金管理人/信托受托人的前期沟通。

三、REITs 下资产支持证券持有人大会应有的角色

如前所述,在近期的 REITs 项目中,持有人已越来越注重在专项计划中能够享有的决策权。就此,一方面,持有人作为资产支持证券的所有权人,应有权要求享有对专项计划(包括下层 SPV 及物业)的各项事务权利;但另一方面,参考《证券投资基金法》第四十九条关于“基金份额持有人大会及其日常机构不得直接参与或者干涉基金的投资管理活动”的规定,也难免会产生这样的质疑,即持有人享有过多的决策权是否会影响专项计划运营的效率及专业性,甚至是否会因为持有人之间因权利义务的不同而产生的僵局或矛盾对专项计划的运营产生不利影响。鉴于此,本部分拟就 REITs 项目下持有人大会应享有的权利及扮演的角色,从比较法的角度进行讨论。

1. 美国 REITs 的治理结构

(1)概述

1960 年美国颁布 Internal Revenue Code(1960),允许设立房地产投资信托基金来进行房地产项目融资,美国的 REITs(以下简称美国 REITs)正式确立,此时 REITs 项目的组织形式尚必须是信托。此后根据相关税制的改革,美国 REITs 也经历了一系列变迁,最终于 Internal Revenue Code(1986)第八百五十六条项下规定,REITs 的组织形式可以是公司、信托或协会(association),但必须由一个或多个董事或受托人进行管理。[①] 同时,美国 REITs 必须有不少于 100 个持有人。美国多数 REITs 会选择在 SEC 注册并在公开市场发行,但也有部分 REITs 会在 SEC 注册但不在公开市场发行。美国 SEC 总结公开发行 REITs 与非公开发行 REITs(Public Non -

---

① U. S. Code – Unannotated Title 26. Internal Revenue Code §856:In general. —For purposes of this title,the term“real estate investment trust”means a corporation,trust,or association—which is managed by one or more trustees or directors.

Traded REITs)在治理结构方面区别[①]如下[②]:

表2　不同发行方式的美国 REITs 治理结构比较

	公开发行 REITs	非公开发行 REITs
管理	通常由内部人员提供建议与管理	通常是聘请外部人员进行咨询与管理
最低投资额	REITs 发行份额价格	通常 1000~2500 美元
独立董事	交易所要求多数董事为独立董事,NYSE 和 NASDAQ 要求有完全独立的审计、提名和报酬委员会	根据 North American Securities Administrators Association(NASAA)指引(已被多数州接受),要求多数董事为独立董事;另外还要求各董事委员会多数董事为独立董事
投资人控制权	由投资人选举董事	由投资人选举董事
公司治理	适用交易所关于公司治理的相关要求	需满足成立州的要求与 NASAA 指引
披露义务	按照 SEC 要求进行常规的信息披露,包括季度财务报告和年度审计报告	按照 SEC 要求进行常规的信息披露,包括季度财务报告和年度审计报告

(2)案例介绍

美国法下对于公开发行 REITs 的治理结构多直接适用于交易所对于一般上市公司的治理要求,下面仅选取美国市场上最大的公开发行 REITs 之一 American Tower 的治理结构进行简要介绍。American Tower 成立于 1995 年,并于 2012 年成为 REITs,主要投资于电塔等无线及广播通讯物业项目,截至 2016 年 12 月 31 日,在美国共持有 40,414 个通讯基站(communications sites),在亚洲、欧洲、非洲以及拉丁美洲亦持有大量通讯基站。[③]

参考 American Tower 的 Corporate Bylaws 以及 Certificate of Incorporation[④],总

---

① 参见 www. sec. gov/investor/alerts/reits. pdf。

② 除公开发行 REITs 与非公开发行 REITs 外,美国仍有一种不在交易所交易的"私募 REITs"(private REIT,或 private - placement REIT),该等私募 REITs 无须根据美国证券法在 SEC 注册,亦与非发行 REITs 适用不同的信息披露要求。参见 http://www. finra. org/investors/alerts/public - non - traded - reits - careful - review。

③ American Tower 2016 Form 10 - K Annual Report,参见 https://www. sec. gov/Archives/edgar/data/1053507/000105350717000009/0001053507 - 17 - 000009 - index. htm。

④ 参见 http://www. americantower. com/corporateus/investor - relations/corporate - governance/index. htm。

结其股东（持有人）与董事的权利义务如下：

股东的决策权利：

（a）应就选举董事事宜召开年度股东大会；

（b）如一个股东或多个股东合计持有公司25%股份不少于一年，则可书面要求召开特别会议，且该股东特别会议应由董事长或董事召集；

董事会的主要决策权利：

（a）董事会有权决定发行优先股（preferred stock）并决定优先股的种类、权利义务；

（b）董事会应每年选举任命公司的总裁（President）、秘书和财务主管，并可选择产生董事会主席、董事会副主席、审计官以及其他管理人员（officer）；

（c）除非董事会另有指定，公司的总裁应为公司的首席执行官（CEO），总裁可以但并非一定要是公司董事；

（d）公司所有的银行支票、本票、汇票以及任何支付款项的承兑、支付义务和其他票据都应经由董事会授权；

（e）任何公司的合同、协议、背书、股票权利或其他正式文书均应由执行副总裁，副总裁，秘书，助理秘书，财务主管或助理财务主管；

（f）经由董事会授权，公司的管理人员有权代表公司根据所持有的其他公司股份或权益行使投票权。

董事会的主要职责如下：

（a）评估公司的业绩和公司的执行管理；

（b）审查公司的战略计划和目标；

（c）审查和评估公司的重大风险以及监测与控制该等风险的管理方式；

（d）向首席执行官（CEO）和其他执行官员和经理提供咨询和建议；

（e）协助公司的行政管理监督公司的合规情况；

（f）监督行政管理，以确保公司资产安全；

（g）任命和监督任何必要的或适当的董事会委员会成员；

（h）建立董事报酬制度；

（i）评估董事会的整体有效性，以及选择和向股东推荐董事会成员。

2. 香港 REITs 的治理结构

2003 年 8 月，香港证监会颁布了《房地产投资信托基金守则》并首次确立了现行香港房地产信托基金（以下简称香港 REITs 或信托基金）的结构（如图 5 所示）。

所有香港 REITs 都必须以信托形式设立并在交易所上市(交易结构如图 5 所示),2005 年上市的 Link REITs 是在香港上市的第一个房地产投资信托基金。除信托基金的受托人外,香港 REITs 还需要聘请管理公司,并由信托基金受托人与管理公司分开独立管理,即"受托人在职能上必须独立于管理公司"。

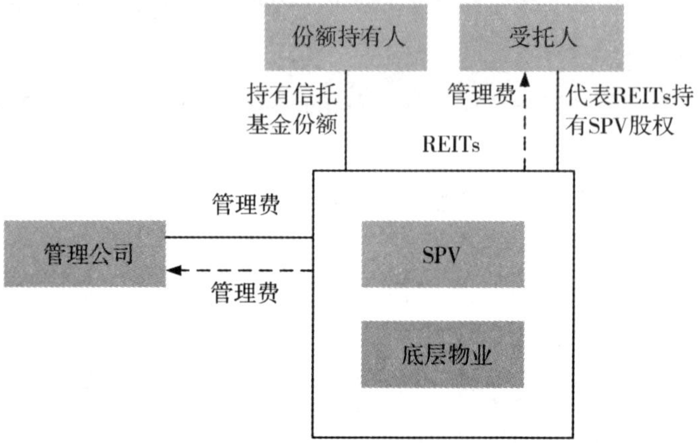

图 5　香港 REITs 治理结构

(1)概述

根据 2013 年 4 月香港证监会新修订的《房地产投资信托基金守则》,香港 REITs 的持有人会议有如下特征:

(a)信托基金通过持有"特别目的投资工具"而持有底层物业,该"特别目的投资工具"的董事会应由受托人委任,且香港 SPV 应与香港 REITs 聘请相同的会计师并采用相同的会计准则和政策;

(b)对信托基金的重大改变,如增加管理公司管理费或变更投资标的,应确保持有人在符合规定的情况下享有决策权;

(c)如不同类别的持有人存在利益冲突,则应就各类别持有人分别召开会议;

(d)如持有人对决策事项存在重大利益,则应排除其投票权;

(e)两名或以上持有信托基金不少于 10% 份额的持有人有权要求召开持有人会议。

(2)香港 REITs 的持有人会议审议事项

下列事项需经过持有人会议简单多数通过:

(a)辞退管理公司及委任新管理公司(且所有持有人均具有表决权);

(b)辞退评估机构；

(c)与关联方订立的合同属于独立或单一次性质的服务，而合同的价值超过该信托基金在之前12个月就该信托基金的房地产项目有关的服务所承诺的或支出的总价值的15%；

(d)《房地产投资信托基金守则》第8.9条与第8.10条约定以外的与关联方的交易；

(e)信托基金拟发行新单位且未向持有人按比例发售、向关联方发售新单位，或发行新单位后导致信托基金市值增加超过50%。

下列事项需经过持有人会议特别多数通过(经75%或以上有投票权的持有人表决通过)：

(a)信托基金持有拟出售任何房地产项目且持有该项目未达两年；

(b)《房地产投资信托基金守则》第9.6条约定(该等修改是细微改动、明显错误或根据法律规定必要的改动)以外的任何对信托基金交易文件的修改；

(c)信托基金终止或与证监会认可的其他信托基金合并。

3.分析

《证券公司及基金管理公司子公司资产证券化业务管理规定》(以下简称《证券化业务管理规定》)仅在第三十条项下规定"发行资产支持证券，应当在计划说明书中约定资产支持证券持有人会议的召集程序及持有人会议规则，明确资产支持证券持有人通过持有人会议行使权利的范围、程序和其他重要事项"。也就是说，我国并没有以法律的形式明确持有人可享有的决策权利，持有人通过持有人会议可行使权利的范围、程序等均依赖于持有人与管理人的约定。

由上述分析可以看出，公司型REITs与契约型REITs就持有人所享有的决策权呈现出了较大的区别。在美国公司型REITs项下，持有人会议仅有权选举董事(但每年都可以重新选举)，REITs的各项重大事务，包括管理人员的选定、协议的签署以及发行优先股等，均由董事会进行决策，持有人并不参与到REITs的具体运营决策；而在香港契约(信托)型REITs项下，持有人享有的决策权利则相对较为广泛、细致。除对关于受托人、管理公司以及物业处置、信托基金份额发售等重大事项有权表决外，亦有权参与到重大的经营决策，如大额的服务合同的签订需要取得持有人会议的普通多数决。

目前我国已成功发行的REITs项目多采用"专项计划+私募基金/信托计划"的契约形式，与香港REITs结构更为接近。并且，在该等结构下，持有人与管理人的委托/受托关系相对固定,即使赋予持有人解除/更换管理人的权利,出于信息不对称以维持专项计划运营稳定性等原因,即使如美国 REITs 项下股东选举董事会一样赋予持有人每年更换管理人的权利,除非管理人已触发解任事件,持有人通常很少会选择更换管理人。

实践中,一方面,作为管理人的证券公司及基金管理公司子公司往往在同一时期同时管理着多个项目,管理人能够实现的投后管理相对有限。另一方面,为达到专项计划顺利运营之目的,专项计划会同时聘请资产服务商、底层物业的管理商等第三方机构,层层代理关系必然会引发代理成本。虽然管理人的报酬通常与专项计划运营表现相关联,但并不能保证管理人的利益时刻与持有人利益保持一致。并且,持有人类别的区分将导致不同类别持有人之间的利益也不一定能保持一致。因此我们认为,在不影响 REITs 项目的日常运营效率的前提下,适当增加持有人对 REITs 项目的决策权,一方面能够进一步满足目前越来越多的专业机构投资人对于风险控制以及收益保障的需求,另一方面亦能对管理人的管理行为构成一定程度的事前监督与约束,尽量避免代理成本的产生。

四、对未来公募 REITs 结构下资产支持证券持有人大会机制的展望

1. 未来可能的公募 REITs 交易结构

关于未来我国公募 REITs 的结构,理论上可以有如下几种选择:(1)借鉴美国的公司型 REITs 结构,通过股份有限公司直接持有不动产的形式公开发行股票并在交易所进行交易;(2)参考万科 REITs 基金的模式,直接以公募基金持有项目公司股权,持有人可购买公募基金份额,该种结构可借鉴香港 REITs 经验,但目前我国《证券投资基金法》第七十二条规定,公募基金仅可投资上市交易的股票、债券以及国务院证券监督管理机构规定的其他证券及其衍生品种,尚不能投资公司股权;(3)采用“公募基金 + 专项计划”的结构,以专项计划持有项目公司股权,公募基金作为 ABS 的持有人。

就上述可能的我国公募 REITs 交易结构,目前呼声最高的即是“公募基金 + 专项计划”,该种模式具有如下几个优势:(1)可充分借鉴我国目前已有的类 REITs 项目经验并总结相关可改进之处,为监管部门的合规审查以及社会各参与方的实践提供便利与参考;(2)立法成本较小:相较公司型 REITs,无须再特别针对上市公司制定一套 REITs 法则;相较于直接用公募基金持有项目公司,无须再对法律层级较高的《证券投资基金法》中的公募基金投资范围进行修改。但是,“公募基金 + 专项

计划”亦可能存在制度障碍，如《公开募集证券投资基金运作管理办法》第三十二条规定“同一基金管理人管理的全部基金持有一家公司发行的证券，不得超过该证券的百分之十”。并且，“公募基金 + 专项计划”的结构亦未能规定目前影响我国公募REITs发展的重要因素——税收制度，在该结构下，REITs仍然可能面临前期资产重组、后期资产运营的高额赋税。

2. 公募REITs项下资产支持证券持有人大会制度展望

（1）持有人对于REITs决策权的丰富化

无论将来我国公募REITs会采用怎样的交易结构，不可否认的一个方向是，未来REITs的投资人将会越来越专业化，且绝大部分投资人为机构投资人。自20世纪90年代起，美国便有相当的学者曾就机构投资者的增加对REITs运营的影响进行过研究（包含对公司型REITs确立以前对契约型REITs的研究），并有多个研究结果证明了机构投资人的增加对于REITs运营的积极影响①。尤其在“公募基金 + ABS”结构下，未来公募基金的管理人很有可能都具备充足的物业投资与管理经验，该等管理人通过募集基金份额而投资专项计划、并作为专项计划的持有人，该等持有人对于决策控制权的要求便会越发强烈。如前所述，在持有人不影响REITs项目的日常运营效率的前提下，如持有人能够在一定程度上参与到REITs的重大决策，甚至是作为专业的投资人而提出专业的意见、做出专业的决策，对于REITs的运营应是有益的。

（2）持有人会议的关联交易审查制度与回避制度

REITs作为专业的不动产投资产品，参与方之间以及参与方与REITs运营/处置时期的交易方存在关联的情况往往存在。我国第一单权益型类REITs项目——中信启航项目，底层物业原持有人与计划管理人均为中信证券，且私募基金管理人为中信证券间接拥有全部权益的下属公司（中信金石基金管理有限公司），此外作为托管人和监管人的中信银行与管理人之间也存在关联。此外，在专业的机构投资者持有REITs份额的情况下，REITs与持有人之关联方之间的交易也在所难免。

鉴于此，一方面，出现持有人与REITs交易方存在关联的情况将会越来越普遍；另一方面，其他专业的投资人将会更加重视与关注该等关联，并希望能够对关联交易进行监督、控制。如何规制REITs与关联方之间的交易，对于持有人权利的

---

① Wang, K., Erickson, J. and Chan, S. H. (1995a). Does the REIT Stock Market Resemble the General Stock Market? *Journal of Real Estate Research* 10(4), 445－460.

保护有重要影响,我国相关法律以及实践中尚没有关于持有人决策权回避制度的规定或约定。如前文所述,香港《房地产投资信托基金守则》在第八条项下即对REITs与关联方的交易进行了详细规定,并在第8.11条中明确,除第8.9条与第8.10条约定的事项,其他关联方交易均需要经过全体持有人会议普通表决通过,且“任何持有人如在提交要求批准的交易中拥有重大利益,而有关利益与所有其他持有人的利益并不相同,则须在该全体大会上放弃投票”。

(3)对持有人的信息披露与持有人年度会议制度

如果说赋予持有人对于REITs的决策权是一种对持有人权利的积极保护,那么充分保障持有人对REITs的知情权,则是不可缺少的消极保护措施。有研究表明,更透明的信息披露和分析师的参与,以及更多的机构投资人和更高的流动性,有助于减少代理成本以及信息不对称。① 因为目前我国将专项计划仍界定为私募产品,因此在《证券化业务管理规定》项下对于信息披露要求规定得相对简单,多数为例行的年度披露以及重大事项披露,这就导致了持有人往往不能得到充分的信息,而增加了持有人与管理人之间的信息不对称。有文献指出,为加强对持有人的信息披露以及与持有人之间的沟通了解,应确立召开持有人年度会议的制度,并且管理人/受托人/管理团队必须出席该年度会议。持有人应有权与REITs的管理人/管理团队见面并就他们关心的话题进行询问。②

公司型REITs通常会召开持有人年度会议,但契约型REITs因为不适用于公司法的相关规定,因此往往没有规定需要召开年度持有人会议,如香港及澳大利亚就没有强制要求REITs召开持有人年度会议。新加坡过去也没有设立REITs的持有人年度会议制度,但在2009年新加坡金融管理局就Property Fund Guidelines提出了一项修订意见,即希望所有REITs必须每个日历年召开持有人年度会议,且持有人年度会议的间隔不应超过15个月。他们认为“要求REITs召开年度会议能适度保持与上市公司标准的一致性,并且能够增加REITs的灵活性,尤其是可以为下一年

① Ott, S. H., Riddiough, T. J. and Ha - Chin, Y. (2005). Finance, Investment and Investment Performance: Evidence from the REIT Sector. *Real Estate Economics* 33(1), 203 - 235.

② Angela Pica. Asia - Pacific REITs: Building Trust through Better REIT Governance., CFA Institute, 2011, 2(4): 1 - 75.

发行新份额从持有人处更新一般授权”①。

小　结

在目前我国类 REITs 实践中,投资人(尤其是可能持有浮动收益的劣后级投资人)已逐渐开始重视在专项计划中享有的权利和控制权,通过投资人对于专项计划重大事项的决策与监督,以期减少代理成本、促进专项计划资产保值升值。目前我们也看到在部分项目中,投资人已开始在立项前期就参与到专项计划的方案设计与交易文本起草中,相信在未来更多的专业投资人(尤其是地产投资、运营机构)参与 REITs 项目投资的情况下,我国 REITs 项目的持有人大会制度会进一步引起投资人的关注,并在制度设计上进一步细化与完善。

① Mandatory AGM Requirement for REITs, http://www. mas. gov. sg/ ~ /media/resource/publications/consult_ papers/2009/AGM% 20consultation% 20paper% 20for% 20REITs% 20 _% 2026% 20May% 202009. pdf. 但根据我们的查询,最终新加坡金融管理局未就 Property Fund Guidelines 做该等修订。

2. 基础资产合规

基础资产的类型与合规审查
——CMBS 产品

马会军 贾 勇 梁 潇*

* 作者简介：

马会军，合伙人，中伦律师事务所北京办公室，电邮为 mahuijun@ zhonglun. com；

贾勇，非权益合伙人，中伦律师事务所北京办公室，电邮为 jiayong@ zhonglun. com；

梁潇，律师，北京办公室。

引　言

2014年11月19日，《证券公司及基金管理子公司资产证券化业务管理规定》及其配套指引文件出台，企业资产证券化产品监管模式由审批制过渡到备案制，企业资产证券化业务加速发展，各类企业资产证券化产品相继落地。2016年10月10日，国务院下发了《关于积极稳妥降低企业杠杆率的意见》（国发〔2016〕54号），该文件指出："有序开展企业资产证券化：按照'真实出售、破产隔离'原则，积极开展以企业应收账款、租赁债权等财产权利和基础设施、商业物业等不动产财产或财产权益为基础资产的资产证券化业务。支持房地产企业通过发展房地产信托投资基金向轻资产经营模式转型。"在降低企业杠杆率、"三去一降一补"、供给侧结构性改革等宏观政策导向引导下，企业资产证券化作为轻资产转型及降低杠杆率的有效途径，表现出良好的发展势头与发展前景。

近年来，物业费资产证券化、物业租金资产证券化、购房款资产证券化、高速公路收费权资产证券化、酒店经营收入资产证券化、景区门票/主题公园入园凭证资产证券化、排污费资产证券化、商业不动产抵押资产证券化、住房不动产抵押资产证券化、PPP资产证券化等产品相继进入人们的视野。2016年8月24日，国内第一例交易所挂牌的商业不动产抵押资产证券化（Commercial Mortgage - backed Securities，CMBS）产品——"高和招商—金茂凯晨专项资产管理计划"获得上海证券交易所拟同意挂牌转让的无异议函后成功设立。作为一种较为复杂但日趋成熟的资产证券化产品，CMBS对于持有商业物业的主体是一种具有多种优势的融资途径，引发业内人士持续关注与探讨。

一、CMBS简介

CMBS是一种以商业物业抵押贷款作为基础资产，以该等商业物业未来收入为主要偿债本息来源的资产支持证券类产品。CMBS作为债性的REITs（Real Estate Investment Trusts），与其他融资方式相比，具有诸多优势，其既可以突破经营性物业贷的限制而实现表外融资，达到"融资不完全依赖于借款人的主体信用，而依据基础资产的信用评级"的效果，又可以实现破产风险隔离，且底层物业持有人同时保留了对底层物业的所有权，进而仍然保有地产的未来增值收益。

CMBS基础资产因放贷主体及结构嵌套的不同而不同，可以仅以银行委托贷款债权作为基础资产构建单SPV（Special Purpose Vehicle）结构，亦可以嵌套信托计划以信托受益权作为基础资产构建双SPV结构。无论采取双SPV结构还是单SPV结构,其核心均是贷款人(委贷银行或信托机构)向物业持有人(项目融资方)发放商业贷款并进行抵押并形成商业物业贷款债权。虽然最终支撑CMBS产品的是底层物业的未来收益所产生的稳定、可预测的现金流,但底层物业所有权、未来租金收益权、物业管理费用等相关权益并不直接作为基础资产,而是以附属担保性权益的形式存在。

根据本文作者不完全统计,截至目前,市场上发行成功的CMBS产品至少包括表1所列明项目:

表1 已成功发行的CMBS产品

序号	资产证券化产品名称	基础资产	规模(亿元)
1	高和招商—金茂凯晨专项资产管理计划	信托受益权	40.01
2	国光—金光金虹桥国际中心资产支持专项计划	信托受益权	78
3	汇富富华金宝大厦资产支持专项计划	信托受益权	13.5
4	深圳益田假日广场资产支持专项计划	委托贷款债权	53.01
5	汇富—建投汇宇—SOHO复兴广场资产支持专项计划	信托受益权	38.1
6	天风—华贸SKP资产支持专项计划	信托受益权	52
7	北京银泰中心资产支持专项计划	信托受益权	75
8	中信·保利地产商业一号资产支持专项计划	信托受益权	35.30
9	华泰资管—保利置业一期资产支持专项计划	信托受益权	16.21
10	金融街(一期)资产支持专项计划	信托受益权	66.5

二、CMBS交易结构简述

CMBS的主要参与机构包括融资方/借款方/底层物业持有人、原始权益人(一般是融资方的关联方)、资产支持专项计划管理人、销售机构、托管银行、监管银行、推广机构、证券登记机构。根据交易结构的不同,担保人、差额支付承诺人、受托银行、信托公司、资产服务机构也会作为参与主体。此外,律师事务所、会计师事务所、评级机构及评估机构也会对交易提供全方位支持。

目前,CMBS的基本交易结构主要包括以下两种(如第二部分产品统计信息所示,双 SPV 结构更为常见):(1)原始权益人委托信托公司成立信托计划向借款人发放信托贷款,并将信托受益权转让与专项计划,从而形成信托计划和专项计划结合的双 SPV 结构(如"高和招商—金茂凯晨专项资产管理计划"),此时的专项计划基础资产为信托受益权;(2)委托人通过委贷银行向借款人发放委托贷款,并将委托贷款债权转让与专项计划,从而形成只有专项计划存在的单 SPV 结构(如"深圳市益田假日广场资产支持专项计划"),此时的专项计划基础资产为委托贷款债权。

1. 双 SPV 结构、以信托受益权作为基础资产——高和招商—金茂凯晨专项资产管理计划

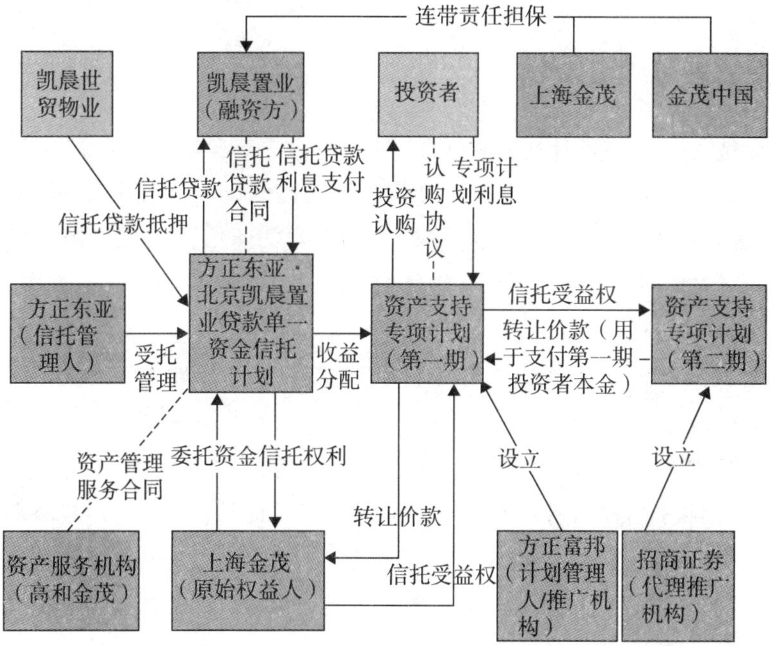

图 1 高和招商—金茂凯晨专项资产管理计划的交易结构

如图 1 所示,高和招商—金茂凯晨专项资产管理计划的交易结构如下:

在信托层面,原始权益人上海金茂将 40.01 亿元货币资金委托给受托人方正东亚设立方正东亚·北京凯晨置业贷款单一资金信托计划,从而拥有信托受益权。方正东亚与融资方凯晨置业签订信托贷款合同,向凯晨置业发放信托贷款共计金额 40.01 亿元,期限 18 年,按年付息,每 3 年末由借款人和受托人重新协商确定贷款利率。还本方式为存续期间每年归还本金 5000 万元,存续期间最后一年偿还剩余全部本金。

信托层面的增信措施包括:(1)连带还款责任:由中国金茂(中化集团旗下房地产和酒店板块的运营平台,香港联合交易所主板上市,股票代码 00817. HK,中诚信评级 AAA)、上海金茂(中国金茂全资子公司,中诚信评级 AA +)对实际融资人履行信托贷款还本付息义务,提供无条件不可撤销的连带责任保证担保;(2)资产抵押担保:信托计划层面,由凯晨置业以底层物业作为抵押物为信托贷款项下全部债权提供抵押担保;(3)租金收入监管:信托贷款存续期间,凯晨置业将向监管账户按约定划付监管租金收入。在信托贷款存续期间内,贷款人、借款人每 3 年均有权要求提前偿还全部信托借款未偿本金。

在专项计划层面,专项计划管理人方正富邦设立资产支持专项计划,根据与原始权益人签订的信托受益权转让合同的约定,将专项计划资金用于向原始权益人购买基础资产,即方正东亚 · 北京凯晨置业贷款单一资金信托计划项下之信托受益权。交易完成后,专项计划承接原始权益人与方正东亚的信托关系,成为信托受益人。投资者/认购人通过与专项计划管理人签订《认购协议》,认购并取得资产支持证券,成为资产支持证券持有人,资产支持证券共两档:(1)优先级:规模 40 亿元,期限 3 年,预期收益率 3.3%,评级 AAA;(2)次级:规模 100 万元,期限 3 年,不设收益,由凯晨置业自持。

2. 单 SPV 结构、以委托贷款债权作为基础资产——深圳市益田假日广场资产支持专项计划

如图 2 所示,深圳市益田假日广场资产支持专项计划的交易结构如下:

(1)南商银行深圳分行作为受托委贷银行,接受原始权益人益田集团委托向益田假日提供 53.01 亿元的委托贷款,原始权益人益田集团享有委托贷款债权。

(2)委托贷款银行发放前述委托贷款,约定益田假日标的物业经营收益作为委托贷款还款来源。

(3)计划管理人信达证券设立深圳益田假日广场资产支持专项计划,以募集资金购买益田集团持有的前述委托贷款债权。资产支持证券的投资者通过与管理人信达证券签订相关认购协议认购资产支持证券,成为证券持有人。

(4)专项计划设立后,计划管理人信达证券与原始权益人益田集团签署相关资产买卖协议,以投资者的认购资金代表专项计划向益田集团购买基础资产,即委托贷款债权。

(5)增信措施包括:1)益田假日出具差额支付承诺函,就委贷监管账户自然季度内归集的标的物业经营收益低于对应季度标的物业经营收益预测值部分承担差

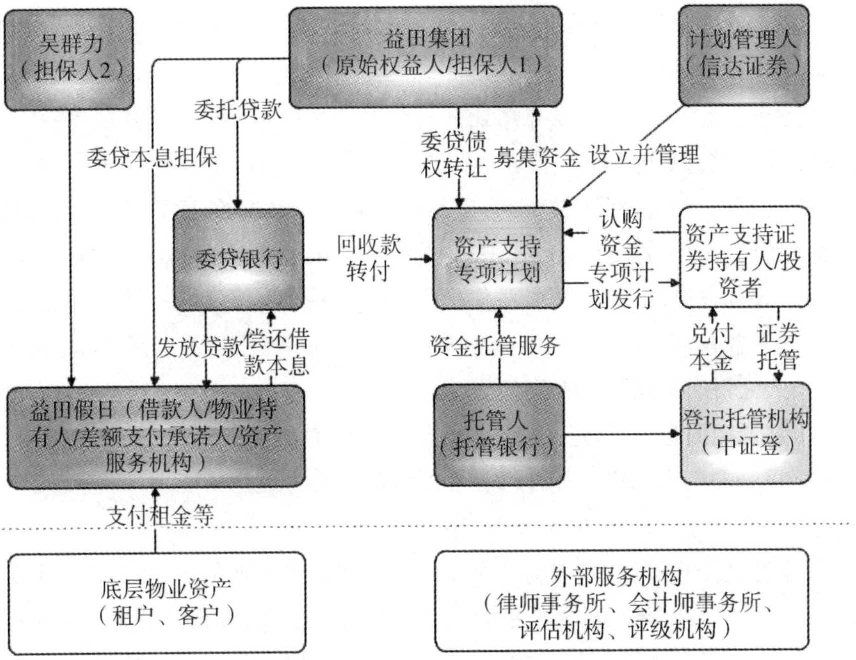

图2 深圳市益田假日广场资产支持专项计划的交易结构

额支付义务及不可撤销的连带责任保证担保;2)益田集团及其董事长吴群力也就借款人益田假日所承担的委贷本息支付义务提供不可撤销的连带责任保证担保。

首先,引入SPV(无论是单SPV结构还是双SPV结构)均可以解决产生现金流的底层资产明确化、特定化的问题。在CMBS的结构项下,以商业物业贷款债权(无论是委托贷款债权还是信托受益权)作为基础资产,均须满足法律法规所规定的权属明确、可以产生独立可预测的现金流且可以特定化等要求。在现实实践中,租赁合同(以租金收入作为底层资产为例)约定的租赁期限往往较短(通常为一年),在此情形下若以租金收益债权直接作为专项计划基础资产,将面临租期无法覆盖专项计划期限的问题。作为无法律基础的纯粹未来债权,虽然其产生时间、数额、行使方式等可以通过物业持有方的业务范围、历史经营数据、市场环境等因素进行预测,但是该种无法律基础的纯粹未来债权的可转让性仍存在不确定性。因此,引入SPV将基础资产由无法律基础的纯粹未来债权转变为有法律基础的确定债权,同时将底层资产收益作为确定债权的还款来源,能较好地实现风险防范与控制及债权确定化等目的。

其次,嵌入信托计划的双 SPV 结构可以通过基础资产“真实销售”实现更为有效的风险隔离,有效解决专项计划风险隔离不彻底的问题。《信托法》第十五条规定:“信托财产与委托人未设立信托的其他财产相区别。设立信托后,委托人死亡或者依法解散、被依法撤销、被宣告破产时,委托人是唯一受益人的,信托终止,信托财产作为其遗产或者清算财产;委托人不是唯一受益人的,信托存续,信托财产不作为其遗产或者清算财产;但作为共同受益人的委托人死亡或者依法解散、被依法撤销、被宣告破产时,其信托受益权作为其遗产或者清算财产。”依据前述法律规定,信托受益权,即基础资产,与委托人未设信托的其他资产相区别,因此,可以与原始权益人之财产实现有效的破产隔离。

需要说明的是,在特定情形下,原始权益人直接将基础资产转让给专项计划,在原始权益人破产时基础资产仍有可能会被认定为破产清算财产,进而受到破产债权人的追索。

《企业破产法》第二条规定:“企业法人不能清偿到期债务,并且资产不足以清偿全部债务或者明显缺乏清偿能力的,依照本法规定清理债务。企业法人有前款规定情形,或者有明显丧失清偿能力可能的,可以依照本法规定进行重整。”第三十一条规定:“人民法院受理破产申请前一年内,涉及债务人财产的下列行为,管理人有权请求人民法院予以撤销:(一)无偿转让财产的;(二)以明显不合理的价格进行交易的;(三)对没有财产担保的债务提供财产担保的;(四)对未到期的债务提前清偿的;(五)放弃债权的。”第三十二条规定:“人民法院受理破产申请前六个月内,债务人有本法第二条第一款规定的情形,仍对个别债权人进行清偿的,管理人有权请求人民法院予以撤销。但是,个别清偿使债务人财产受益的除外。”

《最高人民法院关于适用〈中华人民共和国企业破产法〉若干问题的规定(二)》第九条规定:“管理人依据企业破产法第三十一条和第三十二条的规定提起诉讼,请求撤销涉及债务人财产的相关行为并由相对人返还债务人财产的,人民法院应予支持。管理人因过错未依法行使撤销权导致债务人财产不当减损,债权人提起诉讼主张管理人对其损失承担相应赔偿责任的,人民法院应予支持。”

因此,在原始权益人向专项计划转让信托受益权时,应当以合理价格转让、交易,履行正当程序,以免因违反《中华人民共和国企业破产法》之规定而被破产管理人请求撤销转让。

最后,证监会公布的《资产证券化监管问答(一)》(2016 年 5 月)第四项要求:“以单一信托受益权为基础资产,基础资产除必须满足现金流独立、持续、稳定、可预测的要求之外,还应当依据穿透原则对应和锁定底层资产的现金流来源,同时现金流应当具备风险分散的特征。无底层现金流锁定作为还款来源的单笔或少笔信托受益权不得作为基础资产。”因此,即使采用了嵌套信托计划与专项计划的双SPV结构,依据穿透原则,还款来源仍需要满足现金流对应、锁定且风险分散的要求。因此,底层资产的合规性核查具有重要意义。

三、法律合规审查重点关注问题

参考深圳证券交易所《深圳证券交易所资产证券化业务问答》(以下简称《深交所问答》)有关CMBS业务关注要点,并结合作者的实务操作经验,本文对CMBS产品涉及的法律合规审查关注问题予以分析解读。

1. 底层物业的基本要求

(1)底层物业的初步选择

《深交所问答》第5.24条第1项指出:“底层物业应为借款人合法持有的成熟商业物业(写字楼、购物中心、酒店等),建议位于一线城市或二线城市的核心地段。”一般而言,满足前述条件的底层物业承租率较高,空置率较低,未来收益稳定、可预测。一方面,资产证券化安排可以让底层物业持有人更灵活地调整自身的财务情况与经营运作;另一方面,底层物业远期增值能让物业持有人同时享有增值收益。

(2)对于底层物业的核查

对于底层物业的核查,应当着重关注底层物业的权属情况、权利限制情况及证照取得情况等方面。《深交所问答》第5.24条第2项指出:“底层物业须权证齐备,由借款人合法持有,且不得附带抵押或者其他权利限制。如存在权利限制情况的,应设置合理安排在贷款放款后解除相关权利限制。管理人须就解除权利限制的流程、资金监控措施和风险处置安排等进行明确约定和披露。”

就“底层物业须权证齐备,由借款人合法持有”之要求,我们理解,作为基础资产的现金流还款来源,若底层物业并不被融资方所合法持有(如被第三方持有、被法院查封或因土地出让金及税费未缴纳而面临土地被国土部门收回的情况等),便失去了交易推进的基础,不仅其租金、物业费等收益的处分行为存在瑕疵,并且也难以完成以底层物业作为抵押资产的增信安排。若底层物业已经分割产证且部分物业已经转移所有权,融资方便失去了对于底层物业未来收益的处分权,故应将该部分非自持物业从底层资产池中剔除。此外,若出现权属证照、开发建设类证照、立项、消防、人防、竣备、环评等手续缺失，虽并不会直接导致交易安排无效，但将可能招致较大金额的罚款或因手续缺失而导致交易安排无法向前推进，最终影响现金流的稳定性及可预测性。

就“底层物业不得附带抵押或者其他权利限制”之要求，我们理解，若底层物业存在抵押权限制，则：1）在抵押权所担保的债权届满时，若债务人无法清偿债务，底层物业将面临被拍卖处分等风险，拍卖处分的行为将从根本上影响现金流回款，致使交易无法进行；2）商业物业贷款发放后会存在将底层物业抵押给信托计划/专项计划/委贷银行的安排，若底层物业所在地区不接收第二顺位抵押安排，则抵押增信措施将无法实现；3）即使该地区在抵押物价值范围内可办理第二顺位抵押，若出现第一顺位抵押所担保的债权无法实现的情形，底层资产仍将面临被拍卖、变卖或其他处分的风险。因此，将既有底层资产上抵押等权利限制全部解除并在贷款发放后重新办理新的抵押手续为目前市场上绝大多数 CMBS 产品所采用，此举也符合“如存在权利限制情况的，应设置合理安排在贷款放款后解除相关权利限制”之要求。

据此，由于抵押权解除将涉及主合同债权偿还，因此，事前核查应包括主债权金额、主债权期限、担保期限、提前还款条款、提前通知或事先同意义务、违约金条款等。并且，出于信息披露及风险公示之考量，“管理人须就解除权利限制的流程、资金监控措施和风险处置安排等进行明确约定和披露”。此外，因 CMBS 产品存在将底层物业重新抵押给信托计划/专项计划/委贷银行的安排，即涉及解押后重新抵押事宜，鉴于各地方抵押、解押政策及实际操作的不同，且各地抵押、解押程序办理期限亦有区别，因此，我们建议管理人与物业所在地抵押登记部门尽早沟通，就解押流程、抵押重新办理流程、解押与再次抵押是否可以合并办理、分割产证后的多个底层物业资产是否可合并办理、各程序的办理期限等事宜进行求证，以提前进行合理安排。

对于底层物业的核查除以上权属情况、权利限制情况及证照取得情况外，建议还应关注以下情况：

表 2　CMBS 项目底层物业核查的其他内容及原因

具体描述	关注原因
底层物业办理保险的投保情况以及专项计划存续期限内的续保安排	可适当抵御外部风险、增强信用

续表

具体描述	关注原因
底层物业的使用用途是否与产证用途、土地用途保持一致	用途不一致将可能导致商户无法完成工商登记注册、使底层物业招致行政处罚,或影响抵押登记及未来处置事项
底层物业是否具有可拆分性	可能影响投资者回售安排、未来的资产处置及共有权益等方面
底层物业是否包括自持人防车位	部分地区对于人防车位的可抵押性存疑,可能限制用于抵押增信的资产范围
底层物业涉及的国有土地使用权抵押与地上建筑物分别抵押的问题	在并未进行房地产统一登记地区可能出现此问题,单独以土地使用权抵押贷款进行资产证券化而未进行地上建筑物抵押登记并不影响一并抵押的效力,但新建物业运营收益理论上不应属于还款现金流范围
底层物业及基础资产是否涉及国防、军工及其他国家机密	若受到保护国家机密之义务的限制,相关事宜不适宜对外公开
底层物业及基础资产是否涉及诉讼、仲裁、执行及破产程序	若出现该类纠纷及争议将会对资产处置及现金流回款产生根本性影响

(3)关于租赁合同、物业合同或其他现金流来源的核查

对于租赁合同的核查,应当着重了解租赁合同期限、租赁面积、租赁价格、免租期、已缴纳的押金情况、租户往期履约情况、租户抗辩权条款、租金现金流权利限制(如是否存在质押等)等重要因素。此外,租赁合同的合同备案情况及消防验收备案情况亦应充分关注。

目前,在国家层面存在明确规定要求租赁合同完成备案手续。《商品房屋租赁管理办法》(2011 年 2 月起施行)第十四条规定:“房屋租赁合同订立后三十日内,房屋租赁当事人应当到租赁房屋所在地直辖市、市、县人民政府建设(房地产)主管部门办理房屋租赁登记备案。”第二十三条规定:“违反本办法第十四条第一款、第十九条规定的,由直辖市、市、县人民政府建设(房地产)主管部门责令限期改正;个人逾期不改正的,处以一千元以下罚款;单位逾期不改正的,处以一千元以上一万元以下罚款。”

此外,各地亦提出了对商品房租赁合同备案的明确要求。例如,《广州市房屋租赁管理规定》第十二条规定:“房屋租赁实行登记备案制度。房屋租赁双方当事人应当自签订、变更合同之日起 3 日内,到房屋所在地的街道、镇出租屋管理服务中

心办理房屋租赁登记备案手续……”第三十条规定:“出租人违反本规定第十二条规定,没有办理房屋租赁合同登记备案的,由房地产行政主管部门责令其限期补办登记备案手续,自然人逾期不补办登记备案手续的,处以50元的罚款;法人或者其他组织逾期不补办登记备案手续的,处以5000元以上1万元以下的罚款。”

但是,《最高人民法院关于审理城镇房屋租赁合同纠纷案件具体应用法律若干问题的解释》第四条规定:“当事人以房屋租赁合同未按照法律、行政法规规定办理登记备案手续为由,请求确认合同无效的,人民法院不予支持。当事人约定以办理登记备案手续为房屋租赁合同生效条件的,从其约定。但当事人一方已经履行主要义务,对方接受的除外。”因此,除租赁合同另有约定外,未经备案的租赁合同虽不必然无效,但可能招致罚款等行政处罚,进而会对还款现金流的稳定产生影响。

底层物业商户还应当完成消防验收备案程序。《中华人民共和国消防法》第十三条规定:“依法应当进行消防验收的建设工程,未经消防验收或者消防验收不合格的,禁止投入使用;其他建设工程经依法抽查不合格的,应当停止使用。”

《建设工程消防监督审核管理规定》第十三条规定:“对具有下列情形之一的人员密集场所,建设单位应当向公安机关消防机构申请消防设计审核,并在建设工程竣工后向出具消防设计审核意见的公安机关消防机构申请消防验收:……(三)建筑总面积大于一万平方米的宾馆、饭店、商场、市场;(四)建筑总面积大于二千五百平方米的影剧院,公共图书馆的阅览室,营业性室内健身、休闲场馆,医院的门诊楼,大学的教学楼、图书馆、食堂,劳动密集型企业的生产加工车间,寺庙、教堂……(六)建筑总面积大于五百平方米的歌舞厅、录像厅、放映厅、卡拉OK厅、夜总会、游艺厅、桑拿浴室、网吧、酒吧,具有娱乐功能的餐馆、茶馆、咖啡厅。”第二十六条规定:“建设工程的消防设计、竣工验收未依法报公安机关消防机构备案的,公安机关消防机构应当依法处罚,责令建设单位在五日内备案,并确定为检查对象;对逾期不备案的,公安机关消防机构应当在备案期限届满之日起五日内通知建设单位停止施工或者停止使用。”

《最高人民法院关于审理城镇房屋租赁合同纠纷案件具体应用法律若干问题的解释》第八条规定:“因下列情形之一,导致租赁房屋无法使用,承租人请求解除合同的,人民法院应予支持:(一)租赁房屋被司法机关或者行政机关依法查封的;(二)租赁房屋权属有争议的;(三)租赁房屋具有违反法律、行政法规关于房屋使用条件强制性规定情况的。”

因此,底层物业应当依据《消防法》及《建设工程消防监督审核管理规定》及时办理消防备案手续,否则未经消防验收备案的底层物业将有可能被消防主管机关限制使用,虽不必然导致租赁合同(仅属于《最高人民法院关于审理城镇房屋租赁合同纠纷案件具体应用法律若干问题的解释》规定的"具有违反法律、行政法规关于房屋使用条件强制性规定"的可申请人民法院解除的合同)无效,但可能会因合同被申请解除而致使部分现金流回款中断并产生不必要的纠纷。

若将物业费同时纳入回款现金流范围,还应对物业合同进行重点核查。对于物业合同的核查,应当着重了解物业合同的合法合规性(如是否完成物业合同备案)、物业费价格的合规性(如是否完成物业费价格备案、适用政府指导价或市场调节价)、物业管理招投标(主要针对住宅物业)、物业合同期限(如是否为前期物业合同、是否签订了小业主合同、是否存在政府采购致使物业合同一年一签等情形)、物业费收取制度(采用包干制还是酬金制)、资金匹配与资金混同、开发商支付物业费的比例、物业费现金流是否存在权利限制(如是否存在质押)等。

若将停车费收入纳入回款现金流范围,还应对与停车费相关的事项进行核查,核查的方面主要包括停车位权属情况(是否为底层物业持有人自持)、停车位租赁合同内容(如租期、租金、租金现金流是否存在权利限制等)、停车场办理资质申请及备案许可情况(备案要求依各地规定而有不同)、停车场办理资质是否可以涵盖专项计划存续期限(涉及重新办理许可的不确定性)、停车费价格(部分地区要求办理停车费价格备案)等。

2. 债务人运营能力要求

《深交所问答》第5.24条第3项指出:"借款人应具备持续运营能力。管理人应对专项计划存续期间借款人运营物业的相关成本进行测算,并对成本覆盖做出安排(如储备金账户、母公司补足、部分物业收入提取等)。"

在对借款人持续运营能力进行评估时,一般考虑以下方面:业绩变动、收入合理性、成本真实性、行业趋势、客户变更及关联交易等;且一般应考虑以下问题:是否在每一个会计期间内形成与同期业务相关的持续营运记录、是否连续亏损且业务发展受产业政策限制、期末净资产额是否为负数及是否存在其他可能导致对公司持续经营能力产生重大影响的事项或情况等。

一方面,鉴于借款人的未来商业物业运营收入将被作为现金流回款来源,若借款人自身因大部分甚至全部收益用于偿还贷款而不再拥有充足的资金以维持自身运营,反而将无法继续维持后期运营。借款人甚至可能因无充足资金维持管理成本而导致经营恶化、经营终止或破产。因此,以其他手段对于借款人运营进行维持尤为必要。目前,通行的方式为由担保人或其他有偿付能力的关联方出具流动性支持承诺/维好承诺,在借款人短期资金流动性紧缺时,担保人或其他有偿付能力的关联方根据自身实际状况予以一定程度的支持,来维持被支持人的良好运营。

另一方面,在借款人运营能力出现问题时,其经营收入的降低会加剧现金流回款的不足,致使贷款违约事件发生,间接致使资产支持证券持有人利益无法满足。为避免或减轻此类事件的不利影响,除加速清偿、超额利差、超额抵押、评级下调、结构化设置等防御性被动安排外,一般还会设置储备金账户、母公司差额补足及部分物业收入提取等主动性措施,通过计提资金或外部资金支持以降低风险、达到增信效果。

3. 抵押率设置的合理性

《深交所问答》第5.24条第4项指出:“管理人应充分说明并披露证券化抵押率设置的合理性。对于以置换经营性物业贷款为目的的证券化项目,管理人应比较拟置换贷款和证券化项目的抵押率水平,并结合借款人主体、底层物业等情况综合说明抵押率设置的合理性。”

抵押率,即抵押贷款本金利息之和与抵押物估价价值之比。一般而言,抵押率越低,风险相对也就越小。因此,管理人设置的抵押率应当具备适当的合理性,充分考虑未来抵押物价值减损、市场波动等情况;同时,对于以置换经营性物业贷款为目的的证券化项目,证券化产品的抵押率至少应当小于等于经营性物业贷款的抵押率,以免受到监管机构在此方面的质疑。此外,在《深交所问答》所要求的抵押率设置合理的基础上,为达到更好的增信效果,一般操作中可以设置超额抵押。超额抵押指入池资产本金余额超过资产支持证券发行总额而形成对受评证券本息偿付的超额覆盖。设置超额抵押可先行吸收资产池未来可能发生的损失,从而提高对优先级证券本息偿付的保障程度。

4. 底层物业的可处置性

《深交所问答》第5.24条第5项指出:“管理人应对商业物业的可处置性进行说明。评级机构应在评级报告中对物业抵押担保的效力进行分析和确认,并对物业的处置价值进行压力测试。”

管理人应当保证底层商业物业的可处置性。在以底层物业为抵押担保物且出现危机、损害债权人及资产支持证券所有人利益的情形时,管理人应当确保其有权行使或请求人民法院行使抵押权,对底层资产折价、拍卖、变卖,以所得款项偿还债务,而不受其他第三人权益或诉讼争议之限制。此外,管理人还应在专项计划存续期间对标的物业现金流预测情况进行压力测试,以确保在现金流下降或物业价值下跌时能够对资产支持证券本息兑付提供充分保障。

5. 底层物业的评估

《深交所问答》第5.24条第6项指出:“为底层物业出具房产评估报告的评估机构应具备住建部核准的房地产估价机构一级资质。建议评估机构选用收益法作为最主要的估价方法,并根据《房地产投资信托基金物业评估指引(试行)》(中房学〔2015〕4号)的相关要求对底层物业进行评估。”

本条对于评估机构资质及评估依据的要求较为明确,值得一提的是,交易所明确提出了应以收益法为最主要估值方法的建议。相较于通过合理评估企业各项资产价值和负债从而确定评估对象价值的“成本法”,以及通过将评估对象与可参考企业或者在市场上已有交易案例的企业、股东权益、证券等权益性资产进行对比以确定评估对象价值的“市场法”,收益法作为将被评估企业预期收益资本化或折现至某特定日期以确定评估对象价值的方法,依据贴现理论,运用贴现率,能够较好地反映投资资产并获得收益的风险回报率,具备一定的优势。

6. 其他合规性问题

(1)《负面清单》之要求

2014年12月,中国证券投资基金业协会(以下简称基金业协会)颁布了《资产证券化业务基础资产负面清单指引》(以下简称《负面清单》),《负面清单》规定不宜采用资产证券化业务形式、或者不符合资产证券化业务监管要求的基础资产包括:“……四、有下列情形之一的与不动产相关的基础资产:1. 因空置等原因不能产生稳定现金流的不动产租金债权;2. 待开发或在建占比超过10%的基础设施、商业物业、居民住宅等不动产或相关不动产收益权。当地政府证明已列入国家保障房计划并已开工建设的项目除外。五、不能直接产生现金流、仅依托处置资产才能产生现金流的基础资产。如提单、仓单、产权证书等具有物权属性的权利凭证……八、最终投资标的为上述资产的信托计划受益权等基础资产。”基于《负面清单》第八项,不论采取以委托贷款债权为基础资产的单SPV结构还是以信托受益权为基础资产的双SPV结构,在穿透原则下,均应对CMBS产品的基础资产及底层资产进行上述合规性审查。

首先,根据《负面清单》第四项第一款之规定,需要对底层物业的空置率进行审查。空置率审查可采用现场尽职调查、合同抽查、样本对比、实地走访等方式,并需集中关注近年空置率数据、承租率变化趋势、承租率或空置率异常波动情况、形成空置的原因等。此外,鉴于租赁合同期限往往无法完全覆盖信托存续期限及专项计划期限,为满足《负面清单》前述要求,信托机构及管理人还应当对空置率进行动态观测、评估并采取适当的风险缓释措施(如加速清偿、监管升级等)。其次,依据《负面清单》第二款第四项之规定,虽在建工程一般不会被作为底层资产,但若涉及改建的,底层物业的待开发或在建占比不得超过10%。最后,依据《负面清单》第五项之规定,若存在“底层资产运营收入不足以完全覆盖应支付的资产支持证券本息、最终需通过抵押权行权处置底层资产作为还款来源”的极端情形,基础资产是否将被认定为《负面清单》中所列的“不能直接产生现金流、仅依托处置资产才能产生现金流的基础资产”,尚有待商讨。主流观点认为,鉴于CMBS产品一般存在租金、物业费、停车费、商业管理费、权利维持费等多种现金流回款来源,且往往在结构中约定了定期回售及固定期限还本安排,从整体上来看,还款行为并不单独源自于最终一次性处置资产而产生的现金流,因此,即便出现前述极端情形,也不能直接认定CMBS产品违反了《负面清单》之规定。

(2)房地产领域的特别限制

2010年4月17日,国务院下发了《关于坚决遏制部分城市房价过快上涨的通知》(国发〔2010〕10号);2013年2月26日,国务院办公厅下发了《关于继续做好房地产市场调控工作的通知》(国办发〔2013〕17号);2015年1月16日,中国证券监督管理委员会下发了《证监会调整上市公司再融资、并购重组涉及房地产业务监管政策》……以上述一系列文件的出台为契机,房地产市场监管与调控趋严,闲置土地、炒地、捂盘惜售和哄抬房价等行为逐渐成为核查及治理重点。

2016年10月,上海证券交易所及深圳证券交易所接连发布了《关于试行房地产、产能过剩行业公司债券分类监管的函》,就针对房地产开发企业基础范围及综合指标出具专项说明事宜(包括但不限于房地产企业债券融资资金流向及房地产企业违法违规行为等)进行了明确要求,鉴于此,审核人员此后在实践操作中往往将资产证券化业务审核标准参照债券发行审核标准执行,并要求对所涉企业或有的房地产违规事项进行专项核查。

根据核查要求,CMBS产品的管理人及律师:1)需明确募集资金用途不得用于拿地;2)需对借款人、担保人房地产业务在报告期内是否存在下列情形进行核查并发表明确核查意见:(a)报告期内违反“国办发〔2013〕17号”规定的重大违法违规行为(如延迟开竣工、闲置土地、炒地、捂盘惜售、哄抬房价等),或经国土资源部门查处且尚未按规定整改;(b)房地产市场调控期间,在重点调控的热点城市①存在竞拍“地王”、哄抬地价等行为;(c)因扰乱房地产市场秩序被住建部、国土资源部等主管部门查处的情形。

此外,在采取双SPV结构时,由于涉及信托贷款,实践中还需要考虑“信托贷款投向房地产项目是否符合‘四三二规范’”的问题。2010年2月11日,中国银监会办公厅发布了《关于信托公司房地产信托业务风险提示的通知》(银监办发〔2010〕343号),该文件要求:“三、停止执行《中国银监会关于支持信托公司创新发展有关问题的通知》(银监发〔2009〕25号)第十条中对监管评级2C级(含)以上、经营稳健、风险管理水平良好的信托公司发放房地产开发项目贷款的例外规定,信托公司发放贷款的房地产开发项目必须满足‘四证’齐全、开发商或其控股股东具备二级资质、项目资本金比例达到国家最低要求等条件。”结合2005年5月25日国务院发布的《关于调整固定资产投资项目资本金比例的通知》(国发〔2009〕27号)之规定,“保障性住房和普通商品住房项目的最低资本金比例为20%,其他房地产开发项目的最低资本金比例为30%”。鉴于此,在双SPV结构模式下发放信托贷款时,融资方及项目应当满足以“项目四证齐全;项目最低资本金比例为30%;融资方或其控股股东具备二级开发资质”要求为核心的“四三二规范”。

(3)底层重要租户的核查与披露

以租金作为现金流回款来源时,为达到“风险分散”的效果,避免集合性风险,底层物业的租户应当做到尽可能“分散”。具体而言,租户数量不可过少;租户承租面积应当较为平均;租户业务类型不可过于单一。若存在单户租户现金流占比较高(如达到15%~20%以上)、部分类型租户(如P2P、私募等经营稳定性不足的金融行业租户)承租较大面积的情况,管理人需对租户的相关情况进行穿透核查,充分了解其信用状况、履约能力及可能面临的外部风险等,必要时还应对该等重要租户近年现金流收入和支出情况进行披露。

(4)应收账款质押

CMBS项目常采用将底层物业未来收益进行应收账款质押的方式满足监管要求并控制项目风险。《应收账款质押登记办法》第四条规定:“本办法所称的应收账款是指权利人因提供一定的货物、服务或设施而获得的要求义务人付款的权利,包

① 包括北京、上海、广州、深圳、天津、南京、苏州、杭州、合肥、厦门、郑州、武汉、济南、无锡、福州、成都等城市。

括现有的和未来的金钱债权及其产生的收益,但不包括因票据或其他有价证券而产生的付款请求权。本办法所称的应收账款包括下列权利:(一)销售产生的债权,包括销售货物,供应水、电、气、暖,知识产权的许可使用等;(二)出租产生的债权,包括出租动产或不动产;(三)提供服务产生的债权;(四)公路、桥梁、隧道、渡口等不动产收费权;(五)提供贷款或其他信用产生的债权。"依据该规定,商业物业未来运营收入属于"现有的和未来的金钱债权",在确定且可预测时,可以作为应收账款质押的设立标的。而《中华人民共和国合同法》第八十条规定:"债权人转让权利的,应当通知债务人。未经通知,该转让对债务人不发生效力。债权人转让权利的通知不得撤销,但经受让人同意的除外。"鉴于 CMBS 产品中应收账款债权的实现依赖于债务人的清偿,出于有效风险隔离的考量,我们建议将质押通知以合理方式告知各债务人,以免出现不必要的纠纷与风险。

(5)对于担保人的核查

CMBS 产品较为依赖各类内部及外部增信措施,第三方担保则是其中最为传统的一类,而除了第三方提供抵押、质押外,最为常用的则是第三方所提供的信用担保。在第三方提供信用担保时,对"担保人自身的财务情况和经营业绩是否能够实现增信能力"的核查尤为关键。提供信用担保的第三方担保人往往为融资方的母公司或大型关联企业,在此情形下需注意的是,若该等担保人目前盈利状况较低或在特定时间段内收益大幅波动并不必然推及担保人担保能力不足,对该类担保人担保能力的评价还需从多个角度进行整体性评估,包括但不限于公司的发展战略与销售计划、公司的利润与负债情况(如贷款、授信、负债率及债务结构等)、相关国家政策与市场预期、公司的资信状况及资产储备(如土地储备情况、在建及拟建项目情况)等。

此外,若担保人为境外公司,还应当核查"跨境担保的合规性、可实现性及风险",并提出合理的风险缓释措施。根据国家外汇管理局发布的《跨境担保外汇管理规定》(汇发〔2014〕29 号)第三章及其配套规则之规定,实施外保内贷时:1)需由发放贷款或提供授信额度的境内金融机构(如委贷银行或信托机构)向外汇局集中报送外保内贷业务相关数据。2)境内债务人应在需要境外担保履约的情况发生后到债务人所在地外汇局办理短期外债签约登记及相关信息备案手续,外汇局在外债签约登记环节对债务人外保内贷业务的合规性进行事后核查,核查内容包括但不限于是否存在如下限制情形:(a)外保内贷业务发生担保履约的,在境内债务人偿清其对境外担保人的债务之前,未经外汇局批准,境内债务人应暂停签订新的外保内贷合同;已经签订外保内贷合同但尚未提款或尚未全部提款的,未经所在地外汇局批准,境内债务人应暂停办理新的提款;(b)境内债务人因外保内贷项下担保履约形成的对外负债,其未偿本金余额不得超过其上年度末经审计的净资产数额。3)担保履约后委贷银行或信托机构持外债登记证明文件等材料办理结汇手续,外汇局审查其签订贷款担保合同无违规行为后批准其结汇。上述任何一个步骤都可能受到操作不规范或不及时、流程耗时、外汇管理政策变化等因素的影响,鉴于此,各参与方应当在实际操作中给予充分注意。

为缓释外保内贷的履约风险,操作中,一般在信托贷款合同中要求借款人保证届时不存在其他外保内贷业务担保履约后未偿清其对境外担保人的债务的情形、已经签订外保内贷合同但尚未提款或尚未全部提款的情形以及因外保内贷项下担保履约形成的对外负债的未偿本金余额超过其上年度末经审计的净资产数额的情形,并阐明借款人违反上述保证构成应当承担信托贷款合同项下违约责任的原因。

(6)对融资方的核查

实践操作中,主管机关一般会要求管理人及律师对"融资方自身的负债率、债权债务情况"进行核查。核查时,应当注意以下方面:融资方实际负债率如何、是否有较大金额的其他应收款及其他应付款(该等往来款是否属于集团关联方之间的借款、是否为有息债务)、相关债务的还款来源、相关债务是否会对物业处置及融资方的持续经营产生影响等。

(7)对原始权益人及融资方的信用核查

近年来,主管机关还要求管理人及律师对"原始权益人及融资方的资信状况"进行全面核查。对原始权益人及融资方的资信状况的核查主要包括以下方面:在环保、安全生产领域和其他诚信信息征信记录,是否存在被列入环保领域和安全生产领域失信生产经营单位之情形,是否为重大税收违法案件当事人、电子认证服务行业失信机构、涉金融严重失信人、食品药品生产经营严重失信者、统计领域严重失信企业、严重质量违法失信行为当事人、财政性资金管理使用领域相关失信责任主体、农资领域严重失信生产经营单位、海关失信企业。若经查询原始权益人或融资方存在失信被执行记录的,管理人及律师应说明具体原因,并评估对其持续经营能力可能产生的影响。

结 语

以 CMBS 产品为代表的企业资产证券化业务在中国虽起步较迟,但市场潜力巨大。从微观角度而言，该等企业资产证券化模式的推行可以优化企业的财务指标、盘活存量资产、拓宽企业融资渠道并促进企业轻资产化运营；从宏观角度而言，又可以缓解金融机构发展中存在的结构性风险并协助深化金融体制改革、缓解中国社会面临的去库存及去杠杆压力并促进供给侧改革目标的实现。在监管手段愈发全面科学、政策倡导越发明晰稳定的大环境下，企业资产证券化业务无疑将会迎来更加广阔的明天。

基础资产的类型与合规审查

——物业费 ABS 产品

马会军　贾　勇
朱霄宇　王若曦*

*作者简介：

马会军，合伙人，中伦律师事务所北京办公室，电邮为 mahuijun@ zhonglun. com；

贾勇，非权益合伙人，中伦律师事务所北京办公室，电邮为 jiayong@ zhonglun. com；

朱霄宇，律师。

王若曦，律师，北京办公室。

一、产品简介

物业费权益资产证券化(以下简称物业费 ABS)产品,是指依据《物业服务合同》确立的物业服务法律关系,以物业管理公司向物业服务委托人收取的物业管理费的权益作为基础资产(或者底层资产)的资产证券化产品。

物业费 ABS 的基础资产可以是物业管理公司享有的物业服务费收费权,或者是嵌套结构之后委托贷款债权人享有的委托贷款债权、信托计划受益人享有的信托受益权。

根据笔者基于公开渠道可查询信息的不完全统计,截至目前,市场上发行成功的物业费资产证券化产品至少有如下案例:

表 1　物业费资产证券化产品

序号	资产证券化产品名称	产品规模(亿元)
1	招商创融—金科物业资产支持专项计划 1 号	15.00
2	中山证券—彩生活物业资产支持专项计划 1 号	3.33
3	雅居乐物业服务债权资产支持专项计划	11.00
4	农银穗盈—中金—阳光壹佰物业资产支持专项计划	7.56
5	长城证券—康景物业资产支持专项计划 1 号	23.41
6	华金证券—华发物业资产支持专项计划	11.20
7	融侨集团物业管理债权资产支持专项计划	8.10
8	华鑫—中南建设物业资产支持专项计划	5.50
9	农银穗盈—星河湾—建投汇居资产支持专项计划	3.48
10	招商创融—建业物业资产支持专项计划	9.00
11	华夏幸福物业一期资产支持专项计划	23.00
12	复地物业资产支持专项计划	15.00
13	中民—明华物业信托受益权资产支持专项计划	10.50
14	广汇物业信托受益权资产支持专项计划第一期	10.50
15	博时资本—世茂天成物业资产支持专项计划	14.75
16	申万宏源—保利置业物业资产支持专项计划	16.00
17	苏宁—银河物业费 2016 年资产支持专项计划	6.55

续表

序号	资产证券化产品名称	产品规模(亿元)
18	招商资管—华南城物业费(第一期)委贷资产支持专项计划	9
19	新华联物业资产支持专项计划	5.57
20	博时资本—融创物业资产支持专项计划	11.58
21	长城证券—金地物业资产支持专项计划一期	30.5

二、物业费 ABS 交易结构简述

物业费 ABS 的主要参与机构包括原始权益人(物业管理公司或其关联方)、资产支持专项计划管理人、销售机构、托管银行、监管银行。根据交易结构的不同,担保人、差额支付承诺人、受托银行、信托公司也可作为参与主体。

目前,物业费 ABS 的基本交易结构包括三种:(1)以物业管理费债权直接作为基础资产,如“长城证券—康景物业资产支持专项计划 1 号”;(2)嵌套一层委托贷款债权,以委托贷款债权作为基础资产,物业费收入作为基础资产的第一还款来源,如“招商创融—金科物业资产支持专项计划 1 号”;(3)嵌套一层信托计划,采用专项计划、信托计划双 SPV 结构,以信托受益权作为基础资产,物业费收入作为基础资产的第一还款来源,如“中民—明华物业信托受益权资产支持专项计划”。

1. 以物业管理费合同债权直接作为基础资产

以长城证券—康景物业资产支持专项计划 1 号为例,其产品结构如图 1 所示,产品构建步骤如下:第一步,长城证券股份有限公司作为计划管理人发起设立专项计划作为 SPV;第二步,投资者与计划管理人签署《认购协议》,成为资产支持证券持有人;第三步,计划管理人与物业管理公司(作为原始权益人)签署《基础资产转让协议》,受让物业管理费债权(基础资产),物业管理费作为基础资产的第一还款来源。专项计划成立后,专项计划以基础资产产生的现金流向资产支持证券持有人分配投资收益。

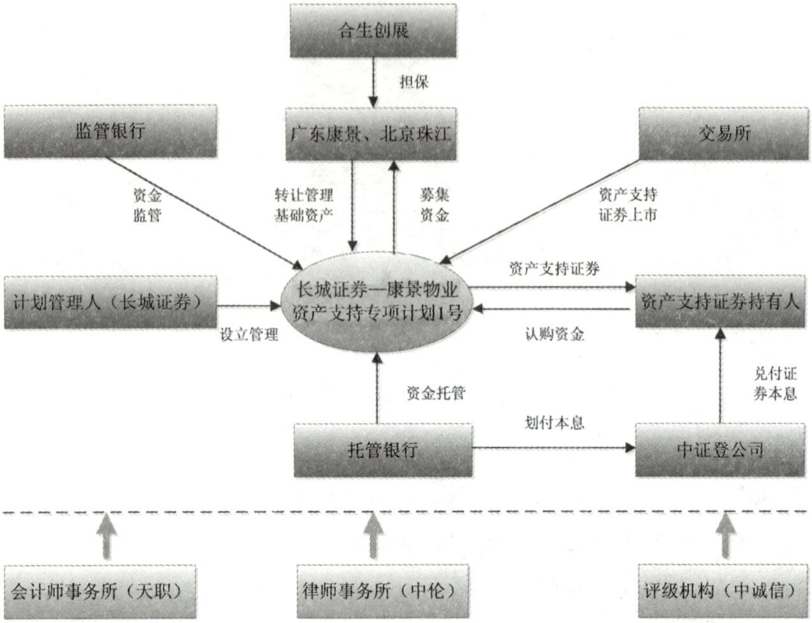

图1　长城证券—康星物业资产支持专项计划1号产品结构

2. 构建委托贷款债权为基础资产

以招商创融—金科物业资产支持专项计划1号为例,其产品结构如图2所示,产品结构中嵌套了一层委托贷款,产品构建步骤如下:(1)由金科地产集团股份有限公司先行提供一笔委托贷款作为过桥资金,向实际融资方物业公司发放委托贷款,构建委托贷款债权;(2)计划管理人代表专项计划与金科地产集团股份有限公司(作为原始权益人)签署《基础资产转让协议》,受让委托贷款债权(基础资产);(3)基础资产转让完成后,物业管理费作为基础资产的第一还款来源用于偿付委托贷款本息,专项计划取得委托贷款本息之后向资产支持证券持有人分配投资收益。

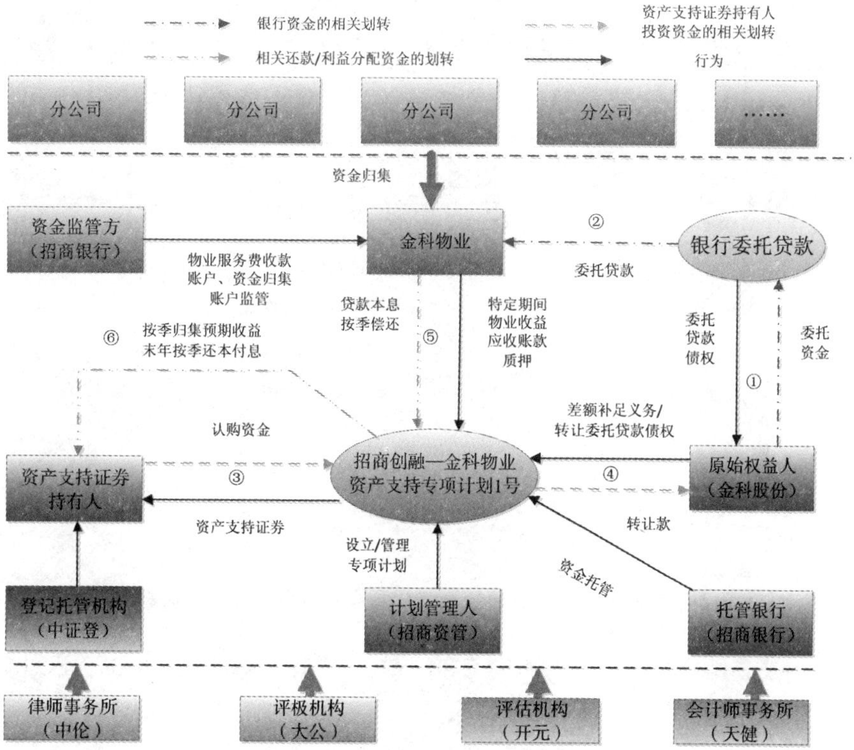

图2　招商创融—金科物业资产支持专项计划1号产品结构

3. 构建信托受益权作为基础资产

以中民—明华物业信托受益权资产支持专项计划为例，该等产品结构如图3所示，产品结构中嵌套一层信托计划，产品构建步骤如下：（1）由晋城银行股份有限公司作为委托人，委托信托公司先行设立信托计划作为下层SPV，向实际融资方物业公司发放信托贷款；（2）计划管理人代表专项计划（上层SPV）与晋城银行股份有限公司（作为原始权益人）签署《信托受益权转让协议》，受让信托受益权（基础资产）；（3）基础资产转让完成后，物业管理费作为基础资产的第一还款来源用于偿付信托贷款本息，再基于信托计划向专项计划（信托受益人）分配信托收益，进而于专项计划层面向资产支持证券持有人分配投资收益。

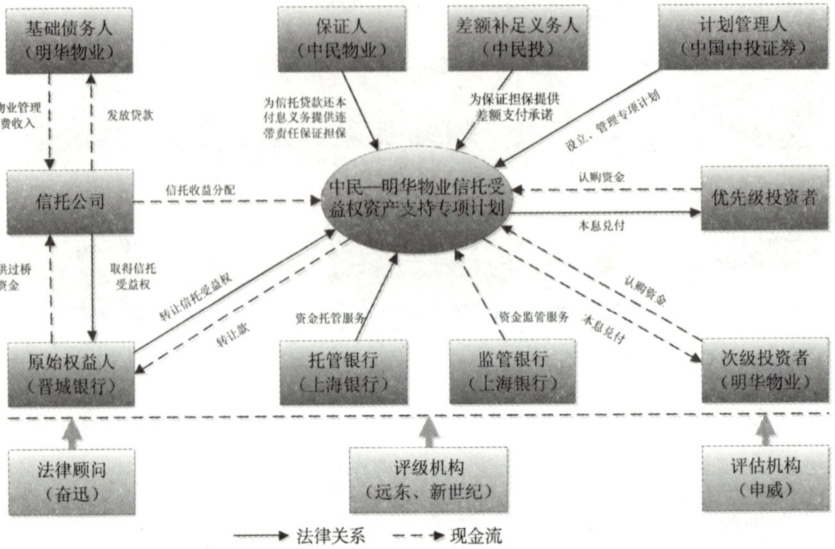

图 3　中民—明华物业信托受益权资产支持专项计划产品结构

三种交易结构各自有不同的优点和缺点,需要基于项目实际情况予以分析适用。

三、物业费 ABS 业务的合规审查

结合现有业务规则与本团队的实务操作经验,笔者对物业费 ABS 业务所涉及的合规审查问题予以概要分析

1. 物业合同的合法合规性

深圳证券交易所于 2017 年 3 月修订的《深圳证券交易所资产证券化业务问答》(以下简称《深交所问答》)明确要求:入池物业合同应合法合规,物业合同一般应根据物业所在地物业管理相关规定在有关部门进行备案。

我国在国家与地方两个层面建立了多层级的物业管理立法体系。其中,最高层级为《物权法》(法律),其次为《物业管理条例》(行政法规)。此外,国家层面由住房和城乡建设部等相关管理部门制定部门规范性文件,地方层面由各省、市级地方人民代表大会及人民政府、地方政府相关部门制定地方性法规、地方政府规章及其他规范性文件。一般情况下,各省、自治区、直辖市都制定了综合性的物业管理规定,在遵守更高层级立法规范和立法原则的基础上,结合本地的实际情况进行了更

为细致的规定。

《物业管理条例》等国家立法层面的规范性文件未就物业合同备案问题进行明确规定,涉及物业合同备案的规范性文件主要体现在各个地区的规范性文件。目前,各地关于物业合同备案的规范性文件的最高层级为省级地方政府规章[如《北京市物业管理办法》(2010 年 10 月施行)]、地方性法规[如《广东省物业管理条例》(2009 年 3 月施行)],并散见于其他各级地方规范性文件中。大多数地区均要求物业管理公司在签署物业管理合同之后及时将物业管理合同报物业服务所在地区县级人民政府物业服务行政主管部门办理合同备案。对于未及时办理合同备案的情况,区县级人民政府物业服务行政主管部门有权责令限期改正,并处罚款,罚款金额视各地情况不同有所差别,一般最高不超过一万元。例如,《青海省物业管理条例》(2015 年 7 月施行)第五十三条第四款规定,"物业服务企业应当自物业服务合同签订之日起十五日内,将物业服务合同报县级人民政府房地产行政主管部门和街道办事处、乡(镇)人民政府备案"。第八十八条规定,"(二)违反本条例第四十九条、第五十一条、第五十三条规定,未按照规定进行备案的,责令限期改正;逾期未改正的,处二千元以上五千元以下罚款"。

《合同法》第五十二条第(五)项规定,违反法律、行政法规的强制性规定的合同无效。而根据《最高人民法院关于适用〈中华人民共和国合同法〉若干问题的解释(二)》(法释〔2009〕5 号)第十四条的规定,前述"强制性规定"是指效力性强制性规定,而非管理性强制性规定。笔者倾向于认为,物业合同备案属于政府主管部门对于物业合同进行形式审核和备案管理的管理性行为。同时,法律、行政法规这一层级的规范性文件未就物业合同备案及其罚则作出规定,也未有任何规范性文件明确规定物业合同未进行备案将影响物业合同的效力。因此,一方面物业合同未经备案,未违反《中华人民共和国合同法》第五十二条规定的法律、行政法规的强制性规定,合同仍然有效。另一方面,未办理合同备案的处罚措施包括限期改正和一定额度的罚款,均未实质影响物业公司的持续经营,不会对于物业公司履行物业合同、收取物业管理费构成重大障碍,并进一步影响到基础现金流回收的稳定性。但是,鉴于审核机关判断物业合同备案可以作为物业合同签署和履行程序合法合规的佐证,在进行物业费 ABS 实务操作时,笔者依然建议物业管理公司严格按照经营地法规规定办理物业合同备案手续,取得备案证明文件。

2. 物业费价格的合规性

实务操作过程中,经办律师应当关注物业合同价格的合规性。

目前,物业合同价格是否合规首先以其是否按照当地价格主管部门要求办理价格备案作为最直接的判断依据,在不具备价格备案条件的情况下,需要进一步判断物业合同执行政府指导价还是市场调节价,并区分情况进行细化判断。

目前对物业服务收费管理作出专门规定的部门规章是国家发展和改革委员会与建设部联合发布的《物业服务收费管理办法》(发改价格〔2003〕1864 号)。该办法第六条规定:“物业服务收费应当区分不同物业的性质和特点分别实行政府指导价和市场调节价。具体定价形式由省、自治区、直辖市人民政府价格主管部门会同房地产行政主管部门确定。”据此,国家发展和改革委员会将物业服务的定价和管理权限下放至各地价格主管部门和房地产主管部门。

经笔者调研,根据各地规范性文件,物业服务费用区分为政府指导价和市场调节价。其中,执行政府指导价的物业服务项目,其合同约定的物业管理费价格一般需要在政府定期公示的指导价目录规定的价格区间内,或在政府指导价基础上上浮一定的比例;执行市场指导价的物业服务项目,物业服务委托方与物业管理公司可以根据其实际合作情况自由约定物业服务收费价格。为了便于价格监测和管理,不少地区还要求执行政府指导价的物业合同于价格主管部门或房地产行政部门办理价格备案。例如,《惠州市物业服务收费管理实施办法》(2010 年 10 月施行)第八条规定:“实行政府指导价的物业服务收费,按照属地管理原则,惠城区、仲恺高新区辖区内由市价格主管部门会同市房产主管部门根据不同类型和服务内容制定基准价及浮动幅度。其他县、区由当地价格主管部门会同同级房产主管部门制定本地区的基准价及浮动幅度,并抄送市价格主管部门和市房产主管部门备案。”

什么样的物业项目应当适用政府指导价?经笔者调研,对于该问题,各个地区的规范不尽一致。结合政府指导价调整机制的立法目的,物业服务小区施行政府指导价,明确该区域物业服务的基准价及其调整幅度,主要在于防范物业公司乱收费或擅自提高收费价格,侵害到普通住宅小区居民的合法权益。因此,总体上,非住宅类的物业项目,一般不属于政府指导价的调整范围。目前,多数地区的规范性文件在要求住宅小区的物业合同执行政府指导价并办理价格备案时,尚未排除别墅等高端住宅小区。北京市对于执行政府指导价的住宅小区作了进一步的限定解释,《北京市物业服务收费管理办法(试行)》(2006 年 1 月施行)第五条规定:“实行政府指导价的物业服务收费由市价格主管部门会同市房地产行政主管部门制定基准价标准及浮动幅度,两年公布一次。”此外,北京市住房和城乡建设委员会于其官方网站对于政府指导价管理和市场调节价管理的物业范围做了解答:经济适用住房小区、执行《北京市加快城市危旧房改造实施办法(试行)》政策的危改回迁小区，在未成立业主大会前，物业服务收费实行政府指导价，执行经济适用住房物业服务收费政府指导价标准，其他物业服务收费实行市场调节价。

《物业服务收费管理办法》第二十一条规定："政府价格主管部门会同房地产行政主管部门，应当加强对物业管理企业的服务内容、标准和收费项目、标准的监督。物业管理企业违反价格法律、法规和规定，由政府价格主管部门依据《中华人民共和国价格法》和《价格违法行为行政处罚规定》予以处罚。"各地的物业服务收费规范性文件也参考前述两份文件就物业服务价格违法规定了具体的处罚措施。《价格违法行为行政处罚规定》(2010 年修订)第九条规定，经营者不执行政府指导价、政府定价，存在其列示行为的，责令改正，没收违法所得，并处违法所得 5 倍以下的罚款；没有违法所得的，处 5 万元以上 50 万元以下的罚款，情节较重的处 50 万元以上 200 万元以下的罚款；情节严重的，责令停业整顿。因此，综合前述关于物业合同效力的分析，应当遵循政府指导价定价规则的物业合同未按照规定执行政府指导价的，物业合同有效，但物业公司应当限期改正，没收违法所得，并受到较高的罚款。

笔者认为，物业合同价格标准直接关系还款现金流的预测值，若该价格标准因违反规定而必须调低，将会直接影响基础现金流的稳定性，从而增加资产证券化项目的违约风险。另外，高额罚款及情节严重时的停业整顿整改要求，也会影响到物业公司的持续经营能力。因此，物业合同的合同价格是否符合价格管理的合规性要求(包括执行政府指导价的物业合同是否根据当地规定履行了备案程序)，应当作为判别其是否符合入池标准的重要依据。

3. 物业管理招投标

实务操作过程中，经办律师应当关注物业服务项目是否通过招投标选聘物业管理公司，并充分披露未进行招投标的物业项目的法律风险。

《物业管理条例》第二十四条规定："国家提倡建设单位按照房地产开发与物业管理相分离的原则，通过招投标的方式选聘具有相应资质的物业服务企业。住宅物业的建设单位，应当通过招投标的方式选聘具有相应资质的物业服务企业；投标人少于 3 个或者住宅规模较小的，经物业所在地的区、县人民政府房地产行政主管部门批准，可以采用协议方式选聘具有相应资质的物业服务企业。"住房和城乡建设部制定的《前期物业管理招标投标管理暂行办法》第三条规定："住宅及同一物业管理区域内非住宅的建设单位，应当通过招投标的方式选聘具有相应资质的物业管理企业；投标人少于 3 个或者住宅规模较小的，经物业所在地的区、县人民政府房地产行政主管部门批准,可以采用协议方式选聘具有相应资质的物业管理企业。国家提倡其他物业的建设单位通过招投标的方式,选聘具有相应资质的物业管理企业。"《物业管理条例》第五十七条规定:"违反本条例的规定,住宅物业的建设单位未通过招投标的方式选聘物业服务企业或者未经批准,擅自采用协议方式选聘物业服务企业的,由县级以上地方人民政府房地产行政主管部门责令限期改正,给予警告,可以并处10万元以下的罚款。"各地区的规范性文件关于招投标程序的规定与此基本保持一致,部分地区还专门在房地产行政部门设立了招投标办公室专门负责物业服务招投标管理。

根据前述规定,住宅及同一物业管理区域内非住宅的建设单位一般需要通过招投标选聘物业管理公司,然后签署物业合同,除前述区域外的物业服务区域,一般无须进行招投标。若应当履行招投标程序而未履行,则针对建设单位应当责令改正,给予警告,可以并处罚款。

笔者认为,《物业管理条例》等规范性文件要求住宅物业履行招投标程序,属于倡导性规范,不属于效力性规范,不会影响《物业合同》的有效性。但是,若未能履行招投标程序被要求责令改正,严格意义上需要重新履行招投标程序,这可能要求在先履行的《物业合同》提前终止,甚至导致物业公司因未能被选聘而失去继续从事该项目物业服务的资格。这可能实质性地影响基础资产回款现金流。需要说明的是,截至目前,笔者经过网络搜索引擎等途径,尚未查询到因责令改正导致要求物业合同重新履行招投标程序的案例。

4. 物业合同的期限

实务操作过程中,经办律师应当关注产生底层现金流的物业合同有效存续期限是否与专项计划期限相匹配。

《深交所问答》要求,管理人应对入池物业合同的存续期限进行核查和披露。对于基础资产直接为物业服务合同债权的,物业合同期限应与专项计划期限相匹配。对于不以物业服务合同债权为基础资产的,物业合同期限如不能覆盖专项计划期限,管理人和律师应在专项计划文件中就合同续签事项发表明确意见,同时对投资者充分揭示风险并提供合理缓释措施。

物业合同主要分为前期物业合同和正式物业合同,两者的区分标准是物业小区业主大会成立并重新聘任物业管理公司。根据《物业管理条例》的相关规定,业主大会成立前的前期物业服务阶段,由建设单位选聘物业管理公司,并签署前期物业服务合同。业主大会成立后,若业主大会决定重新选聘物业管理公司,则由业主委员会代表业主大会与新选聘的物业管理公司签署正式物业合同。前期物业合同可以约定为无固定期限合同,也可以约定期限,但是,期限未满,业主委员会与物业管理公司签署的正式物业合同生效,前期物业合同终止。通常,纳入基础资产池的物业合同多数为无固定期限的前期物业合同,如果存在物业服务委托人为独栋大楼的单一业主或住宅小区的业主委员会,其签署的物业合同可能少于五年,而专项计划的存续期通常会在八年左右,存在未能覆盖专项计划的情况。对于这种情形,经办律师一方面需要判断该类合同产生的预测现金流占整体基础现金流的比重,以及其是否存在续签的现实可能性;另一方面应当充分披露该等事实、潜在风险和缓释措施。此外,如果物业合同约定了提前终止条款,经办律师也应当充分披露事实与潜在风险,并协助管理人设计风险缓释措施。

5. 物业合同的取费模式

《物业服务收费管理办法》规定了物业服务收费方式包括包干制和酬金制两种。其中,包干制是指由业主向物业管理企业支付固定物业服务费用,盈余或者亏损均由物业管理企业享有或者承担的物业服务计费方式;酬金制是指在预收的物业服务资金中按约定比例或者约定数额提取酬金支付给物业管理企业,其余全部用于物业服务合同约定的支出,结余或者不足均由业主享有或者承担的物业服务计费方式。

物业公司采用包干制收取物业费,全部物业费均归属于物业公司,由物业公司自担成本。物业公司采用酬金制收取物业费,除了固定比例的酬金以外,其他费用实际为业主所有,物业公司只有代为管理的权利,不得将其用于物业服务合同约定以外的支出。实践中,住宅小区的物业合同多以包干制为主,而酬金制经常出现在商业、办公物业。物业费 ABS 在预测现金流时,一般是以物业费毛收入(包含物业服务成本、税费)进行现金流预测。因此,必须确保纳入预测现金流的资金都能够归物业公司所有,物业公司可以自由列支,而酬金制收费机制项下,对于物业公司提取酬金以外的物业费其他收入,物业公司均无权自由处分。

基于两种收费模式的本质差异与业务经办实践,笔者认为,纳入基础资产池的物业合同,应当适用包干制的物业收费方式,酬金制物业合同不适合纳入基础资产池。

6. 母公司从子公司受让物业合同债权

部分物业费 ABS 项目中,对外签署物业服务合同的物业管理公司主体较为分散,其股东通过在各地设立多家物业管理项目公司的模式开展业务,为了实现物业合同权益集中与后续现金流归集集中的目的，该等项目可能需要设定母公司自子公司受让物业合同债权的交易安排。

《深交所问答》要求，根据物业服务的业务模式，对于交易结构中涉及母公司从子公司受让物业合同债权的情形，项目文件中应明确约定在基础资产购买前已支付债权转让对价，且律师应在法律意见书就债权转让的公允性、合法性、有效性以及转让通知等事项发表明确意见。

母公司和子公司系典型的关联关系，母公司从子公司受让物业合同债权，属于关联交易行为，主要可从以下方面核查该等关联交易行为是否公允、合法、有效：(1)核查物业合同债权转让是否可行。根据《合同法》第七十九条规定，债权人不得在以下三种情况转让债权：根据合同性质不得转让；按照当事人约定不得转让；依照法律规定不得转让。物业合同债权在性质上可以转让，在法律法规层面也不存在限制转让的条件。但如果在物业合同中有约定不得转让物业合同债权的，该等债权不得转让。(2)核查物业费债权转让的作价依据，必要时参考审计机构、评估机构等专业意见判断定价是否公允，是否存在损害转让方权益的情形，关联交易作价应当符合企业会计准则、公司内部规章制度、相关上市规则(如适用)中关联交易作价的有关规定。(3)核查关联交易支付是否公允，是否发生拖付、欠付，并应当督促母公司不晚于专项计划受让基础资产之前完成全部转让对价支付。(4)核查关联交易程序是否合法合规，关联交易事项应根据转让双方公司章程提交其内部有权机关表决通过，遵守公司法、公司章程、相关上市规则(如适用)有关关联交易的程序性规定。(5)核查合同法有关债权转让通知程序的履行安排。《合同法》第八十条规定："债权人转让权利的，应当通知债务人。未经通知，该转让对债务人不发生效力。债权人转让权利的通知不得撤销，但经受让人同意的除外。"根据该规定，物业合同债权转让时，物业合同债权人(物业合同受托人)应当通知物业合同债务人(物业合同委托人)，否则，该等转让对债务人不发生效力。在物业费 ABS 项目中，由于基础资产对应的物业合同委托人数量较多，履行此等通知义务对物业合同受托人来说难度较大，通常将该等通知安排设定为权利完善事件。

7. 其他合规性问题

除前述事项外，交易所还关注了其他物业费 ABS 的重点法律问题，本文不再做过多赘述，在下表中进行简单释明：

表 2　物业费 ABS 产品合规性核查的其他事项

序号	问题摘要	具体描述	关注原因
1	资金流归集节点匹配	物业费的收费时间、频率应当满足专项计划资金归集、还款安排。	确保专项计划能够按期足额返还投资者的本金与收益。
2	避免资金混同	尽量避免物业费与物业公司其他收入发生混同,加快物业费的归集频率。	确保物业费现金流具有独立性。
3	开发商付费情形	对于开发商支付物业费的前期物业合同,需要充分披露入池比例、历史支付情况和延迟支付风险,如果开发商与物业管理公司存在关联关系,还应当进行说明和风险揭示。	防范物业费现金流来源单一导致风险集中,如果开发商与物业管理公司具有关联关系,还需要考虑物业费价格的公允性,并防范关联交易和利益输送。
4	排除物业费权利限制	物业费收入不应受到应收账款质押、诉讼、仲裁、执行等各类权利限制。	确保基础现金流不因权利限制出现减损、灭失或归集障碍。
5	物业项目的合规性	物业服务项目应当取得土地使用权证、房产证等主要开发建设类证照。	确保物业项目正常存续,并形成合法合规的物业服务区域,防范因违建拆除、收回土地等原因导致物业项目难以继续存续,从而影响现金流的正常归集。
6	未交付物业项目的交付安排	应如实披露未交付小区物业预期交付的时间和进展安排及未交付小区物业的物业费规模占专项计划全部物业费规模的比例,并提供差额补足等缓释措施。	未交付物业项目,存在物业未能及时向业主实际交付而导致物业费无法按时足额归集,进而影响专项计划的现金流。
7	物业服务公司的持续经营能力	应对物业服务公司的持续经营能力进行披露和风险揭示,必要时设置股东支持、资金留存等缓释措施。	物业服务公司的持续运营能力直接影响现金流的稳定性。
8	房地产合规专项核查	如果差额支付承诺人、担保人等专项计划相关参与方涉及房地产企业,可能将其视为房地产上市公司再融资的手段,要求经办律师对相关主体进行闲置土地、炒地、捂盘惜售和哄抬房价的专项核查。	执行《国务院办公厅关于继续做好房地产市场调控工作的通知》(国办发〔2013〕17 号)、《证监会调整上市公司再融资、并购重组涉及房地产业务监管政策》等文件规定。

基础资产的类型与合规审查

——类 REITs 产品

马会军　贾　勇　王若曦*

* 作者简介：

马会军，合伙人，中伦律师事务所北京办公室，电邮为 mahuijun@ zhonglun. com；

贾勇，非权益合伙人，中伦律师事务所北京办公室，电邮为 jiayong@ zhonglun. com；

王若曦，律师，北京办公室。

一、类 REITs 产品简介

房地产信托投资基金(Real Estate Investment Trusts,REITs)的定义有广义和狭义之区分。根据投资形式不同,广义的 REITs 可分为权益型、抵押型与混合型。抵押型 REITs 实质就是 CMBS,通常以商业物业抵押贷款、信托贷款的受益权为基础资产。狭义的 REITs 通常仅包括权益型 REITs,即投资者通过投资 REITs 产品间接获得标的物业资产的所有权。

部分国家(如美国、新加坡等)、我国香港地区通过专门立法对 REITs 的设立、运行、上市、终止程序,各阶段参与方的主体资格,REITs 的运行结构、税收优惠、信息披露等各个方面有详细的规定。在该等立法体例下,REITs 产品结构简单清晰(以新加坡 REITs 为例,如图 1 所示),投资者通过购买 REITs 份额成为信托持有人,并通过信托持有物业并享受收益,另有管理人和托管人分别负责物业资产的管理和信托财产的托管。

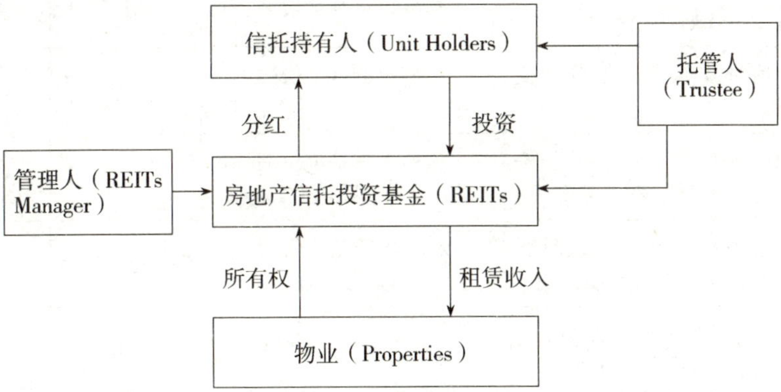

图 1　新加坡 REITs 产品结构

截至目前,我国尚未正式出台专门的 REITs 规则,目前发行的类 REITs 产品主要是以成熟 REITs 产品架构为目标与参考、以现行资产支持证券/资产支持票据等规则为依托设计的资产支持证券或者资产支持票据产品,发行成功后的上市交易场所有上海证券交易所、深圳证券交易所、银行间债券市场等。

根据本文作者基于公开渠道可查询信息不完全统计,截至目前发行成功的类 REITs 产品至少有如下案例:

表 1 我国目前发行成功的类 REITs 产品

序号	类 REITs 产品名称	基础资产	底层物业类型	规模（亿元）
1	中信启航专项资产管理计划	私募投资基金份额	写字楼	52.1
2	恒泰浩睿—彩云之南酒店资产支持专项计划	私募投资基金份额	酒店	58
3	恒泰浩睿—海航浦发大厦资产支持专项计划	私募投资基金份额	写字楼	25
4	首誉光控—光控安石大融城资产支持专项计划	私募投资基金份额	商场	25
5	中信华夏苏宁云享资产支持计划	私募投资基金份额	物流中心	18.47
6	中信皖新阅嘉一期资产支持专项计划	私募投资基金份额	图书城	5.55
7	中信华夏苏宁云创资产支持计划	私募投资基金份额 项目公司、优先债收益权	门店	43.95
8	中信华夏苏宁二期云创资产支持计划	私募投资基金份额 项目公司、优先债收益权	门店	33.35
9	中信华夏三胞南京国际金融中心资产支持专项计划	私募投资基金份额 信托受益权	写字楼 + 商场	30.53
10	招商创融—天虹商场（一期）资产支持专项计划	项目公司 100% 股权	商场	14.5
11	东证资管—青浦吾悦广场资产支持专项计划	项目公司 100% 股权 信托受益权	商场	10.5
12	天风—中航红星昆明爱琴海商业物业信托权资产支持专项计划	信托受益权	商场	14
13	中银招商—北京凯恒大厦资产支持专项计划	私募投资基金份额	商场	30.05
14	兴业皖新阅嘉一期房地产投资信托基金（REIT）资产支持证券（银行间债券市场）	私募投资基金份额	新华书店门店	5.535

续表

序号	类 REITs 产品名称	基础资产	底层物业类型	规模（亿元）
15	恒泰弘泽—华远盈都商业资产支持专项计划（私募产品报价与服务系统）	私募投资基金份额	写字楼 + 商务公寓 + 商场	7.36
16	中联前海开源—勒泰一号资产支持专项计划	私募投资基金份额	综合体	35
17	招商创融—福晟集团资产支持专项计划	私募投资基金份额	培育型物业	17
18	畅星—高和红星家居商场资产支持专项计划	私募投资基金份额	家居商业地	26.5
19	新派公寓权益型房托资产支持专项计划	私募投资基金份额	长租公寓	2.7
20	渤海汇金—中信资本悦方 ID Mall 资产支持专项计划	私募投资基金份额	商场	27.7
21	鹏华前海万科 REITs（公募基金）	BOT 项目的特许经营权	BOT 项目	30

根据表 1，最常见的类 REITs 产品的基础资产为私募投资基金份额，此外还有项目公司优先债收益权、信托受益权、项目公司股权、BOT 项目特许经营权等。

类 REITs 产品的底层物业资产则更为多种多样，目前已发行的类 REITs 产品的底层资产类型有写字楼、酒店、商场、物流中心、门店、家具商业地产、长租公寓等。

由于底层物业的类型不同，项目公司经营现金流的来源也有所不同。例如，（1）以兴业皖新阅嘉一期房地产投资信托基金（REIT）资产支持证券（以下简称皖新 REIT）为例，底层物业持有人的收入和现金流来源于物业资产（新华书店门店）的租金收入、场地收入、物管收入、运营管理收入以及其他收入。（2）恒泰浩睿—彩云之南酒店资产支持专项计划的底层物业持有人的收入和现金流来源于底层物业（酒店）的客房收入、餐饮收入及其他收入。（3）东证资管—青浦吾悦广场资产支持专项计划的项目公司收入则主要包括商铺租金收入、物业管理费收入、附着物业租金收入、多种经营收入及保证金利息收入。

二、类 REITs 产品交易结构和类型简述

类 REITs 产品的主要参与机构包括原始权益人、资产支持专项计划管理人、信托计划受托人、销售机构、专项计划托管银行、账户监管银行等。如果以私募基金的形式持有项目公司股权,基金管理人、基金托管银行也会作为参与方。根据交易结构的不同,担保人、流动性支持承诺人、优先购买权执行方、委贷银行也可作为项目参与方。

根据产品载体和发行市场的不同,类 REITs 产品可以分为以下三类:(1)以资产支持专项计划为产品载体的交易所类 REITs,如中信华夏苏宁云创资产支持专项计划;(2)以公募基金为发行载体的公募基金 REITs,如鹏华前海万科 REITs;(3)以信托为发行载体的银行间市场类 REITs,如兴业皖新阅嘉一期房地产投资信托基金(REITs)资产支持证券。

表 2　类 REITs 产品的三种类型

产品类别	交易所类 REITs	公募基金类 REITs	银行间市场类 REITs
主要法规依据	《证券公司及基金管理公司子公司资产证券化业务管理规定》	《证券投资基金法》《公开募集证券投资基金运作管理办法》	《全国银行间债券市场金融债券发行管理办法》《中国人民银行行政许可实施办法》
主管机构	证监会、交易所	证监会	中国人民银行
产品形式	交易所资产支持证券	公募基金份额	银行间市场资产支持证券
特殊目的载体	资产支持专项计划	封闭式公募基金	信托计划
审批形式	挂牌机构出具无异议函,基金业协会备案	证监会注册	中国人民银行行政许可
挂牌交易场所	证券交易所、机构间报价系统	证券交易所	银行间债券市场
发行方式	向合格投资机构定向发行	向证券投资基金合格投资人公募发行	向银行间市场合格投资机构公开发行

1. 交易所类 REITs 产品

交易所类 REITs 产品是目前市场上最常见的类 REITs 产品。

根据产品结构的不同,交易所类 REITs 产品又可以细分为:(1)产品载体直接持有项目公司股权,以项目公司的股权为基础资产的产品,如招商创融—天虹商场

(一期)资产支持专项计划、东证资管—青浦吾悦广场资产支持专项计划;(2)嵌套一层私募基金,采用"专项计划+私募基金"双SPV结构持有项目公司股权,以私募基金份额为基础资产的产品,如中信华夏苏宁云创资产支持专项计划等产品;(3)以信托受益权为基础资产的产品,如天风—中航红星昆明爱琴海商业物业信托权资产支持专项计划。以上述三种结构为基本结构,部分类REITs产品还会稍作调整,采用股+债的结构,将信托受益权或优先债收益权同时作为基础资产,或由私募基金向项目公司发放委托贷款。

1.1 直接持有项目公司股权的产品

东证资管—青浦吾悦广场资产支持专项计划是一单专项计划直接持有项目公司股权的类REITs产品。

东证资管—青浦吾悦广场资产支持专项计划(以下简称吾悦广场专项计划)的基础资产为:(1)项目公司上海迪裕商业经营管理有限公司(以下简称上海迪裕)的全部股权;(2)计划管理人代表专项计划持有的单一资金信托的信托受益权。底层物业资产为上海青浦吾悦广场及其附着物业。

该资产支持专项计划的产品结构示意如图2所示:

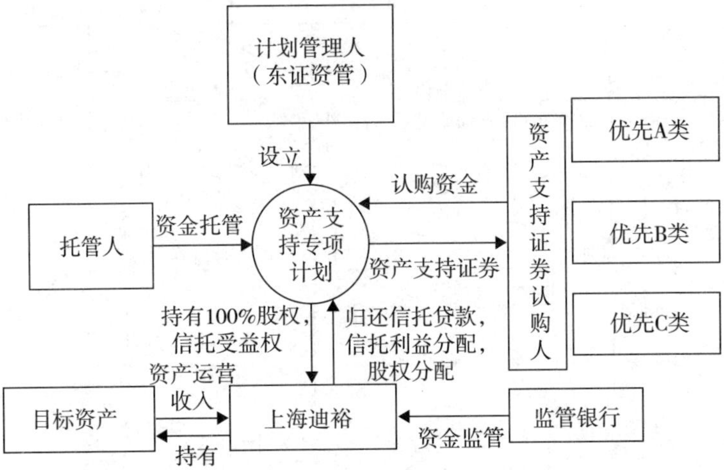

图2 吾悦广场专项计划产品结构

该产品的基本交易结构构建过程概述如下:(1)首先,计划管理人发行资产支持证券,设立专项计划,认购人认购资产支持证券,成为资产支持证券持有人。(2)在专项计划设立后,计划管理人向原始权益人购买其持有的项目公司全部股权,实现间接控制目标物业资产。(3)计划管理人出资设立单一资金信托,由该信托向上海迪裕发放信托贷款，专项计划持有信托受益权。（4）项目公司以目标物业资产的经营收入偿还信托贷款，信托计划受托人按约定将信托利益分配给专项计划。至此，吾悦广场专项计划的持有人可以享受股权性和债权性的两种收益。偿付资产支持证券的本金和预期收益的资金包括上海迪裕的股东利润分配资金和单一资金信托项下的信托收益分配资金，另外还有新城控股支付的权利金资金和对目标资产的处置的资金及收益。

1.2　以私募基金份额为基础资产的产品

中信华夏苏宁云创资产支持专项计划是一单有双 SPV 结构（资产支持专项计划 + 私募投资基金）的类 REITs 产品。

中信华夏苏宁云创资产支持专项计划基础资产为私募投资基金份额，目标物业资产为 11 家项目公司持有苏宁门店物业，这些物业的承租人为苏宁云商名下所属公司和苏宁集团。

该资产支持专项计划的产品结构示意如图 3 所示：

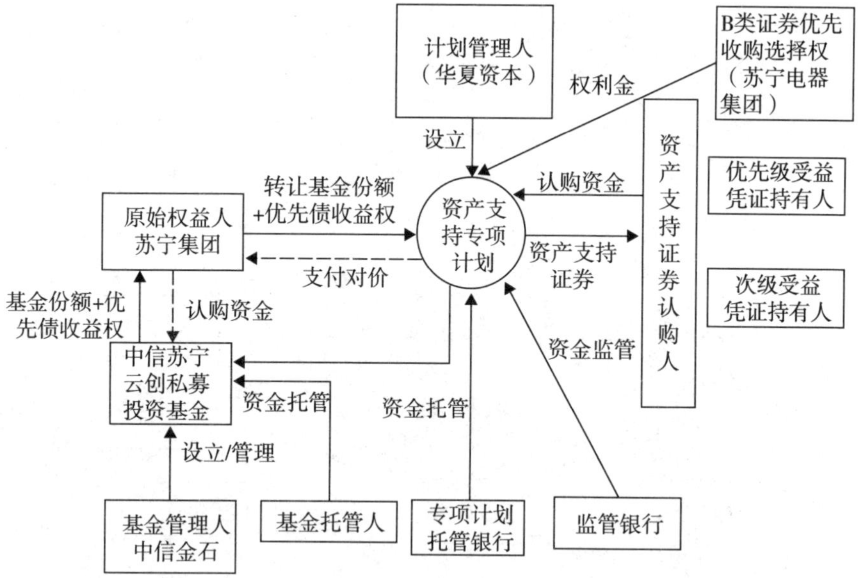

图 3　中信华夏苏宁云创资产支持专项计划产品结构

该产品的基本交易结构构建过程概述如下：（1）基金管理人设立中信苏宁云创私募投资基金，原始权益人为苏宁云商集团股份有限公司。（2）私募投资基金收购 11 家项目公司的 100% 股权，同时向项目公司发放委托贷款（包括优先债和次级债)，项目公司以门店物业提供抵押担保。(3)认购人通过与计划管理人签订《认购协议》，将认购资金以专项资产管理方式委托管理人管理，管理人设立并管理该专项计划，认购人取得资产支持证券，成为资产支持证券持有人。(4)专项计划的管理人、私募基金的原始权益人、私募基金管理人签订《基金份额转让协议》，专项计划的管理人向原始权益人购买全部基金份额从而成为私募基金的基金份额持有人。

1.3　以信托受益权为基础资产的产品

天风—中航红星昆明爱琴海商业物业信托权资产支持专项计划是一单有双 SPV 结构(资产支持专项计划＋信托计划)的类 REITs 产品。

天风—中航红星昆明爱琴海商业物业信托权资产支持专项计划(以下简称昆明爱琴海专项计划)被称为“信托业首支类 REITs 产品”，该产品结构设计实现了物业资产与原始权益人某种程度上的分离，但实际上资产支持专项计划并不持有项目公司股权，专项计划证券持有人的收益并非基于项目公司股东权益而享有股东收益，其投资收益来源于债权性的信托贷款还款。该产品的基础资产为由原始权益人根据《信托受益权转让协议》约定在专项计划设立日转让给管理人的、原始权益人依据《信托合同》(包括《信托合同 A》《信托合同 B》)享有的信托受益权，而该等信托受益权对应的底层投资安排是两笔信托贷款(一笔向项目公司发放，一笔向持有项目公司股权的合伙企业发放)，这与一般意义上的类 REITs 产品存在较大差异。

该资产支持专项计划的产品结构示意如图 4 所示：

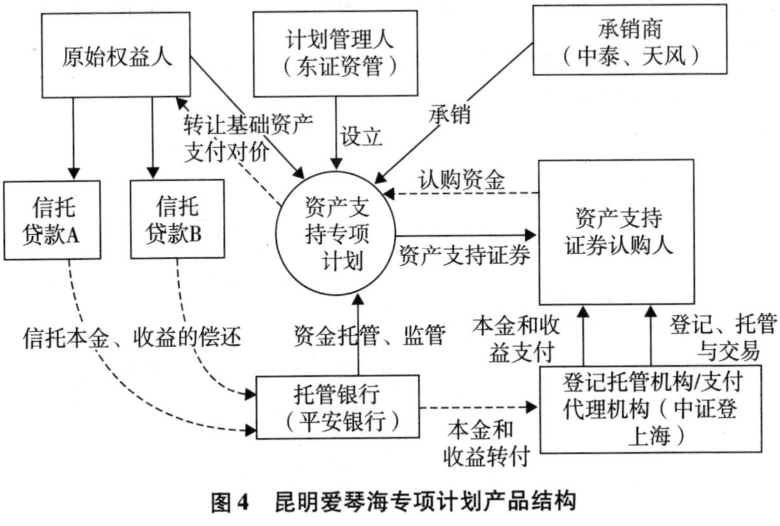

图 4　昆明爱琴海专项计划产品结构

该产品的基本交易结构构建过程概述如下：(1)原始权益人与信托公司签订A类单一资金信托合同、B类单一资金信托合同、C类单一资金信托合同；(2)信托公司与项目公司签署信托贷款合同A，以A类单一资金信托合同项下资金向项目公司发放信托贷款A；信托公司与合伙企业签署信托贷款合同B，以B类单一资金信托合同项下资金向合伙企业发放信托贷款B，合伙企业以该资金向项目公司发放贷款；(3)项目公司进行派生分立，新项目公司持有底层物业（昆明爱琴海购物中心项目）与上述两笔债务；(4)专项计划管理人指定机构作为普通合伙人发起设立合伙企业，信托公司以单一信托C的资金认购该合伙企业有限合伙份额，该有限合伙企业拟受让新设项目公司全部股权；(5)管理人发起设立专项计划，认购人签署认购协议、支付认购资金并取得资产支持证券；(6)管理人代表专项计划与原始权益人签署信托受益权转让协议，自原始权益人受让A类单一资金信托合同、B类单一资金信托合同项下的信托受益权。

2. 公募基金类REITs产品

鹏华前海万科REITs（全称为“鹏华前海万科REITs封闭式混合型发发起式证券投资基金”）是一种采用了公募基金的产品形式，投资方向包括“以获取商业物业租金收益为目标投资于目标公司股权”的混合型证券投资基金，具有“国内首款公募REITS产品”的称号。

该基金的投资组合比例为：投资于确定的、单一的目标公司股权的比例不超过基金资产的50%，投资于固定收益类资产、权益类资产等的比例不低于基金资产的50%。如法律法规或监管机构以后允许基金投资其他品种，基金管理人在履行适当程序后，可以将其纳入投资范围。

该公募基金的产品结构示意如图5所示：

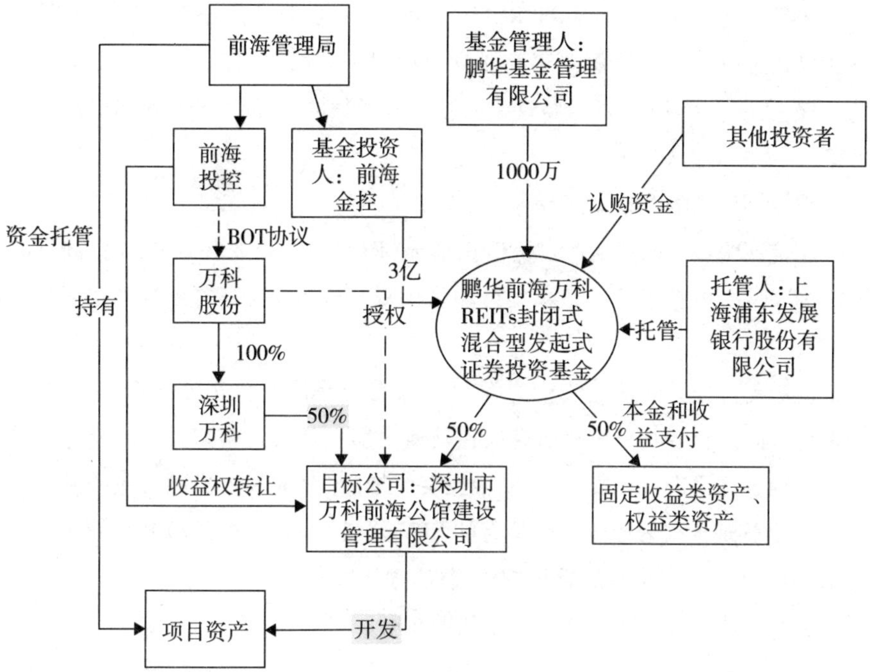

图 5　鹏华前海万科 REITs 产品结构

该产品的基本交易结构构建过程概述如下:(1)深圳市前海开发投资控股有限公司(以下简称前海控投)与万科企业股份有限公司(以下简称万科股份)就前海企业公馆项目签订了 BOT 协议。万科股份为履行上述 BOT 协议而成立了目标公司深圳市万科前海公馆建设管理有限公司,目标公司负责对该项目进行开发和运营。前海控投同意将前海企业公馆项目 2021 年 9 月 8 日至 2023 年 7 月 24 日期间的运营权及收益权确定性转让给目标公司。(2)基金募集成立后,该基金根据与目标公司及其股东所签订的增资协议等相关协议约定的程序和时间,通过增资方式持有目标公司 50% 股权,持有期至 2023 年 7 月 24 日,获取自 2015 年 1 月 1 日起至 2023 年 7 月 24 日前海企业公馆项目 100% 的实际或应当取得的除物业管理费收入之外的营业收入,营业收入依据相关协议约定的业绩补偿机制和激励机制进行调整。(3)该基金对目标公司股权的投资将根据基金管理人与深圳万科、目标公司签订的《股权回购协议》,通过向深圳万科及其指定的关联方溢价转让股权的方式实现逐步退出,具体的股权受让方和转让对价以基金管理人出具的公告为准。(4)除前述股权投资之外,该基金可投资于依法发行或上市的股票、债券和货币市场工具等。

该产品在流动性方面向标准REITs更进了一步，但是由于混合型证券投资基金不能以超过50%的资产配置于商业物业项目公司股权，且底层资产不是特定物业的产权，实质上是BOT项目特许经营权中收益权的证券化，与标准REITs产品仍有差距。

3. 银行间市场类REITs产品

兴业皖新阅嘉一期房地产投资信托基金（REITs）资产支持证券（以下简称“皖新REITs”）是一单在银行间市场发行的采用双SPV结构（私募投资基金＋信托计划）的资产支持证券。

该资产支持证券的基础资产为发起机构委托受托人设立信托的、由发起机构依据基金合同享有的基金份额所有权和其他附属权益及衍生权益。私募基金依据基金合同约定方式进行投资，私募基金投资完毕后，全部基金份额对应的基金财产为：（1）基金管理人代表私募基金持有的SPV公司100%股权；（2）基金管理人代表私募基金对SPV公司享有的委托贷款债权。

该资产支持证券的产品结构示意如图6所示：

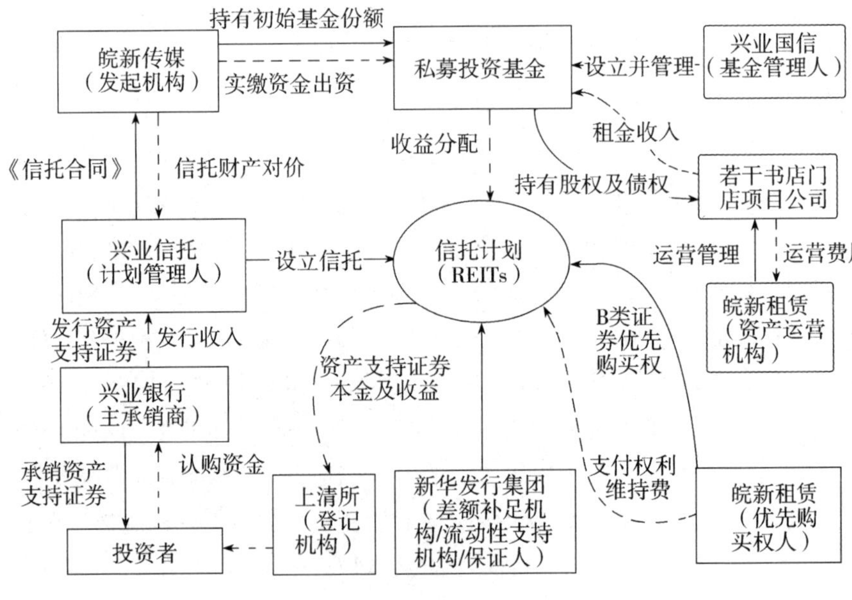

图6　皖新REITs产品结构

该产品的基本交易结构构建过程概述如下：（1）原物业持有人作为股东，通过以标的物业作为资产出资的方式设立项目公司,使项目公司成为标的物业的持有方。(2)皖新传媒(安徽新华传媒股份有限公司)作为股东,投资设立 SPV,作为收购项目公司的主体。(3)SPV 和原物业持有人签订股权转让协议,向原物业持有人收购其持有的项目公司 100% 股权。(4)皖新传媒作为基金份额投资人,与基金管理人兴业国信资产管理有限公司设立"兴业皖新阅嘉私募基金第一期基金"(以下简称皖新基金),认购私募基金份额,设立私募基金,皖新基金向 SPV 发放委托贷款并以目标资产为抵押担保,SPV 再将自有基金及委托贷款向目标资产原持有人支付股权对价款,收购其持有的 SPV100% 股权。(5)皖新传媒将其持有的私募基金份额作为基础资产,以信托方式交付兴业信托,由兴业信托在全国银行间债券市场发行资产支持证券,以信托财产所产生的现金流支付资产支持证券的本金和收益。(6)由各项目公司与皖新传媒签订租赁合同,以约定租金水平整租全部标的物业,由私募基金与皖新租赁签署运营管理协议,皖新租赁担任项目公司运营服务商,承担物业运营和维护、租金归集等职责。

三、类 REITs 产品的合规审查

结合现有业务规则与本团队的实务操作经验,笔者对类 REITs 产品业务所涉及的合规审查问题予以概要分析

1. 基础资产与底层物业资产的核查

从既有类 REITs 产品的结构来分析,类 REITs 产品多采用以私募基金份额为基础资产的双 SPV 结构:(1)项目公司持有最底层能够产生稳定现金流的底层物业资产;(2)私募基金对项目公司进行股权、债权投资,对项目公司享有投资权益;(3)作为产品载体的资产支持专项计划或信托计划持有私募基金份额。

在现行法律法规与业务规则环境下,类 REITs 产品操作实践中,核查基础资产类型与该等产品合规事项时通常主要依据如下法律法规体系:(1)该类 REITs 产品所适用的产品规则体系,例如《证券公司及基金管理公司子公司资产证券化业务管理规定》《证券公司及基金管理公司子公司资产证券化业务尽职调查工作指引》、交易所业务指引与业务问答等。(2)与类 REITs 产品载体相关的法律法规体系,例如《公司法》《证券投资基金法》《私募投资基金监督管理暂行办法》等。(3)与该类 REITs 产品底层物业资产有关的房地产法律法规体系,如《土地管理法》《房地产管理法》等。

1.1 关于基础资产

《证券公司及基金管理公司子公司资产证券化业务尽职调查工作指引》（以下简称《尽调指引》）对基础资产的尽职调查事项作出了原则性规定。《尽调指引》第十三条规定："对基础资产的尽职调查包括基础资产的法律权属、转让的合法性、基础资产的运营情况或现金流历史记录，同时应当对基础资产未来的现金流情况进行合理预测和分析。"《尽调指引》第十四条规定："对基础资产合法性的尽职调查应当包括但不限于以下内容：基础资产形成和存续的真实性和合法性；基础资产权属、涉诉、权利限制和负担等情况；基础资产可特定化情况；基础资产的完整性等。"

《深圳证券交易所资产证券化业务问答》（2017 年 3 月 3 日发布，以下简称《深交所问答》）第 5.2 条针对资产证券化业务基础资产权属主要关注的方面提出了要求：(1) 原始权益人拥有基础资产的法律支持要件或权属证明文件，法律意见书应对此发表意见。(2) 原始权益人具有与基础资产相关的运营许可，对产生基础资产必备的土地、设备、资产等应具有所有权或使用权。(3) 基础资产不得附带抵押、质押等担保负担或其他权利限制，但通过专项计划相关安排，在原始权益人向专项计划转移基础资产时能够解除相关担保负担和其他权利限制的除外。(4) 关注产生基础资产的相关资产是否附带权利限制及风险缓释机制，例如，高速公路收费收益权对应的收费权、电力收益权对应的发电设备、污水处理收益权对应的污水处理设施等。(5) 管理人应当通过相关登记系统查询确认基础资产及其相关资产的权属和权利限制情况。

1.1.1 私募基金份额

我国建立了全国人大、国务院、证监会、基金业协会四级私募基金监管体系。其中，最高层级为《证券投资基金法》，国务院层面有目前还在征求意见的《私募投资基金管理暂行条例》，证监会层面有《私募投资基金监督管理暂行办法》《证券期货投资者适当性管理办法》等规定，基金业协会层面还有更多详细具体的规定。

《私募投资基金监督管理暂行办法》第八条规定："各类私募基金募集完毕，私募基金管理人应当根据基金业协会的规定，办理基金备案手续，报送以下基本信息：(一) 主要投资方向及根据主要投资方向注明的基金类别；(二) 基金合同、公司章程或者合伙协议。资金募集过程中向投资者提供基金招募说明书的，应当报送基金招募说明书。以公司、合伙等企业形式设立的私募基金，还应当报送工商登记和营业执照正副本复印件；(三) 采取委托管理方式的，应当报送委托管理协议。委托托管机构托管基金财产的，还应当报送托管协议；(四) 基金业协会规定的其他信息。

基金业协会应当在私募基金备案材料齐备后的 20 个工作日内,通过网站公告私募基金名单及其基本情况的方式,为私募基金办结备案手续。”

私募基金份额作为基础资产的,律师应对基金管理人持有的《私募投资基金管理人登记证书》、发起人签署的《私募基金合同》等文件进行核查,对私募基金的登记备案、募集、认购情况作适当核查:

(1)核查登记信息与事实情况是否相符,包括但不限于:注册资本和实缴资本、办公场所、官方网站、产品募集信息、关联方、发行私募基金产品披露、法定代表人学历信息、风险管理与内部控制制度、承诺保本保息披露等。

(2)私募基金财产与私募基金管理人固有财产之间、不同私募基金财产之间、私募基金财产和其他财产之间要实行独立运作,分别核算。

(3)核查私募基金份额之上是否存在质押等权利限制情形。

1.1.2　项目公司股权

以项目公司的股权作为基础资产的项目中,对项目公司股权的合规性审查与通常的公司并购项目中对目标公司的法律尽职调查具有相似性。

律师可以从公司的基本信息、设立和存续情况(包括股权结构、治理结构、历史沿革等)、财务状况、涉诉情况、重大合同、重大资产等方面着手核查。其中,最重要的是要核查项目公司的股权是否存在质押。律师可以前往工商登记机关对股权质押的情况查询,并要求原始权益人出具承诺函,确认作为基础资产的项目公司的股权上不存在质押或其他第三方权利限制,并保证在将该股权转让给计划管理人之前不在其上设立质权或其他第三方权利限制。

为了保证类 REITs 产品的发行,有时原物业持有人会以持有的物业资产通过作价出资的方式新设项目公司,打造无其他存续资产、负债及法律纠纷的“净壳”公司,新设项目公司的唯一股东为原物业持有人。然后再由私募基金出资购买新设项目公司的全部股权并向新设项目公司发放委托贷款。此类项目公司的股权结构简单,资产单一,无其他债务,核查程序相对简单。

1.1.3　信托受益权

以信托受益权作为基础资产的,信托计划通常系为该类 REITs 产品设立构建的产品载体,律师应当关注该等信托计划设立是否符合《信托法》等法律法规规定、信托合同对于信托受益权转让是否设置了特定条件等问题。

中国证监会 2016 年 5 月 13 日发布的《资产证券化监管问答(一)》对作为信托受益权的基础资产有明确的要求:“以单一信托受益权为基础资产,基础资产除必须满足现金流独立、持续、稳定、可预测的要求之外,还应当依据穿透原则对应和锁定底层资产的现金流来源,同时现金流应当具备风险分散的特征。无底层现金流锁定作为还款来源的单笔或少笔信托受益权不得作为基础资产。”因此,根据上述规定,以单一信托受益权为基础资产的,要穿透核查底层资产,确保符合该等要求。

1.2 关于底层物业资产

对底层物业资产的合规性核查主要关注如下方面:

1.2.1 物业资产的真实性、合法性权利归属及其负担情况

《深交所问答》第5.14条针对基础资产为不动产或者专项计划现金流来源于不动产的资产证券化项目,对其不动产提出了如下要求:对于以运营稳定的、成熟的物业或其租金为基础资产的资产证券化,标的物业应当具备下列条件:物业或其租金的原始持有人享有物业的完全所有权或长期租赁物业,权属清晰,相关证照齐备,不存在经济或法律纠纷;基础资产及标的物业不存在抵押、质押等他项权利限制,或在原始持有人长期租赁标的物业的情形下租赁合同不受物业他项权利限制的影响;经营记录良好,租金收入稳定;如相关不动产存在空置、在建等情形的,需不违反负面清单要求,并有充分依据证明未来其可以产生长期稳定现金流。

根据上述要求,笔者认为,律师应当通过对物业资产的如下合规性核查,判断是否存在对基础资产具有不利影响的因素:

(1)底层物业土地使用权取得应具有合法合规性:以出让方式取得的土地使用权,应当履行法定出让程序、缴纳完毕土地出让金、契税等,并取得国有土地使用权证;物业资产的实际使用用途应与土地使用权出让合同、规划条件要求的土地规划用途保持一致。

(2)底层物业开发建设应当合法合规,应当办理与底层物业相匹配的立项、环评、规划许可、施工许可、竣工验收备案等手续,应当注意核查项目建设用地规划许可证、建设工程规划许可证、建设工程施工许可证等相关法律文件。

(3)底层物业资产应完成竣工验收、消防验收、人防工程竣工验收、环境验收的,该物业应取得有关主管部门出具的验收合格证明,具备法定运营条件。

(4)底层物业资产应权属清晰、相关证照齐备、不存在法律纠纷。

(5)底层物业资产应当不存在查封、抵押、质押等他项权利限制。如果物业资产存在担保负担和其他权利限制,应通过募集的资金解除有关担保负担和权利限制。考虑到地方抵押、解押的政策可能存在差异,如果物业资产存在抵押的,律师应当协助项目发起机构与登记主管机关核实确认具体的底层物业资产解除查封、抵

押等手续的操作流程。

1.2.2　物业资产的运营及管理情况

由于 REITs 产品的收益依赖于运营稳定的、成熟的物业产生的现金流,物业资产的运营和管理也必须满足一定的要求。

《尽调指引》第十六条规定,“管理人应当根据不同基础资产的类别特性对基础资产现金流状况进行尽职调查,应当包括但不限于以下内容:基础资产质量状况;基础资产现金流的稳定性和历史记录;基础资产未来现金流的合理预测和分析”。

《负面清单》第四条排除了以下两种情形的与不动产相关的基础资产:“1. 因空置等原因不能产生稳定现金流的不动产租金债权;2. 待开发或在建占比超过 10% 的基础设施、商业物业、居民住宅等不动产或相关不动产收益权。当地政府证明已列入国家保障房计划并已开工建设的项目除外。”

上述规定对底层不动产的物业运营作了相对概括性的要求,其中对基础资产现金流预测分析(包括底层资产的未来租金分析、基础资产预计现金流覆盖倍数及压力测试等)不属于律师的工作范围。

针对底层物业和现金流来源的不同,结合有关规定,可从如下方面进行审查:

(1)现金流来源为租金的,应审查底层物业的经营记录及经营状况。

在租赁合同和经营记录中需关注租户集中度、租赁期限长短、租金价格、续租/退组/转租情况、空置率、租户信用状况、租金收缴率、已缴纳的押金情况、运营时间等影响租金稳定性的因素。

租户集中度是交易所重点关注的因素之一,如果租户集中度较高,物业运营方应提供出现主力租户退租情形时的相关风险处置安排。

由于商业物业的租赁,特别是酒店和大型超市等,租赁期限较长,投资金额巨大,较易发生租赁合同纠纷。核查物业资产的实际运营情况时,需关注以下物业运营方的合同或法律义务:租赁物是否及时交付,交付的租赁物是否合法,租赁物是否符合合同约定的面积、使用标准、特定要求,提供水、电、煤等是否符合双方约定等,出租方是否尽了维修责任等。以出租方的维修责任为例,根据《合同法》第二百二十条和第二百二十一条之规定,出租人应当履行租赁物的维修义务,但当事人另有约定除外;如果因为租赁物的维修影响承租人使用的,应相应减少租金或者延长租期。如果物业运营方违反了以上事项的合同约定和法律规定,则需承担相应的违约赔偿责任,影响物业资产的运营效益。

(2)现金流来源为酒店的客房收入、餐饮收入等经营性收入的,应审查酒店的经营管理制度和经营状况。

酒店项目的一个特殊性在于酒店的合法经营要求具备旅馆业特种行业许可证、餐饮服务许可证、公共场所卫生许可证、排污许可证、消防许可证等多项许可证。

以公共场所卫生许可证为例,根据《公共场所卫生管理条例》第四条和《公共场所卫生管理条例实施细则》第二十二条之规定,国家对公共场所以及新建、改建、扩建的公共场所的选址和设计实行卫生许可证制度,需要办理公共场所卫生许可证。未取得卫生许可证的,不得营业。《公共场所卫生管理条例实施细则》第二十五条又规定,公共场所卫生许可证有效期限为四年,每两年复核一次,逾期三个月未复核的,原卫生许可证自行失效。

所以,律师需要核查酒店是否已经取得该等许可证,并核对已取得证件的持证人、有效期、许可内容等情况。如果需要年审或对许可证信息进行变更的,要核查酒店是否及时作了年审和变更。

根据《消防法》第五十八条的规定,在法律要求消防验收和消防安全检查时,经营场所未进行消防验收或者经验收不合格,或者未经消防安全检查就擅自使用的,将被责令限期改正;逾期不改正的,责令停止施工、停止使用或者停产停业,可以并处罚款。

所以,如果酒店未取得相关许可证便擅自开业,将可能面临停业和罚款等严厉处罚,严重影响现金流的稳定性。

另外,律师应重点审查物业持有人与物业管理人签署的《酒店管理合同》等合同,特别是费用支付承担、利润分配、管理内容等直接关系现金流的条款。

(3)现金流来源为物业服务费收入的,可参考《深交所问答》第5.17条之阐释,对物业合同的合法合规性、物业费价格的合规性、物业管理招投标、物业合同期限、物业费收取制度、资金匹配与资金混同、开发商支付物业费的比例、物业费现金流是否存在权利限制等问题进行核查。

(4)如底层物业存在空置、在建等情形的,应不违反《负面清单》的要求。空置和在建的问题,均可通过现场走访进行核查。在建的情况,还可通过审查《建筑工程规划许可证》《建设施工许可证》《建设工程施工合同》等进行核实。物业资产存在较低比例的空置率是允许的,律师可以审查租赁合同,与会计师等其他顾问从不同角度分析空置率数据和产生原因,并评估空置对现金流和资产支持证券收益率的影响。如果空置的风险和影响较大,则物业运营方应提出风险处置安排,必要时要求差额补足人提供差额补足。

(5)正如上文所述,只要项目公司持有的物业可以产生稳定的现金流,理论上都具有做成类REITs产品的可能性。笔者认为,对类REITs项目涉及的底层物业资产进行合规审查时,应关注底层物业资产的特点,不拘泥于既有规则与案例,要对可能影响法律合规、产品结构设计、基础资产现金流等方面的因素进行多维度思考与针对性核查。

2. 资产转让行为的合法性及有效性

根据类REITs产品最常见的以私募基金份额为基础资产的双SPV结构,类REITs产品主要涉及两个层次的资产转让行为:一是项目公司的原股东向私募基金转让项目公司的股权;二是私募基金份额的持有人向专项计划转让私募基金份额。

《尽调指引》第十五条规定,"对基础资产转让合法性的尽职调查应当包括但不限于以下内容:基础资产是否存在法定或约定禁止或者不得转让的情形;基础资产(包括附属权益)转让需履行的批准、登记、通知等程序及相关法律效果;基础资产转让的完整性等"。

项目公司股权转让层面,律师应注意股权转让的合法合规性:(1)对内看项目公司的股权转让是否已经取得项目公司、转让方、受让方内部按照公司法、公司章程等内部治理文件应取得的授权、批准;对外看如果拟转让股权之上存在抵押等权利负担情形的,应取得权利人的同意。(2)涉及国有企业产权转让的,应注意评估并履行国有产权转让程序(例如,通过产权交易机构公开转让、经过适当程序之后进行协议转让)。(3)项目公司原股东为境外企业的,应注意核查是否妥善履行向相关主管部门的申请备案手续。(4)股权转让完成后,律师应核查是否已办理完毕相应的股东、董事、监事、高级管理人员、公司章程的工商变更登记手续与交割手续。

私募基金份额转让层面,律师应重点结合基金合同的约定以及《证券投资基金法》《私募投资基金监督管理暂行办法》《私募基金合同指引》的规定,对转让方和受让方的行为进行审查,确保私募基金份额转让的真实、合法、有效:(1)基金合同中对转让对象是否有特别要求(除法定合格投资者资质要求外),意向受让方(如专项计划)应当符合该等条件;(2)基金合同中是否有优先购买权等转让限制性条款,在私募基金份额转让前,享有优先购买权的其他股东或合伙人应出函放弃优先购买权;(3)基金合同中是否有转让额度的限制或其他特别限制;(4)审查基金合同中对于份额转让应当履行的内部决议程序是否有特殊约定,在私募基金份额转让前应当履行该等内部决议程序。

结　语

在房地产行业融资需求始终存在、行业宏观调控、金融政策周期化调整的大背景下,由于我国目前尚无 REITs 专门规则出台,而房地产企业与金融从业人士充分利用现有各类别产品业务规则进行了积极的探索与尝试,从 2014 年首单类 REITs 产品开始,从业者仍孜孜不倦地对类 REITs 的交易结构、基础资产进行大胆的探索与创新,因此,市场上涌现出了各种形式的类 REITs 产品。类 REITs 产品虽不具备标准 REITs 产品的全部特性,在发行方式、配套政策、市场流动性、管理能力及产品属性等诸多方面还亟待提高和改善。但过去数年中,房地产金融从业人员在类 REITs 产品方面积累了丰富的实务经验,为 REITs 发展奠定了坚实的经验基础,在此基础上,标准 REITs 产品规则与案例的出现符合行业与市场发展趋势,已然呈现水到渠成之势。

第四章

热点问题探析

1. 特色小镇

特色小镇建设与房地产企业的转型升级

郝 瀚 石 易*

*作者简介：

郝瀚，合伙人，中伦律师事务所北京办公室，电邮为 haohan@ zhonglun. com；

石易，非权益合伙人，中伦律师事务所北京办公室，电邮为 shiyi@ zhonglun. com。

2011 年 5 月 5 日颁发的《云南省人民政府关于加快推进特色小镇建设的意见》(云政发〔2011〕101 号),就如何加快特色小镇建设,促进城乡协调发展提出了相关意见,这是首份以“特色小镇”为名的政府规范性文件。从该意见的内容来看,其重点是建设现代农业小镇、工业小镇、旅游小镇、商贸小镇、边境口岸小镇、生态园林小镇等六种特色小镇类型,属小镇建设的传统思路。截至 2015 年 4 月 22 日,浙江省颁发的《浙江省人民政府关于加快特色小镇规划建设的指导意见》(浙政发〔2015〕8 号)则首次对“特色小镇”的概念作了界定,即“特色小镇是相对独立于市区,具有明确产业定位、文化内涵、旅游和一定社区功能的发展空间平台,区别于行政区划单元和产业园区”;并对特色小镇的建设规模、申报、政策支持等作了原则性规定。由此率先在全国范围内开启了特色小镇建设的热潮,并建成了一批在全国都具有示范效应的特色小镇,如杭州的基金小镇、嵊州的蓝城农业小镇。2016 年 3 月,“加快发展中小城市和特色镇”被正式纳入《“十三五”规划纲要》,成为国家发展战略之一。2016 年 7 月 1 日,住建部、发改委和财政部三部委联合下发《关于开展特色小城镇培育工作的通知》(建村〔2016〕147 号),决定在全国范围开展特色小镇培育工作,并提出到 2020 年,培育 1000 个左右特色小镇。就此,国内特色小镇的发展驶入快车道。

根据住建部公示的全国第一批和第二批特色小镇名单显示,截至 2017 年 8 月 8 日,全国共有 403 个镇被认定为全国特色小镇。如住建部在关于公布第一批和第二批全国特色小镇名单的通知中所述,这 403 个镇系在各地择优推荐的基础上,经组织现场答辩、专家评审和公示等环节,在众多特色小镇中选拔出的示范镇。实际上,全国范围内已经落地的特色小镇的数量远远超过住建部公示的名单中的数量。根据广东省发展改革委于 2017 年 8 月 29 日发布的《关于公布特色小镇创建工作示范点名单的通知》,仅广东省一地首批特色小镇示范点就高达 30 个。

根据住建部公示的全国第一批和第二批特色小镇名单上显示的数目,目前从特色小镇的分布来看,华东、西南地区的数量最多,西部和西北部地区的特色小镇发展则相对缓慢。从数量统计上来看,浙江有 23 个特色小镇入选全国第一批和第二批特色小镇,拔得头筹;山东和江苏则各有 22 个,并列第二;四川和广东各有 20 个,并列第三;而青海和西藏则分别有 6 个和 7 个,位居最后。

发展特色小镇的重大意义

显然,中国社会的城镇化进程是一个不可逆转的过程,而在“加快发展中小城市和特色镇”被正式纳入《“十三五”规划纲要》、上升为国家战略后，大力发展特色小镇既顺应了国家产业升级的号召，也符合时代发展的需求。通过各地特色小镇的发展，可以有效分散及承载农村和大城市人口，进而促进中国的城镇化进程，进一步推进城乡一体化。通过人口的分散疏解，又可以抑制大城市房价的快速上涨，起到稳定房价的重大作用。而房地产业作为银行信贷资金大量沉淀的蓄水池，房价稳定将会大大降低金融系统性风险。可以预期，在不远的将来，随着一大批特色小镇的建成，尤其是在大城市周边一小时交通圈范围内，会有越来越多的人口会选择就近居住在有产业特色，既能满足工作需求又宜居的小镇。如果各地的特色小镇培育工作取得实质性成果，那么全国各地将出现诸多充满经济活力和工作机会且宜居宜养的新“特区”，这一培育、开发和运营过程，按全国2000多个县市平均建设一个特色小镇，每个特色小镇投资额30亿~50亿元人民币①计算，将产生数万亿元的投资机会，推动经济持续发展。

随着特色小镇建设的蓬勃兴起，诸多传统房地产开发企业却面临着在不断加码的宏观调控局面下拿地难、销售难、周转难的问题，并在不断探索新的开发形式和出路，传统房地产开发企业的转型升级已在所难免。近年来，国内（尤其是一、二线城市）的优质土地资源日益稀缺，地价持续高企，房地产企业储备土地资源的成本和压力不断加大。而各级政府部门陆续出台的有关房地产行业的宏观调整政策使得开发企业在拿地、融资、销售等各方面都遇到了相当大的阻力，频繁调整且日益趋严的政策极大地压缩了房地产企业的利润空间，而2016年以来房地产市场去杠杆的整体导向则给房地产企业带来了更大的冲击。可以说，中国房地产企业的黄金十年已然开始落幕。因此，对于房地产企业而言，其急需寻找其他途径将自身存量资源（储备土地、资金及规划、开发能力等软实力）的价值最大化，因而其转型不仅是利益驱使的冲动，也是大形势下的势在必行。先知先觉者如绿城集团的宋卫平，已通过“蓝城”品牌成功切入特色小镇开发领域并占据先机，亦有诸多传统房企根据自身优势，转而进入养老、旅游、影视文化等特色小镇的开发领域。可以说，特色小镇成为传统房地产开发企业转型的一个重要方向，但特色小镇的开发又有其自身的特点和条件，并不是简单换个概念就可以轻易实现的。转型能否成功，关键取决于传统房地产企业的能力建设是否契合特色小镇的建设要求。本文尝试从

① 按《浙江省人民政府关于加快特色小镇规划建设的指导意见》，每个特色小镇三年内固定资产投资额不含住宅及商业综合体为50亿元左右。

特色小镇建设的条件入手,分析传统房地产企业转型特色小镇建设所需的内在要素。

特色小镇的分类及特点

目前,市场上基于不同的标准对特色小镇有诸多的分类,但其实万变不离其宗。综合而言,按行业和内涵来划分,可分为科创小镇(如创客小镇、互联网小镇)、智造小镇(如新能源小镇、智慧物流小镇)、健康小镇(如医养小镇、康养小镇)、金融小镇(如基金小镇、财富小镇)、文娱小镇(如演艺小镇、影视小镇、艺术小镇、特产小镇)和旅游小镇(如温泉小镇、美食小镇、游乐小镇、运动小镇及通航小镇)六大类别。

若按特色类型来划分则可以分为资源聚集型、环境聚集型和平台聚集型三大类。其中,资源聚集型小镇如定海远洋渔业小镇、西湖乌龙茶小镇及茅台小镇等围绕当地特色资源开发形成的小镇;环境聚集型小镇如宁海森林温泉小镇、乐清雁荡山月光小镇及万宁水乡小镇等围绕地方特色历史文化或旅游景区开发形成的小镇;平台聚集型小镇如吴兴美妆小镇、嘉善巧克力甜蜜小镇及文港笔都工贸小镇等利用地方特色优势搭建产业发展平台而形成的小镇。

无论从前述分类还是目前市场上较为成功的特色小镇项目看,特色小镇有着非常显著的特点。第一,特色产业鲜明,这也是特色小镇的“特”之所在;第二,人文气息浓厚,无论哪一类型的特色小镇,文化才是其灵魂和精神原色;第三,生态环境优美,这也是发展特色小镇的一个基本目标之一;第四,兼具旅游(或办公/商业)与社区功能,实现该功能不仅可以集聚高端要素、促进当地产业转型升级,而且还可以改善人居生态环境,既满足了一部分人发展事业及安居的需求,也为当地带来了可持续的外来流动资源支持。

特色小镇与传统产业园区的共性与差别

从强调特色产业等角度来看,特色小镇与前几年发展得如火如荼的产业园区有着千丝万缕的联系,甚至有一脉相承的意味。确实,二者有许多共性的地方。比如,二者都是以某一特色或主打产业为依托,强调主导产业的发展;二者均重视招商与投资,并致力于为此持续营造良好的投资环境,不断完善配套体制;而且,二者的运营商都重视研发、创新,旨在不断完善小镇或园区的孵化功能。

但是,从发展目标和功能等角度对比,二者又有着非常明显的区别。首先,产业园区注重产业集群，通过分工专业化与交易的便利性将产业发展与区域经济有效结合起来，从而形成有效的生产组织方式，而特色小镇则追求产城融合，旨在以城市为基础，承载产业空间和发展产业经济，以产业为保障，驱动城市更新和完善服务配套，进一步提升土地价值，以达到产业、城市和人之间有活力、持续向上的发展；其次，产业园区以产业为主体，而特色小镇则以居民为主体，承载产业建设、社区居住和生活服务等多项功能；最后，产业园区无论占地规模还是生产经营规模都非常大，用地也较为粗放，而特色小镇则限定规模①，规划更为科学、“精致”及人性化，各项配套设施完善。

事实上，基于产业园区和特色小镇之间的诸项区别，二者的运营商构成也不尽相同。根据易居克而瑞于2017年7月21日发布的2017年中国产业园区运营商30强榜单，华夏幸福蝉联第一，招商蛇口、启迪协信位居第二和第三位，张江高科和联动集团分获第四、第五，而上海临港、外高桥、怡大中国、中节能实业和中电光谷则分列第六至第十位。从前十强名单来看，产业园区运营商的领军企业多为专业的园区运营商，其中也包含部分产业地产商。而综合目前市场上的数据分析，特色小镇运营商的构成则相对多元化，主要可以分为三大类：第一类是大型国企（如中建、中铁等央企及城投、旅投等地方国企）；第二类是开发商（如华夏幸福、时代地产等产业地产商及碧桂园等传统开发商）；第三类是各产业领域的运营体（如重庆商盟运营的时装小镇）。

成为合格特色小镇的运营商的基本要求

如前所述，发展特色小镇意义重大，那么什么样的运营商才堪当运营特色小镇的重任？一个特色小镇项目从初期的概念规划到开发建设到后续运营将会是一个漫长的过程，涉及众多阶段和环节，因此对运营商的综合素质和能力的要求自然就非常高。概括地讲，一个合格的特色小镇运营商起码应具备以下六大能力：即策划与规划能力、产业导入能力、开发建设能力、招商能力、运营维护能力和融资能力。其中，策划与规划能力是特色小镇的生命力，任何一个成功的特色小镇均始于最初的顶层产业策划及规划；产业导入能力则是特色小镇的核心，关乎小镇发展的持续性和成败；特色小镇建设的内容是多元化的，且对基础设施及配套设施建设的要求

① 根据《浙江省人民政府关于加快特色小镇规划建设的指导意见》，特色小镇的规划面积一般为3平方公里左右，建设面积则控制在1平方公里左右。

较高,具备强大的开发建设能力是确保特色小镇的承载功能的根基;招商能力系维护特色小镇活力、资金源及为特色小镇带来更多机遇的基础;运营一个特色小镇相当于管理一个小型的城市经济综合体,运营维护能力将直接链接开发与持续发展;而特色小镇投资大、周期长,需要雄厚的资金支持,因此拥有超强的融资能力,灵活运用各种融资手段也成为特色小镇运营商必不可少的一项技能。

市场上,仅具备其中一项或两项能力的企业较多,但是同时拥有这六大能力的企业则少之又少。而纵观各个领域的各大市场参与主体,房地产开发企业(亦包括产业地产商)相较于其他主体,在综合能力和素质方面最接近合格的特色小镇运营商。

房地产企业转型特色小镇运营商的要素:能力建设

房地产企业通常具备强大的规划及开发建设能力,而且由于地产项目对巨额资金的需求也造就了房地产企业极强的融资能力。目前市场上比较成功的房地产企业基本都可以熟练运作各种融资手段,从传统的银行贷款到近些年炙手可热的私募融资再到创新型的资产证券化,均被其运用得淋漓尽致。特色小镇的运营需以物业的建设、升级改造为基础,加之在综合能力需求方面的诸多重合,和其他主体相比,房地产企业转型运作特色小镇无疑具备更多的先天优势。现今,又恰逢全国推广特色小镇的大好时机,房地产企业转型升级转战特色小镇领域就变得合情合理且顺理成章。并且,相较于其他主体而言,房地产企业转战特色小镇领域的转型成本也最低。

但需要正视的是,从房地产企业到一个成功的特色小镇运营商还是有一段距离的,多数房地产企业在项目策划与规划、产业导入、大规模项目的招商、综合运营维护能力等方面存在明显差距与短板,自身的综合能力和素质仍有待提高。在其熟悉的房地产开发领域,大多数项目都是单纯的房地产项目的开发建设、销售,只有部分项目含自持物业的运营,而且体量和规模也相对有限。另外,一个独立的房地产项目,即使规模较大,算上滚动开发的时间,平均开发周期基本保持在三至五年,而且通过预售可以在过程中就开始产生现金流,收益高,见效快。而特色小镇项目则不同,销售不是主流,强调的是以持有和运营为主的长期投资。并且,各级政府、部门均在出台的有关特色小镇的政策中一再强调要“去地产化”,一个特色小镇最多可以配建的商品住宅比例一般不会超过15%。这可能会使很多开发商在转型初期“水土不服”。

前文也多次提到,特色小镇运营商应具备综合服务能力,这其中包含策划、产业导入、开发、招商及运营维护等多种要素。在房地产开发项目中,房地产企业与政府的接触多属于依据法律法规走流程,一方申请,一方配合审核、办理发证。但是,在特色小镇项目中则不一样,从项目的孕育阶段、到付诸实施再到建成运营,运营商需要时刻和政府保持密切合作,而且很多项目中双方还会成立合资公司共进退。在这方面,房地产企业既往所拥有的与政府打交道的经验可能还不能完全满足政企深度合作的需求。综合而言,房地产开发企业如何从一个以"盖房子、卖房子"为主业的单一角色过渡到一个各项技能加身的多面手,需要的将不仅仅是时间,也离不开转型前的深度自我剖析、意识转换和转型过程中的不断学习、复盘和提升。

房地产企业转型特色小镇运营商的路径:并购

综合上述分析,房地产企业转战特色小镇领域既具备先天优势,也具备外界机遇。那么,转型的第一步该如何迈出?其实,这和开发房地产项目一样,无外乎从无到有的自行发掘、开发一个项目和并购现成项目两种途径。第一种情形下,需要结合自身资源与能力,寻找一个合适的位置与产业主题,并与当地政府合作接洽,在白纸上规划出小镇的蓝图,从头做起。第二种情形下,房地产企业可以寻找一个已经初具轮廓的特色小镇项目,通过收购运营商股权的方式间接介入。两种途径比较起来,选择第一种路径,企业的初始压力会比较大。但是如果选择第二种路径,则需注意对拟收购的项目做详细的评估,以免收购后发现各种先天不足,难以或需要花费巨大的成本弥补。在笔者承办的一些同类案例中,有些房地产企业拟收购的特色小镇运营商本身就是一个空壳公司,既缺乏相关经验和积累,又没有任何规划与投入,仅是与当地政府签署了非常简单的合作框架协议。这些所谓的"运营商"只是利用特色小镇的概念在"炒地",因此不惜大肆渲染包装,向有意向的房地产企业推销其所谓的稀缺资源。是否能客观、冷静地对待这些潜在的"机会"对房地产企业而言,既是考验也是历练。

特色小镇项目落地过程中面临的问题

一个特色小镇项目无论需要经过多么复杂的顶层设计和规划,最终均需要落地执行才有意义。以特色小镇的占地为例,和传统的房地产开发一样,特色小镇依托的资产为土地上建设的不动产物业,那么获取土地就是特色小镇项目落地的关键一步。

传统的房地产开发项目,开发商通过参与土地二级市场的“招、拍、挂”竞买程序、收购及参与司法拍卖等方式获取土地资源。针对特色小镇项目,国家和各级地方政府均出台了很多关于土地供给的扶持政策。如《国务院关于深入推进新型城镇化建设的若干意见》中规定,要规范推进城乡建设用地增减挂钩,建立城镇低效用地再开发激励机制,因地制宜推进低丘缓坡地开发,完善集体建设用地经营权和宅基地使用权流转机制;各级地方政府则出台了特色小镇建设用地计划优先安排用地指标及奖励和惩罚用地指标等一系列用地优惠政策。然而,研究后会发现,这些政策虽然表面利好,但是,除了浙江等地或多或少地出台了一些有针对性的具体细则外,大多数政策仍停留在原则性阶段,难以落地实施。也就是说,在付诸实践时会发现,一个特色小镇项目并不会因为被立项为特色小镇项目就随之获取了对应的土地。特色小镇运营商仍应遵循经营性用地必须公开出让的基本原则在公开市场与竞争对手竞争以获取土地。

因此,为了保证可以在土地二级市场成功拿地,也为了保证前期付出的各项投入不会因为没有获取土地而付诸东流,目前,特色小镇运营商们在土地获取方面基本采用了两种模式,即土地“一、二级联动”和 PPP 模式。但实际上,严格地从法律角度讲,要通过这两大模式百分百地实现土地获取均存在一定的制度性障碍。例如,《财政部、国土资源部、中国人民银行、银监会关于规范土地储备和资金管理等相关问题的通知》(财综〔2016〕4 号)规定,在土地前期开发和收储过程中,项目承接主体或供应商应当严格履行合同义务,并按合同约定数额获取报酬,不得与土地使用权出让收入挂钩,也不得以项目所涉及的土地名义融资或者变相融资,这使目前惯用的土地“一、二级联动”模式中通过土地收益分成获取土地一级开发收益面临政策和实施障碍。又如,《关于坚决制止地方以政府购买服务名义违法违规融资的通知》(财预〔2017〕87 号)规定,(i)储备土地前期开发等建设工程项目不得使用政府购买服务项目,且严禁将铁路、公路……领域的基础设施建设,储备土地前期开发等建设工程作为政府购买服务项目;(ii)严禁将建设工程与服务打包作为政府购买服务项目。这使参与项目土地前期运作的企业难以通过政府购买服务/服务采购方式与政府部门在储备土地的前期开发建设方面开展合作,进一步封堵了企业合理参与项目土地前期开发并收回成本和收益的通路。再如,《地方政府土地储备专项债券管理办法(试行)》则再次强调土地储备融资的唯一来源为地方政府专项债券,直接挑战(限制)了地方政府使用社会资本进行土地开发和储备的行为。

显然,现行法律、法规及政策与特色小镇发展对法律、法规及政策的需求严重不匹配，甚至存在矛盾冲突之处，这使得特色小镇项目的落地在一片期待声中略显尴尬。不过对于新生事物而言，法律的发展始终都是滞后于经济发展的，如果立法机关可以及时发现问题，并适当进行制度完善，我们有理由相信特色小镇的发展之路会越走越好。

结　语

综上，大力发展特色小镇关乎国家经济可持续发展及国计民生，意义重大。对于现有经济形势下的房地产企业而言，特色小镇项目完全契合其转型升级的需求，全国范围发展特色小镇浪潮的出现为其提供了将自身存量资源价值最大化的舞台，也为其迎接新的黄金十年提供了可能。各大房地产企业应尽快着手研究，抢占市场先机。但是，目前市场上的特色小镇项目盲目跟风、换汤不换药的现象也比较突出。不少项目缺乏创意，定位同质化现象严重，也有的项目产业联动不够，难以实现持续发展，借机开发地产项目的情况也较为严重，甚至有的项目直接与“去地产化”目标相违背，借特色小镇之名行房地产开发销售之实。任何一个立志于在特色小镇领域深耕并进行长期投资的运营商均应始终保持清醒的头脑，避免为短期利益而舍弃长远利益。

目前，国内关于特色小镇的法律、法规及政策仍不完善，导致实施过程中会遇到种种困境。但我们相信，若政府、立法机关及各市场参与主体均能予以高度重视，适时研究解决方案，并通过立法予以确认，则中国的特色小镇发展体系必将日臻完善，也必将在不断的探索改进中助力中国的持续发展。

特色小镇的建设和运营模式

康　铧*

*作者简介：

康铧，合伙人，中伦律师事务所北京办公室，电邮为 kanghua@ zhonglun. com。

一、特色小镇的创建

2014 年 10 月 17 日，时任浙江省省长李强（现任江苏省委书记）首次公开提及“特色小镇”。2015 年 4 月 22 日，浙江省政府发布《关于加快特色小镇规划建设的指导意见》（浙政发〔2015〕8 号），首次对“特色小镇”的概念作了界定。2016 年 10 月 14 日，住建部公布第一批中国特色小镇名单，涉及全国 32 省份共计 127 个。[①] 2017 年 7 月 1 日，住建部与国家发改委、财政部共同发文决定在全国范围开展特色小镇培育工作，计划到 2020 年，培育 1000 个左右各具特色、富有活力的休闲旅游、商贸物流、现代制造、教育科技、传统文化、美丽宜居的特色小镇。[②]

我们理解特色小镇的建设模式是“以资源为基础、以产业为定位、不依赖于传统意义的房地产开发模式、与原有城市规划区域向分离”的卫星城市建设模式。《国务院关于深入推进新型城镇化建设的若干意见》（国发〔2016〕8 号）指出，新城镇化是现代化的必由之路，是最大的内需潜力所在，是经济发展的重要动力，也是一项重要的民生工具。要总结推广各地区有效的经验，深入推进新型城镇化建设，充分释放新型城镇化蕴藏的巨大内需潜力，为经济持续健康发展提供强劲动力。特色小镇的建设一方面可以解决中国社会目前面临的城市化需求，实现人口职业的转变、产业结构的转变、土地及地域空间的变化。另一方面也可以实现消减目前中国城市资源和功能过度集中所带来交通堵塞、房地产泡沫、环境污染等一系列城市病的负面影响。

小镇所在区域特殊的历史、文化、区域位置、生态、定位等“资源”是特色小镇建设发展所依赖的基础，也是区分不同小镇的重要标志。除了具有特殊资源外，为了防止小镇发展的空心化，特色小镇都将特定产业作为发展定位。这也是特色小镇与传统意义上城市区域扩张成片土地开发形成的以住宅为主体的小城镇区别所在。

从各地规定来看，特色小镇均施行“创建制”，并遵循“宽进严定”原则，且大致程序相当。以浙江省政府制定的创建程序为例，特色小镇的创建程序包括：（一）自

---

① 参见《住房城乡建设部关于公布第一批中国特色小镇名单的通知》（建村〔2016〕221 号），2016 年 11 月 10 日发布。

② 参见《住房城乡建设部、国家发展改革委、财政部关于开展特色小镇培育工作的通知》（建村〔2016〕147 号），2017 年 7 月 1 日发布。

愿申报。由县(市、区)政府向省特色小镇规划建设工作联席会议办公室报送创建特色小镇书面材料,制订创建方案。(二)分批审核。根据申报创建特色小镇的具体产业定位,坚持统分结合、分批审核,先分别由省级相关职能部门牵头进行初审,再由省特色小镇规划建设工作联席会议办公室组织联审、报省特色小镇规划建设工作联席会议审定后由省政府分批公布创建名单。(三)年度考核。对申报审定后纳入创建名单的省重点培育特色小镇,建立年度考核制度,考核合格的兑现扶持政策。(四)验收命名。通过3年左右创建,对实现规划建设目标、达到特色小镇标准要求的,由省特色小镇规划建设工作联席会议组织验收,通过验收的认定为省级特色小镇。①

二、特色小镇的产业要求和土地供给

(一)特色小镇的产业要求

目前全国掀起了新一轮特色小镇的热潮,根据全国31个省市特色小镇产业规划的汇总,四川、云南提出到2020年建设200个特色小镇,还有13个省市提出计划建设100个,这些省市2020年的规划目标高达2468个,远远超过三部委的规划。数量级别上看,西南地区是最集中的。②

在特色小镇的建设取得长足发展的同时,特色小镇所面临的质疑和挑战也不少,"千镇一面""房地产化"等问题都成为行业需要反思的问题。虽然特色小镇不以房地产开发为目的,根据现有的土地政策小镇建设对于建设用地需求非常大,保障难度非常高,必须合理进行长远规划,否则将浪费有限的土地资源。

对于解决特色小镇面临的问题,必须把好特色小镇产业定位的源头,各地对于特色小镇产业限制方面都进行了规定。例如:天津市规定的"产业定位+不同产业目标投资比例差别化"原则。2016年10月20日,天津市特色小镇规划建设工作联席会议办公室下发《关于印发〈天津市加快特色小镇规划建设指导意见〉的通知》,天津市对特色小镇的限制:(a)产业定位为:"立足打造十大先进制造产业集群,围绕高端装备、航空航天、新一代信息技术、生物医药、新能源新材料等战略性新兴产

① 参见《浙江省人民政府关于加快特色小镇规划建设的指导意见》(浙政发〔2015〕8号),2015年4月22日发布。

② 参见国土资源部处长谢辉2017年7月29日在《EMBA文旅产业发展与投资论坛》所做的题为《文旅特色小镇的土地政策及国家宏观政策解析》的演讲。

业，以及我市特色文化产业和历史经典产业为导向，聚焦互联网智能制造、信息经济、生态农业、节能环保、民俗文化、电子商务、高端旅游、食品安全、健康养老等民生领域的优势产业、新兴产业，充分利用'互联网＋'、大数据、云计算”；(b)不同产业目标投资比例差别化：“一个特色小镇固定资产投资完成50亿元以上(商品住宅和商业综合体除外)，信息经济、金融、旅游和历史传统产业的特色小镇总投资额可放宽到不低于30亿元，特色产业投资占比不低于70%。”

浙江省规定的“产业定位＋限制历史经典产业特色小镇建设数量”原则。根据浙政发〔2015〕8号文的规定，浙江省对特色小镇限制：“……(二)产业定位。特色小镇要聚焦信息经济、环保、健康、旅游、时尚、金融、高端装备制造等支撑我省未来发展的七大产业，兼顾茶叶、丝绸、黄酒、中药、青瓷、木雕、根雕、石雕、文房等历史经典产业，坚持产业、文化、旅游“三位一体”和生产、生活、生态融合发展。每个历史经典产业原则上只规划建设一个特色小镇。根据每个特色小镇功能定位实行分类指导。”

(二)特色小镇的土地供给

虽然特色小镇建设与传统房地产开发模式存在很大区别，但是任何城镇化项目的建设都必须依附于土地之上，特色小镇项目建设也离不开土地。土地作为经济社会发展的空间载体，是一种不可再生的稀缺资源，国家使用土地利用规划等行政手段对建设用地源头实施严格管控，利用建设用地指标控制新增建设用地的数量，通过土地供给和出让制度把控土地供给速度。国家用地政策导向将直接影响到特色小镇建设速度和发展力度。

根据国家发改委出台的《关于加快美丽特色小(城)镇建设的指导意见》(发改规划〔2016〕2125号)的规定，“积极盘活存量土地，建立低效用地再开发激励机制。建立健全进城落户农民农村土地承包权、宅基地使用权、集体收益分配权自愿有偿流转和退出机制”。也就是说，特色小镇项目建设不再按照传统城市建设和房地产开发模式来获得土地，而是对存量土地、农村集体土地进行盘活来获得小镇建设所需土地。一方面可提高土地利用效率，另一方面也让广大农民农村充分享受到特色小镇建设带来的土地增值收益，可解决城镇化建设和农民农村持续发展之间的矛盾。

根据国家政策，各地也纷纷制定了相关配套政策，落实特色小镇项目建设所需用地。《福建省关于开展特色小镇规划建设的指导意见》中就明确规定，特色小镇建设要按照节约集约用地的要求，充分利用低丘缓坡地、存量建设用地等。《内蒙古自治区人民政府办公厅关于特色小镇建设工作的指导意见》(内政办发〔2016〕128号)规定,鼓励农村牧区集体经济组织和农牧民以土地入股,集体建设用地使用权转让、租赁等方式有序地进行农家乐、牧家乐、家庭旅馆、农庄旅游等旅游开发项目试点。广西、四川、重庆等地也在探索农村集体用地流转方式,以盘活特色小镇建设所需的土地资源。

三、特色小镇的开发建设和运营模式

无论资源和产业定位如何,任何特色小镇建设中都离不开“生产、生活和生态”这三个核心因素。有了“生产”才能确保小镇的发展,有了“生活”才能留住小镇的活力,有了“生态”才能吸引更多的人口和企业落户小镇。任何特色小镇的开发建设都是围绕这三个核心因素展开。

(一)特色小镇的开发建设和运营模式

特色小镇的建设不能简单地理解为是政府的行政行为,而应是以政府为引导、以市场为主体、社会共同参与的开发建设及运营模式。特色小镇开发建设模式主要有以下三种:

其一,政府主导。地方政府作为特色小镇建设的主导力量,或者地方政府全权负责投资建设运营,或者地方政府负责投资、委托运营商建设运营。这一模式适合财政雄厚、运营能力比较强的地方政府,优势是地方政府拥有绝对控制权,在资金到位的情况下,推动进展快;劣势是地方政府财政压力大。几十年来,地方政府一直是城镇建设的推动者与核心运营主体,既是所有者,又是经营者,还是管理者和监督者。随着市场取代地方政府成为资源配置中的决定力量,特色小镇的核心建设运营主体也逐渐由地方政府主导转变为市场主导,目前完全由地方政府主导开发建设的特色小镇已经逐渐减少。

其二,地方政府与企业联动发展。地方政府负责根据项目区域的特点确定小镇产业定位,整体规划和确定产业布局,完善基础设施建设,招商引资,并通过市场化方式,引进社会资本投资建设,许诺投资方在一定时间段内拥有经营权,到期后再归还地方政府。这一模式适合于财政相对有困难的地方政府,优势是缓解了地方政府的财政压力,劣势是所有权与经营权的分离,导致参与企业的短视行为,同时回收后对地方政府来说仍然是一个较大的包袱。

其三,企业主导。由某一企业或多家企业联合完成投资建设运营,企业是特色小镇的开发运营主体,通过资源整合以及市场化的运作管理方式,成为特色小镇建设中的主角，往往涉及小镇开发的前中后全链条，从土地整理就开始介入，往往一直延伸到小镇运营，企业可能参与的特色小镇开发运营包括但不限于：土地整理、土地一级开发、特色小镇建设及产业运营服务、休闲旅游度假区开发及运营、住宅房地产开发、城市公共服务设施开发与运营等。开发商通过政府购买或用户付费获取收益，受地方政府的管理和监督。这一模式适合于资金及运营能力均强大的企业，优势是减轻地方政府财政压力，激发市场活跃度，劣势是需要有持续的盈利模式。如华侨城集团与深圳龙岗区政府、深圳甘坑生态文化发展有限公司三家共同打造的深圳甘坑客家小镇。

特色小镇开发建设的核心阶段主要包括五个方面，一级房地产开发、二级房地产开发、产业项目开发、产业链整合开发和城镇建设开发。这五个开发是必须要做的，不能单一开发，而要整合开发。其中，IP 的导入作为产业项目开发的重要部分，对于特色小镇的开发来说，是推动其落地建设的重要抓手，是支撑其健康发展的关键内容，是盘活其现有存量资产的重要手段。IP 的导入贯穿于特色小镇开发的全过程中。[①]

（二）特色小镇的融资方式

由于特色小镇有别于传统的房地产开发模式，传统房地产中“竞拍土地、抵押融资、销售回款”的开发模式无法使用，特色小镇项目建设往往开发周期和回款周期都比较长，如何解决特色小镇的建设资金就成为特色小镇开发建设模式的核心重要问题。为了支持特色小镇建设，国家出台了对特色小镇的多渠道金融支持的政策。

在《国务院关于深入推进新型城镇化建设的若干意见》（国发〔2016〕8 号）中规定，专项建设基金要扩大支持新型城镇化建设的覆盖面，安排专门资金定向支持城市基础设施和公共服务设施建设、特色小城镇功能提升等。为了落实国务院文件的精神，各部位和地方纷纷出台相关配套政策。

国家发改委出台的《关于加快美丽特色小（城）镇建设的指导意见》（发改规划〔2016〕2125 号）提出创新特色小（城）镇建设投融资机制。鼓励政府利用财政资金撬动社会资金，共同发起设立特色小镇建设基金。鼓励开发银行、农业发展银行、农业银行和其他金融机构加大金融支持力度，鼓励有条件的小城镇通过发行债券等多种方式拓宽融资渠道。

---

① 张锐：《国内特色小镇模式案例与研究》，载《住宅与房地产》2017 年 4 月下。

住房城乡建设部、中国农业发展银行出台了《关于推进政策性金融支持小城镇建设的通知》（建村〔2016〕220号），进一步明确了农业发展银行对于特色小镇的融资支持办法，争取国家优惠政策，提供中长期、低成本的信贷资金。支持范围包括为促进小城镇特色产业发展提供平台支撑的配套设施建设。《国家发展改革委员会、国家开发银行关于开发性金融支持特色小（城）镇建设促进脱贫攻坚的意见发改规划》（发改规划〔2017〕102号）指出，国家开发银行加大对特许经营、政府购买服务等模式的信贷支持力度，特别是通过探索多种类型的PPP模式，引入大型企业参与投资，引导社会资本广泛参与。

《河北省人民政府关于建设特色小镇的指导意见》亦提出加大金融支持。按照谁投资谁受益原则，加大招商引资力度，探索产业基金、私募股权、PPP等融资路径，拓宽投融资渠道，广泛吸引社会资本参与特色小镇建设。鼓励在特色小镇组建村镇银行和小额贷款公司，鼓励和引导金融机构到特色小镇增设分支机构和服务网点，加大对特色小镇基础设施建设、主导产业发展和小微企业支持力度，探索开展投贷联动业务。鼓励保险机构通过债券、投资基金、基础设施投资计划、资产支持计划等方式参与特色小镇建设投资。

目前实践中特色小镇开发资金来源包括：政策性/商业性银行（银团）贷款、债券、基金、PPP融资、资产证券化、收益信托、融资租赁等。其中，基金和PPP两种融资方式是目前主要的两种融资模式。

四、特色小镇建设模式案例

1. 政府转型升级产业基金—海宁皮革时尚小镇

海宁皮革时尚小镇位于海宁市区西侧，规划面积3.5平方公里。“小镇”以打造世界级的皮革时尚策源地和贸易服务中心、传统产业转型升级的示范基地为目标。

2016年8月8日，海宁中国皮革城投资有限公司（以下简称皮革城投资公司）设立海宁皮革时尚小镇投资开发有限公司（以下简称小镇开发公司），注册资本人民币3亿元，由皮革城投资公司全资控股。小镇开发公司作为海宁皮革时尚小镇的建设主体，负责海宁皮革时尚小镇创意核心区项目的开发、建设和运营。

2017年1月24日，小镇开发公司增资扩股，引进投资者建信资本管理有限责任公司、浙江嘉兴转型升级产业基金有限公司、海宁市转型升级产业基金有限公司，注册资本增至人民币10亿元。截至目前，小镇开发公司的最新股权结构如表1所示：

表1　海宁皮革时尚小镇投资开发有限公司股权结构

股　　东	认缴出资额(万元)	持股比例(%)
建信资本管理有限责任公司	40 000	40.0
海宁中国皮革城投资有限公司	30 000	30.0
浙江嘉兴转型升级产业基金有限公司	20 000	20.0
海宁市转型升级产业基金有限公司	10 000	10.0
合　　计	100 000	100

根据海宁皮城(证券代码:002344)于2016年7月21日作出的《关于公司投资设立海宁皮革时尚小镇股份有限公司暨涉及关联交易的公告》,在海宁皮革时尚小镇创意核心区项目的开发、建设和运营中,省、市、县三级转型升级产业基金为海宁皮革时尚小镇开发项目提供合作支持,上述产业基金为优先级投资人,不参与分红,按年化3%收取固定收益。待项目培育成熟后,将采取依靠小镇公司盈利支付、资产转让所得或海宁皮城回购其产业基金出资份额等方式退出。

小镇开发公司引进的上述投资者中,海宁市转型升级产业基金有限公司、浙江嘉兴转型升级产业基金有限公司均为政府转型升级产业基金。引入上述基金后小镇开发公司的组织结构如图1所示:

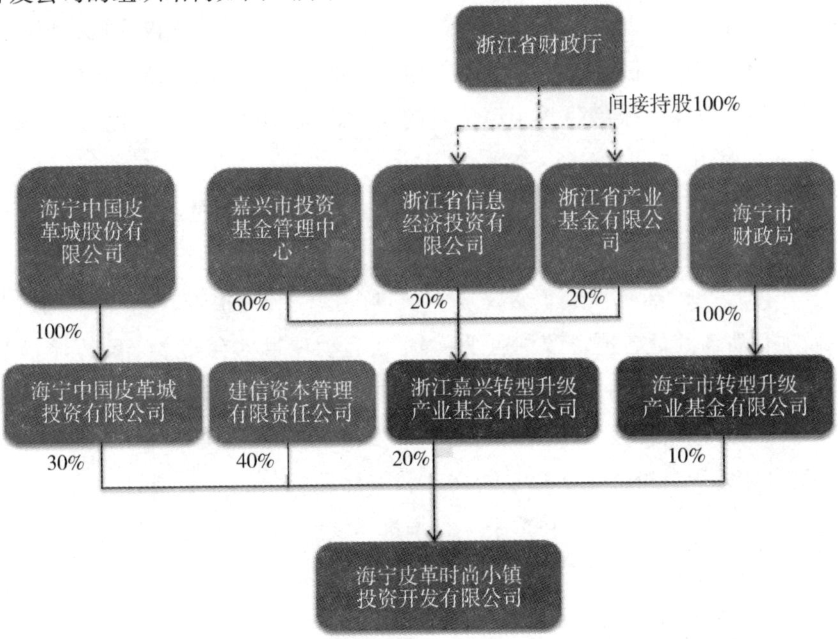

图1　海宁皮革时尚小镇投资开发有限公司组织结构

根据《浙江省转型升级产业基金管理办法》的相关规定,浙江省转型升级产业基金(以下简称省转型升级基金或基金)由省政府主导设立,并按市场化进行运作;省转型升级基金重点投向信息经济、环保、健康、旅游、时尚、金融、高端装备制造七大产业;省转型升级基金出资比例一般不高于20%,且不为第一大股东。

海宁皮革时尚小镇案例中,政府转型升级产业基金的投资一方面体现了政府出资产业基金的产业政策导向性,另一方面也体现出政府为把控风险,对政府出资产业基金对外投资中的一些限制,如在被投企业中持股比例不超过20%且不为第一大股东的政策要求。

2. PPP开发模式——台州药都小镇

药都小镇位于台州湾南岸、椒江区城东城乡结合部,总规划面积3.42平方公里,建设面积0.93平方公里,拥有太和山、腾云山、台州湾、椒江等自然山海资源和人文景观资源,集聚了海正药业、海翔药业、九洲药业、新东港等医药龙头企业。

根据金蟑螂(证券代码:002081)于2017年2月7日公告的《关于签署台州市椒江绿色药都小镇项目PPP框架协议的公告》,苏州金螳螂建筑装饰股份有限公司(以下简称金螳螂)与台州市椒江区绿色药都投资开发有限公司(以下简称药都投资)签署了《浙江省台州市椒江绿色药都小镇项目PPP框架协议》,该项目整体打包采用PPP合作模式,包括小镇基础设施开发、中药谷景区、创智馆、首脑制药四大子项目,总投资约26.5亿元。各子项目按实施条件的成熟情况,分阶段投建。双方共同推进台州市椒江区绿色药都小镇项目的建设进程,药都小镇项目总投资额约为26.5亿元人民币。

其中,药都投资系台州市椒江区国有资产经营有限公司的全资子公司;台州市椒江区国有资产经营有限公司则是椒江区人民政府的全资子公司。

合作内容:(1)药都投资负责完成本项目可行性研究报告、PPP方案的编制和评审及项目所需其他各项行政许可手续,尽快启动项目社会资本采购程序;(2)金螳螂负责组织合适的联合体单位作为参与项目投标的社会资本方,该联合体由金螳螂牵头,由经过药都投资审查的房地产开发单位、工程总承包单位、景区运营单位组成,具体以社会投资人招标采购文件和中标后成立的PPP项目公司股东协议为准;(3)根据项目整体安排和单个项目推进需要,金螳螂配合参与前期规划设计工作,项目落地后计入项目总投资,若未中标则另行清算。

回报方式:项目全生命周期中社会投资人获取的回报收入主要为项目经营收入、政府可行性缺口补贴收入、政府购买服务收入。单个子项目的建设运营周期约为 10 年。

在台州药都小镇的案例中,由某一企业或多家企业联合完成投资建设运营,企业是特色小镇的开发运营主体,通过资源整合以及市场化的运作管理方式,成为特色小镇建设中的主角。充分体现了企业在特色小镇项目中减轻政府财政压力、激发市场活跃度的优势。

特色小镇建设土地从何而来
——依法收回闲置土地是一大法宝

李国斌　于园园
姚晓培　姚中元*

*作者简介：
李国斌，合伙人，中伦律师事务所北京办公室，电邮为 liguobin@ zhonglun. com；
于园园，非权益合伙人，中伦律师事务所北京办公室，电邮为 yuyuanyuan@ zhonglun. com；
姚晓培，律师，北京办公室；
姚中元，律师，北京办公室。

特色小镇项目正在如火如荼地进行，但入选的特色小镇仍普遍反映建设用地指标是制约城镇建设项目发展的主要问题。因此，特色小镇发展的土地要素保障仍是亟待破解的难题。①

关于土地要素的解决方式，国务院及地方政府都给出了各种指引。而对闲置土地的利用是解决特色小镇用地问题的一大法宝。以北京市为例，北京市发展和改革委员会等部门于 2017 年 4 月 28 日联合发布《关于进一步促进和规范功能性特色小城镇发展有关问题的通知》，其中第四条明确："节约集约利用城乡建设用地……严格按照国家和本市有关规定加大闲置土地处置力度，积极推进城乡统筹和城乡一体化发展。"本文将从闲置土地利用角度，为政府发展建设特色小镇解决土地要素提供一些参考，望对读者有所助益。

一、闲置土地的认定情形

闲置土地认定问题在实践中十分复杂，但究其根本，弄清是否构成土地闲置是第一个要解决的问题。政府认定闲置土地时应严格依照相关规定中对闲置土地的认定标准进行。

根据《闲置土地处置办法》的规定，闲置土地的认定主要分为三种情形：(1) 国有建设用地使用权人超过国有建设用地使用权有偿使用合同或者划拨决定书约定、规定的动工开发日期满一年未动工开发的国有建设用地；(2) 已动工开发但开发建设用地面积占应动工开发建设用地总面积不足三分之一，且中止开发建设满一年的国有建设用地；(3) 已动工开发但已投资额占总投资额不足百分之二十五，且中止开发建设满一年的国有建设用地。

其中，关于"开发建设总面积"的认定，根据《国土资源部办公厅关于闲置土地处置有关问题的复函》(国土资厅函〔2002〕101 号) 第一条的规定，"应动工开发建设总面积"是指土地使用者依照土地使用权出让合同的约定和规划设计条件，应当在规定时间内完成开发建设的土地面积。"开发建设的总面积"是指"应动工开发建设总面积"中土地使用者已经进行实际投资开发建设的土地面积。

关于"动工开发时间"的认定，根据《闲置土地处置办法》第三十条，分三种情形。动工开发时间为，依法取得施工许可证后：(1) 需挖深基坑的项目，基坑开挖完

① 《特色小镇、乡村旅游、农业综合体土地政策与用地指标问题如何解决！》，搜狐新闻：http://www.sohu.com/a/190304352_802624。

毕之时;(2)使用桩基的项目,打入所有基础桩;(3)其他项目,地基施工完成三分之一。

在实践中,国土资源主管部门与土地使用权人签订的土地使用权出让合同中往往会约定一个动工开发时间,但事实上,关于动工开发时间的认定是十分复杂的,不能一概而论。由于动工开发时间的确定对闲置土地的认定有着至关重要的作用,政府认定闲置土地时应对该问题给予足够的重视。笔者拟以一起闲置土地回收案件为例("案例一")来讨论具体认定中的一些问题。

2011 年 9 月 20 日,A 公司与北京市国土资源局签订了《国有建设用地使用权出让合同》,后又先后于 2011 年 9 月 20 日、2011 年 12 月 24 日、2014 年 4 月 10 日签订三份土地出让合同补充协议对土地位置等事项进行调整,项目需要重新办理立项批复并调整规划方案。项目在 2014 年 5 月 28 日取得了新的用地预审意见。而北京市国土资源局于 2015 年 12 月 21 日向公司发出了《解除国有建设用地使用权出让合同通知书》,认定:开工时间应为第一份《国有建设用地使用权出让合同》中约定的 2012 年 7 月 30 日,并以此作为认定该土地构成闲置土地事实之一。

然而在认定开工时间时,仅仅从合同约定表面出发是很容易出现问题的。以本案为例,虽然第一份土地使用权出让合同中约定了开工时间,然而由于自土地出让至 2014 年 4 月 10 日间,双方一直在签订补充协议,对土地位置、土地面积及容积率等事项进行调整,A 公司也因此两次变更规划方案。因此,客观上 A 公司是不具备开工建设的前提条件的,动工开发时间应当重新计算。除此之外,因配合当地政府开展"医养结合"工作的需要,A 公司被迫于 2014 年 8 月重新办理立项批复,并于 2015 年 1 月 28 日获得立项批复。A 公司在取得核准批复后仍需一段时间办理规划和建设审批手续方可开工。所以开工时间至少应在 2015 年 1 月且预留一段办理各项手续的合理时间之后。综上可见,简单机械地以土地出让合同中约定的开工时间作为认定土地闲置的依据,可能是不准确的,还需要结合项目具体情况综合判断。

实践中,政府在认定开工时间时还存在一些其他问题——例如通过受让方式获得的土地使用权,开工时间又该如何确定呢?下文以一起发生在北京的闲置土地回收案为例("案例二")进行说明。

在该案例中,北京市国土资源局与 B 公司于 2004 年 8 月 29 日签订了《国有土地使用权出让合同》,出让土地用于建设某项目。2006 年,B 公司将该土地转让给另外一家公司继续开发建设。后北京市国土资源局作出《闲置土地认定书》,并以

2005年2月25日作为应当开工时间。然而由于本案存在土地使用权转让行为，故不可“一刀切”地将最初土地使用权出让合同中约定的开工日期作为认定土地闲置的依据。本案中，B公司于2006年7月20日将该土地转让给C公司。2006年9月29日，北京市国土资源局同意该土地转让行为。2008年8月29日，C公司与北京市国土资源局签订《补充协议》，其中约定了C公司承继B公司的相应权利义务。C公司据此重新办理了该项目的开发建设手续。2008年6月，C公司将该项目报发改委备案并获认可，其中还明确记载了新的开工时间（2008年10月）。根据以上情况综合判断，土地转让后，该项目开工时间应当重新起算，不能以最早的土地使用权出让合同中约定的开工时间作为认定应当开工时间的标准。

上述案例二还存在另一值得讨论的问题——该项目并非一般的建设项目，而是综合性公园项目，那么对于这种公园项目应当如何界定开发建设进度呢？

根据《公园设计规范》（CJJ 48—92），公园的主要建设内容应为园林、景观等环境项目，配套建筑是为公园景观和环境服务的，并不是公园主体和全部。因此，判断公园项目的建设进度，应以其主要建设内容，即园林、景观等公园内容的建设进度为标准，而非其配套建筑。故政府在认定此类项目是否构成闲置土地时，要弄清评价对象，以公园建设内容（内湖、驳岸、水系、绿植、游艺、小品、道路、围墙等）等为主要对象，结合具体情况进行综合评价，才能做到认定准确，而不能单纯以公园项目中的配套建筑的施工情况作为判断开工时间的唯一考虑因素。

上述案例二还涉及关于“投资额”的认定问题。根据《国土资源部办公厅关于闲置土地处置有关问题的复函》第一条的规定，“应投资额”是指土地使用者直接投入用于土地开发的资金总额。而“已投资额”是指土地使用者已经投入用于土地开发建设的资金总额。且“应投资额”和“已投资额”均不含土地使用权出让价款、划拨价款和向国家缴纳的相关税费。① 在该案中，开发商采取了外聘具有资质的会计师事务所对已投资额进行审计并出具专项审计报告的方式，对投资额进行认定和说明，该专项审计报告的效力是应当被法院、行政机关认可或予以考虑的。

二、闲置土地认定的例外情形

在进行闲置土地认定时，政府还需核查是否存在闲置土地认定的例外情形，相

① 《闲置土地处置办法》第三十条规定：“……已投资额、总投资额：均不含国有建设用地使用权出让价款、划拨价款和向国家缴纳的相关税费。”

关具体规定如下所述。根据《闲置土地处置办法》规定,包括七种情形:(1)因未按照国有建设用地使用权有偿使用合同或者划拨决定书约定、规定的期限、条件将土地交付给国有建设用地使用权人,致使项目不具备动工开发条件的;(2)因土地利用总体规划、城乡规划依法修改,造成国有建设用地使用权人不能按照国有建设用地使用权有偿使用合同或者划拨决定书约定、规定的用途、规划和建设条件开发的;(3)因国家出台相关政策,需要对约定、规定的规划和建设条件进行修改的;(4)因处置土地上相关群众信访事项等无法动工开发的;(5)因军事管制、文物保护等无法动工开发的;(6)政府、政府有关部门的其他行为;(7)因自然灾害等不可抗力导致土地闲置的。且在此基础上,为进一步明确前述例外情形,部分地区又进一步出台了规范性文件对闲置土地的例外情形进行解释和细化。

实践中,认定上述例外情形的问题纷繁复杂,需要结合案情具体问题具体分析。以一起海口市闲置土地回收案为例("案例三")。在该案中,某开发商以协议出让方式取得某块土地使用权。根据开发商与国土部门签署的土地出让合同的明确约定:该地块最晚开工时间为2005年12月31日,否则国土部门有权无偿收回该地块;若因规划原因不能报建,经国土部门审核同意后可延期。2008年5月12日,因该开发商股权变动、公司名称变更等原因,国土部门为其办理了土地变更登记,核发了新的土地证。该地块所在区域由于控制性详细规划制定及调整曾有过一段时间停止规划报建审批。此外,规划部门也曾对该地块的用地性质、限高及设计方案不断进行调整和修改。2009年11月,国土部门向开发商发出《收回国有土地使用权决定书》,以闲置土地超过2年为由,决定无偿收回土地。那么前述情况中,由于存在控制性详细规划制定及调整,规划部门曾经暂停该地块报建审批,这一情况是否构成闲置土地认定的例外情形呢?

根据《城乡规划法》第二条等相关规定,控制性详细规划是制定和落实城乡规划的重要组成部分,制定和调整控制性详细规划也是规划部门的职责之一。此外,根据《海口市处置闲置土地若干规定》第四条的规定,"用地单位申请报建,市规划部门因规划原因暂停报建造成土地闲置"属于土地闲置的例外情形。因此,比较明确的是,由于当地政府正在编制及调整区域性控制性详细规划导致暂停该地块规划报建审批,这是属于比较典型的政府规划部门因规划原因导致的土地闲置例外情形。

至于规划部门对该地块的用地性质、限高及设计方案等调整和修改是否构成土地闲置例外情形呢?我们知道,通常情况下,开发商基于自身开发建设需要,也可能在规划条件确定的情况下主动要求进行规划调整。那么,如果是由于开发商原因导致的主动规划调整,进而影响开发建设进度,应当不属于土地闲置例外情形。反之,如果是有关政府规划部门原因导致被动进行规划调整,则显然是构成土地闲置例外情形的。

具体到本案中,该地块最初办理土地证时明确登记用地性质为住宅用地,是规划部门将该地块的用地性质调整为旅游度假用地;且该地块最初的用地面积为200亩,也是据此缴纳土地出让金和税费的,但是由于市政规划道路占用的原因,规划部门将该地块的用地面积减少了60亩。应当说,由于用地性质改变、用地面积调整并非开发商原因导致的规划调整,从这个角度来看,该项目应当属于闲置土地认定的例外情形,即不应被认定为闲置土地。此外,还有例如容积率、限高、功能定位、建筑布局、造型、外观等诸多规划调整事宜,都需要结合到底是规划部门原因还是开发商原因导致调整、是否存在规划部门未能及时审批、开发商报规划审批的频次、未能审批通过原因等因素综合判断。

另外,结合本案,因开发商股权变动、公司名称变更,国土部门为其办理了土地变更登记,核发了新的土地证。那么该种重新核发土地证的行为是否应被视为政府国土部门已经批准开发商延期开发?

根据《土地登记办法》第十八条的规定,如有土地违法违规行为尚未处理或者正在处理的,不予登记。2008年4月的土地变更登记虽然是由于开发商股权变动、名称变更而起,但是在国土部门作出是否准予办理变更登记的决定时,应当检查是否存在土地闲置等违法违规行为。国土部门办理土地变更登记,应当视为其已经认可案涉土地不存在尚未处理或正在处理的违法违规行为。一经国土部门认可,则说明土地闲置情况的原因并非因开发商过错,变更登记本身会被视为国土部门已批准了开发商的延期开发。所以一旦重新核发土地证,可以作为开发商主张不存在土地闲置违法行为的一个抗辩理由。

实践中,闲置土地的例外情形认定方面还存在许多其他问题,例如,如果至闲置土地认定时项目土地上仍有未拆迁建筑物,是否构成闲置土地例外情形?再举一例("案例四")。需要说明的是,该案中开发商既是一级开发实施单位又是二级开发单位,但是在土地一级开发阶段签署的《土地一级开发委托协议》与在土地二级开发阶段签署的《国有建设用地使用权出让合同》是两个不同的合同关系。由于项目上存在一户村民住房未能拆迁,国土局未完成在出让合同项下的交地义务,其存在违约行为。尽管这属于开发商在土地一级开发阶段的义务,但并不能因此免除国土局在出让合同项下的交地义务。开发商可以主张是由于政府违约导致无法开发建设的,应属于闲置土地认定例外情形之一。所以即便在开发商同时接受委托承担土地一级开发工作的情况下,主管部门仍应注意其交地义务,在履行了该义务后才能开始计算土地闲置的时限。

故综上所述,政府部门在认定闲置土地过程中还应关注上述各个要素,准确把握闲置土地的认定情形及例外情形,才能做出精准的法律判断。

三、闲置土地认定程序及救济方式

政府收回闲置土地的处置程序流程如图 1 所示,其中听证结果的作出时间并无明确时限:

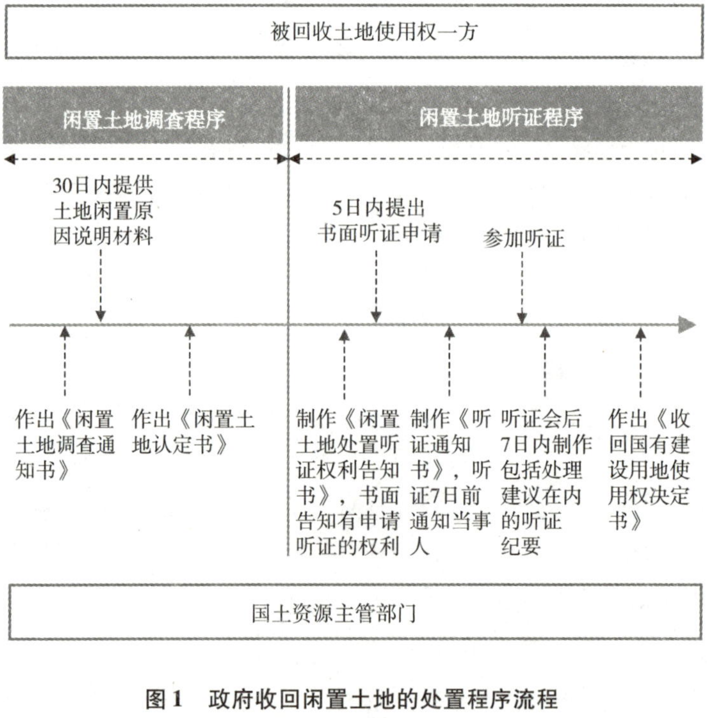

图 1　政府收回闲置土地的处置程序流程

当自身持有土地被作为闲置土地收回,除了在听证程序中维护自身权利外,被回收土地使用权一方的救济方式还有行政复议及行政诉讼两种。二者之间无前置关系,可先提起行政复议、再提起行政诉讼,也可以直接提起行政诉讼。具体程序如图 2 所示:

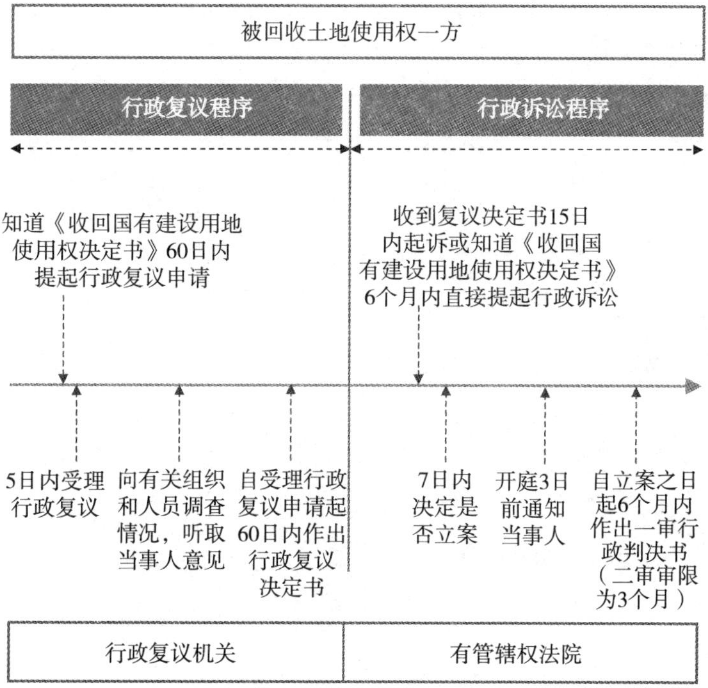

图2　土地被收回后救济方式的具体程序

需要说明的是，在进行行政诉讼程序时，不仅国土资源主管部门作出的《收回国有建设用地使用权决定书》可以成为被诉对象，《闲置土地认定书》也是可以作为被诉对象的。如河南省平顶山市中级人民法院（2013）平行终字第44号判决及广东省茂名市中级人民法院（2014）茂中法行终字第16号判决中，原告告诉的对象都是《闲置土地认定书》，而法院也认可了诉讼行为并给予了相应维持或撤销《闲置土地认定书》的判决。

结　语

依法收回闲置土地为特色小镇项目解决土地要素提供了有力可行的思路，但其中纷繁复杂的问题也对政府及有关部门的依法行政提出了很高的要求。在闲置土地处理过程中，政府需要结合具体情况慎重依法认定及收回闲置土地。存在因土地闲置被收回风险的相关主体则应在各个环节依法维权，而对于拟投资建设特色小镇项目的相关方则应做好尽职调查，对于存在以收回闲置土地方式供地的情况,需要判断政府收地行为是否合法合规,以免日后陷入被动。总而言之,依法收回闲置土地既能够确保政府依法行政,又能够为建设特色小镇提供土地资源,支持特色小镇的建设。

特色小镇投融资模式比较分析

郝　瀚　于腾飞*

*作者简介：

郝瀚，合伙人，中伦律师事务所北京办公室，电邮为 haohan@ zhonglun. com；

于腾飞，律师，北京办公室。

特色小镇投资规模大、投资周期长,动辄几亿元、几十亿元,乃至成百上千亿元的资金需求,若由政府独自承担,既不现实也不必要。而社会资本、金融机构等投资者虽有参与特色小镇项目的意愿与能力,但又缺乏进入机制。因此,如何创新投融资模式,打通投融资渠道,将社会资本、金融资金引入特色小镇的开发建设中,是发展特色小镇亟待解决的重点和难点。

依据不同的划分标准,投融资模式有不同的分类:从资金性质角度可分为股权融资和债权融资,从融资工具角度又可分为贷款融资、基金融资、PPP 融资、资产证券化融资等。结合特色小镇项目的特点,本文主要介绍股权融资、政策性基金、PPP 融资、银行贷款、债券融资、资产证券化等具有代表性的投融资模式,并对其特点加以简要分析。

一、股权融资

股权融资通过企业增资扩股的方式实现融资目的。在此过程中,原股东所持企业股权将被稀释。就特色小镇项目而言,在项目初期,尚无经营型现金流的情况下,一般采取股权融资的方式。投资方共同出资成立项目公司,即首次股权融资。

股东不同于一般债权人,项目公司的股东对项目公司的运营、目标项目的建设、发展往往起着至关重要的作用。因此,在进行股权融资时,不仅要考虑资金筹集问题,还需要进一步思考新股东还具备哪些实力与专长、是否可以为项目提供超出资金以外的附加价值。以古北水镇为例,其股东中,中青旅控股是大型旅行社集团,有着长期的流量导入资源,对文旅产业的运营也有着很好的经验;乌镇旅游有着成功的古镇运营经验,双方联合对于项目的资产经营是非常有利的;京能集团作为国企,其资金实力颇为雄厚,是长期的战略投资者,能够保持项目股权结构和资金的稳定;而 IDG、北京和谐成长投资中心作为私募股权,投资人对于促进整个项目的资本输入有着良好的推动作用。

相对于债权融资,股权融资的优点如下:(1)长期性。股权融资筹措的资金具有永久性,无到期日,不需归还。(2)不可逆性。企业采用股权融资无须还本,投资人欲收回本金需借助流通市场。(3)无负担性。融资方无须支付固定的股利,没有偿债负担,投资方将按所持股份承担有限责任,所获利润多少与支付与否视公司的经营状况而定。与之相对,股权融资的缺点也是明显的,即原始股东的权益将被稀释而且存在失去控制权的风险。并且,股东的投资具有长期性,大量资金沉入注册资本,会增加股东的资金成本,影响资金的使用效率。对于股东而言,资金压力较大。

结合目前的实践案例,我们认为,如果特色小镇开发运营主体的股东有足够的资金实力,能够以自有资金解决项目所需的30%甚至更高比例的投资,将更有利于项目的推进和成熟。

二、银行贷款

银行贷款是最传统的债权融资方式,其特点也很鲜明:(1)融资成本相对较高。银行贷款属于间接融资,相比股权融资、发行债券等直接融资,其利率较高。但是,与目前市场上的私募融资等相比,银行贷款在利率上优势明显。(2)财务杠杆作用。债权融资能够提高融资方所有权资金的回报率,产生财务杠杆的作用。(3)不影响企业控制权。与股权融资相比,债权融资除在一些特定的情况下可能带来债权人对企业的控制和干预问题外,一般不会产生对企业的控制权问题。(4)贷款条件严格。虽然银行贷款具有诸多优势,但是银行的审查、监管标准也更为严格,而且银行每年可对外提供的贷款额度也会受到诸多条件的影响。因此,实践中并不是所有的企业都能及时地获得预期的银行贷款。

特色小镇项目融资金额较大、融资期限较长,单一银行贷款很难满足需求,因此采取银团贷款的方式可能更为切合实际。项目投资人也可以考虑在确定参与之前,就银行贷款事宜获得当地政府的支持,例如,协助项目公司协调有关银行,或给予贴息等。

三、政策性基金/贷款

政策性基金,主要指国家发改委通过国家开发银行和中国农业发展银行设立的国家专项建设基金。因国家开发银行与中国农业发展银行均为政策性银行,故该专项基金亦称为政策性基金。除政策性基金以外,国家开发银行和中国农业发展银行还与住建部共同发文,承诺为小城镇建设提供包括贷款在内的政策性(开发性)金融支持。2016年2月,国务院发布《关于深入推进新型城镇化建设的若干意见》(国发〔2016〕8号),其中第二十六条规定,强化金融支持。专项建设基金要扩大支持新型城镇化建设的覆盖面,安排专门资金定向支持城市基础设施和公共服务设施建设、特色小城镇功能提升等。鼓励开发银行、农业发展银行创新信贷模式和产品,针对新型城镇化项目设计差别化融资模式与偿债机制。

2016年10月,住建部与中国农业发展银行共同发布《关于推进政策性金融支持小城镇建设的通知》,要求中国农业银行各分行要积极运用政府购买服务和采购、政府和社会资本合作(PPP)等融资模式,为小城镇建设提供综合性金融服务,并联合其他银行、保险公司等金融机构以银团贷款、委托贷款等方式,努力拓宽小城镇建设的融资渠道。

2017年1月,住建部与国家开发银行共同发布《关于推进开发性金融支持小城镇建设的通知》(建村〔2017〕27号),明确指出:国家开发银行将依据小城镇总体规划,适时编制相应的融资规划,做好项目融资安排,针对具体项目的融资需求,统筹安排融资方式和融资总量。国家开发银行各分行要会同各地住房城乡建设(规划)部门,确定小城镇建设的投资主体、投融资模式等,共同做好项目前期准备工作。对纳入全国小城镇建设项目储备库的优先推荐项目,在符合贷款条件的情况下,优先提供中长期信贷支持。国家开发银行将积极发挥"投、贷、债、租、证"的协同作用,为小城镇建设提供综合金融服务。

例如,浙江省嘉兴市的巧克力甜蜜小镇建设,就获得了中国农业发展银行的大力资金支持。2015年,中国农业发展银行推出重点项目投资基金投贷结合的方式,省市县三级联动分两批投入补充项目资本金0.32亿元和1亿元,帮助小镇度过建设难关。2016年,中国农业发展银行再次对巧克力甜蜜小镇投放项目贷款10亿元用于基础设施建设项目。

政策性基金的主要优点为:(1)年利率低,一般在1.2%。(2)融资期限长,最长可达30年。(3)融资期限内只付息,不还本。(4)一般不参与分红,但在是否享有表决权问题上不同项目做法不同,具体取决于合作方洽商结果。

政策性基金的缺点在于条件限制较多、额度有限、审批严格。申请政策性基金必须满足如下条件:(1)申报项目必须是国家重点支持的重点建设项目,包括异地扶贫搬迁等三农建设、轨道交通等城市基础设施建设、中西部铁路等重大基础设施、民生改善等建设工程、增强制造业核心竞争力等转型升级项目。(2)申报项目前期准备工作已基本完成,如已取得项目建议书批复、可行性研究报告批复,土地、规划、环评手续完备。(3)申报项目应基本具备开工条件,一般应在当年内能够开工建设。《住房城乡建设部、国家发展改革委员会、财政部关于开展特色小镇培育工作的通知》(建村〔2016〕147号)中提出,国家发展改革委等有关部门支持符合条件的特色小镇建设项目申请专项建设基金,这为特色小镇项目拓宽了融资渠道。但是,目前从实践情况看,有条件申请或享受到政策性基金支持的特色小镇项目寥寥无几。

四、PPP 融资

近年来,国内也陆续出现了一批以 PPP 模式开发建设的特色小镇,如“油岭生态旅游小镇”。中国电力建设集团有限公司与清远市连南县签署了 PPP 项目战略合作框架协议,协议约定双方积极利用国家及各级政府鼓励的 PPP 模式,以投资打造油岭生态旅游特色小镇为起点,扩大到连南全县全域旅游项目。“深圳甘坑新镇”,“甘坑新镇”是深圳龙岗区政府与华侨城集团 2017 年开始合作的一个城镇化项目,甘坑新镇的项目是通过政府与社会资本以 PPP 模式合作开发,大力发展新型文化创意产业,尤其是导入和培育具有高科技含量和高艺术水准的原创文化内容产业。“合肥 VR 小镇”,安徽省路网交通建设集团股份有限公司与肥东县人民政府签署了《合肥 VR 小镇项目战略合作框架协议》,约定政府方主要负责征地拆迁、立项可研、用地环评等项目前期工作,社会资本方主要负责小镇投融资、建设、VR 产业资源的引进和运营。

PPP 全称为 Public – Private Partnership,其既是一种政府与社会资本间的合作机制,也是一种融资模式。从政府—社会资本合作机制的角度理解、考察 PPP 时,PPP 涵盖的内容过于宽泛,几乎所有的融资方式都可纳入 PPP 模式当中,为其服务。本文中笔者仅将 PPP 的定义限定为一种融资模式,并由此探讨 PPP 较其他融资模式的独特之处。PPP 基金是较为常见的 PPP 融资手段,其为私募基金的一种,也是与特色小镇结合较为紧密的基金模式,是 PPP 发挥融资功能的重要部分。根据基金发起人不同,PPP 基金可细分为由政府发起的 PPP 引导基金和由社会资本发起的 PPP 产业基金。

1. PPP 引导基金

国务院办公厅《关于在公共服务领域推广政府和社会资本合作模式指导意见通知》(国办发〔2015〕42 号)中规定,“积极探索财政资金撬动社会资金和金融资本参与政府和社会资本合作项目的有效方式。中央财政出资引导设立中国政府和社会资本合作融资支持基金,作为社会资本方参与项目,提高项目融资的可获得性……鼓励地方政府在承担有限损失的前提下,与具有投资管理经验的金融机构共同发起设立基金,并通过引入结构化设计,吸引更多社会资本参与”。政府引导 PPP 基金,通常由省级政府层面出资设立,再以此吸引金融机构资金,合作成立母基金,然后,由市县级财政做劣后、母基金做优先级,成立子基金。根据前述规定,截至目前,财政部与山东、山西、河南、江苏、四川和新疆等地分别成立了不同规模的 PPP 引导基金。

2. PPP 产业基金

社会资本发起的 PPP 产业基金中,多数是以有建设运营能力的社会资本为主导。通常的做法是,由社会资本作为劣后级 LP、金融机构作为优先级 LP,社会资本指定的基金管理公司作为 GP 或双方共同成立基金管理公司作为 GP,共同设立私募基金。这类模式中基金出资方没有政府,其资信度和风险责任承担均落在社会资本身上。但基金所投资的项目仍是政企合作的 PPP 项目(特色小镇项目),政府授予项目公司特许经营权或以特定方式购买服务。虽然社会资本要承担更大的风险,但项目运作的灵活度更大,甚至可以实现市场化运营。

PPP 融资模式具有以下特点:(1)PPP 是以项目为主的融资方式。PPP 融资主要根据项目的预期收益、资产以及政府扶持的力度而不是项目投资人或发起人的资信来安排融资。项目经营的直接收益和通过政府扶持所转化的效益是偿还贷款的资金来源,项目公司的资产和政府给予的有限承诺是贷款的安全保障。(2)PPP 融资模式可以使更多的社会资本参与到项目中,以提高效率,降低风险。这也正是现行项目融资模式所鼓励的。政府的公共部门与社会资本以特许权协议为基础进行全程合作,双方共同对项目运行的整个周期负责。(3)PPP 模式可以在一定程度上保证社会资本“有利可图”。采取 PPP 模式,政府可以给予社会资本相应的政策扶持作为补偿,如税收优惠、贷款担保等,保证社会资本可以得到合理的投资回报。(4)PPP 模式在减轻政府初期建设投资负担和风险的前提下,提高城市基础设施服务质量。

PPP 融资模式存在的缺点:(1)PPP 模式下广为应用的特许经营制度可能导致垄断。社会资本取得政府授予的对项目的特许经营权,实际上具有一定程度的垄断性质。这种缺乏竞争的环境在某些情况下会减弱社会资本降低成本、提高服务品质的动力。(2)PPP 模式复杂的交易结构可能降低效率。首先,在 PPP 项目中,通常需要多个独立参与者通力合作,而多个参与者会导致整个项目的约束条件增加。其次,由于每个参与项目的商业机构都会在咨询、会计和法律等方面产生支出,这部分支出会包括在投标价格中,从而传导给公共部门。(3)PPP 长期合同缺乏足够的灵活性。为了项目长期运行稳定,PPP 合同可能会比较严格,灵活性不够,各方在起草合同时,很难将未来的变化充分地考虑进来,合同条款有可能不适用于未来情况。

五、资产证券化

资产证券化，是指原始权益人/发起人将不易流通的存量资产或可预见的未来收入构造或转变成为资本市场可销售和流通的金融产品的过程。通过资产证券化，项目公司可以将流动性较差的资产或未来的收益转变为具有较强流动性且可迅速变现的资产。具体到特色小镇中，项目公司作为原始权益人，可将其持有的小镇项目中的商铺、酒店等房产未来的租金收益（可预见的未来收入）打包出让与专项资产管理计划。专项资产管理计划向投资者发行专项资产管理计划份额，再将募集得来的资金作为对价支付给项目公司。实践操作中，“良渚梦栖小镇”“杭州跨贸小镇”“寿安五金小镇”等都凭借自身优质资产成功发行 ABS 获得融资。

除了提高资产流动性，迅速变现以外，资产证券化还有如下优势：(1)融资成本低。相较于传统抵押贷款模式，资产证券化的利率明显低于同期银行贷款利率及其他债务融资品种成本。(2)融资门槛低。银行等金融机构向企业提供贷款时，主要看重企业资信情况，中小企业融资难度较大。而资产证券化融资仅关注资产是否优质以及是否可以产生稳定现金流，只要满足这两点即可设计资产证券化产品。(3)操作相对简便。项目设计、申报材料制作、项目发行、项目备案、项目运行，相比企业债和短期融资券更加简便。(4)资金用途不受限制。银行通常会对借款的用途作出明确要求和监管，例如开发建设或日常经营，项目公司只能根据合同约定使用资金，缺乏灵活性。而资产证券融资取得的资金无使用用途的限制，项目公司无须对外披露资金使用情况。

但基于我国现行法律框架，在特色小镇项目中应用资产证券化可能会面临一些问题。例如，(1)《物权法》第五十五条第二款规定，铁路、公路、电力设施、电信设施和油气管道等基础设施，依照法律规定为国家所有的，属于国家所有。特色小镇建设涉及大量的基础设施、公用事业建设等，基础资产权属不清晰，在资产证券化过程中存在法律障碍。(2)如果特色小镇项目中的部分内容系基于特许经营权运营，则《行政许可法》有关行政许可不得转让的原则性规定可能会对资产证券化产品的发行产生障碍。

总体而言，我们认为，资产证券化融资是未来相当长一段时间内一个很好的融资方式，但是，对于特色小镇项目而言，在开发建设阶段，由于尚没有可以产生稳定现金流的建成业态，所以该等模式很难应用，因此也无法解决特色小镇项目的前期资金压力。

六、债券融资

非金融企业债务融资工具,即通常所说的债券融资,是指具有法人资格的非金融企业在银行间债券市场发行的,约定在一定期限内还本付息的有价证券。根据现行债券规则,满足发行条件的项目公司可以在银行间交易市场发行永(可)续票据、中期票据、短期融资债券等债券融资,可以在交易商协会注册后发行项目收益票据,也可以经国家发改委核准发行企业债和项目收益债,还可以在证券交易所公开或非公开发行公司债。

债券融资具有以下优势:(1)申请门槛相对较低,适合多种类型的企业拓宽自身融资渠道。(2)融资成本相对较低,在正常市场条件下,综合考虑中介手续费等因素,总体成本通常低于同期银行贷款成本。(3)发行方式灵活,可依据企业资金寻求灵活设计债务融资工具的期限和金额等要素,并可分次多期滚动发行。

债券融资同样也存在一些不尽如人意之处,例如:(1)由于债券筹资存在固定利息且到期须如数偿还,否则公司将面临巨大的信誉风险。(2)限制条件较多,发行债券的合规性审查较为严格,须符合证监会的各种限制条件才可以上市交易。(3)筹资数量有限,在制定债券筹资伊始就必须制定筹资总额,且不能随意变更。

上述投融资模式各有优劣之处,在实际操作中如何取舍,还应结合项目自身特点及项目所处阶段,综合考虑融资目的、融资需求、融资成本等因素,因地制宜地设计融资模式组合。

PPP 模式参与特色小镇建设探讨

陈月棋　罗　平*

* 作者简介：

陈月棋，合伙人，中伦律师事务所杭州办公室，

电邮为 chenyueqi@ zhonglun. com；

罗平，律师，杭州办公室。

一、特色小镇的概念

2014年10月26日，全国首个云计算产业生态小镇——杭州转塘“云栖小镇”举行阿里云开发者大会，浙江省领导参观后表示，省有关部门和杭州要积极支持“云栖小镇”建设，让杭州多一些美丽的特色小镇，天上多飘几朵创新“彩云”。这也是特色小镇概念首次出现在公众视野。此后浙江省委、省政府多次力推特色小镇，并将特色小镇与驱动新经济的七大产业发展相提并论，将特色小镇定位为浙江产业创新的重要载体之一。

2016年3月16日，第十二届全国人大第四次会议批准的《国民经济和社会发展第十三个五年规划纲要》首次提出“特色小城镇”的概念，《十三五纲要》提出要“因地制宜发展特色鲜明、产城融合、充满魅力的小城镇”。随后国家各部委及各地出台了一系列关于特色小镇的政策指导意见。

2016年10月国家发改委发布的《关于加快美丽特色小（城）镇建设的指导意见》（发改规划〔2016〕2125号，以下简称《指导意见》）对特色小镇进行了界定，也是目前比较权威的定义，《指导意见》提出“特色小（城）镇包括特色小镇、小城镇两种形态。特色小镇主要指聚焦特色产业和新兴产业，集聚发展要素，不同于行政建制镇和产业园区的创新创业平台。特色小城镇是指以传统行政区划为单元，特色产业鲜明、具有一定人口和经济规模的建制镇”。特色小镇是推进供给侧结构性改革的重要平台，是深入推进新型城镇化的重要抓手，有利于推动经济转型升级和发展动能转换，有利于促进大中小城市和小城镇协调发展，有利于充分发挥城镇化对新农村建设的辐射带动作用。

特色小镇和特色小城镇的主要区别是特色小城镇是在我国现有近2000个建制型小城镇的基础上推进城镇化，注重公共性、社会性；而特色小镇突破了建制镇的束缚，以特色产业和新兴产业为依托，强调经济性、产业性。但都对基础设施、城市配套、公共服务，尤其对打造特色产业提出了更高的要求。

二、社会资本参与特色小镇的运作模式

2016年7月1日，住建部、发改委、财政部联合下发《关于开展特色小镇培育工作的通知》（建村〔2016〕147号，以下简称《通知》）的目标是培育各具特色、富有活力的休闲旅游、商贸物流、现代制造、教育科技、传统文化、美丽宜居的特色小镇。《指导意见》提出发展特色小镇要加强小城镇道路、供水、供电、通信、污水垃圾处

理、物流等基础设施建设，强化交通发展，鼓励综合开发，推进公共停车场建设，鼓励建设开放式住宅小区，增加教育医疗等公共服务新供给。根据上述文件，社会资本在特色小镇的开发建设内容包含大量的基础设施、公共服务和产业项目的投资机会。

一般而言，特色小镇项目包括的单体项目有土储项目、基础设施项目、公共服务项目及产业项目。其中土储项目、基础设施项目、公共服务与公用设施项目细分为土地一级开发项目、文化体育设施项目、教育项目、医疗养老项目、供水、供电、地下综合管廊、排水以及绿地项目、公园项目等，这些项目是小镇公共性和社会性的体现，是建设小镇的基础；产业项目包括居住用地项目（如住宅项目及配套的文化、商业等项目），商服用地项目（如商业项目、商务项目、娱乐康体项目），工业项目（如标准厂房、孵化园、众创空间、物流仓储等项目），旅游产业项目（景区、酒店、主题乐园等项目），产业项目是小镇产业型和经济性的体现，根据小镇发展产业的不同，需要开发的项目类型会有所不同。

（一）传统方式投资

任何一个包含建设内容的项目都需建筑施工，传统模式下社会资本（如建筑企业）的利润来源于建筑施工的单一利润；项目建设完成后具有运营能力的社会资本可通过提供公共产品、服务收取物业费、水电费、运营维护费、医疗费、教育费、设施设备使用费等实现盈利；产业项目中，社会资本可通过出售、出租或其他方式运营住宅、厂房、写字楼等获取开发收益。但单个项目之间缺乏整体性，社会资本难以享受政策优惠，通常只有单一的利润来源，同时，政府与社会资本均独立承担风险且无法分享收益，居民也难以获得高质量的公共产品和服务。

（二）PPP 模式运作

各地出台的政策文件均对用 PPP 模式运作小镇项目进行了不同程度的规定，如《通知》将“坚持市场主导”认定为培育特色小镇的基本原则，要求尊重市场规律，充分发挥市场主体作用，政府重在搭建平台、提供服务，防止大包大揽。《指导意见》指出要坚持市场主导，鼓励企业、其他社会组织和市民积极参与城镇投资、建设、运营和管理，成为美丽特色小镇建设的主力军。包括浙江、云南以及河北在内的各地政府出台的相关政策也明确提出特色小镇建设要坚持企业主体、政府引导、市场化运作的模式，鼓励以社会资本为主投资建设，鼓励采用 PPP 模式打造特色小镇。结合特色小镇的建设内容，特色小镇的投资建设及运营是典型可以采用 PPP 模式进行运作的项目。

1. 特色小镇与PPP结合的优势和挑战

运用PPP模式开发特色小镇,要明确小镇开发是综合开发,建设周期长,投资规模大。首先,采用PPP模式引入社会资本可以缓解各级政府的资金压力;其次,能够发挥市场配置资源的积极作用,通过绩效考核,推动城镇化健康发展;最后,PPP强调的是利益的共享、风险的共担,在风险控制上PPP的做法是将一个整体的社会综合效益最大化,双方通过PPP项目合同对投资、建设过程中的相关责任和风险进行明确划分,有利于降低和分散风险。

PPP模式可以分享项目投资、运营等多个环节的利润,其质量、效益也高于传统施工模式。但是,特色小镇项目相比单一的基础设施项目更为复杂,以PPP模式实施特色小镇项目尚处于探索阶段,还面临许多的难题需要在实践中逐步探索和解决。如特色小镇的跨政府实施协调问题、特色小镇用地问题等。

2. 采用PPP模式运作的具体方式

特色小镇的PPP模式操作可分为两大类:一类为将特色小镇打包作为一个整体PPP项目运作;另一类为将特色小镇范围内的具体项目采用PPP模式,如将供水、医院、学校等子项目采用PPP模式运作。

(1)特色小镇整体PPP投资运营模式

将整个特色小镇范围内的基础设施建设、产业项目、公共服务和公用设施项目等作为一个整体,通过充分竞争的方式选择社会资本作为项目的投资人开发建设。特色小镇强调的是产业、文化、宜居、环境等各要素的融合,特色小镇的投资人实际上是在运营一个小型城市,此种模式对社会资本建设、融资、运营能力皆有较高的要求。为了使社会资本更专业、顺畅地运营项目,建议社会资本应力求在项目设计之初即介入设计、规划(包括专项规划、土地利用规划、城市规划),统筹考虑项目滚动开发及融资安排。

(2)特色小镇具体子项目采用PPP模式

此种模式下,要求政府有比较强的统筹实力与管理能力。地方政府需要统筹规划,根据自身财力状况、项目进度要求,可以自主选择将单个PPP项目与社会资本进行合作。

3. 利用滚动开发解决投资巨大的问题

特色小镇的可持续发展是项目发展的关键,持续稳定的资金来源决定了项目的成败。特色小镇内不同项目的相互匹配、互补(以丰补歉)、滚动开发、供需平衡等非常重要,若能实现特色小镇开发过程中的自我融资则最为理想。一个特色小镇整体 PPP 项目包含非常多的子项目，若进行合理规划，按照一定的开发顺序，循序渐进，可以采用分步实施滚动开发的模式，利用上一个项目的收益支付下一个项目的投资成本，利用这个项目的收益和资产为下个项目提供增信措施等。滚动开发也具有现实意义：一方面是因为受到土地等因素的制约，各子项目不一定同时具备实施的条件；另一方面先实施一些急需且能产生经济效益带来使用者付费的项目，可以有效地缓解资金压力。

三、社会资本参与特色小镇投资应注意发展特色产业

不管是国家各部委出台的政策，还是各地方出台的政策文件，均提出了特色产业是特色小镇的根基。《指导意见》明确指出，产业是小城镇发展的生命力，特色是产业发展的竞争力，要坚持因地制宜挖掘特色优势、坚持产业建镇。在此之前，《通知》也强调"坚持突出特色"是培育特色小镇的重要原则，要求发展特色产业。特色小镇应产业定位精准，特色鲜明，战略新兴产业、传统产业、现代农业等发展良好、前景可观。产业向做特、做精、做强发展。

为保障小镇拥有自己的特色产业，一般而言各级、各地政府在小镇开发建设时会从以下几个角度加以引导或限制：

1. 提供政策支持

各部委、各地对特色小镇均提出了优惠支持政策，支持发展特色产业。主要集中在用地保障、财政支持和金融支持三方面。如国家发改委、国家开发银行关于《开发性金融支持特色小镇建设促进脱贫攻坚的意见》（发改规划〔2017〕102 号）指出，开发银行各分行要运用"四台一会"（管理平台、借款平台、担保平台、公示平台和信用协会）贷款模式，推动建立风险分担和补偿机制，以批发的方式融资支持龙头企业、中小微企业、农民合作组织以及返乡农民工等各类创业者发展特色优势产业。浙江省提出对于小镇产业要创新金融产品，对新增建设用地中发展产业类特色小镇的，省里将给予更高比例的配套奖励。

2. 对小镇规划条件中的房地产开发项目进行限制

小镇规划时，政府规划行政主管部门通过明确小镇的建筑物性质（商业、商务办公、居住、学校、医院等）及开发比例限制小镇开发驶入房地产开发的弯道，如项目地块内住宅建筑面积不得大于地上总建筑面积的特定比例。政府会在土地出让（划拨）合同中对上述规划条件进行确定，并约定社会资本改变合同约定的土地用途的，出让（划拨）人有权收回建设用地使用权。

3.监管社会资本开发建设

社会资本获得土地后,政府与社会资本签订《开发建设监管协议》,为社会资本设定保障产业特色化发展的义务,并可要求社会资本提交履约保证金,如要求社会资本应与有关产业的产业协会签订战略合作协议,获得该产业协会的支持;小镇内建筑物销售、出租的对象必须是政府认可的符合产业发展的企业,否则不予办理房产交易手续;社会资本要引进一定数量符合产业特色化要求的入驻企业。若社会资本未履行这些义务,政府有权没收保证金并收回土地国有建设用地使用权。

4.对招商标准进行严格控制

政府可在与社会资本签订的PPP协议中明确政府有权自行制定入驻企业的条件,或者由社会资本根据产业规划制定招商标准,该招商标准经过政府批准后,社会资本要严格按标准进行预招商。预招商成功后,社会资本与入驻企业签订合作合同,再由政府与企业签订招商引资协议。经过两份协议的安排,企业才能顺利入驻。若社会资本未按政府制定或经批准的招商标准引入拟入驻企业并签订合作协议,政府可能以拟入驻企业不符合招商标准为由,拒绝与拟入驻企业签订招商引资协议、为其办理工商注册、提供政策优惠,这将引发社会资本和拟入驻企业之间的合作协议效力问题,社会资本是否要承担违约责任或行政责任等问题。

四、通过运营特色小镇项目获利

特色小镇收益主要体现在政府补贴、基础设施建设、房地产项目开发、产业项目中的招商服务、运营等各个环节。具体可分为以下四个方面:

(一)政府提供优惠条件

政府为了吸引社会资本参与特色小镇的投资建设,出台各类文件对特色小镇提供土地优惠、税收优惠、银行信贷支持等多方面的政策支持。如项目前期,政府往往有一定的政策性资金补贴和土地优惠政策,这将大大降低社会资本的前期投入成本。引入相关产业后,往往政府也有相应的招商奖励补贴。

(二)基础设施建设收益

特色小镇PPP项目中的基础设施项目收益主要来源于政府付费和可行性缺口补助。由于小镇基础设施项目建设内容很多,因而,完全由社会资本方独立解决全部的建设和运营要求太高。社会资本在与政府方签订PPP合同时,要注意争取对自己难以运营的项目可以通过市场竞争的方式转包给第三方,为体现风险共担,可将第三方的运营绩效作为自己的绩效考核标准之一。

（三）房地产项目开发收益

社会资本可通过出售、出租房地产项目获利，但应当注意的是特色小镇不是新一轮的房地产开发。在当前去房地产化的大背景下，社会资本不应用房地产开发思维投资建设特色小镇，通过房地产开发获取投资收益。房地产开发与国家推动特色小镇培育特色产业、提高产业竞争力的意图背道而驰。[①] 2017 年 5 月 26 日，住房和城乡建设部办公厅《关于做好第二批全国特色小镇推荐工作的通知》（建办村函〔2017〕357 号）强调，对存在以房地产为单一产业，镇规划未达到有关要求、脱离实际，盲目立项、盲目建设，政府大包大揽或过度举债，打着特色小镇名义搞圈地开发，项目或设施建设规模过大导致资源浪费等问题的建制镇不得推荐。

（四）特色产业收益

特色小镇是一个融合产业、文化、旅游、社区功能于一体的产业平台，特色小镇是产业发展载体，要以产业发展为重点，基础设施建设和房地产开发只是小镇的一部分，仅关注建设利润，忽视产业链运营也违背了建设特色小镇的初衷。尤其对于有相关产业经验的社会资本，可以发挥自身优势，进行资源整合，参与到特色小镇产业项目建设上来，通过项目运营使得特色小镇良性发展并获取利润。

特色小镇产业项目开发包含生产产业项目和旅游产业项目两大产业链。对于产业项目，政府可以以特许经营方式授予社会资本收费权（使用者付费项目）的方式，覆盖投资成本和合理利润。

1. 通过旅游产业链获取收益

旅游项目中，社会资本可以提供三类产品，即景区项目、文体休闲（商业）项目、度假酒店与公寓项目。主要有餐饮收入、住宿收入、门票收入、演艺收入以及其他消费收入等，是其长久运营小镇的收入来源之一。

经营旅游产业应注意以下问题：首先，社会资本能够参与投资、运营旅游景区的前提，是国有旅游资源的所有权与经营权相分离，且社会资本可以依法取得旅游景区的经营权。采取 PPP 模式开发旅游景区，首先要根据地方制定的旅游条例以及特定类型的旅游景区所适用的法律法规，确定旅游景区经营权出让的依据。对于法律法规允许将经营权出让给企业的旅游景区，应进一步确认出让的对价，可以出让的经营权的范围；其次，对于旅游项目中的使用者付费的项目，如门票、景区内

---

① 王霁虹、刘瑛：《聚焦特色小镇 PPP 项目操作的核心法律问题》，载 www. zhonglun. com/Content/2017/08 - 16/1817171107. html，最后访问时间：2017 年 8 月 29 日。

交通、餐饮消费等,最大的障碍是社会资本对公共定价机制和价格管理方面的被动性。公共产品和服务的定价应基于成本,并进行适度价格管制,既要保证项目运行及社会资本的合理收益,又不损及公共利益。因此,在项目设计之初就要建立对收益进行补贴、调整或约束的机制,并将其纳入 PPP 项目合同。①

目前将两大产业链结合较好的项目有华侨城正在建设中的甘坑新镇项目,其收入来源是“门票收入 + 租金 + 销售分成”,其中前两部分收入是长期稳定的收入,以租金为例,以前旧的厂房每月每平方米租金是 15 ~ 20 元,华侨城将之改造后租金能提高到 50 ~ 60 元。而销售分成,包括在城镇中开发的农产品、餐饮服务、培育的一些产品的销售等。②

2. 通过生产产业链获取收益

生产产业项目是社会资本获取产业运营收益的主要方式,收入来源可细分为四块:(1)标准厂房、众创空间、物流仓储等租金、经营性物业的营业收入,部分产权物业的销售收入以及关联产业的收益;(2)为拟入驻的创业企业提供孵化、培训、管理和金融服务等获取收益;(3)通过产业投资、产业项目的资本运作来获取收益。产业投资主要就是指建立或控股专业性的产业投资机构,如天使基金、VC、PE 等投资相关产业,在招商引入时要求“融资优先权”,当入驻企业的项目需要进行融资时,产业投资机构可以选择进行权益投资或债权投资,分享企业成长并获取收益;(4)为政府提供产业招商服务、打造园区品牌、运营产业展览馆、举办展销会等服务,一方面提升小镇知名度,另一方面为入驻企业和外部企业提供商业交流的机会,社会资本既可申请政府财政支持,获取政府补贴、政府付费或优惠政策,也可考虑向参展企业收费。

但需要引起注意的是,对于政府付费、可行性缺口补助项目和优惠政策支持,制定合适的运营绩效考核标准关系到社会资本能否获得完整的财政支持。另外,在招商引资过程中,社会资本不应对自己不能控制的政策优惠作出承诺;要注意在与入驻企业签订的合同中应对投资目标和持续要求进行明确,如环保要求,对于不能适应产业发展需求的企业应设置退出机制,方便日后管理;对入驻企业提供融资担保时,要注意把控融资企业的注册资本、履约能力、是否停歇业等重要信息,对于

---

① 冯俏彬:《PPP 模式的五个关注点》,载《经济观察》2015 年 10 月总第 273 期。

② 石磊:《PPP 模式输血特色小镇建设盈利和回报是关键》,载《中国房地产报》2016 年 10 月 31 日版。

以机器设备和知识产权出资的，最好委托有资质的评估机构或资信调查机构进行调查评估。

特色小镇的投资运营是一个系统性工程，不同于一般意义上的政府公益性PPP项目，也不同于房地产开发项目，它是一个融合产业、文化、旅游、社区功能于一体的产业平台，社会资本应摒弃重建设轻运营的传统思想，积极探索创新产业链运营模式，通过对产业项目的运营实现持续获利。

文旅特色小镇开发之特殊法律问题

孟宪石　周　浏*

*作者简介：

孟宪石，合伙人，中伦律师事务所北京办公室，

电邮为 mengxianshi@ zhonglun. com；

周浏，律师，北京办公室。

近年来,我国旅游市场发展迅猛,前景广阔。世界旅游组织预测,到2020年,我国将成为世界第一旅游目的地和第四大客源市场。房地产企业亦积极涉足特色小镇的开发建设,向文旅产业进军。

在特色小镇政策以及各项文化旅游政策的支持下,文旅地产能帮助传统房地产企业实现战略转型,使其产业布局逐渐完成从城市走向乡村的自然延伸,同时将其以销售为驱动的高周转开发模式逐步过渡到以运营为驱动的持有型模式。文旅地产必将成为未来5~10年我国房地产行业的重要发展方向,而文旅特色小镇也将在其中占据独特的地位。本文将主要从宏观角度介绍文旅特色小镇开发过程中的一些显著的特点以及主要问题,希望给读者以启发。

一、文旅小镇典型案例

在全国各地调控趋紧、住宅市场收缩的情况下,为了应对地产行业的下行压力,万达、恒大、万科、碧桂园、雅居乐、绿地等众多房地产企业纷纷试水文旅地产。国内市场已有较为成功的文旅小镇案例,如作为万达扶贫项目之一的丹寨旅游小镇、华侨城文化集团实施"文化+旅游+城镇化"战略的首个项目甘坑客家小镇、G20期间作为杭州市唯一社区类接待点的万科良渚文旅小镇等,此外北京古北水镇虽由中青旅而非由房地产企业主导,更是在3年之内便实现了7亿元的收入①。

二、文旅特色小镇相关问题

在文旅特色小镇投资、开发、建设、运营过程中,除特色小镇开发模式、投融资模式、收益分配、退出机制等共性问题之外,还涉及文旅产业相关的特殊问题。例如,在项目准备前期有必要了解关于文旅产业的特殊优惠政策以确定未来的资金来源及融资方式;在项目选址筹划期间需了解项目当地供地制度以确保顺利取得项目用地及具体取得方式;在项目建成后则需完成景区设立确权之程序以确保对景区的合法经营及门票收取权;最后,文旅项目成功与否的关键还在于后期的运营,因此运营主体的选聘和衔接也尤为重要。

(一)文化旅游相关优惠政策

早在全国层面的特色小镇政策出台之前,中央及地方的文旅政策已陆续铺展

① 参见新数据:《三年内收入7个亿　古北水镇怎么做到的》,载http://www.pinchain.com/article/114608。

开来,从模式、资金以及用地等方面为文旅发展提供支持。现如今,特色小镇的开发建设在我国全面铺开,进行得如火如荼,“文旅”+“特色小镇”,必将碰撞出不一样的火花。

(1)中央文旅政策

国务院在2014年发布《关于促进旅游业改革发展的若干意见》,提出从基础设施和生态环境保护设施建设、财政金融、土地利用等方面支持旅游业发展。之后,国土资源部、住房和城乡建设部(以下简称住建部)、国家旅游局联合发布了《关于支持旅游业发展用地政策的意见》(以下简称《旅游业用地政策》);中国人民银行、银监会联合发布了《关于加大对新消费领域金融支持的指导意见》;交通运输部、国家旅游局等部门联合发布了《关于促进交通运输与旅游融合发展的若干意见》。此外,相关部委亦陆续出台了关于文化旅游、健康旅游、乡村旅游等特定旅游类型的政策。由于篇幅有限,在此不一一列举。

现将上文提及的主要优惠政策总结如下:

表1　中央层面的文旅政策

基础设施	中央和地方各级人民政府均要加大对旅游基础设施和公共服务设施的支持力度。
财政支持	(1)将符合条件的旅游企业和项目纳入专项资金支持范围。 (2)政府引导,推动设立旅游产业基金。
用地支持	(1)建设用地:安排新增建设用地计划指标;依法办理土地转用、征收或收回手续;鼓励以长期租赁、先租后让、租让结合方式供应旅游项目建设用地。 (2)支持使用未利用地、废弃地、边远海岛等土地建设旅游项目。 (3)完善集体土地用地政策,鼓励合法使用集体土地开展旅游项目。
金融支持	(1)支持符合条件的旅游企业上市。 (2)加强债券市场对旅游企业的支持力度。 (3)发展旅游项目资产证券化产品。 (4)加大对小型微型旅游企业和乡村旅游的信贷支持。 (5)探索开展旅游景区经营权和门票收入权质押贷款业务。 (6)推广旅游企业建设用地使用权抵押、林权抵押等贷款业务。

续表

其他配套支持	(1)促进文化旅游发展:中央预算内补助;专项资金及融资支持;版权、商标权、收益权等抵质押贷款等。 (2)促进健康旅游产业发展及健康旅游产业链整合;加大对健康旅游产业发展的政策扶持力度,在用地、人才引进、执业环境等方面给予政策扶持和倾斜。 (3)促进乡村旅游和扶贫:"乡村旅游扶贫八大行动"。 (4)促进交通与旅游融合发展:完善旅游交通基础设施网络体系、健全交通服务设施旅游服务功能、推进旅游交通产品创新等。

(2)地方优惠政策

各级地方政府也纷纷出台促进旅游发展或者与旅游相关的政策和具体的实施办法,落实国家关于支持旅游业发展政策的措施。由于篇幅有限,在此不一一列举。

然而,综观各地省级相关实施意见,基本上未突破中央层面的优惠政策范围,也未提出更具体的优惠政策实施方案,因此在实操层面仍存在诸多法律空白,欠缺落地性,很多情况下有关具体优惠需由企业在上位法允许的范围内与当地政府进一步沟通确认。

(二)集体土地特殊法律问题

文旅特色小镇开发运营,离不开选址及项目土地的取得。根据我国土地相关制度,农村和城市郊区的土地(除法律规定属于国家所有的以外)以及农村的宅基地和自留地、自留山均属于集体所有,随着从城市到乡村的进程,文旅特色小镇无法避免地会触及集体所有土地的使用问题。如果企业无法合法使用项目范围内的集体土地,则无法进一步实施项目。因此,能否依法取得集体土地的使用权以及能否自由流转便成为项目开展的首要问题。

(1)土地类型及流转制度

不同权属、不同用途的土地,其使用权取得和流转的法律规定是不同的。根据现行有效的《土地管理法》,不同权属及用途的土地之流转制度可总结如下:

表 2　不同权属及用途的土地之流转制度

<table>
<tr><th>所有权</th><th colspan="2">用途</th><th>取得方式</th><th>流转方式</th></tr>
<tr><td rowspan="2">国家所有</td><td colspan="2">农用地</td><td>承包经营</td><td>转包、出租、互换、转让或者其他方式</td></tr>
<tr><td colspan="2">建设用地</td><td>出让、划拨、租赁</td><td>出售、交换和赠与</td></tr>
<tr><td rowspan="4">集体所有</td><td colspan="2">农用地</td><td>承包经营</td><td>转包、出租、互换、转让或者其他方式</td></tr>
<tr><td rowspan="3">建设用地</td><td>集体经营性建设用地</td><td>农村集体经济组织兴办企业或者与其他单位、个人以土地使用权入股、联营等形式共同举办企业</td><td>不得出让、转让或者出租用于非农业建设，但依法取得建设用地的企业因破产、兼并等情形致使土地使用权依法发生转移的除外</td></tr>
<tr><td>宅基地</td><td>本集体经济组织成员申请</td><td>不得出让、转让或者出租用于非农业建设</td></tr>
<tr><td>公共设施及公益事业用地</td><td>农转用 + 政府审批</td><td>不得出让、转让或者出租用于非农业建设</td></tr>
</table>

根据表 2 所示，集体所有的农用地之承包经营权可以在集体经济组织成员之外通过合同约定的方式进行合法流转；但是对于集体建设用地的使用则存在较大限制，除特殊情况外不得出让、转让或者出租给集体经济组织以外的成员。

（2）特色小镇文旅产业开发的用地思路

由于对农村集体建设用地土地使用权流转的严格限制，实践中如转让集体建设用地使用权，一般须先由国家征用为国有土地，再出让给使用权人。那么，有哪些可以直接利用集体用地的方式呢？在实践当中，为投资旅游项目而使用集体土地可以考虑以下方式：

（a）农用地、未利用地：对于集体所有的农用地、未利用地，农村集体经济组织以外的单位和个人可以通过承包经营流转的方式进行使用，从事与旅游相关的种植业、林业、畜牧业和渔业生产。需注意的是，在不违反我国有关土地用途管制的前提下，经营主体应与土地权利人协调种植、养殖、管护与旅游经营之间的关系。

（b）集体所有的建设用地：集体所有的建设用地包括集体经营性建设用地、宅基地和公共设施及公益事业用地。[1]

集体经营性建设用地。在集体经营性建设用地入市试点[2]及部分已先行实施集体经营性建设用地流转制度的地区，根据当地管理办法及配套规则，集体经济组织成员以外的企业也可以直接取得集体经营性建设用地使用权。需注意的是，由于各地集体经营性建设用地流转制度规定不一，企业应注意直接取得集体经营性建设用地后建设的产权能否在当地办理登记以及能否出租、转让、出售及进行抵押的风险。

在其他非试点地区，依照《土地管理法》第六十条以及国土资源部、住建部、国家旅游局《关于支持旅游业发展用地政策的意见》，企业也可以与农村集体经济组织合作，由农村集体经济组织以建设用地使用权入股、联营等方式与企业共同举办住宿、餐饮、停车场等旅游接待服务企业。需注意的是，该等以合资联营方式共同兴办的旅游企业需符合出资结构、治理安排、有关部门审批等方面的限制条件。

宅基地。根据《旅游业用地政策》，乡村居民可以利用自有住宅或者其他条件依法从事旅游经营。然而，目前政策仅允许村民利用自有住宅从事旅游经营，根据现行《土地管理法》，宅基地仍是被禁止出让、转让或者出租给集体经济组织以外成员的。为规避此等风险，一方面企业应尽可能在当地政府存在明确允许或者授权下从事相关的经营活动，另一方面企业也可以考虑与当地村民签订合作协议，在村民保留宅基地使用权的前提下，间接要求村民按照企业对于旅游项目的总体规划进行旅游经营，但是企业同每一户村民签约仍然存在沟通成本高且难以统一控制的弊端。

(c)“点状供地”模式：目前许多旅游项目虽然占地面积大，但实际需要的建设用地不多，特别是休闲农业和乡村旅游项目所需的建设用地比例很小。浙江省在旅游用地方面推广“点状供地”模式[3]，即采用分散划块、点状分布的形式供地。因

① 对于公用设施及公益事业用地，由于对于其用途的特定限制，很少被提及并作为其他用途利用，现在探讨比较多的往往是宅基地的使用以及集体经营建设性用地的使用。

② 全国人大常委会于2015年2月27日发布《全国人大常委会关于授权国务院在北京市大兴区等三十三个试点县（市、区）行政区域暂时调整实施有关法律规定的决定》，授权国务院在33个试点县（市、区）行政区域，暂时调整实施《土地管理法》《城市房地产管理法》关于农村土地征收、集体经营性建设用地入市、宅基地管理制度的有关规定。即经全国人大常委授权，在前述33个试点中可以进行集体经营性建设用地流转。

③ 《浙江省人民政府办公厅关于全面推进农家乐规范提升发展的意见》（浙政办发〔2016〕131号）。

此审批部门可以按照旅游项目用于旅游配套设施建设的实际用地需求进行供地审批。“点状供地”这一模式也得到了国家旅游局的认可,提出探索实行重点旅游项目点状供地等用地改革。① 因此,未来在使用集体土地进行特色小镇文旅开发时,企业可以与当地政府充分沟通,推行点状供地模式,根据集体土地的不同使用类型,采用承包经营、联营、合作、出让等多种方式使用土地。

(3)未来集体土地发展趋势

在新型城镇化的大背景下,也随着特色小镇及乡村旅游的开展,可以预见到未来利用集体土地进行旅游项目开发将成为一大热点。国土资源部于2017年5月13日发布《土地管理法(修正案)》(征求意见稿)及其说明,集体经营性建设用地入市及抵押贷款、宅基地自愿退出等盘活集体土地的措施将有可能随着未来《土地管理法(修订案)》的颁布而成为现实:

(a)集体经营性建设用地入市:为了将集体经营性建设用地与国有建设用地市场交易制度相衔接,实现同地同权,《土地管理法(修正案)》(征求意见稿)删除了现行法关于限制集体经营性建设用地的取得及流转相关条款(第四十三条和第六十三条);新增第六十三条,明确了对于符合土地利用总体规划的集体经营性建设用地,土地所有权人可以采取出让、租赁、作价出资或者入股等方式由单位或者个人使用。集体经营性建设用地使用权可以转让、出租、抵押。

(b)宅基地自愿退出机制:为逐步有序盘活农村存量宅基地资源和财产权益,《土地管理法(修正案)》(征求意见稿)探索宅基地自愿有偿退出机制,鼓励进城居住的农民依法自愿有偿转让宅基地使用权。腾退出的宅基地可以由本集体经济组织与宅基地使用权人协商回购,主要用于满足本集体内部的宅基地再分配,或者根据国家有关规定整理利用。

不难看出,在全国范围内放开集体经营性建设用地入市已成为趋势;宅基地虽不能如集体经营性建设用地一样实现自由流转,其自愿退出机制也将盘活农村存量建设用地便于进一步利用。因此可以预见,曾经被严格限制流转的集体所有土地将成为未来房地产或者旅游地产的重要“战场”。

(三)景区建设法律问题

文旅特色小镇开发中,景区经营权的取得和土地使用权的取得同样重要:土地使用权确保企业有权先期对相应地块进行开发、利用,而景区经营权则确保企业有

---

① 《国家旅游局关于印发〈全域旅游示范区创建工作导则〉的通知》(旅发〔2017〕79号)。

权在相应区域内从事旅游经营活动并收取相关的费用。取得土地使用权不必然代表企业可以在区域内从事旅游经营,从事景区经营还应符合我国有关旅游管理的规定。中央及各地的特色小镇政策均建议或要求特色小镇应建设成为3A级或3A级以上景区①。对于旅游景区,根据企业和政府的合作协议,企业在开发建成后一般享有在一定期限内继续运营景区之权利,旅游景区的经营活动主要包括门票的经营和景区内交通、餐饮、商品销售等服务项目的经营。企业是否可合法取得景区经营权、景区收费权,以及取得经营权合法流程等问题也需进一步澄清。

(1)景区类型介绍

旅游景区是一个总体概念,根据其不同的类型可以包括风景名胜区、历史文化名城、自然保护区、国家森林公园等,景区内还可能包含文物保护单位、世界文化遗产等特殊旅游资源,因此一个旅游景区可能同时涉及上述多种情况。旅游景区不仅要符合《旅游法》和关于旅游业的地方性法规,还要根据旅游景区的不同类型或包含的特定旅游资源,符合特定法律、法规的管理要求。

旅游景区的几种特殊类型或特殊旅游资源及相关规定汇总如表3所示:

表3 旅游景区的特殊类型或特殊旅游资源及其相关规定

特殊类型	特殊规定	颁布机构	主管机关
风景名胜区	《风景名胜区条例(2016年修订)》	国务院(2016年2月6日)	各级建设主管部门和风景名胜区主管部门
历史文化名城名镇名村	《历史文化名城名镇名村保护条例》	国务院(2008年7月1日)	各级人民政府,各级建设主管部门及各级文物行政部门
自然保护区	《自然保护区条例(2011年修订)》	国务院(2011年1月8日)	各级环保部门为主
森林公园	《森林公园管理办法(2016年修订)》	国家林业局(2016年9月22日)	各级林业主管部门

① 例如,《国家发展改革委关于加快美丽特色小(城)镇建设的指导意见》,“鼓励有条件的小城镇按照不低于3A级景区的标准规划建设特色旅游景区,将美丽资源转化为‘美丽经济’”。《浙江省人民政府关于加快特色小镇规划建设的指导意见》,“所有特色小镇要建设成为3A级以上景区,旅游产业类特色小区要按5A级景区标准建设”。《福建省人民政府关于开展特色小镇规划建设的指导意见》,“特色小镇要建设3A级以上景区,旅游产业类特色小镇按5A级景区标准建设”。

续表

特殊类型	特殊规定	颁布机构	主管机关
地质公园	《地质遗迹保护管理规定》	地质矿产部（已变更）（1995年5月4日）	各地地质矿产行政主管部门
湿地公园	《湿地保护管理规定》	国家林业局（2013年3月28日）	各级林业主管部门
水利风景区	《水利风景区管理办法》	水利部（2004年5月8日）	各级水行政主管部门和流域管理机构
文物保护单位	《文物保护法》	全国人民代表大会常务委员会（2007年12月29日）	国家文物局、县级以上地方人民政府及其文物主管部门
世界文化遗产	《世界文化遗产保护管理办法》	文化部（2006年11月14日）	国家文物局、县级以上地方人民政府及其文物主管部门

（2）企业能否取得景区经营权

目前我国政府对于企业投资旅游业在政策上持鼓励的态度[①]。《旅游法》并没有对旅游资源或旅游景区的经营主体问题作出明确规定，而一些地方性法规对于旅游景区的经营持有更加开放的态度。目前很多省市级地方旅游条例中规定了旅游景区所有权与经营权分离的原则，可作为企业取得文旅小镇景区经营权的依据。[②]

然而，某些特定类型旅游景区，自然保护区、风景名胜区、文物保护单位等是以保护自然生态、文化遗产及其完整性为目的的，故其经营权出让也可能仅限于特定主体或者仅限于局部的经营性项目。例如，风景名胜区管理机构不得将风景名胜区资源和门票专营权出让或转让给企业垄断经营[③]；国有文物保护单位的经营性活

① 2009年发布的《国务院关于加快发展旅游业的意见》即提出“鼓励社会资本公平参与旅游业发展，鼓励各种所有制企业依法投资旅游产业”。2012年6月，国家旅游局发布《关于鼓励和引导民间资本投资旅游业的实施意见》，明确鼓励民间资本经营和管理旅游景区、投资旅游基础设施。2014年，国务院发布的《关于促进旅游业改革发展的若干意见》再次提出“推动旅游市场向社会资本全面开放”。

② 例如，《四川省旅游条例》规定，“国有旅游资源可以实行所有权与经营权的适当分离。法人和其他组织可以通过租赁、承包、竞买和其他形式依法取得经营权，法律、法规另有规定的除外”。

③ 《建设部办公厅关于对国家重点风景名胜区经营权出让问题的复函》（建办城函〔2005〕225号）。

动以文物保护单位管理机构为主体开展[①]。因此,企业需充分了解特定景区经营权的限制性条件及其对整体项目的风险。

(3)景区经营权取得的特殊问题

如上文所述,旅游景区所有权与经营权分离原则已被大部分地方《旅游条例》所确认,为鼓励旅游业发展,景区经营权还有望进行质押贷款[②]。但具体到景区经营权的取得方式、授权主体以及与管理权的衔接问题,实践中又因缺乏系统性立法进行指引而存在一些不确定因素:

(a)景区经营权取得方式:根据各省、市旅游条例的规定及实践,企业取得旅游景区经营权的具体方式包括出让、转让、租赁、承包等方式,有的省份明确规定应通过招标、拍卖等方式选择受让方或承租方。此外,一些省份对于景区经营权出让收入的用途、旅游景区经营权受让方的条件、获得景区经营权的企业的开发经营方式等进行了限制。因此,企业在进行文旅小镇开发前需充分了解项目所在地各层级旅游条例对景区经营权有无限制性规定或者其他特别要求;如果需采用招拍挂方式,则企业在前期与政府就特色小镇整体开发事宜协商时应充分考虑其取得景区经营权不确定性之风险。

(b)景区经营权授权主体:前述各省市的旅游条例均未明确有权批准旅游景区经营权出让的政府主体,实践中使旅游景区经营权的合法性、稳定性都受到一定挑战。为提高确定性,在文旅小镇开发时,企业与政府签署的合作协议中应包含景区经营权确权(如需采用招拍挂方式取得,则应约定未取得经营权的后果)这一条款,并应对景区经营权的内涵和外延进行具体释义,尽可能确保企业对文旅小镇收取门票、在景区经营或许可他人经营交通、餐饮、销售的权益。

(c)景区经营权与管理权的衔接:如上文所述,特殊类型的旅游景区或者旅游资源将受到不同主管部门的管理。如果涉及上述特殊类型,在对该旅游景区经营权整体授权时,还应当接受该等资源所隶属的行政管理部门的纵向管理,从谨慎角度考虑,企业在文旅小镇开发前期应与政府部门充分协商,要求其尽可能协助取得所有相关管理部门的书面批准。

(4)景区设立流程

根据我们以往的项目经验,旅游景区设立的主要流程可概括为:与政府达成合

① 《国有文物保护单位经营性活动管理规定(试行)》(文物政发〔2011〕16号)。

② 《中国人民银行、银监会关于加大对新消费领域金融支持的指导意见》。

作协议—景区规划应符合行政区域内的旅游发展规划（旅游局）—采用多种方式取得项目用地使用权［根据土地利用类型及各地不同实践，登记部门为当地国土局（或不动产登记中心）或农业部门］—投资项目备案（发改委）—景区建设及竣工验收（规划、住建、环保等部门）—景区评级（旅游局）—门票定价并公示和备案（发改委）—景区开放。

此外，如果是特殊类型的旅游景区或者涉及特殊旅游产品，该特殊类型的旅游景区还需经过特定部门的评定及公布，具体评定及公布程序请见上文列明的特殊旅游景区相关规定。

（四）文旅运营的主体的选聘和衔接问题

相比于传统房地产业，在经营模式上，文化旅游产业主要不依靠基础设施投资建设、营造景观并出售以获取投资收益，而是通过文化资源的创意转化为旅游产品以获取文化附加值，并在游客体验过程中收取相应回报。因而特色小镇建成后，通过文化运营以提升旅游产品和服务价值是关键所在。

（1）文旅运营的重要性

为避免房地产企业重蹈覆辙利用特色小镇进行房地产开发，《住房城乡建设部办公厅关于做好第二批全国特色小镇推荐工作的通知》（建办村函〔2017〕357 号）明确禁止“打着特色小镇名义搞圈地开发”以及“项目或设施建设规模过大”。地方政府在规划上也设置了更高的产业业态配套标准和要求。这一系列举措倒逼开发商完成转型，提升项目产业、商家、企业的导入和调配运营管理能力，从而在实质上改变“旅游＋地产”价值的内核。因而，文旅运营在特色小镇文旅产业开发过程中是比开发与销售更为重要的问题。

（2）文旅运营衔接问题

如上文所述，文旅产业的运营往往容易为以传统思维开发文旅特色小镇的开发商所忽略，因此从后端反推前端的逆向思维在文旅特色小镇开发过程中显得尤为重要。通常来说，在做整个小镇的前期策划和定位时，就需要考虑后端运营主体的需求和选聘问题，甚至有些规划条件、设计方案还要听取后期运营主体的意见，这样才能确保小镇的实际规划方案能够落地实施，后端运营主体可以接盘，乃至最终有消费者可以埋单。实践中，往往前期客流动线的一些优化，可以给后期的运营带来很大的便利性或者节约巨大的运营或维护成本。所以在开发文旅特色小镇之前，通过各种渠道，先期找到并对接到最适合于本项目并且拥有足够的运营实力和经验的项目运营主体，很可能是事关整个项目最终成败的关键性因素。

(3)文旅运营合作模式

特色小镇的开发者与文旅运营主体进行合作,在合作模式上可以采用委托经营、承包经营、合作合营等模式,合同条款则需注意品牌持有、IP归属及许可、管理权分配、利益分配等问题。

结　语

特色小镇政策下,狭义文旅特色小镇应当仅指以文旅为主要产业的特色小镇。但由于特色小镇建设要求为3A级以上景区,特色产业和旅游产业并驾齐驱成为特色小镇的两大核心,从这一层面,文旅产业应贯穿于每个特色小镇的设计、规划、建设及运营中。文旅产业既可结合小镇特色的自然景观、人文风俗,也可利用小镇的特色产业如康养、体育、餐饮、科技、娱乐等,打造多样化旅游品牌和产品。在特色小镇政策催化推动下,让我们对文旅产业未来的发展拭目以待。

2. 养老地产与产业

外商投资养老产业的法律政策与案例分析

乔文骏　蔡军祥　刘莉诗*

* 作者简介：

乔文骏，合伙人，中伦律师事务所上海办公室，电邮为 anthonyqiao@ zhonglun. com；

蔡军祥，非权益合伙人，中伦律师事务所上海办公室，电邮为 justincai@ zhonglun. com；

刘莉诗，律师，上海办公室。

一、外商投资养老产业现行法律法规政策概述①

任何外商投资均应当遵守我国的《外资企业法》《中外合资经营企业法》以及《中外合作经营企业法》,该等法律已经于2016年9月3日进行修订,修订的主要内容是将不涉及国家规定实施准入特别管理措施的外商投资企业的设立和变更,由审批改为备案管理。

根据2017年6月28日新修订的《外商投资产业指导目录(2017年修订)》,养老产业属于鼓励类外商投资产业,而房地产行业和一般管理咨询行业属于允许类的外商投资产业。因此,外商投资中国的养老产业,无论是以设立养老机构、开发养老地产或设立养老管理咨询机构的方式,在商务部门体系应该都适用备案制,而不适用审批制度②。

而在2017年之前,国务院、商务部和民政部针对外资设立养老机构就已经出台了不少专门政策和规定,这些规定目前仍然适用。

2013年9月国务院发布了《关于加快发展养老服务业的若干意见》,鼓励境外资本投资养老服务业,明确境内外资本举办养老机构享有同等的税收等优惠政策。

2014年11月商务部与民政部联合发布了《关于外商投资设立营利性养老机构有关事项的公告》,鼓励外国投资者以中外合资、中外合作或外商独资的形式,通过新设或并购的方式在内地设立营利性养老机构。而根据民政部2013年7月实施的《养老机构设立许可办法》,外资设立养老机构需要从民政部门取得养老机构设立许可证。

2016年12月,国务院发布了《关于全面放开养老服务市场提升养老服务质量的若干意见》,该文降低了设立养老机构的门槛,并且要求实施“先照后证”的简化设立程序(先拿营业执照然后申请设立养老机构的许可证),并进一步明确了鼓励外资设立营利性和非营利性的养老机构。对于民办营利性的养老项目,收费项目和标准由经营者自己确定。

---

① 按照中国法律惯例,本文所述外商投资包括来自港澳台的投资。另外,为简化分析,本文针对的主要是外商投资营利性养老机构,而不过多涉及非营利性的养老机构。

② 但如果外资在投资养老产业中涉及设立医疗机构的,则该医疗机构限于中外合资或合作,且其设立需要审批而非备案。

2017 年 2 月，国务院发布了《关于印发“十三五”国家老龄事业发展和养老体系建设规划的通知》，明确要求放开养老服务市场、放宽市场准入条件，对民营的养老机构给予投融资、税费、土地、人才等扶持政策，鼓励整合改造企业厂房、商业设施、存量商品房等用于养老服务。

二、外国投资者投资养老产业的主要模式

（一）新设立外商投资养老机构

如前所述，外商投资中国养老产业属于《外商投资产业指导目录（2017 年修订）》中的鼓励类项目，因此政策上没有障碍。只要能获得当地民政部门的批准，商务委的备案和工商局的登记均属于程序性的政府手续。外国投资者可以自由选择合资、合作或独资的方式经营养老机构。从目前市场的主流来看，鉴于养老产业有一定的地域性、社会性并需要协调政府和个人的多方利益，外国投资者往往倾向于选择和具有良好政府关系的中方合资设立养老机构。比如，上海星堡养老院就是由复星集团和美国著名的养老机构峰堡（Fortress）集团合资设立的。

外资要参与新设养老机构，就必须要有合适的经营场所，这也是养老产业发展的基础及核心所在。而经营场所的来源一般有以下几种：

1. 从政府受让土地新建养老经营场所

这种方式设立和建设养老场所周期比较长、获得土地的成本比较高，而且外国投资者单独通过招拍挂程序拿到理想地块的概率不高。另外，这种方式也不排除可能会被认为是外商投资房地产行业①，因此可能受限于国家对外商投资房地产的一些特殊规定（如限制借外债等）。以这种方式开设外资养老院典型的有杭州雍柏荟（外商独资）项目，其从 2009 年设立项目公司，一直到 2016 年才正式对外开业。

2. 购买已有的养老经营场所

购买已有养老场所相对来说是比较简便的获得养老经营场所方式，这种方式是资产收购，而非股权收购。资产收购的方式可以避免继承出让方公司的隐形债务。但是鉴于我国市场上民营营利性养老机构相对较少，这种适合出售的养老经营场所在市场上不一定好找。

---

① 根据国土资源部 2014 年发布的《养老服务设施用地指导意见》，养老服务设施用地性质应该属于医疗慈善用地，用地期限最长为 50 年。我们认为如果外资获得的土地性质是医疗慈善用地，则被认为是投资房地产的概率比较低。

3. 购买其他物业改建成养老场所

目前市场上也有购买废旧厂房、学校、医院、社区用房并将其改建成养老院的做法，但是这种方式涉及土地变性，需要补缴土地出让金，有一定的政府审批难度，对于外商投资营利性养老机构来说可能更不容易操作。

4. 租赁养老经营场所

这个是外资在中国经营养老产业的主流做法。一种做法是做外商独资，从第三方租赁养老物业作为经营场所；另一种做法是设立合资公司作为养老机构，由合资公司向合作的中方租赁养老物业开展经营活动。目前后一种方式更为普遍也更有稳定性保障。租赁方式的一个不足之处是中国法律要求租期不得超过 20 年。

（二）收购或参股已有的境内养老机构

由于外商投资养老产业属于鼓励类，因此理论上外资收购或参股境内营利性的养老机构应该不存在法律和政策障碍。在实际操作中，外资在并购中应特别关注目标公司的经营资质（如各种证照是否齐备）、政府补贴（是否能延续）、用地性质（是否需要补缴出让金）、不动产租赁（有无优先权）、保险情况（是否发生重大理赔）、诉讼情况（和入住人员有无重大纠纷）等。根据商务部于 2017 年 7 月 30 日颁布的《外商投资企业设立及变更备案管理暂行办法》（修订），对于非限制类产业和非关联关系的外资并购，不再需要商务部门的审批，只需要备案即可，这可以大大简化外资并购国内养老机构的程序。

（三）设立养老管理咨询公司并与中资养老机构合作

外国投资者进入中国养老产业主要是以输出管理、运营的经验为目的，因此设立管理咨询类公司为养老机构提供管理、咨询、培训等服务也是外商投资养老产业的主要模式之一。外国投资者可以通过该等养老管理咨询公司向境内的各类养老机构提供管理咨询服务并收取相关费用，具体的服务范围大多可由双方谈判确定（如人员培训、技术指导、品牌许可、日常经营管理等）。如前所述，设立此类的养老管理咨询公司只需要在工商局登记并在商务部门备案即可，一般不需要民政部门的许可①，手续非常简单。

需要提醒的是，外资养老机构无论采取何种方式进入中国市场，都需要解决养老服务本土化的问题，即将海外的养老经验结合中国老人的实际情况进行适度调整。比如在饮食方面，中国老人一般不大习惯长期食用西餐，而偏向于清淡型的中

① 如果涉及医疗护理的，则需要取得医疗机构执业许可证。

餐;在娱乐方面,中国老人比较喜欢群体性的活动如打麻将、文艺表演等;在医药护理方面,中国老人通常对中医和养生比较信赖。外资养老机构需要充分考虑中国老人的生活理念和心理需求,实现养老机构日常运作的品牌化和本土化,如此才能在激烈的市场竞争中得到更多中国老人的认可和信赖。

三、外商投资养老产业的典型案例分析

(一)Emeritus/凯健国际——外资进入中国养老市场的先行者

凯健国际是美国养老地产领导者 Emeritus Senior Living 在中国创立的独立养老品牌。Emeritus 由美国养老产业教父式人物 Daniel Baty 先生创立。Daniel Baty 先生其实早在 1998 年就曾试水中国养老市场,但由于政策的不明朗,他当时并未能如愿。直到 2012 年,中国的养老产业政策更为放开之后,Daniel Baty 才重返中国市场,并以上海为中心,真正开始了 Emeritus/凯健国际在中国的养老地产经营事业。这包括其投资的北京椿萱茂(亦庄)项目、上海徐汇苑项目、上海浦东苑项目,以及即将开业的宁波凯健项目。

椿萱茂(亦庄)项目是由远洋地产和美国哥伦比亚太平洋管理公司(CPM)①和 Emeritus 共同投资运营的一家养老机构,也是北京第一家中美合资养老机构,于 2013 年 8 月正式对外营业。本次合资的核心是引入 Emeritus 先进的养老管理经验和服务体系,从而促进椿萱茂在国内的发展。就养老物业而言,该项目是由远洋地产代政府建造的一个社区嵌入式养老设施,建好之后返租给椿萱茂。Emeritus 负责向椿萱茂提供管理和日常运营方面的支持(如入住设施设计、护理标准制定、人员培训等)。由于获得了 Emeritus 在品牌和管理方面的支持,椿萱茂(亦庄)在不到三年内便实现了满员入住。

同时,Emeritus 也通过在香港设立的子公司以“凯健国际”的品牌在上海开发了徐汇苑养老项目和浦东苑养老项目。这两个项目都采取租赁物业的方式,将原先的旧房翻修建成养老公寓。凭借其卓越的国际管理经验,目前这些项目都实现了 90% 以上的入住率。

2016 年,凯健国际与宁波恒威集团达成合作意向,共同在宁波开发高端养老项目。可以合理预期,凯健国际将会加快在中国养老产业的布局。

---

① 该公司也是由 Daniel Baty 先生所创立。

（二）美国峰堡（Fortress）与复星的强强联合

美国峰堡集团是一家全球领先的投资管理集团，培育了三家美国最大的养老产业运营商：Brookdale Living（自理、护理全程服务）、Holiday Retirement（自理）和Blue Harbor（护理），在北美拥有1500多家养老社区，目前有十几万会员入住，拥有30多年丰富的养老服务经验。而复星集团在国内地产开发和医药健康领域都是领头羊。因此，峰堡集团和复星集团合资开发境内养老项目是非常理想的强强联合。在项目合资中，复星集团主要负责提供项目经营场地，而峰堡集团主要负责项目的日常经营管理。从公开的信息可以看到，双方合资开发的星堡养老产业链主要的高级管理人士大多来自于峰堡集团。双方合资的星堡项目公司目前开发有四个养老社区：星堡中环一期、浦江星堡、南通星堡（开业筹备中）以及星堡中环二期（筹建中）。星堡中环一期自2013年5月开业以来，目前已经实现了95%以上的入住率。

可以说，这是一种比较典型的强强联合开发养老产业模式，由中方负责场地建设和协调当地政府关系，由外方负责项目管理和日常经营，这种模式在实践中也被证明较为成功，值得其他海外养老产业巨头作为开拓中国市场的借鉴。比如法国高利泽集团与招商地产2014年合资的养老产业项目也是采取类似模式；其中，中法双方持股比例分别为51%、49%。中方负责土地和养老院的建设，法方负责提供服务和管理设施，包括养老院的设计方案等①。

（三）Orpea（欧葆庭）在中国的特色发展

法国欧葆庭健康产业集团创立于1989年，是享誉欧洲的专业养老及康复医疗管理集团，规模及康复医疗水平在欧洲排名第一。欧葆庭早在2013年就来到中国，以设立管理咨询公司的方式将总部设在上海，并用2年多的时间将欧洲的养老康复理念和经验融入中国当地市场。2015年，欧葆庭联手北京协和医院老年科共同打造"协和—欧葆庭老年医护培训"，致力于推动养老服务行业在中国的发展，为中国老年医护和养老服务行业输出高层次专业人才。2016年，欧葆庭在中国投资的全资养老机构——欧葆庭仙林国际颐养中心在南京开业。该中心定位高端，并且主要是针对需要照料的老年人，尤其是失能、半失能或者患有神经退行性疾病的高龄老人，因此价格也不菲。对于欧葆庭此种高端（高价）特色老年护理服务在中国市场的接受程度还有待观察。另外，2016年11月，欧葆庭与海航投资签署战略合作

① 《转型与业绩——招商地产联手高利泽抢滩养老蛋》，载http://sh.house.163.com/14/0906/02/A5E5B50700073SDJ.html。

协议,双方同意在合作项目的基础上,共同推进“ORPEA”(“欧葆庭”)及“海航欧葆庭”品牌在中国地区的发展。从最近的趋势来看,欧葆庭很可能会从单独开拓的方式转到与中国实力派企业合作,共同开发国内养老市场。

总结

综上所述,由于中国社会逐渐步入老龄化以及独生子女政策造成的巨大养老压力,中国政府非常鼓励外资和民营资本投资进入养老产业,这也就为具有丰富养老产业经营经验的外国投资者造就了巨大的市场机遇。我们认为外国投资者应抓住这个历史性的机遇,尽早进入中国养老市场以取得先机。但由于中国的养老产业尚不成熟、各地具体政策有较大差异,且各种实践操作还在研究摸索中,这可能造成在政府关系协调和养老经营场所建设和管理方面,外国投资者将面临不少的实际障碍和困扰。因此,我们认为外国投资者应优先考虑选择合适的中方合作者一起开拓中国养老市场,使中方的当地资源优势和外方的管理经验优势充分结合以发挥最大功效。从目前的市场案例来看,中外合资/合作模式实际上也正在成为外国投资者进入中国养老产业市场的主流操作模式。

社会资本利用集体产业用地进行养老项目建设和运营的投资模式浅析

郝　瀚　张　瑞*

*作者简介：

郝瀚，合伙人，中伦律师事务所北京办公室，电邮为 haohan@ zhonglun. com；

张瑞，律师，北京办公室。

随着我国加速进入老龄化社会,数亿人口有待解决的养老需求已然是目前"人民最关心最直接最现实的利益问题"之一。政府部门对养老产业的支持和社会对养老服务的需求,必将驱动投资人涌向养老产业。受限于养老地产需要长期投入且持有运营的要求,集体产业用地较之国有建设用地相对较低的土地成本、更适宜老人颐养天年的地理位置等优势,也更加得到投资人的青睐。本文将结合相关实践经验,就投资人在集体产业用地上投资建设和运营养老项目的模式进行相应分析,以期抛砖引玉。

集体产业用地的土地性质一般为集体建设用地,同时受限于利用产业用地的相关要求。目前国家关于集体建设用地使用权的流转限制在逐步放松、集体土地入市的节奏不断加快,早在2013年11月12日颁发的《中共中央关于全面深化改革若干重大问题的决定》中已经明确提出"建立城乡统一的建设用地市场。在符合规划和用途管制前提下,允许农村集体经营性建设用地出让、租赁、入股,实行与国有土地同等入市、同权同价"。但根据实践经验来看,目前来说从实操层面上仍具有一定的难度,各地区实践中对此推动力度不大,大多处于试行阶段。而若是通过由政府将集体用地征收转为国有建设用地后,再通过公开出让方式从国家土地管理部门处获得建设用地的方式取得土地使用权,不仅耗时较长、成本高,且须通过公开"招、拍、挂"程序,所涉及的规划调整、土地征收和出让都存在很大不确定性。

由上可见,利用集体产业用地投资养老项目,若按惯常模式进行养老项目的投资及开发建设,其较高的投资代价及实际操作难度,都会影响投资人对养老地产的投资热情。结合笔者的实践经验,在现行法律体系下,以下两种投资模式虽因受限于集体产业用地的土地性质而无法避免地存在一定的弊端,但相对来说,就投资人所要实现的利用集体产业用地投资建设并运营养老项目的商业目的而言,该两种模式仍不失为较好的选择。

一、定向出让基础上的委托开发建设+委托运营管理模式

所谓定向出让基础上的委托开发建设和运营管理模式,即首先由土地管理部门对集体产业用地进行收储后,将项目地块性质变更为国有建设用地,然后再将土地使用权定向出让给集体产业用地的原土地所有权人,即村集体经济组织或村集体经济组织兴办的企业(以下简称项目公司)。在村集体经济组织或项目公司缴清项目地块的土地出让金、契税等相关费用后,村集体经济组织或项目公司将持有项目地块的国有建设用地土地使用权及开发建设权益。而在村集体经济组织或项目

公司持有项目地块土地使用权的基础上，投资人将与村集体经济组织或项目公司进行合作，通过委托代建及运营管理的方式，共同合作开发建设及运营养老项目。

（一）投资人受托代建项目

总体而言，投资人与集体经济组织进行合作的项目，投资人所看中的是集体经济组织所持有的土地权益，而集体经济组织所依赖的是投资人雄厚的资金实力以及开发建设及运营管理项目的能力。故，投资人受村集体经济组织或项目公司的委托，代为建设养老项目，所提供的不仅仅是代建服务，更重要的是提供项目建设资金。而投资人所需提供的建设资金可由投资人以委托贷款、信托贷款或其他合法方式（统称为“委托贷款”）提供和投入。

在投资人作为受托人提供代建服务中，由投资人全权负责养老项目的开发建设，并由投资人以村集体经济组织或项目公司的名义办理养老项目开发建设的全部建设手续，包括但不限于项目公司的前期建设手续、规划设计、施工、竣工验收等全部内容。这样一方面解决了集体经济组织缺乏人力、物力建设养老项目的困境，另一方面也实现了投资人对养老项目从前期设计阶段开始即可以全面掌控养老项目的全部开发建设节奏。

（二）投资人受托经营管理项目

一般来说，为保护村集体的利益，限制变相的土地流转，定向出让的土地使用权一般是被限制再对外转让或抵押，也不允许持有定向出让土地的村集体经济组织或项目公司的股权进行转让或质押。这就导致第三方很难直接或间接享有项目地块的土地使用权和地上建筑物的所有权。因此，在获得项目地块的开发建设权并通过委托代建的方式由投资人完成对养老项目建设的同时，投资人可与村集体经济组织或项目公司签署合作开发运营管理协议，由村集体经济组织全权委托投资人（或投资人指定的第三方）负责建成后的养老项目运营管理。投资人可通过受村集体经济组织/项目公司委托经营管理的方式，享有养老项目的经营管理权并获取经营收益。而就经营所获收益，投资人可根据协议的约定向村集体经济组织或项目公司支付相应的合作收益，村集体经济组织或项目公司则以所获的部分合作收益，清偿投资人为了养老项目的前期开发建设而向其提供的委托贷款。

该种投资模式下，就投资人而言，最大的优势是项目公司通过合法途径取得项目地块的土地使用权及开发建设权益，且项目地块的土地性质及用途可以符合投资人开发建设及运营养老项目的商业目的。而投资人通过委托建设获得养老项目的开发建设权，通过委托经营管理获得养老项目的经营管理权，并因为通过委托贷款提供建设资金而获得对村集体经济组织或项目公司的债权,使村集体经济组织或项目公司必须依靠投资人支付合作收益清偿负债,利益紧密捆绑,投资人与村集体经济组织或项目公司之间法律关系清晰。

但是,如上所述,受限于集体产业用地定向出让的相关政策限制,在该种投资模式下,项目地块的土地使用权及养老项目的所有权均归项目公司所有。投资人仅可通过与项目公司签署的合作/委托经营管理协议而对养老项目享有相应的合同权利,无法获得实质性的股东或资产权益,也无法获得有效担保,投资保障力度不够,这也是需要投资人重点予以关注的风险点。

二、委托建设+长期租赁的投资模式

所谓委托建设+长期租赁的投资模式,实际是上述定向出让模式的简化,即在不进行定向出让、保持集体产业用地的集体所有性质不变的情况下,直接由投资人作为受托人对养老项目进行委托建设,并在建成后由投资人作为承租人租赁项目的全部物业进行养老运营。与上一种模式相比,这种投资模式的优势在于无须将项目地块经政府收储后再定向出让给集体经济组织,减少了项目地块定向出让这一环节的审批流程及可能无法通过审批的不确定性,同时也节省了就项目地块所需缴纳的土地出让金。

该种投资模式下,包括委托代建及长期租赁两个关键的要素,委托代建的相关内容与上一种模式基本类似,共同之处不再赘述。差别之处在于在委托代建中投资人所提供的用于建设养老项目的委托贷款,项目公司不再以委托经营管理模式下的所获得的合作收益进行偿还,而是以项目公司作为出租人向投资人作为承租人所收取的租金来偿还。

根据2017年8月21日国土资源部、住房城乡建设部颁发的《利用集体建设用地建设租赁住房试点方案》(以下简称《试点方案》),利用集体建设用地建设租赁住房,也将成为拓展集体土地用途的一种有效途径,村镇集体经济组织可以自行开发运营,也可以通过联营、入股等方式建设运营集体租赁住房。

在"构建购租并举的住房体系"的大背景下,委托建设+长期租赁的投资模式也将得到投资人越来越多的关注。而且,在长期租赁的模式下,由投资人作为承租人向项目业主长期租赁养老项目,按照合同约定需要支付相应的租金,项目公司则应向投资人开具相应的增值税专用发票,投资人就支付的租金可以进行税前抵扣,从而减轻税负,这也是该种投资模式的优势之一。

但同样，在该投资模式下，项目地块的土地使用权及养老项目的所有权均归村集体经济组织所有，投资人同样面临相应的风险。此外，在该投资模式中，与投资人直接进行合作的对象为村集体经济组织，为确保相关事项符合法定程序，很多需要村集体经济组织决策的事项或签署的文件，均需经过股东村民大会/村民代表大会的决议，这可能会造成相关事项进度缓慢。并且，养老项目长期持有运营的特点，使得租赁期限一般较长（一个租赁周期至少为20年），在如此长的租赁期限内，双方的管理人员将会不止一次的发生更迭，如果利益分配不平衡，也将影响租赁合同的稳定性。

三、两种模式下的风险控制措施

综上，上述两种投资模式因受限于集体产业用地的土地性质，均面临养老项目的土地使用权和房屋所有权需登记在村集体经济组织名下，投资人并不享有任何养老项目的权属，而仅依赖于合同权利的保障。作为投资方和运营管理方，投资人仅能通过与村集体经济组织或项目公司之间的合同控制养老项目。而由于建设及运营期限较长，村集体经济组织或项目公司的契约意识又比较单薄，因此存在对方恶意违约导致投资人权益受损的风险。为尽量控制风险，投资人可尽量争取如下风险控制措施：

（一）加重对方的恶意违约责任

由于项目地块的土地使用权及养老项目的所有权均归项目公司所有，投资人对养老项目的投资在法律性质上属于对项目公司的一项合同债权，因此投资人的合同权利保障风险较高，完全依赖于对方能否顺利履约。若村集体经济组织或项目公司违约并剥夺了投资人对养老项目在合同项下的经营管理权，则不仅投资人无法获取对养老项目投资的预期收益，甚至就投资人对村集体经济组织或项目公司的债权是否能顺利收回也存在一定的风险。故在投资人与村集体经济组织或项目公司的合作协议中，应加重对方的违约成本，以尽量避免违约行为。

（二）通过委托贷款投入建设资金，以形成对村集体经济组织或项目公司的合法债权

由于建成后的养老项目的土地使用权和所有权均登记在村集体经济组织或项目公司名下，而建设资金又是投资人承担的，实质上投资人对村集体经济组织或项目公司形成一笔债权。

通过委托贷款方式向村集体经济组织或项目公司提供建设资金，有助于强化

这种债权债务关系,避免出现纠纷时,投资人的投入被认定为权益性投入的情形。并且,对于委托贷款的使用,可以通过监管确保委托贷款仅可以用于养老项目的开发建设,不得用于其他任何用途。养老项目竣工验收后,双方对项目的建安成本(委托贷款本金)进行核算并确认,确定养老项目的整体建设费用,从而确定村集体经济组织或项目公司对投资人的债务额。

(三)争取实现项目地块及养老项目的抵押登记

在投资人向村集体经济组织或项目公司提供委托贷款的情况下,村集体经济组织或项目公司即对金融机构形成负债,负有清偿到期委托贷款本息的义务。就此,投资人可要求村集体经济组织或项目公司在签署委托贷款合同时,将项目地块土地使用权、在建工程及/或项目建成后的房屋所有权(具体办理何种抵押手续根据项目建设进度为准)抵押于委托贷款银行,作为还款担保并办理相应的抵押登记手续。抵押登记不但可以保障投资人的债权安全,而且可以有效防止村集体经济组织或项目公司将养老项目转让与第三方或因第三方债权债务纠纷而被司法查封和拍卖的风险。

虽然就偿还委托贷款办理抵押登记在法律上并无障碍,但受限于第一种模式下定向出让土地项目的相关政策限制及第二种模式下集体产业用地的土地性质,政府土地管理实践中存在限制抵押的情形,就此需要进一步的确定和争取。

(四)通过利益共享机制减轻对方的违约动机

在投资人不持有养老项目权属的情况下,最大的违约风险在于经营取得较好的经济效益时,村集体经济组织或项目公司处于经济利益驱动,恶意毁约收回养老项目。虽然可以在合同层面设置严格的违约责任控制风险,但最好的风险控制方式是将村集体经济组织或项目公司的利益与投资人进行捆绑,使其也可以享有经营所带来的部分收益,从而杜绝违约的动机。

具体方式上,若投资人通过租赁方式获得养老项目的经营权利,则可通过设置固定租金+浮动租金的方式,将部分收益体现为浮动租金。若是委托经营方式,则可按固定分成+浮动分成方式向村集体经济组织或项目公司分配项目收益。上述方式可以有效将村集体经济组织的利益和投资人利益进行捆绑,激励村集体经济组织及村民对养老项目运营管理的配合与支持。

结　语

上述两种投资模式下的几个关键要素:定向出让、委托代建、委托经营及长期租赁，也可以根据投资人及集体产业用地的实际情况进行其他的排列组合。但无论如何，投资人在构建利用集体产业用地建设运营养老项目的投资模式时，除了一般房地产项目的投资考量因素外，还需结合养老项目建设及运营管理自身的特点，从土地获得、养老项目建筑设计施工要求、长期持有经营模式、养老产品设计等各方面全盘考虑，方能抓住时代的机遇成功投资养老项目。

简析我国中高端养老产业相关法律法规政策

陈 瑶 张 琦*

* 作者简介：

陈瑶，合伙人，中伦律师事务所上海办公室，电邮为 ellenchan@ zhonglun. com；

张琦，律师，上海办公室。

一、我国养老产业相关法律法规

(一)我国养老产业相关法律法规政策的演变

伴随着不同时期对老龄化问题的着力点的差异,我国涉老法律法规政策也呈现了相应演变的过程。

2000 年以前,涉老政策中不得不提 1996 年施行的《中华人民共和国老年人权益保障法》及 1999 年施行的《社会福利机构管理暂行办法》;前者凸显了我国对老龄群体的重视,对于老年人权益保障起到了里程碑式的作用;后者不仅清晰界定了为老年人提供养护、康复等服务的机构属于社会福利机构的类别之一,而且明确了全国社会福利机构的工作内容及社会福利机构的业务主管部门。

自 2000 年起,伴随着全国第五次人口普查宣告我国迈入了老年型社会,涉老法律法规及政策更趋密集地出台,且更多、更深入地触及养老产业的建立:

表 1　2000 年至 2011 年出台的涉老法律法规及政策

2000 年	《中共中央、国务院关于加强老龄工作的决定》提出"建立家庭养老为基础、社区服务为依托、社会养老为补充的养老机制;逐步建立比较完善的以老年福利、生活照料、医疗保健、体育健身、文化教育和法律服务为主要内容的老年服务体系"。
2006 年	《关于加快发展养老服务业意见》的通过,突出了"大力发展社会养老服务机构""鼓励发展居家老人服务业务""支持发展老年护理"。
2008 年	《关于全面推进居家养老服务工作的意见》指出"居家养老服务是对传统家庭养老模式的补充与更新",是"建立养老服务体系的一项重要内容"。
2011 年	《中国老龄事业发展"十二五"规划》将"老龄产业"明确为十二五的主要任务之一,并将老龄产业的任务细化。
2011 年	《社会养老服务体系建设规划(2011~2015 年)》(以下简称《建设规划》)载列了"要充分发挥市场机制的基础性作用,通过用地保障、信贷支持、补助贴息和政府采购等多种形式,积极引导和鼓励企业、公益慈善组织及其他社会力量加大投入,参与养老服务设施的建设、运行和管理"。

2013 年至今,一系列文件的颁布实施,使得养老服务产业的构建得以有序落实,并在不同层级、不同角度得以逐步相应推进:

表 2　2013 年至今出台的涉老法律法规及政策

2013 年	《养老机构设立许可办法》《养老机构管理办法》的重磅施行，对于养老机构的设立、管理等逐项工作上作出了制度的创新：不仅使养老机构设立的程序及条件予以明确，亦对养老机构的服务内容及内部管理进行了规范，是对先前实施的《中华人民共和国老年人权益保障法》的有效落实与规则细化。
2013 年	《国务院关于加快发展养老服务业的若干意见》（以下简称《若干意见》）再次在指出“充分发挥社会力量的主体作用，健全养老服务体系，满足多样化养老服务需求”等，使得“将民间资本充分引入养老服务行业”以国务院规范性文件的形式予以明确。
2014 年	《养老服务设施用地指导意见》重磅界定了养老服务设施用地的范围，对后续养老服务设施用地的有序编制、各地相关政策的出台、以及规范养老服务设施用地的供应/分类/管理均呈现重大的意义。
2014 年	《关于推进城镇养老服务设施建设工作的通知》①强调了“要研究制定政策措施，支持和引导各类社会主体参与城镇养老服务设施的建设、运营和管理，提供养老服务”。
2014 年	《关于做好政府购买养老服务工作的通知》加速了政府作为主体购买养老服务的推进。
2014 年	《关于加快推进养老服务业人才培养的意见》反映了我国对于养老服务专业人员缺失问题的关注，亦初步梳理了拟搭建的人员培养方向。
2015 年	《关于鼓励民间资本参与养老服务业发展的实施意见》的颁布，凸显了社会力量将逐步演变成今后我国养老服务行业推动主要力量的趋势并又一次鼓励了民间资本积极投身到养老服务和行业中。
2015 年	《关于开发性金融支持社会养老服务体系建设的实施意见》的实行，不仅再次明确对于民间资本投入引入的决心，也首次指出“开发性金融的资金”对于养老服务产业可能起到的引领功能。

（二）我国养老产业相关行业标准的演变

涉老行业，尤其是涉老建筑，由于关乎居住人身体体能、身心状态的特殊需求，故在涉老群体的适用性、安全性、便利性上较之于一般的行业/建筑往往有着更严格、更细致的要求。因此，我国涉老行业标准在逐步规范、逐步搭建的过程中，下附一些较为重要的与养老产业紧密相关的行业标准：

① 该通知还强调了“整合资源，发挥效益”。

表 3 我国养老产业相关行业标准

1999 年	《老年人建筑设计规范》:对城镇新建、扩建和改建的专供老年人使用的居住建筑及公共建筑制定了设计规范。
2001 年	《老年人社会福利机构基本规范》:对不同种类的为老年人提供养护、康复、托管等服务的社会福利服务机构(包括但不限于老年公寓、护老院、护养院等)制定了基本规范。
2003 年	《老年人居住建筑设计标准》:对专为老年人设计,供其起居生活使用,符合老年人生理、心理要求的居住建筑作出了规范要求,如室外台阶、踏步、坡道、电梯配置、室内装修等均作出了较之于一般建筑存在差异性的标准。
2007 年	《城镇老年人设施规划规范》:对老年人设施指定了相应规划,如在基本配建内容、配建规模及要求、配建指标上均相应确定了指标。
2011 年	《社区老年人日间照料中心建设标准》:对老年人日间照料中心的建造管理制定了执行标准及依据:不单对于社区老年人日间照料中心不同类别的划分确定了相应建筑面积、使用面积的标准;还对于消防设施配置、建筑结构、抗震标准、采光通风、生活服务等均制定了适宜于老年人的相应标准。
2011 年	《老年养护院建设标准》:对老年养护院在全国范围内设置了统一的标准。
2014 年	《养老机构医务室基本标准(试行)》:进一步指导了养老机构内医疗室的规范管理,其在人员、房屋、设备等方面予以了初步界定。
2014 年	《养老机构护理站基本标准(试行)》:该标准的施行进一步指导了养老机构内设护理站的规范管理,其同样在人员、房屋、设备等方面予以了初步界定。
2016 年	疗养院建筑设计规范(征求意见稿)》不仅在主要内容上体现了有针对性的增补(如对于场地和总片面的新增),也与时俱进体现了对于“资源节约型、环境友好型”的国策的一以贯之。

二、值得关注的境外涉老政策

(一)日本涉老政策之福利法规及产业政策

作为与中国毗邻且传统思想、文化习惯较为接近的国度,同时作为较早迈入老龄化社会的代表,日本的涉老政策有着诸多值得中国借鉴之处。

日本的涉老政策由过去以少数特困生活的老年为核心关注对象向以辐射面更广的普通老年为核心关注对象发展;以完全由国家承担养老责任向鼓励非政府组织、民间群体承担养老责任之职发展;以单一社会机构承担养老向以居家养老服务为重要助力发展①。而这与我国目前推进的养老产业政策走向不谋而合。

① 贾晓九:《日本的老年人社会福利事业》,载《社会福利》2002 年第 6 期。

1. 涉老福利法律法规的初步建立

早在1963年,《老年人福利法》标志着日本为老龄群体专门立法第一次予以确立。随后,1982年涉及老年人身体检查的《老年人保健法》、1989年的《老年人保健福利推进十年战略》、1995年的《高龄社会对策基本法》、1997年的《长期护理保险法》等法律的实施,使日本的涉老政策体系初步构建。①

2. 日本养老产业法律法规

日本养老产业所涉法律法规政策大体上可以划分为下述几个方面:

首先,系《老年人福利法》《高龄社会对策基本法》等旨在确立老年人享受福利的基础大法。如《老年人福利法》在日本首次以法律形式规定了老年群体享有各类权益的原则,强调了各级部门保护老年群体合法权益之义务,以法律的形式确定了老年人的福利;又如《高龄社会对策基本法》事实上助推了日本当时在老年社会相关法律法规政策领域的研究。

其次,系《无障碍交通法》、《老年人居住(住宅)法》等旨在对涉老住宅确立具体标准的法律法规。这部分法律法规充分考虑了老年群体居住空间要求的特殊性,旨在提高入住涉老群体的安全感、尽力提高涉老住宅的无障碍化等,如《长寿社会对应住宅设计方针》对涉老住宅的厨房安排、厕所换气装置、居室台阶等老龄群体的特殊要求予以明确规定。

最后,系《长期护理保险法》等旨在为老年群体提供多元化保障及服务的法律法规。随着对养老产业、养老服务的认识渐趋深入,改变传统养老服务提供形式,由医护人员提供上门医疗服务、医疗指导,在法律上也予以明确规定。

(二)美国涉老政策之基础

《美国老年法》作为美国涉老政策的基础,明确了老龄群体收入保证、老龄群体身心健康的重要性、老龄群体的特殊需要,甚至对老年人群的特殊价值的宗旨亦有所涉及;此外,《美国老年法》将主管政府部门的设置及权限、各州的计划、专业人员的培育等均纳入其中。

在此基础上,《社会保障法》以法律的形式规定了州老龄办向老龄群体提供服务的范畴;《统筹预算调整法》进一步明确了养老机构护理人员的培育、考核、资格认证。

在《美国老年法》确立"在全美建立老龄服务网络,为老年人及其照料者提供全

---

① 张艳萍:《日本社会的老龄化及老年福利政策》,载《新西部》2007年第18期。

面、系统、协调的家庭和社区服务”的原则基础上，美国联邦、各州的涉老法律法规正逐步建立综合性、多元性老年服务架构。

（三）澳大利亚涉老政策之先驱性照料服务

澳大利益老年群体的照料服务，发展较早及较成熟。如《家庭和社区照料法》《老年照料法》等对家庭内的照料、社区提供的照料、政府的优惠政策、提供服务方的审核标准、提供服务的要求、服务方的相应职责等均予以了相应规定；如《老年照料法》对向老年群体提供的照料服务的类别划分、不同种类服务项下延伸服务作了明确规定；又如，《老年照料法》将老年照料审核程序设定为设立新办老年照料服务机构的前置程序；上述措施及法定内容无一不体现着澳大利亚在老年照料服务领域的先驱性。

（四）涉外养老政策值得借鉴之处

1. 加大对涉老政策的非传统领域的关注

纵观我国中央层级及地方层级的法律、法规、政策，不难发现，目前涉及较多的是养老用地、行政审批等方面。但养老产业，尤其是中高端养老产业的推动与落实，绝不仅仅只需关注前述几个方面。更多的如相互衔接的产业规划制定、优惠举措的确立等均须依靠法律、法规及地方性规范性文件的确立。如美国的《统筹预算调整法》规定了养老机构对护理人员培训、监督和资质认定等相关事宜进行一定程度的变革；美国的《美国老年法》[①]包含针对老年人的法律援助等事宜；在日本，《无障碍交通法》《老年人居住（住宅）法》等法律明确了相关的嘉奖举措，包括但不限于合理运用补助金、减免一定额度的税收、提供较低利率的融资等多种激励方法，以法律的形式推动日本社会对于无障碍设施的建设、对老年人居住环境的进一步改善。[②] 这些针对非传统领域的政策的确立也是确保高端养老产业尽快建立产业发展方向的必须举措。在此方面，目前我国的相关法律法规政策需要学习借鉴他国成熟经验。

2. 加大对专业化服务的引导及规范

乍看之下，日本所适用的《长期护理保险法》等提供专业化服务的法律法规，似乎与养老地产的行业发展并无直接关联，但此类法律法规实际上是我国养老地产行业急需纳入考量范畴的规范。如《长期护理保险法》，其明确规定了护理保险在

① 《美国老年人立法考察报告》，上海市老龄科学研究中心，http://www.shrca.org.cn/3194.html。

② 全国老龄工作委员会办公室编：《国外涉老政策概览》，华龄出版社2010年版。

何种情形下具体适用、不同层级的护理费用计算标准,甚至于适用护理保险的涉老住宅的软硬件标准等。而这些专业化的内容在养老产业项目规划之初便是相关方(如开发商)应厘清的部分:它与养老产业项目的经营模式选择、资金筹措安排、运营统筹计划,甚至项目收费标准、潜在入住人群的预估等均有着直接的联系。

因此,我们建议:首先,以法律法规的形式保障涉老专业化服务,在相当程度上支持乃至激发入住涉老住宅老龄群体对于专业化服务的需求。① 其次,从养老产业专业化服务供需的角度考虑,亦从需求方引导供应方,将社会资本引入养老产业领域。再次,由前期社会资本的加入、社会效应的集聚,将逐步建立更为广泛、更为成熟的(中高端养老产业对)专业化服务市场,并加速市场化运营模式及机制的构建。最后,专业化服务法规政策方面,在逐步确立涉老专业化服务行业标准及行业规范,并强化对其监管的同时,也应确立涉老产业专业化服务的进入与退出机制,并最终促进行业良性发展。

三、我国高端养老产业法规政策有待完善

基于前两部分的概述,针对我国目前高端养老产业法规政策,我们认为,在下述几个问题上值得养老产业参与方的关注,部分问题也亟待解决:

(一)部分中央层级的法规及政策尚待细化

高端养老产业对于养老用地的需求不必多言,且高端养老产业所针对的是营利性养老机构,其对养老用地的获取、针对营利性养老机构的税收优惠政策都有着极强的依重。但就此一系列问题《若干意见》②尚未给出细致解读,如怎样补充提高土地供应的相关法规政策,对于如何落实转化养老服务用地,针对养老机构的用地具体怎样落实措施、细化相关细则予以保护,且对于税收负担的优惠措施有无细则支撑等。

与《若干意见》不同,《民政部关于鼓励和引导民间资本进入养老服务领域的实施意见》(以下简称《实施意见》)作了宏观的、前瞻的梳理与指引,但对于拟进入高端养老产业的民间资本具体如何操作,以及操作过程中的程序性问题,《实施意见》

① 民政部养老服务体系建设领导小组办公室编:《国外及港澳台地区养老服务情况汇编》,中国社会出版社2010年版。

② 《若干意见》提出:通过简政放权,创新体制,激发社会活力,充分发挥社会力量的主体作用,满足多样化养老服务的需求。

同样未给出一个明确的答案。

《建设规划》的出台,可以被理解为借由养老土地供应保证、金融举措支撑等数种途径吸引更为广泛的社会资本的加入;《建设规划》中关于地方各级政府安排财政性专项资金等要求的提出也值得各界重视。尽管《建设规划》试图引导、鼓励社会资本的进入,并尝试对缓解社会资本参与养老体系建设的资金筹措问题搭建多渠道的解决机制,但宏观的指导意见似乎不足以在实践中促成社会资本(尤其是拟进入高端养老产业的资本或项目)在进入高端养老产业的过程中顺利获得用地保障、财政支持。

可喜的是,在一些有针对性的法律、法规、规范性文件出台①之后,一些领域的发展方向正逐步明晰。然而,一些高端养老产业企业涉及的问题,仍然没有明确的操作规则。如部分法律法规及规范性文件虽然明确指出了补充、提高土地供应法规政策的核心主旨,但具体怎样予以补充或提高尚不能清晰确定;土地价格是否会因为涉及高端养老产业而出现某种倾斜政策;对于高端养老产业项目,若其配建的土地超出了规定的最低比例时,会否出现某种激励政策;中央专项补助资金是否涉及高端养老企业或项目等;金融新举措能否惠及行业所涉企业等,这些涉及高端养老项目落实的具体内容,仍然有待未来法律、法规、规定、政策的具体明确。

(二)地方层级的法规及政策的侧重不同、内容不一致

为落实养老产业在本地区的发展与建设,各级地方政府依据前述意见及规划,正逐步制定相关的实施政策②。

但是不难发现,由于上位法律法规的缺失以及各地对于养老产业的侧重点不同,地方性养老产业的政策呈现大不相同的情况,而地方性养老产业政策中涉及高端养老产业的内容越发少见,即便确有相关内容涉及高端养老产业,其侧重点也并不一致。此外,相似的领域也存在政策并不一致的问题。上述情况的出现,一方面系因各级地方政府基于对前述中央层级的意见及规划的研读,结合当地实际的需求,而有针对性地探索制定适合本地养老产业的具体政策方向;另一方面,由于各地区经济水平、养老产业筹建规模、养老服务提供能力客观上均存在差异,对于高

① 例如,《养老服务设施用地指导意见》的适用。

② 如《甘肃省"十二五"社会养老服务体系建设规划》确定"土地养老"等新型养老模式。《安徽省人民政府关于加快推进养老服务体系建设的决定》确定:支持社会力量兴办养老机构;《上海市老龄事业发展"十二五"规划》确定:引导社会力量有效参与,促进相关产业发展。

端养老产业的接纳度、政策倾斜度也大为不同,因而不同地区的养老产业政策中对于高端养老产业的涵盖范围及深度呈现显著的差异,一些地方性政策的探索脚步比较快,但其他地区各类相关的具体政策尤其是高端养老产业政策尚不明朗。而缺乏统一的地方性政策极有可能导致进入高端养老产业的社会资本进入产业时遭遇一定的阻力。

综上,尽管中央层级的政策对于社会资本注入高端养老产业持鼓励的态度,但值得注意的是,当前将社会资金引入养老产业(尤其是高端养老产业),中央层级的政策对于社会资本运营(尤其是营利性的高端养老产业)而亟须的通盘性、规制性内容尚有待进一步确定。地方层级基于各地养老产业的需求及实际发展状况的不同,经济水平、养老产业筹建的规模、养老服务提供能力客观上均存在差异,对于高端养老产业的接纳度、政策倾斜度也大为不同,因而不同地区的养老产业政策对于高端养老产业的涵盖范围及深度呈现出显著的差异,各地政府的相关优惠举措及监管性规定并不一致。

(三)高端养老产业的技术体系标准有待深入

自 1987 年至今,一系列养老地产、老年住区的规划设计、建筑、养老服务、机构统筹等诸多方面的建设标准及管理规范,经行业主管部门研讨及政府相关部门的批准,已经颁布实施。

但是,作为高端养老产业,其相较于普通养老行业的规范,对高端养老项目产品的关注似乎仍有待进一步深入:一方面,上述行业的技术体系标准仅属于针对普通养老项目的,考虑到高端养老项目产品的特点,其较之于普通养老项目,往往在养老产品的适住性、居住人群的舒适性等诸多方面有更高的要求,目前的技术体系标准对高端养老项目产品的关注深度尚显不够,在更为适合老年居住群体视力需要的灯光、适用于高级商务楼及酒店的新风系统等建筑内部设计、高端养老项目中区域内部人车分流等外部设计等方面,仍有待具体的规定加以限制,以期高端养老项目所推出的住宅产品能更贴合拥有更高生活品质的老年群体的实际生活诉求。另一方面,上述行业的技术体系标准仍属于全国性的,但由于我国地理位置跨度大,不同区域的实际情况大相径庭,运用完全相同的标准与设计规范未必适应不同地区养老项目的实际需要。

结　语

综上,只有真正将法律、法规及地方性规范性文件、政策尽可能全面地覆盖到高端养老产业的各个环节,养老产业才能越发规范,亦只有此,这项尚属新兴的产业才能得到更多社会资本的关注。是故,积极推动中高端养老产业更多相关环节、领域的立法,才能使这一行业的法律体系尽可能完善,也只有在此前提下,才会有更多的社会资本参与养老服务项目,才能为老年群体提供更加优质的服务。

保险资金投资养老产业的路径选择

李启茂*

*作者简介：

李启茂，合伙人，中伦律师事务所广州办公室，

电邮为 leo_li@ zhonglun. com。

一、前言

人口老龄化加速了中国养老产业的市场细分，这为保险资金进军养老产业，提高保险资产投资收益提供了难得的机遇。我国2009年修订的《保险法》放开了对保险公司投资不动产的限制，为保险资金的多样化运作提供了新的投资渠道。凭借其资金、品牌、客户等天然优势，目前已有多家保险公司涌入养老产业。然而，保险资金投资养老产业的路径及运营模式的选择仍处于探索阶段。

二、保险资金投资养老产业概况

继泰康人寿于2009年年末拿到第一个保险公司投资养老产业的牌照，中国人寿、合众人寿、新华人寿、平安集团、太平保险等保险公司也迅速抢滩养老产业界（详见表1）。在运营模式方面，受制于禁止保险公司直接销售不动产的政策规定，目前保险公司多采用“净出租”或“出租+经营”盈利模式。保险公司基本都将其开发的养老产业项目与寿险产品相挂钩，推出“保单+养老社区”模式的保险产品。以太平保险为例，投保太平保险“悦享金生”养老保险并且达到一定标准的客户，可以获得太平保险公司投资建设的上海“梧桐人家”中国太平国际健康颐养社区的入住资格。通过这种营销和运营策略，保险公司将养老产业项目的目标客户年龄层从老年人提前到中年人，提前获得保费，缓解了进军养老产业的融资压力。

表1 保险公司养老产业项目一览

序号	保险公司	项目名称	选址	备注
1	泰康人寿	泰康之家（燕园、吴园、粤园、楚园、申园、蜀园、杭州龙坞大清谷、三亚海棠湾度假村）	北京、上海、苏州、杭州、武汉、成都、广州、三亚	燕园、申园、粤园均已开园
2	中国人寿	国寿嘉园（雅境、乐境、韵境、逸境）	苏州阳澄湖半岛、天津空港、北京大兴、三亚海棠湾	—
3	合众人寿	合众优年生活	沈阳社区、合肥社区、武汉社区、南宁社区	苏州、青岛、郑州已签订投资协议，尚未拿地
4	新华人寿	新华家园	北京延庆	—

续表

序号	保险公司	项目名称	选址	备注
5	平安集团	桐乡平安养生养老综合服务社区	浙江桐乡市	—
6	太平保险	梧桐人家	上海浦东	—

资料来源：各大保险公司官网。

三、保险资金投资养老产业之优势分析

（一）期限匹配

资产负债管理（Asset and Liability Management，ALM）是近年来保险、基金、银行等金融机构广泛运用的风险管理工具，通过谨慎地协调资产与负债管理以获得经营的稳健性和营利性。[①] ALM需要综合考虑多种因素，但其核心任务在于管理由利率风险导致的资产与负债不匹配的问题。[②] 真正意义上的养老产业项目[③]有别于普通的房地产项目，无法通过直接销售房产从而实现资金的快速回笼，可能导致其他投资主体如房地产开发商面临资金链断裂的风险，因此养老产业项目亟须大量稳定的资金。

中国保险监督管理委员会（以下简称保监会）的统计数据显示，2016年寿险公司保费收入为21,692.81亿元，同比增长36.78%[④]。保险公司经营过程中，保费收入的时间点与赔付义务履行的时间点存在“时间差”，保费收入的数额与赔付数额之间存在“数量差”。时间差与数量差的叠加使保险公司拥有大量的闲置资金可供投资。为了对抗通货膨胀，保障未来的给付能力，保险资金的长期性、巨额性和稳定性等特点均要求保险公司必须探索合适的投资渠道，提高投资收益率。根据国外的经验，养老产业项目的投资回报周期在10年左右，一些高档的养老社区的回报周期可达20年以上[⑤]，而寿险资金的负债期一般在10～20年，险资投资于养老产业

① 李季芳、李静：《中国寿险业资产负债管理模式研究及其数学模型》，载《金融研究》2002年第7期。

② 王秀芸：《寿险资金投资养老地产研究》，浙江大学2012年硕士学位论文。

③ 此处的养老地产指“持有”模式或“销售＋持有”模式，不包含纯销售型的养老地产。

④ 保监会：《2016年保险统计数据报告》，载http://www.circ.gov.cn/web/site0/tab5257/info4060001.htm，最后访问时间：2017年7月3日。

⑤ 吴军：《银色产业中的金色机遇——基于我国保险资金投资养老地产的分析视角》，载《武汉金融》2014年第2期。

项目可以提升资产久期与负债久期的匹配度。

（二）优质客户

保险公司在日常经营中积累了大量的优质客户，这些客户群多为中产或者富裕阶层，他们通常有较高的消费能力以及长期投资理财计划，是养老产业项目的主要目标客户。此外，这部分客户中的老年人，思想、生活更加独立，相对于与子女一起生活，他们选择社区养老而非居家养老的意愿更为强烈。保险公司可利用其积累的寿险客户信息（如健康风险评估信息）①，加以深度挖掘、分析，有针对性地设计符合客户群体需求的养老产业项目以及配套的保险产品。在为客户提供养老地产及社区养老服务的过程中，无形中也为保险公司培养了客户的品牌忠诚度。

（三）品牌效应

由于对养老产业项目的投资，事关老年人的“养老本”及其晚年的生活质量，加之老年人较为谨慎的心理，因此，老年人会更倾向于选择实力强、信誉佳的品牌。而保险公司以终身保障为经营理念，与养老产业的内在逻辑一脉相承。大型保险公司在长期经营与服务中、在客户群体中形成的信赖感和良好声誉，加之其较低的破产风险，使其能以天然“养老品牌”的形象深入人心。此外，保险资金投资养老产业项目可以延伸其产业链，将上游的医疗保险、养老保险等保险业务与下游的医疗护理、老年人娱乐休闲设施等产业贯穿起来，真正实现提供从“摇篮到坟墓”的全生命周期产业链服务，提升其品牌形象。

（四）政策明朗

2013 年国务院下发了《关于加快发展养老服务业的若干意见》，从投融资、土地供应、税费、补贴、人才和就业等方面鼓励和支持养老服务业的发展。2017 年年底国务院又发布了《关于加快发展商业养老保险的若干意见》，该意见在指导思想部分特别提出要“提升养老资金运用效率、优化养老金融服务体系”，鼓励保险公司发挥商业养老保险资金长期性、稳定性优势，以投资新建、参股、并购、租赁、托管等方式，积极兴办养老社区等养老健康服务设施和机构。2016 年各部门陆续下发了《关于金融支持养老服务业加框发展指导意见》《关于全面放开养老服务市场提升养老服务质量的若干意见》《民政事业发展十三五规划》《“健康中国 2030”规划纲要》等规范性文件，由此可见，中央高度重视养老服务业的产业发展，保险资金投资养老

① 当然，各大保险公司对于客户信息的分析与利用，势必需要遵守现行法律法规及保密义务的规定。

产业项目的利好政策可谓指日可待。

虽然目前地方政府仍将保险资金投资的养老产业项目用地定性为商业用地,也尚未将其纳入补贴项目,险资投资养老产业项目尚无法享受政策红利。但是,国土资源部发布的《养老服务设施用地指导意见》规定:对于营利性的养老产业项目用地应当以租赁、出让等有偿方式供应,原则上以租赁方式为主,出让或租赁建设用地使用权可以设定抵押权。这意味着土地主管部门已明确进一步规范营利性养老地产用地,养老产业投资者可以通过对获批建设用地使用权设定抵押从而获取融资。保监会也陆续发布了《保险资金投资不动产暂行办法》《保险资金投资股权和不动产有关问题的通知》《关于开展老年人住房反向抵押养老保险试点的指导意见》等规范性文件,保险资金投资养老产业的法规和政策逐步明朗化,降低了由于法律法规不明确所引发的政策风险。

四、投资路径选择

(一)投资路径

2010 年 7 月中国保监会发布了《保险资金投资不动产暂行办法》(保监发〔2010〕80 号),明确规定"保险资金可以投资基础设施类不动产、非基础设施类不动产及不动产相关金融产品"(见图 1),并对保险公司运用其资金投资不动产的资格条件、投资方式、风险控制等作了详细的规定。以下将简要概述常见的直接投资和间接投资模式。

1. 直接投资

(1)全资模式。在该模式下,投资建设养老产业项目的全部资金均由保险公司出资,保险公司在通过物权、股权或债权的方式拿到房地产项目后进行开发建设①,在养老产业项目建成后自主运营或者出租,享受养老产业项目带来的租金或其他投资收益。泰康人寿进军养老产业领域首先采用该模式,通过其全资控股子公司泰康之家投资有限公司布局养老产业。该模式的优点在于保险公司可以拥有对养老地产的自主开发和经营权,可控性强,无须与其他投资方分享收益,避免与其他投资方产生经营管理冲突,并且可以根据保险公司客户的需求,量身定制养老社区。但是该模式的缺点也显而易见:保险公司的资金压力大,投资风险高,并且保险

① 此处的开发建设并不由保险公司直接进行,《保险资金投资不动产暂行办法》第十六条明确禁止保险公司"直接从事房地产开发建设(包括一级土地开发)"。

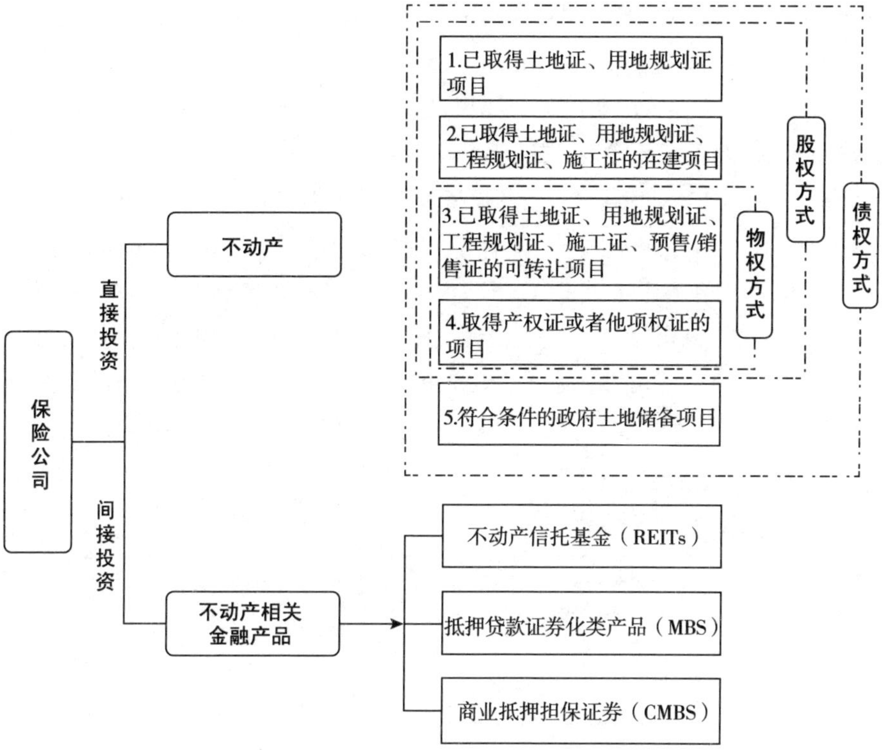

资料来源:《保险资金投资不动产暂行办法》(保监发〔2010〕80 号)。

图 1　中国保险资金投资养老产业的方式

公司在房地产开发方面经验不足,缺乏专业的管理团队和方法。

(2)合作模式。在该模式下,保险公司通常选择与经验丰富的房地产公司合作,双方各投入一定比例的资金,以获取对应比例的经营管理权及收益权。中国人寿开发养老产业项目国寿廊坊生态健康城时就选择与中冶寰泰签署合作开发协议。该模式的优点在于保险公司的初始资金及成本投入减少,资金压力较小,并且可以借助房地产开发商丰富的开发经验和专业的团队,保险公司与房地产开发商各自发挥自身的专业优势,提升开发的效率,此种投资模式相对而言较为稳妥。但是,该模式的缺点也显而易见,采用这种投资路径项目会同时受多个投资方的经营风险的影响,如国寿廊坊生态健康城项目在开工后曾因合作方中冶寰泰连年亏损而一度被搁置[①],因此保险公司采用此模式时要慎重地选择合作方。

2. 间接投资

保险资金投资养老产业项目的间接投资路径较为多样,包括购买养老产业相关行业的股票或债券,不动产信托基金(简称 REITs),购买抵押贷款证券化类产品(Mortgage Backed Security,简称 MBS)和商业抵押担保证券(Commercial Mortgage Backed Security,简称 CMBS)[②]。REITs 是近年来国外较为受欢迎的间接投资路径,国内也有保险公司采用了类 REITs 模式,如平安保险通过旗下的平安信托,与绿城、金地等房地产公司签订合作协议,针对前述房地产公司的整体项目推出股权信托计划[③]。相较于直接投资,通过间接投资路径投资养老产业的优势在于流通性好,风险较为分散,管理成本较低,但是该投资路径较难发挥保险公司投资养老产业的天然优势。

(二)案例分析:中国人寿

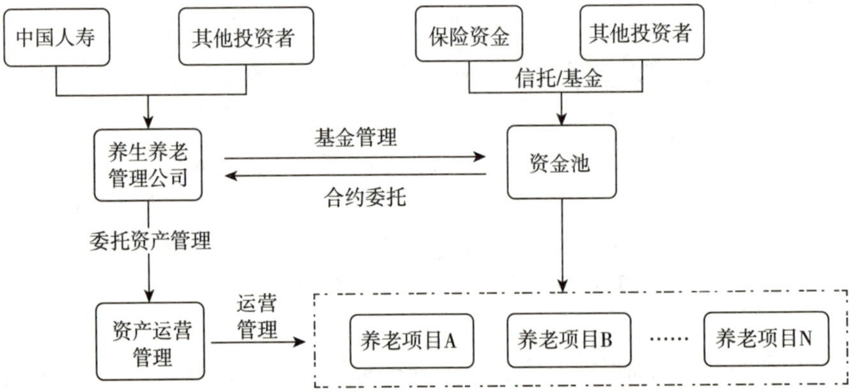

资料来源:《同策养老产业专题》。

图 2　中国人寿养老产业投资开发模式

中国人寿投资养老产业采用的是复合型的投资路径,其投资架构包括两大部分:管理公司以及养老基金/信托。中国人寿先以股权投资计划或股权基金的形式将中国人寿及其他投资方的资金投资到养老产业开发资金池,并委托养老养生管理

① 苏向杲:《国寿廊坊健康城合作方连年亏损　大股东撤资》,载《证券日报》2013 年 12 月 5 日,第 B05 版。

② 生力:《保险资金投资养老地产的路径研究》,重庆大学 2014 年硕士学位论文。

③ 吴军:《银色产业中的金色机遇_基于我国保险资金投资养老地产的分析视角》,载《武汉金融》2014 年第 2 期。

公司作为基金管理人，为养老产业的具体开发及运营提供管理和决策①（见图2）。中国人寿通过设立养老基金/信托并聘请专业管理人，实现养老产业项目的相对独立运营，降低合作方经营风险对养老产业项目的影响，管理公司还能提供专业运营、配套服务、配套管理等，避开保险公司在养老产业开发方面经验不足的短板。

结　语

近年来，保险资金在金融市场上异常活跃，大规模的举牌、套利于跨境投资与并购频现，可谓是“一时风头无两”。然而，随着2017年监管层对险资运用规模和方式的政策限制逐渐加强，险资一下子失去了“高歌猛进”的机遇，资产的多元化配置遭到了一定程度的阻碍，投资收益与安全之间的矛盾仿佛也难以调和。在此背景下，养老产业模式的渐趋成熟，无异于为险资提供了一种既稳健又能为闲置资金提供较高收益的投资方式。特别是在现有法律法规和政策并不存在实质性障碍的情况下，保险资金与养老地产的“强强联手”，不仅有利于保险公司增强投资能力与收益，把控资产风险，还将提高养老地产的投资活跃度，实现金融经济与实体经济的全面衔接，真正契合中央和国务院深化保险行业发展的精神，为社会养老事业的发展作出实质性贡献。

保险资金投资养老产业可依托其匹配的期限、优质客户、品牌优势、逐步明朗化的政策等优势，结合公司自身的投资资金、投资期限、投资策略等需求，避开其在地产开发的短板，选择最优的投资路径，实现保险资金的收益最大化，并且通过养老保险提升客户的品牌信赖度。

① 同策房产咨询股份有限公司:《保险系养老操作模式系列之中国人寿》。

浅谈养老地产资产证券化及 REITs 的应用和发展

陈振华　吴　轶　程　驰*

* 作者简介：

陈振华，合伙人，中伦律师事务所上海办公室，davidchen@ zhonglun. com；

吴轶，律师，上海办公室；

程驰，律师，上海办公室。

随着我国人口老龄化问题日益加剧,“养儿防老”的中国传统观念不再是这个时代的标签,各式各样的养老服务机构应运而生,养老地产也逐渐成为社会资本追逐的投资风口。众多房地产开发商纷纷转型投入养老地产项目,其投资规模和融资需求也与日俱增。因此,为更好地探索养老地产项目融资模式,结合养老地产项目运营阶段的融资需求及特点,本文将着重针对养老地产资产证券化(Asset Backed Securitization,ABS)及房地产投资信托基金(Real Estate Investment Trusts,REITs)两种融资模式展开探讨。

一、养老地产资产证券化

结合房地产资产证券化相关定义,我们认为,养老地产资产证券化是以养老地产项目中权属明确,能够产生可评估预测现金流的财产或财产权利作为基础资产,以融资为主要目的发行的资产支持证券,其实际融资人主要为养老地产开发商、养老服务机构和持有养老地产的其他主体(“原始权益人”)。一般情况下,根据养老地产项目主要现金流构成及资产类别,养老地产资产证券化在国内主要的探索类型可以分为租金债权 ABS、养老服务费 ABS 和类 REITs 等。

1. 租金债权 ABS

目前市场中已有或尝试运行的其中一个重要的养老地产运营模式就是租赁模式,即消费者通过向原始权益人租赁特定房产的方式获得该等养老房产的使用权。因此,在租赁模式下,养老地产租金收益将成为原始权益人的主要收入来源之一,将其作为基础资产发行资产支持证券(租金债权 ABS)不仅能帮助原始权益人解决短期内聚集大量资金的难题,也可以为原始权益人盘活资产,提高资产流动性。

(1)租金债权 ABS 基本要素

(a)架构设计:由于租金债权是建立在分散的一份份租约之上,物业空置、租赁期限、市场波动等因素均可能会对其现金流和债权的稳定产生较强的影响,因此可以通过信托主导发放贷款的模式加之双特殊目的载体(SPV)来稳定现金流和债权。具体而言:

a)由一家商业银行或其他方委托并设立一份信托计划对原始权益人发放一笔贷款从而实现原始权益人的融资目的;

b)与此同时,原始权益人承诺将利用养老地产项目的租金收益偿还该笔贷款;

c)为确保贷款的偿还,通常会要求原始权益人作出连带保证、将养老地产项目的经营收益应收账款出质和/或养老地产项目抵押等方式进行担保;

d)在另一方面,计划管理人将会发起一项资产支持专项计划并受让前述商业银行或其他方持有的信托受益权资产支持专项计划,投资人则通过认购资产支持专项计划的支持证券的方式参与其中并通过资产支持专项计划和信托双 SPV 结构间接分享租金收益。

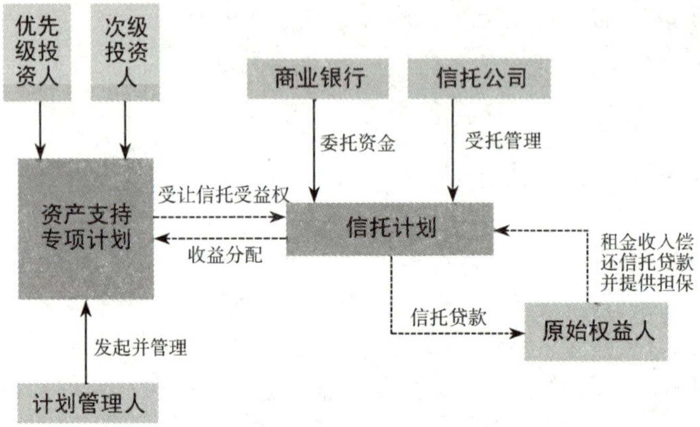

图 1　租金债权 ABS 模式的交易结构

(b)基础资产:受益于上述架构,基础资产从不稳定租金债权变为较为稳定的信托受益权。

(c)信用增级:通常在设计租金债权 ABS 交易架构时会辅以结构化分层(区分优先劣后份额)、要求原始权益人提供担保措施、差额补足承诺以及提高覆盖率等措施实现信用增级的目的(具体内容详见养老服务费 ABS)。

(2)租金债权 ABS 重点问题

在考虑和设计租金债权 ABS 时,原始权益人应当重点关注以下问题:

(a)养老地产项目合法合规性:租金债权所涉养老地产项目须产证齐全,且相关建设运营过程合法合规,否则相关法律瑕疵将影响租金债权的合法合规性及可持续性。

(b)租金收益水平:在吸引投资者资金的过程中,首要问题便是如何通过较高收益率在与市场上其他理财产品的竞争脱颖而出。因此,如何维持真实、持续、稳定且较高的租金收益系原始权益人亟待解决的问题。另外,在实际交易结构设计时可能会要求原始权益人对现金流的充足率进行担保,如果产生现金流不足以达到预期收益率和偿还本金的要求,则由原始权益人对差额部分进行补足。

(c)维持稳定分红收益:如前所述,租金债权由于租赁合同分散等原因在性质上可能存在债权和现金流不稳定的风险，因此监管部门在《资产证券化基础资产负面清单》中第四(1)条便明确规定“因空置等原因不能产生稳定现金流的不动产租金债权”不得作为资产证券化基础资产。为此，前述双 SPV 加信托主导贷款的模式应运而生，将资产证券化的基础资产从相对不稳定的租金债权替换为较为稳定的信托受益权，同时辅之要求原始权益人提供养老地产项目整体抵押、收益权质押、承担补足还款的连带担保并还可能会通过对养老地产项目和收益权禁止新设担保等方式尽力提高基础资产的现金流稳定性。

(d)公开透明和流动性：除租金收益率和稳定性外，项目资产的公开透明和流动性也是投资人较为关注的重点，因此可以通过将该租金债权 ABS 在证券交易所挂牌的方式同时引入公开机制、监督机制和流动机制，以满足投资人的需求。

2. 养老服务费 ABS

养老地产是住宅与服务型商业的复合地产，除产品的销售(租赁)外，其配套设施、服务等都是收益的重要来源，赢利更依靠后期的运营。此外，结合养老产业特点，养老服务合约通常期限较长、养老服务费现金流也较为稳定，从理论上来说，与物业租金等收入相比，养老服务费收入同样能产生可预测的、相对稳定的现金流。因此，我们认为以养老服务费作为基础资产进行资产证券化也属于标准化资产证券化中的一种。

(1)养老服务费 ABS 基本要素

(a)架构设计：除本文在租金债权 ABS 中提及的双 SPV 加信托主导贷款的模式外，对于一些养老服务费相对稳定的养老地产项目亦可采用以养老服务费直接作为基础资产的交易结构，即计划管理人通过设立资产支持专项计划募集资金向原始权益人受让基础资产(养老服务费收入)。资产支持专项计划存续期间，原始权益人继续根据相关养老合约提供养老服务费收入所对应的养老服务，投资人则通过认购资产支持专项计划的支持证券的方式参与其中并分享养老服务费收益。

(b)基础资产：在上述交易结构下，基础资产即养老服务费收入。

(c)信用增级方：信用增级方提供的信用增级方式可以分为内部增级和外部增级。信用增级方一般可以是原始权益人、原始权益人关联方和独立第三方(如担保机构)。

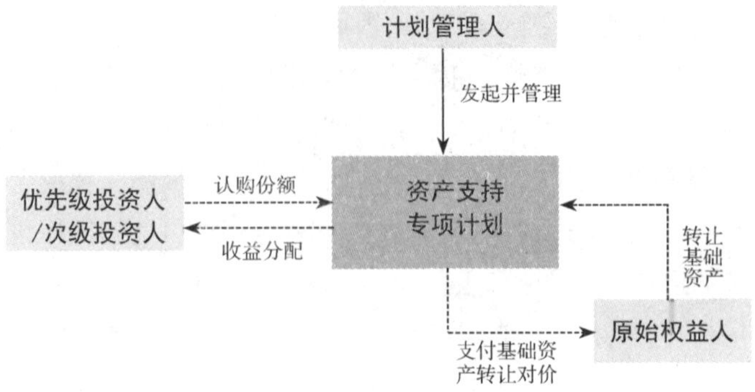

图2　养老服务费 ABS 模式的交易结构

(2)养老服务费 ABS 重点问题

(a)基础资产有效性:基础资产的有效性是养老服务费 ABS 项目中最基本的问题,一般情况下,主要关注原始权益人与消费者之间的养老合约是否合法有效,是否存在违反相关规定收费或存在其他法律瑕疵的情形。

(b)基础资产的转让是否受限和基础资产是否涉及诉讼、仲裁、执行、破产程序或被强制执行司法程序:我们认为在养老服务费 ABS 项目的合格标准中应当要求基础资产可以进行合法有效的转让,且无须取得消费者或其他第三方的同意,并要求基础资产不涉及诉讼、仲裁、执行、破产程序或被强制执行司法程序。

(c)信用增级方式:我们认为养老服务费 ABS 项目中的信用增级方式将会是投资者较为关注的几个问题之一,具体而言:

a)优先级/次级分层:优先级/次级安排是资产证券化项目中最常见的内部信用增级安排。根据资产支持专项计划安排的各档资产支持证券本金/利息的受偿先后顺序,劣后受偿档级的投资者为优先档投资者提供信用增级,一般情况下由原始权益人购买劣后级资产支持证券。

b)超额覆盖倍数:超额覆盖倍数是指根据历史数据和同类可比项目预测出的养老服务费未来现金流对资产证券化项目证券端预期现金流出的覆盖倍数。对于优先级投资人而言,超额覆盖倍数越高,优先级的本息保障程度越高。

c)差额支付承诺:原始权益人一般会出具《差额支付承诺函》,若当期养老服务费收入低于约定金额或指定期限内未收齐,应由原始权益人相应补足。

d)其他担保:一般情况下,为增加养老服务费 ABS 项目信用等级,原始权益人关联企业(或其母公司)会作出无条件的不可撤销的连带保证担保。

(d)避免混同,保障优先级本息:为进一步保障优先级投资人本息,除了上述提及的信用增级方式之外,在交易架构设计时还将综合考虑以下内容:

a)现金流的归集:如果能够开立监管账户,直接进行养老服务费的回收并限制监管账户的资金划出,则能够较大程度地避免混同风险。但这种方案涉及与多方的沟通,操作难度相对较大。我们认为较为可行的方法是仍使用原账户回收养老服务费,但在养老服务费回收后定期转付至监管账户。此外,从养老服务费回收到划付至监管账户的时间间隔应该尽可能缩短。

b)现金流的分配:部分项目将在每个分配日设置次级的绝对或相对的分配上限(部分项目在优先级本息完全偿付前不对次级进行分配),使现金流更多地留存在资产支持专项计划内,为优先级的本息支付提供保障,此时优先级本息安全更高。

(e)养老合约收入:养老合约项下的养老服务费收入作为基础资产,以下几点将会作为重中之重关注:

a)养老服务费历史收缴率:养老服务费的收缴与养老地产项目消费者结构和习惯密切相关,历史的收缴率具有较大的参考价值。如果历史收缴率较低或出现较大变动,则该笔养老服务费的未来回款风险也相对较大。

b)养老服务费缴费频率:一般情况下,养老服务费缴费频率会影响资产支持专项计划交易结构的设计,如资产支持专项计划付息的频率。

3. 类 REITs

除前述两种方案外,国内市场近年来还进一步发展出了房地产企业直接向资产支持专项计划所设基金转让其所持物业资产或项目公司股权,由资产支持专项计划间接地作为产权人享有物业资产升值和租金收益的资产证券化模式,即市场间常论及的“类 REITs”模式或“准 REITs”模式。在类 REITs 架构中,房地产企业作为原始权益人通过向私募基金转让目标公司股权从而达到融资目的,实现物业资产的出表,改善了企业业绩,分散物业资产的商业风险,稳定企业信用评级;对于投资者而言,原本重资产的物业通过证券化显著降低了投资门槛,使得更广泛的投资者能够参与到房地产开发经济热潮中分一杯羹,享受物业升值和租金收益的双重效益,同时资产支持专项计划的份额也可以在相关证券交易所挂牌以实现一定的流动性。

截至目前,市场上有关类 REITs 交易设计往往集中于一线城市办公、商业、酒店等成熟物业项目,鲜见养老地产开发商运用类 REITs 架构融资的案例。但我们相信,随着养老产业发展逐渐成熟,商业模式日臻完善,中国社会老龄化背景下市场需求日益增加,行业中会逐渐涌现出一批现金流稳定、有着融资需求的行业佼佼者希望借助于类REITs结构实现企业快速发展和向轻资产养老地产模式的转变。通过借助于现有成熟类REITs模式基础,我们可以大胆地对养老地产的类REITs架构进行构思。

(1)类REITs结构基本要素

(a)架构设计:类REITs模式常见结构中,通常由计划管理人发起设立资产支持专项计划向投资人募集资金,同时由基金公司作为发起人和基金管理人发起设立私募股权基金,资产支持专项计划所募资金用于认购私募股权基金的基金份额,私募股权基金获得资产支持专项计划出资后向房地产企业支付对价以收购目标项目公司股权,从而实现投资人对目标物业的间接持有和收益。具体步骤包括:

a)由计划管理人发起资产支持专项计划,通过向优先级、次级投资者发行资产支持证券募集资金;

b)由基金管理公司发起设立私募股权基金,基金管理公司作为基金管理人管理该私募股权基金;

c)管理人代表资产支持专项计划认购私募股权基金的基金份额并利用资产支持专项计划所募资金对私募股权基金出资;

d)私募股权基金向原始权益人收购项目公司股权,以所募集的投资人资金支付股权转让对价。

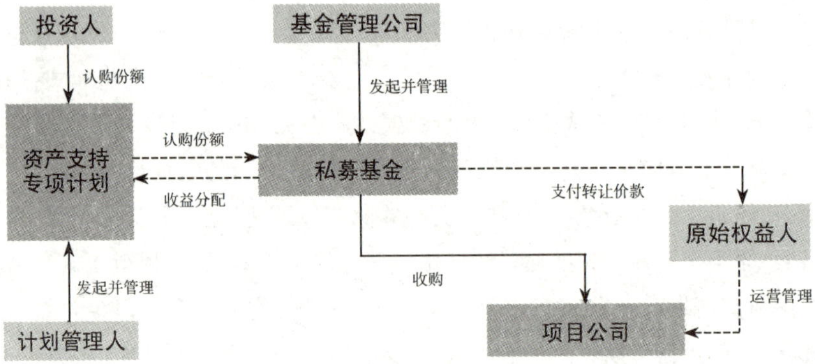

图3　类REITs模式的交易结构

(b)基础资产:通过上述架构,物业资产的产权已经成功装入类REITs架构中,成为类REITs项目的底层基础资产。

(c)信用增级:与其他资产证券化产品类似,类 REITs 架构中也常见增信措施以保障产品收益,常见措施包括结构化分层(区分优先劣后份额)、原始权益人回购安排等以实现信用增级的目的。

(2)类 REITs 项目重点问题

通过前述交易步骤,最终完成由私募股权基金持有目标养老项目,享受目标项目所产生收益和物业增值;原始权益人也通过转让目标养老项目完成了资产出表和融资目的。在前述架构和交易步骤基础上,除在先前方案中需注意的项目合规性、租金收益水平、维持稳定分红等资产证券化项目通常需要关注点外,我们也建议原始权益人可以对以下类 REITs 面临的商业问题提前考虑周全,并在交易文本和细化交易结构中予以体现:

(a)节税设计:由于我国立法尚未针对类 REITs 架构提供税收优惠政策,因此类 REITs 架构因为其结构层数较多而面临目标项目转让、项目公司分红等环节较重的税负。因此我们建议届时可充分参考税务师意见适当调整商业架构,采取诸如交易项目公司股权而非目标资产、发放股东借款、反向吸收合并等方式合理地减少企业所得税、土地增值税等税负支出。

(b)退出安排:由于投资人系通过资产支持专项计划参与项目,而通常资产支持专项计划存续时间不超过五年,因此类 REITs 存在退出期限,即在数年后私募股权基金应当通过出售项目公司股权或由原始权益人回购等方式处置目标养老项目。届时拟让原始权益人回购项目公司股权的,在起草交易文件时应确保项目公司股权出售的真实性,并注意回购义务是否可能存在被认定为融资担保从而对破产隔离效果产生影响的风险。

(c)运营管理:在上述架构中,考虑到项目公司仅系为了持有目标项目而设,如基金管理公司作为私募股权基金的基金管理人,则目标养老项目的运营很可能依赖于基金管理公司的运作,而基金管理公司往往并无运作管理养老项目的经验和能力,因此需要借助于专业养老管理机构(通常是原始权益人或原始权益人先前就该项目所聘请的专业管理机构),并签署相关服务协议。参考国外商业惯例,项目运营可以大体分为两种模式:一种是由项目公司作为物业产权人将整个物业外包出租给运营机构,项目公司仅作为业主收取租金,运营商业风险由运营机构承担,该模式好处是对于类 REITs 一方现金流稳定风险低,但对于私募股权基金及资产支持专项计划而言则难以采用分层结构以获得超额收益;另一种系由项目公司委托运营机构运营,由项目公司支付运营费,同时商业盈亏由项目公司承担,该模式会导致类 REITs 投资出现亏损的风险,因此惯例上需要向优先级投资人提供增信措施确保优先级资金的分配。

二、养老地产 REITs 前景展望

如前文所介绍,经过业界专业人士的努力工作,目前国内已经在现有中国法律和监管政策的框架内发展出各式资产证券化产品以满足日益增长的产业融资需求,甚至已经出现能够接近实现物业“租金 + 增值”收益模式的类 REITs 结构产品。然而,我们仍然要看到,尽管类 REITs 收益模式上接近于 REITs,其相比国际主流的 REITs 模式仍然在法律性质、产品结构、政策优惠等各方面均存在较大差异,而这些差距在一定程度上也影响了 REITs 类型的融资模式在中国养老地产行业的进一步推广和发展。

1. REITs 简介

国际标准意义上的 REITs,英文全称 Real Estate Investment Trusts,即房地产信托投资基金,是一种以发行股票或收益凭证的方式汇集众多投资者的资金,由专门投资机构进行房地产投资经营管理,并将投资综合收益按比例分配给投资者的一种信托基金[①]。REITs 兴起于 20 世纪 60 年代美国发展停滞的房地产市场,在随后数十年间逐渐风行于国际房地产行业,成为在各国广受欢迎的房地产资产证券化的重要手段和融资形态。在 REITs 的发源地美国,养老地产类 REITs 在 20 世纪七八十年代开始崭露头角并渐成气候,至今养老类 REITs 已发展成为美国养老地产的主流投资商[②]。

常见经典的 REITs 结构中,原持有该物业的企业作为发起人将目标物业资产或项目公司股权转入设立的特殊目的公司(SPV),SPV 的主要作用是风险隔离和避税。随后发起人将 SPV 转让与受托人并就此设立信托房地产投资信托(REITs),受托人一般为专业信托公司,受托人将聘请资产管理机构负责 REITs 资产的专业管理、修缮和运营。随后该 REITs 将挂牌上市,其份额将在公开市场上交易流通,购买或持有 REITs 份额的投资者即成为 REITs 的受益人,拥有 REITs 的收益权,并通过受托人间接持有物业资产。

---

① 《地产行业证券化产品 REITs 与 CMBS 解析》,载《ABS 行业观察》2017 年 7 月 26 日版。

② 华龄集团老龄产业研究中心:《美国三大养老地产 REITs 公司,揭秘 REITs 模式》,载 http://www.sohu.com/a/116992478_499076。

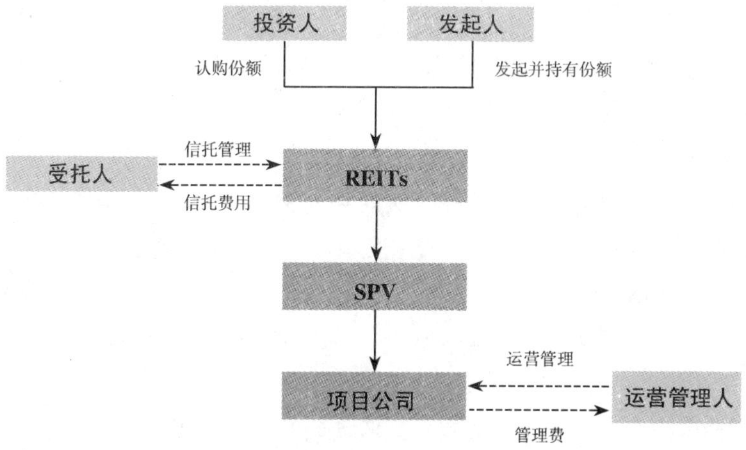

图 4　经典 REITs 结构

2. REITs 与类 REITs

对比国际通行的 REITs 结构和中国的类 REITs，我们不难发现，在产品本质上，REITs 系依托于国外成熟的公募单位信托和资本市场机制，由受托人通过信托方式代表受益人直接持有、运营并处置物业资产的架构；而中国市场上的 REITs 实质上系通过基金外套资产支持专项计划的结构募集资金用以投资某项物业项目。该等法律性质的差别导致了两者在以下方面存在重大差异：

(1) 在收益模式上，REITs 可以算作物业资产的 IPO，其投资者如同投资股票一样直接享受底层物业资产的收益，承担亏损风险；而类 REITs 模式下投资人往往认购的是优先级收益产品，因此收益率大多较为固定，同时辅以增信措施确保资金安全。

(2) 在投后管理上，REITs 的受托人往往是专注于地产行业的专业投资机构，因此能够对所持项目进行主动的专业化投资管理，甚至在法律允许范围内进行借贷等融资；类 REITs 结构下基金管理公司和计划管理人通常仅作为资金募集的通道，因此通常只能进行被动的投后管理。

(3) 在入池物业上，REITs 可以同时投资于多项物业，甚至地产相关股票、债券、其他 REITs 等多样房地产相关产品；而类 REITs 仅系针对一项或数项物业项目而成立的资产支持专项计划，其底层物业固定不能发生变动。

(4) 在产品期限上，REITs 中信托是永续或长期的，不受到具体项目期限的限制；而类 REITs 往往受限于资产支持专项计划的时间限制，因此存在投资退出时限和需求。

(5)在流动性上,REITs 的权益凭证大多在公开资本市场流通,具有极强的流动性;而类 REITs 多为私募性质,即便公募也系依托资产支持专项计划在交易所挂牌的机制,流动性往往受限。

导致以上差异的重要原因系配套法规和相关政策的缺位。例如,针对税收问题,日本等国家为鼓励 REITs 的发展,立法者均对 REITs 的税收做了特别的让步规定,使得投资 REITs 的收益率大增,让利于民的同时也推动了 REITs 的发展。而在中国投资 REITs 仍然面临着高额的税费。例如,在资产装入项目公司或 SPV 的环节,物业资产的过户可能会产生高额增值税;在利润分配阶段,存在 SPV 分红环节和 REITs 向投资者分配收益环节双重征收所得税的问题等,这一系列沉重的税负可能会对 REITs 类产品的收益率有相当的影响,使投资者对 REITs 望而却步。因此,越秀集团董事长张招兴称:"REITs 在国内没有做起来最主要原因是税收的问题。"①

除此之外,REITs 的发展还有待于一系列配套制度的落地施行,包括发行人需要突破 200 人的限制、相关受益权凭证如何实现在公开市场上的流通等。从目前看来,在中国,真正 REITs 的问世仍然遥遥无期,亟待相关一系列改革的开展。

在此背景之下,专业人士想方设法利用现有金融体制和开拓创新,努力设计创造能在一定程度上代替 REITs 的产品以破解房地产企业融资需求的难题,特别是利用日益发展成熟的资产证券化途径实现物业资产的证券化以求尽可能接近国际标准 REITs 的财务效果已是难能可贵。然而无论如何努力,在没有成熟的配套制度情况下,类 REITs 产品实质上仍然仅停留在针对个体项目的融资创新上,无法真正成为一种具有广泛推广意义的房地产经营模式。

3. 政策建议与前景展望

就此,基于对现有法律框架和类 REITs 产品的分析,我们建议相关政府部门考虑在以下方面进一步增加配套立法和监管政策,在现有架构基础上进一步推广国内 REITs 类型产品尽快达到国际主流 REITs 标准:

(1)税收政策

我们建议政府部门考虑采纳国际通行做法,对 REITs 产品实行"税收中性"的政策,即不会因为养老物业项目采用 REITs 结构而产生额外税负。具体而言:

① 《业内呼吁推出中国版标准 REITS》,载 http://www.sohu.com/a/50001749_119666。

(a)如果需要将养老物业资产装入项目公司,则该资产转让行为不应当缴纳土地增值税;

(b)REITs 购入项目物业和向原始权益人回售项目物业环节应当少征或者免除相关所得税/土地增值税;

(c)在利润分配环节,项目公司向 REITs 分配利润和 REITs 向投资人分配利润的两个行为中所缴纳的所得税应当互相抵扣以防止双重征税等。

同时,前述税收优惠政策可以与提升 REITs 治理标准和其他政策导向目标相联系,如项目公司需除物业外无其他业务,或者仅特殊类别物业资产(如养老地产)作为享受 REITs 税收政策的标准,鼓励引导社会资金流向养老地产等真正需要长期资金投入的行业。

(2)发行主体

我们建议参考 REITs 标准结构,在现行类 REITs 架构中选定基金直接作为 REITs 产品的发行主体,投资人可通过直接向基金认购基金财产份额的方式投资 REITs 产品。基金作为证监会监管的融资工具有着成熟的基金业协会—证监会监管体系,市场案例众多,且公众接受度高;其形态灵活多变,各方权利义务的约定也较为自由,目前已经发展出了面对公众融资进行相关投资的公募基金机制以及不公开资金募集的私募基金;另外,基金管理公司已经是市场成熟的专业投资机构,在投资管理能力上具备较强优势,转型面对资本市场相对简单。综上,我们认为,基金在中国现行法律监管体系能够起到与国际主流 REITs 架构中的信托较为接近的效果,是目前较为理想的 REITs 承接发行主体。通过由基金直接向投资人发行权益凭证,可以避免资产支持专项计划的程序性环节和制约,实现 REITs 作为长期存续的专业投资机构为投资者提供专业主动投资管理服务的目标。

(3)上市机制

在前述改革基础上,我们建议监管部门进一步改革资本市场配套制度,允许 REITs 产品(公募基金财产份额凭证)在公开市场自由流通交易,进一步盘活资本市场,拓宽 REITs 产品融资渠道,实现真正意义上的“房地产 IPO”。

我们理解,要实现上述目标,将涉及现行体制的多方面变革,需要税收、土地、房管、证监会等多部门联合努力和社会、政府、业界、投资人等不同群体的呼吁和大力推动。中国 REITs 的诞生必将是一个曲折前行的痛苦过程。同时也要看到,国外 REITs 的立法背景往往伴随着房地产市场的长期低迷,不动产持有人有着盘活资产降低杠杆的愿望和需求去推动 REITs 的发展①。而我国过去 20 年中房地产市场长期处于经济快速发展、房价单边上涨、社会投资意愿强烈和银行信贷宽松的环境中,投资人大多倾向于持有物业,缺乏推动 REITs 发展的动力。同时中国政府也长期致力于抑制房地产投资过热,不愿意进一步拓宽房地产企业融资渠道。

然而,随着中国经济进入新常态,房地产市场也进入了"下半场"。前期过热投资导致企业去库存压力日渐上升,"去杠杆""轻资产"等成为众多房地产企业发展的新目标;与此同时,新兴的养老地产行业的发展亟须大量稳定的资金投入,其长期保守的回报率的特点在经济下行的压力下也日益受到资金持有者的追捧。在此背景下,REITs 作为一种在国际上已经公认发展成熟的房地产经营模式,一方面能够满足养老地产行业资金缺口,另一方面能够有效汇集闲散资金,同时能使广泛大众受益于养老地产的蓬勃发展,又能契合政府去库存、降杠杆的经济改革议程。可以预见,在不久的将来,中国 REITs 有望在业界的呼吁中揭开它的面纱,并在养老地产等行业中大放异彩。

结　语

近年来,中国社会和经济已经逐渐接近转型过程的下半场,伴随着经济新常态的到来,人口红利的消退,房地产市场黄金时代也渐入尾声,原来重资产、高负债的经济模式下众多传统企业已经不堪重负;但在另一方面,医疗、养老产业和相关地产等全新经济模式喷薄欲出,市场先驱们已经纷纷转型开始追逐新的经济增长点。与此同时,崛起的养老产业也面临着巨大的资金缺口,其对长期稳定的资金投入的需求也寻求传统银行贷款融资渠道外的金融创新融资模式。在此背景下,我们认为资产证券化作为近年来金融模式的创新能够较为完美地契合养老地产行业的融资需求。同时租金债权 ABS、养老服务费 ABS、类 REITs 等不同类型的资产证券化也能灵活运用于具体项目,助力养老产业发展壮大。但同时也要看到,我国现有法律监管政策框架内的资产证券化(尤其对类 REITs 而言)相比国际流行的 REITs 模式有着较大差距,仍需要相关政府部门在未来进一步出台税收等方面的配套政策,改革现有监管体系的不足,以推动中国 REITs 的长足发展。

---

① 《国内"类 REITs"产品交易结构拆解》,载兴业银行总行投资银行部:《金融市场研究》第 58 期(2017 年 3 月)。

进军养老地产借鉴要点

张　萍　谢雄峰*

*作者简介：

张萍，合伙人，中伦律师事务所武汉办公室，电邮为 zhangping@ zhonglun. com；

谢雄峰，律师，武汉办公室。

当下中国房地产业进入“存量房时代”,养老地产伴随“银发经济”蓄势待发,传统房地产商纷纷试水养老地产。随着《关于支持整合改造闲置社会资源发展养老服务的通知》[①]《“十三五”国家老龄事业发展和养老体系建设规划》[②]等规范性文件的陆续出台,养老地产发展前景愈加明晰。本文拟通过对保利、万科、远洋三家地产商养老地产成功案例的分析,希望给传统房地产企业进军养老地产提供借鉴。

一、传统房地产开发商养老地产业绩

(一)保利集团——微利盈利模型

早在2008年,保利地产即派遣高层管理人员前往日本考察优质养老地产经营模式,2012年开始全面布局养老产业,作为首批进军养老产业的企业之一,保利地产目前已运营保利西山林语、保利·慧享福、和熹会老龄公寓、保利西塘越等多个特色项目。[③]

综合分析保利地产进军养老地产,其也有以下两个亮点可供借鉴:

第一点,保利地产独创“微利盈利模型”。专业养老机构是保利地产未来的发展目标,其希望通过专业养老机构带动居家养老、社区养老。未来10年,保利将会在国内主要的省会城市建立这样的机构,包括在大型社区内配建5万~10万平方米的持有型养老公寓。

第二点,深入发展“全产业链介入式经营模式”。即以“中国国际老龄产业博览会”为平台,成立“中国养老适老产业联盟”,整合行业资源,经过专业培育,形成养老服务机构、护理培训机构、适老化住宅、养老产业研究中心、医疗资源完美结合的全产业链生态系统。上游保利地产与中国太平保险达成战略合作,国内首只专注于健康及养老产业领域的股权投资基金新鲜出炉,该合作范围涵盖养老地产开发、运营服务平台搭建、保险客户养老服务等多个领域。最重要的是,这解决了融资渠道狭窄的问题;下游则成立老年用品公司,通过创投公司专业投资科技产品,加速向上游产业链布局并获取丰富现金流。

---

① 详见《关于支持整合改造闲置社会资源发展养老服务的通知》(2016年10月9日,民发〔2016〕179号)。

② 详见《“十三五”国家老龄事业发展和养老体系建设规划》(2017年2月28日,国发〔2017〕13号)。

③ 保利地产官网,http://www.gzpoly.com/project.aspx,最后访问时间:2017年7月11日。

（二）万科集团——养老产业生态圈

2010年，万科宣布推行住宅产业化、商业地产、养老地产三大战略，至今万科已在杭州、北京设立多个项目进行养老地产相关的尝试。目前，万科特色养老项目包括：万科随园嘉树、万科幸福汇项目、万科幸福家、万科智汇坊。综合分析万科集团进军养老地产，其存在以下两个亮点可供借鉴：

第一点，利用非住宅用地开发养老地产项目。万科个别特色养老项目采用40年商业旅游用地进行养老地产建设，相比于采用住宅用地进行养老项目开发，非住宅用地开发则拥有便于持有管理、土地成本低等优势。

万科随园嘉树鉴于旅游用地的土地属性，40年产权（2003～2043年），项目采用两种模式回笼资金，一种模式是转让30年土地使用权，但无产权证，土地期满后房屋归客户。另一种模式是租赁方式，一次性缴纳15年的租金，期间可以退房，按剩余租期折旧退款，租赁期限届满后可继续免费居住。

第二点，社区嵌入式开发。2014年10月，万科正式在上海万科城市花园落户——社区内嵌入式的养老服务中心"智汇坊"。通过对小区内万科活动中心的改造，新添养老机构，为小区客户提供养老服务。这是国内第一次在已建小区基础上升级养老地产的尝试。此类创新开发的养老机构，目前在上海开始布局建设的已接近40家，由于采用"大社区＋养老组团"的开发模式，只有在当社区和配套较为成熟时才开发，此种开发时序的安排，规避了纯粹养老院式的开发模式，又可充分共享外部配套资源，这是项目能够生存与发展的重要基础，因此该类养老地产的定位不会过于低端。

（三）远洋集团——轻重资产结合

2016年12月，远洋集团椿萱茂老年公寓椿萱茂（北京·北苑）正式开业，这是远洋集团的第四家椿萱茂老年公寓，在此之前，远洋集团已在北京运营三家椿萱茂特色养老项目：椿萱茂（北京·亦庄）老年公寓（2013年8月）、椿萱茂（北京·双桥）老年公寓（2014年5月）、椿萱茂（北京·青塔）老年公寓（2016年4月）。[①] 在战略布局上，远洋集团的养老地产发展将以一线城市、重点二线城市和优质旅游资源城市为主，以北上广深为中心，辐射环渤海、长三角、珠三角三个中国经济最具活力的区域。

综合分析远洋集团进军养老地产，其有以下两个亮点可供借鉴：

---

① 远洋·椿萱茂官网，http://www.chunxuanmao.com/，最后访问时间：2017年7月11日。

第一点，轻重资产结合。远洋·椿萱茂主要是通过投资、租赁、委托管理独立物业，是一种轻资产养老业务模式，且已形成了品牌化连锁布局。与此同时，远洋集团也在考虑通过重资产方式，开发建设CLRC（Continuing Living Retirement Community）养老社区。其中顺义后沙峪、通州西集的两个项目将率先推出，届时远洋集团将形成"轻重并举"的养老产品模式。以轻资产形式投资的养老项目一般体量较小，便于资产方的进入和进出；重资产便于资产沉淀和享受资产溢价。轻重资产结合则有利于养老地产产业链的合理规划。

第二点，与国外著名养老品牌合作。"椿萱茂"是北京第一家中外合资经营性养老机构，其合作伙伴是美国著名的养老服务运营商 Emeritus Corp. 及其关联公司 Columbia Pacific Management。之后，远洋地产又通过与美国著名养老品牌失智照护运营商 Meridian 展开合作，引进包括失智照护大师 Naomi Feil 创立的认可疗法等，并且打造了专业的老年失智照护解决方案"忆路同行"，成为中国唯一的认可理论认证及培训授权机构（AVO）。

表1　国内传统房地产开发商投资养老地产项目及其特点

房地产商	特色项目	项目特点	借鉴亮点
保利集团	保利·慧享福	首个"嵌入式"社区养老机构	微利盈利模型 全产业链介入式经营模式
	和熹会老龄公寓	酒店改造	
	保利西塘越	旅游养生养老、销售型	
万科集团	万科随园嘉树	国内首个集中式养老公寓项目	非住宅用地开发 社区嵌入式开发
	万科幸福汇	将住宅产品全部出售、大部分配套公建自持出租的运营模式，减少单一模式带来的风险。	
	万科幸福家	短期与长期租赁的模式盈利	
	万科智汇坊	社区嵌入式长者照料中心	
远洋集团	远洋·椿萱茂	通过投资、租赁、委托管理独立物业的轻资产养老业务模式，且已形成品牌化连锁布局	轻重资产结合 与国外著名养老品牌合作

二、传统地产开发商进军养老地产的优势

（一）资金优势与资源利用

传统房地产业是一个资金高投入行业，若无充足的资金储备几乎无法踏足。

养老地产开发理所当然也离不开庞大的资金支持，传统的房地产商免去资金的顾虑之后，对养老地产的开发具有先天优势。

除此之外，养老地产对于现金流管理的要求也异常之高，而房地产开发商本身基于融资的需要，对于现金流的把控能力颇高。应对养老地产现金流把控的压力，传统地产商显然更具有专业性，它能够有效运用多种融资方式，增强资金实力，分散开发风险。

养老地产包括养老设施、养老住宅、养老公寓等多种类型，除了单纯为老人提供居住场所外，还有老年文化中心、医疗中心、康复中心等各类其他配套设施。不论是在开发新楼盘的同时附带养老地产，还是在大型居住区楼盘滞销后期，划分出部分区域改建为养老区域。① 养老区域与社区其他区域均能够共享配套服务资源，同时降低配套设施的建设量。这很大程度上降低了开发成本，更解决了存量房销售的问题，事半功倍，用较低的成本付出，收获未来较高的回报。

（二）品牌效应与客群优势

传统房地产商品牌的价值有目共睹，如万科、保利等知名房地产商因其过往的成功已经在房地产业形成一定的行业影响力和品牌效应，因而在养老地产项目开发中，他们更易获得消费群体的信任。② 在注重体验与服务质量的养老地产中，品牌认可尤为重要。传统地产之前努力树立的品牌，也将会是他们未来进一步发展的标杆。

此外，基于庞大的客户群体形成的规模化的客户基础，房地产商可以通过数据挖掘和大数据分析的方式，准确评估养老产品的风险，同时根据数据分析内容提供定制化的服务，提升相关业务的运营效率和可靠性，最终又会进一步促进客户资源的积累，从而形成良性循环。

（三）管理运作与经验积累

房地产行业运营跨度之大众所皆知，从前期投资评估、规划设计、工程建设、环境保护，到后期营销策划、物业管理、货款按揭、保险、信息智能等可谓包罗万象，传统房地产商基于其长期的从业经验，拥有更多的资源，进行各项功能的开发与整合，此方面的优势使其他竞争者很难望其项背，相较于其他新兴行业进入养老地产

① 岳彩轩、胡挺：《基于产业价值链整合的养老地产商业模式创新》，载《经济问题探索》2014 年第 12 期。

② 迟立岩：《当前我国养老地产的类型研究》，载《企业改革与管理》2017 年第 4 期。

领域的投资者,传统房地产商在开发、运营、管理经验等各方面拥有着更多的原发性优势。

在资本运营方面,传统房地产商不仅熟知如何进行有效的成本控制,更懂得如何使庞大但又有限的资金最大限度地发挥作用。这更有利于建立一条以养老地产为中心的老龄消费产业链条,在这个链条上,医疗、健身、家政、护理、心理辅导等功能都能够充分体现,以此满足客户群体物质与精神多方面的需求。当然,养老地产虽然是新型的地产经营模式,但也始终离不开土地,相比于其他行业而言,传统地产开发本就依托于土地发展,其拥有着丰富的土地资源储备和获取渠道。

三、与机遇并存的挑战

(一)资金回笼周期长

鉴于传统房地产资金回笼大部分采用直接销售、买卖两清的方式,因此前期投入与后期回报之间的间隔较短。而养老地产除了少量采取销售方式快速盈利,还存在会员制盈利模式、逆抵押贷款购房、转让使用权模式与分散租赁模式等其他资金回笼方式。①

逆抵押贷款购房,客户购买一套养老产品支付全部费用后,开发商承诺每月返还客户相应资金,至老人去世后,若有剩余费用,则全数返还,但是房产仍归开发商所有。转让使用权模式,若养老住宅产权无法进行分割出售,利用买卖不破租赁,转让固定期限的房产使用权,以此方式快速回笼资金。作为养老地产投资回馈的最主要形式,经营收益和物业升值每年产生的回报相对稳定,实施销售并非是养老地产真正的价值所在,其最终立足点在于获得长期的经营收益和物业升值。但这些资金回笼方式均侧重资产运营层面,由于资金回笼期长,现实中也存在一些项目一直处于亏损状态的情况。因此,对于传统房地产开发商来说有一定程度的风险。

(二)经营团队要求高

养老地产产品不仅包括居住功能,更重要的是提供服务,后期保障、设施设备、情感关怀功能,这些都需要专业的团队跟进,满足老年人群的多元化养老需求。例如,医疗是否能得到很好的保障,生活服务是否妥当,精神关怀是否到位等,因此经营团队可谓养老地产后期核心竞争力所在。② 基于养老地产服务人群的特殊性,对

① 张丽丽:《盈利视角下我国养老地产业发展及运营模式研究》,载《改革与战略》2016 年第 8 期。

② 朱娴丹:《我国养老地产开发模式现状分析》,载《经济论坛》2016 年第 5 期。

经营团队、销售团队提出了更高的要求。

养老地产究其本质,出售的并非一个实务居住产品,而是服务本身,是随着生命周期而转变的一种可持续的服务过程。就经营人员而言,不仅需要掌握销售的基本技能,更需要懂得更多的养老或者养生方面的知识,从而引导客户,帮助客户判断该养老地产是否能满足其具体的养老需求。

(三)养老地产的政策不够清晰

养老地产的前景是光明的,但道路是曲折的。

首先,目前养老地产的政策并不清晰。虽然目前不乏养老地产的鼓励政策,例如《关于支持整合改造闲置社会资源发展养老服务的通知》(民发〔2016〕179号),鼓励盘活存量用地用于养老服务设施建设。养老服务设施用地符合《划拨用地目录》的,可采取划拨方式供地;不符合《划拨用地目录》的,应依法实行出让、租赁等有偿使用方式;同一宗地有两个以上意向用地者的,应采取招标拍卖方式公开出让。现行鼓励性的政策不能排除未来出现政策壁垒的可能性,当然也有可能是政策松动的前兆。

其次,市场消费能力和以房养老的前景不明朗。由于养老地产项目开发要求较高,前期投入较大,因此目前的养老地产项目中、高端项目较多,低端项目中出色的并不多见,这意味着养老地产的客户群体受到限制,三、四线城市的消费力不足、观念相对滞后,养老地产项目在这些区域后劲不足。

结 语

传统房地产市场动力不足,新兴养老地产虽处于起步阶段,但其崛起指日可待。在利润前景和政策保障的驱动之下,越来越多的传统房地产商将会突破桎梏,合理利用已有自身资源和开发经验,探索创新发展道路,在养老地产领域再创辉煌。

中国企业海外投资养老资产的动向与案例分析

蔡军祥　张孟凡*

* 作者简介：

蔡军祥，非权益合伙人，中伦律师事务所上海办公室，电邮为 justincai@ zhonglun. com；

张孟凡，律师，上海办公室。

一、中国企业投资海外养老资产的动因

随着中国经济日趋开放，追求全球化的资产配置已是我国经济新态势下的热门领域。相关数据显示，自2000年以来，中国企业的境外直接投资迅速增长，从之前中国企业境外投资总额每年10亿美元以下迅速增长到2016年的1700多亿美元。在这样的背景下，中国企业也越来越关注如何合理有效地进行资产配置以获得更高的财富增值。境外养老资产投资就是其中一个相对新兴的对外投资领域，尤其是对房地产企业和保险行业而言更具有吸引力。

从整体社会趋势来说，人口老龄化不但是中国面临的问题，同时也是一个全球性的课题。全球各国整体上都正在或者即将面临一个不可逆转的人口结构向老龄化发展的过程。据美国人口普查局2016年的一份报告称，目前全球65岁以上人口约有6.17亿，在全球总人口中占比为8.5%；而到2050年，这一比例预计将上升到近17%，老龄人口数量将达到16亿①。在这样一个全球性的人口老龄化趋势下，实现老人们老有所依、老有所养不但是各国政府的当务之急，更是不可忽视的商业机会。而综观世界养老地产市场，美国在该产业领域的市场化程度最高。美国的养老行业现金回报率可以达到8%~11%，内部收益率可达到10%~20%。并且美国的养老地产市场庞大，原因是“二战”后1946年至1964年的“婴儿潮”时期美国有近7600万人出生。根据美国的相关统计数据，到2013年，他们中最年长者达67岁，而到2030年，“婴儿潮”时期出生的人口均年满65岁。届时，年满65岁的人口将占全美人口的20%，总数超出7000万②。而这也意味着“婴儿潮”所导致的人口老龄化趋势将会极大地促进美国养老地产行业的发展，伴随而来的养老地产刚性需求也将是巨大的。

这样的商机也强烈地吸引了中国企业，越来越多的中国企业将目光投向了产业格局成熟、投资回报率稳定并且抗经济周期风险的美国养老产业领域。另外，由于中国正逐步迈入老龄化社会，再加上多年的独生子女政策对未来几代人将带来巨大的养老负担，这意味着营利性的养老产业在中国将有巨大的发展空间。但是，

---

① *An Aging World*: 2015, *International Population Reports*, by Wan He, Daniel Goodkind, and Paul Kowal, March 2016.

② *A Profile of Older Americans*: 2010, Administration on Aging U. S. Department of Health and Human Services, 2009.

中国企业又普遍缺乏养老产业的运营经验,因此直接收购或投资海外的养老资产则成为一个从财务和战略上都具有极大吸引力的方案选择。这也可以使中国企业可以将海外比较成熟的养老产业管理经验直接借鉴和应用到中国来。近年来,不少中国企业确实就是按照这个思路来操作海外养老资产投资的,下面我们对最近几年的案例做一个梳理和回顾。

二、近三年中国企业投资海外养老资产的案例回顾

自 2014 年开始,中国企业对海外养老资产的投资已经从前期评估进入到了实质性操作阶段,下面是对市场上影响力较大的一些案例的回顾和分析:

1. 三胞集团收购以色列 Natali

Natali 是以色列最大的健康养老服务公司。2014 年,三胞集团与 Sky 私募基金、以色列 Natali 签署了最终的收购协议,以 7000 万美元的价格成功受让 Sky 私募股权基金持有的 Natali 100% 的股权。收购完成后,三胞集团迅速将 Natali 的养老和护理技术引入中国。2016 年 12 月,Natali 在常州成功设立了远程心电中心;2017 年 3 月 Natali 在徐州签订了远程医疗与健康养老项目,为徐州市的老人提供智能化的健康养老服务平台。这些仅是三胞集团在国内建立完整的健康养老产业链的一部分。其实早在 2012 年,三胞集团就收购了国内领先的居家养老企业安康通,对 Natali的收购顺利实现了国内外健康养老产业管理经验的对接。

2. 合众人寿收购美国 6 处养老社区

2015 年 5 月,合众人寿从美国养老地产基金 Summit Healthcare REIT 收购了位于美国南科罗拉多州、俄勒冈州和弗吉尼亚州的 6 处养老社区的 90% 股权,成为我国保险资金出海收购养老社区的第一例。业内人士分析认为合众人寿"收购美国的物业,相当于在美国买了一个基地,买了一套服务方法,是用相对成熟的体系培训中国的团队,促进合众人寿养老项目实现规模化运营"①。与此战略相对应,2016 年年底,合众人寿斥资 2 亿人民币收购了境内长三角地区 7 所养老院,以将国外成熟的养老服务体系移植到境内项目中来。

3. 信泰资本/合众人寿收购美国 Welltower

2016 年 11 月,信泰资本联合合众人寿收购 Welltower 持有的美国养老地产和

---

① 《合众人寿掷千万美元发兵美国养老业》,载 http://house.ifeng.com/detail/2015_06_08/50424072_0.shtml。

长期/急症后期护理设施资产包75%的权益。该项目是非常典型的境外投资养老资产项目，我们将在下文作为重点案例予以讨论。

4. 泰康人寿投资美国 NorthStar Realty

2016年11月，泰康人寿宣布出资10亿美元与国际先进养老社区管理企业NorthStar Realty Finance Corp. 进行合作，以在美国和英国发展优质养老物业资产和护理康复中心。在此之前，泰康人寿已经在国内大规模布局养老地产投资。泰康人寿此次与 NorthStar 的境外合作显然是希望将境外的成熟养老物业管理经验运用到境内养老产业发展中来。

5. 安邦保险收购加拿大 Retirement Concepts

据报道，2017年年初，安邦保险收购了加拿大卑诗省最大的连锁养老院 Retirement Concepts，估值超过10亿加元。2017年2月，加拿大联邦政府正式批准了这一收购计划。收购后，Retirement Concepts 养老院的日常经营工作将仍由保留了小股份的原股东负责。该次投资也与安邦保险之前宣称的在境内发展大健康产业目标相契合。

6. 中弘集团潜在收购 Brookdale Senior Living（尚在洽谈中）

另外，据报道，中弘集团2017年6月提出拟以30亿美元的报价洽购美国顶级养老服务运营商 Brookdale Senior Living，该次收购如果成功将是目前为止中国企业在美国养老地产领域最大的一笔投资。目前双方正处于排他谈判阶段，正在等待美国外资审议委员会（CFIUS）批准相关文件。在此之前的2016年，中弘集团已经与美国水印养老社区达成战略合作协议，共同开发位于北京的养老地产项目。这些都充分表明了中弘集团在养老产业的发展雄心。

从以上收购项目来看，中国企业投资海外养老资产的一般策略是：（1）获取海外优质的养老资产；（2）收购后该等养老资产仍然交由原管理层负责日常经营；（3）学习境外领先养老产业的经营管理经验并适时将其移植到中国项目中。

三、典型案例分析：信泰资本/合众人寿收购 Welltower

1. 项目概述

2016年11月，信泰资本与合众人寿联合以9.3亿美元的价格收购了美国房地产投资信托基金 Welltower Inc. 一共39个养老社区物业资产包75%的权益，包括地处11个州的11个养老物业和28个长期/急症后期护理设施。交割后，交易前就承租运营上述养老物业的两个美国顶级养老服务运营商 Brookdale Senior Living 与

Genesis Healthcare Inc. 仍将继续承租运营①。其中,Brookdale Senior Living 是一所专业经营自理生活型和辅助生活型养老服务业务的上市公司,而 Genesis Healthcare Inc. 的主营业务则是专业护理和服务患有慢性病的老年人以及为临床治疗后的老年患者提供后期照顾。信泰资本与合众人寿此次交易采用的基本架构是,合众人寿在美国设立了子公司优年有限责任公司,优年有限责任公司与信泰资本和 Welltower Inc. 共同设立一个合资公司,其中合众人寿与信泰资本联合持有 75% 的股份,Welltower Inc. 持有剩余 25% 的股份。各方于 2016 年 12 月完成了交易标的中由 Genesis Healthcare Inc. 承租运营的 28 个养老物业的交割,并于 2017 年年初完成了剩下由 Brookdale Senior Living 承租运营的 11 个养老物业的交割。

2. 交易特点分析

首先,信泰资本与合众人寿作为投资方并未收购 Welltower Inc. 所持标的资产包的全部权益,而是仅对 75% 的权益进行持有。此举一方面获得了对标的资产的控制权,另一方面也可以保持与 Welltower Inc. 的持续合作,以其多年的养老地产持有和经营经验维持该标的资产后续的经营品质和稳定收益。中国企业对美国或其他国家的养老地产进行投资时,虽然可能在境内有相关养老行业经验并且在交易前通常会对交易对手和标的进行细致的尽职调查,但仍然可能无法全面了解交易标的以及当地养老产业的市场情况和经营风险。这样的一种投资方式既可以使中国企业获得境外标的的控制权,也在一定程度上将交易对手转变为合作方,在合作过程中逐渐了解和掌握当地养老产业市场状况。

其次,信泰资本与合众人寿本次仅对标的养老资产包的权益进行收购,而并未触动和重整所涉养老物业的承租经营方,也就是具有多年养老地产运营经验的 Genesis Healthcare Inc. 和 Brookdale Senior Living。信泰资本与合众人寿本次在交易文件中锁定了各养老物业与 Genesis Healthcare Inc. 和 Brookdale Senior Living 的承租运营,这在很大程度上就锁定了未来相对比较稳定的收入,降低了投资风险。这一安排值得国内其他企业在投资境外养老地产时加以参考。投资完成后能否持续获得稳定收益,与标的物业的养老产业经营模式和经营质量息息相关。中国企业在没有一定的境外养老地产经营经验的情况下,如果能够在收购境外养老地产物业的同时保持与标的物业原有承租经营方的合作,就为标的物业的持续稳定获利奠定了基础。并且,虽然我国的养老地产行业也在逐渐发展,但是目前仍然处于

① http://finance.huanqiu.com/cjrd/2016-11/9634162.html.

市场不成熟、回报率不稳定的阶段。如果我国企业在投资境外养老地产项目时锁定承租经营方，无疑可以在收获稳定回报的同时学习更加先进和完善的养老地产经营管理模式，待时机成熟便可应用于国内日趋扩大的养老市场以谋求更加长远的发展。

最后，为了保证 Genesis Healthcare Inc. 和 Brookdale Senior Living 经营下各养老物业的收益可靠性，作为投资方的信泰资本与合众人寿在收购前，不仅做了充分的法律和财务尽职调查，并且对 Welltower Inc. 与 Genesis Healthcare Inc. 和 Brookdale Senior Living 之间的租赁合同、贷款合同以及其他资金往来进行严格的审查。境外投资养老地产作为跨国并购，为了控制信息不对称带来的并购风险，对交易标的的尽职调查应是不可或缺的，主要应对交易标的的资产情况、经营合规情况、相关债务以及所涉诉讼纠纷情况进行调查核实，分析交易风险并据此指引交易文件中的相应安排。

上述各种安排都有效地帮助境内收购主体降低了海外收购的风险，使收购方的投资收益更有保障，因此值得其他中资企业在进行海外养老资产收购时加以借鉴和参考。

四、最近海外投资政策变化对海外养老资产收购的影响

中国企业境外投资养老资产绕不开政府监管部门的审批。自 2016 年年底开始，国家外管局、发改委、商务部和人民银行对中国企业的境外投资规定了审查措施[①]。明确对海外房地产、酒店、影城、娱乐业、体育俱乐部的投资以及大额非主业投资、有限合伙企业对外投资、“母小子大”“快设快出”等类型对外投资属于重点监管对象。根据商务部统计，2017 年上半年的对外投资数量较 2016 年同期有大幅下滑。但是，这并不意味着从此中国企业不能进行正常的境外投资，在保证中国企业境外投资项目具有真实性和合理性的条件下，仍然能够顺利进行[②]。并且从政策目

---

① 这些措施主要包括：中国人民银行于 2016 年 11 月 29 日印发的《关于进一步明确境内企业人民币境外放款业务有关事项的通知》；国家发改委于 2016 年 12 月 5 日下发的《关于调整境外收购或竞标项目信息报告报送格式的通知》；商务部于 2016 年 12 月 2 日在“境外投资管理系统”发布的要求对外投资企业提交额外的备案或核准申请材料的通知；国家发改委、商务部、中国人民银行、外汇局四部门负责人于 2016 年 12 月 6 日就当前对外投资形势下中国相关部门将加强对外投资监管答新华社记者问；外汇局于 2017 年 1 月 26 日发布的《关于进一步推进外汇管理改革完善真实合规性审核的通知》等。

② 蔡军祥：《监管趋严之下如何成功筹划海外并购》，载微信公号中伦视界——中伦观点，2017 年 4 月 14 日。

标来看,本次对中国企业境外投资加强监管主要是为了防范资本投机和财产转移行为,并不是针对中国企业真实合法的、为企业正常经营发展而进行的境外投资活动。最近,为了促进境外投资监管更为明确、系统化并具有可预期性,国务院于2017年8月4日转发了发改委、商务部、人民银行、外交部《关于进一步引导和规范境外投资方向指导意见的通知》(以下简称《境外投资指导意见》)。根据《境外投资指导意见》,国家对企业境外投资明确划分为鼓励类、限制类和禁止类,从而实行不同的监管措施,而不属于这三类的境外投资①,按照监管惯例一般属于允许类。

对于中国企业海外投资养老资产,项目最终会被认为属于哪一个监管类型还需要结合个案分析。比如,对于境外护理性养老资产的投资(如老人远程护理、智慧养老、养老设施设计管理等),一般不大会被认为是投资境外房地产领域,即只要收购主体本身在国内主要是从事养老产业的,当地政府对企业境外收购护理性养老资产放行的可能性就比较大。但对于投资海外物业型的养老资产(如养老地产/养老院等)的,则不能完全排除被认为是境外投资房地产的可能性,这种投资有可能被认为是限制类投资从而受到更严格的审查。在此情况下,我们建议境内投资者做以下境外投资策略性考量,以增加获得政府批准的概率:

1. 确保境内投资主体的主业是养老产业(最好不要直接用房地产开发公司做海外投资);

2. 选择的海外并购对象要和境内主体的主业契合或者密切相关,能够清楚地向中国政府证明该海外养老资产投资确实是出于境内企业主营业务发展的迫切需要;

3. 尽量避免以小吃大或蛇吞象式的海外并购,因为这有可能被中国政府认为是缺乏理性的投资,或者被认为是转移财产的行为;

4. 充分研究国家的“一带一路”战略,把自己的海外并购项目尽量要和国家的“一带一路”战略结合起来;

5. 尽早建立政府及合规团队与美国CFIUS及各国反垄断机构对接机制。

结　语

世界人口的老龄化以及中国巨大的养老市场,都使中国企业有充足的动力去

① 具体哪些类型项目和产业属于鼓励类、限制类或禁止类,请参照《境外投资指导意见》,请注意房地产、酒店、影城、娱乐业、体育俱乐部等境外投资仍然属于限制类。

开拓养老产业。在欠缺本土养老产业经验的情况下,出境收购海外比较成熟完善的养老资产一方面是一种良好的财务投资方式,另一方面也可以给中国企业带来先进的养老产业经验管理经验。我们建议有意在养老产业加大布局的中国企业可尽早考虑在海外收购优质养老资产,以快速实现战略布局的多元化和国际化。

3. 长租公寓

长租公寓的运营模式及资产证券化的路径选择

魏轶东　朱思颖*

*作者简介：

魏轶东，合伙人，中伦律师事务所北京办公室，电邮为 weiyidong@ zhonglun. com；

朱思颖，律师，北京办公室。

2017年,被业内称为中国住房租赁市场元年。这一年,随着中央提出"房子是用来住的,不是用来炒的"这一定位,"租购并举"的顶层设计的正式推出,培育发展以长租公寓为代表的住房租赁市场①成为国家从供给侧解决城镇居民住房问题、实现"让全体人民住有所居"的重要举措。从中央到地方各项支持政策纷纷出台,各路市场参与主体或早已谋兵布阵、抢占先机,或顺应潮流,大举进军,以期实现后发优势。

在政策利好的大环境下,长租公寓的市场参与者能否在市场发展壮大的过程中,既能获得长期稳定的融资渠道以实现规模化经营,又能形成资本从投入到退出的闭环,一个关键因素在于如何盘活资产,将未来稳定可期的现金流转换为当前的现金。而资产证券化(包括具有不动产证券化特征的REITs)无疑是解决上述问题的最佳方案。2017年市场迎来的长租公寓领域四单ABS产品:"魔方公寓信托受益权资产支持专项计划""中信证券·自如1号房租分期信托受益权资产支持专项计划""新派公寓权益型房托资产支持专项计划"以及"中联前海开源—保利地产租赁住房一号资产支持专项计划"则是长租公寓企业开展资产证券化的代表性产品。实际上,长租公寓企业是否能够通过资产证券化实现融资、如何设计资产证券化交易结构与参与者选择什么样的运营模式息息相关,本文将从长租公寓的运营模式角度分析长租公寓企业参与资产证券化的可行性。

一、不同市场参与者根据自身优势选择不同的运营模式

目前,长租公寓市场已经呈现出"多主体""多渠道"特征。根据智信资产管理研究院的报告,目前已有1100家企业投身长租公寓产业。这些市场参与者在资本来源、背景等方面各不相同,根据自身优势选择不同的运营模式。

(一)长租公寓运营主体分类

这些运营商背景各不相同,从资本来源可以分为:

• 政府平台型,即政府独立或与社会资本合作,自建或收购房源作为长租公寓房源,专业提供保障性或政策性租赁住房。如上海市各区都有各自的公共租赁住房投资运营公司为解决本区青年、引进人才和外来务工人员及其他常住人口的阶段性居住困难提供公租房。截至11月2日,上海2017年已挂牌成交15幅租赁住房用地,土地面积近30万平方米,其中已成交的地块多被上海张江(集团)有限公

① 为方便讨论,本文的"长租公寓"采广义,包括公共租赁住房。

司、上海嘉定新城发展有限公司、上海地产集团等具有地方政府平台公司性质的企业竞得。

• 国资背景型，包括国有房地产开发企业、国有投融资企业，通过自建、购买、资产划拨、租赁等方式获得房源。以北京为例，从2012年开始，陆续就有市属大国企，如首农集团、金隅集团、城建集团和建工集团利用闲置用地改建公租房、保障房。保利、葛洲坝、中冶等大型央企也都通过竞买北京、上海、广州、杭州等地包括自持面积的地块参与长租公寓建设。住建部、发改委、证监会等九部委于2017年7月18日印发《关于在人口净流入的大中城市加快发展住房租赁市场的通知》(建房〔2017〕153号，以下简称153号文)，提出"人口净流入的大中城市要充分发挥国有企业的引领和带动作用，支持相关国有企业转型为住房租赁企业"。未来，随着各地住房租赁实施方案落地，将出现一批国有住房租赁企业。目前，南京、成都、武汉、沈阳等地都制定了新建国有住房租赁平台公司的计划以及国有住房租赁平台公司的市场规模预期。

• 社会资本型，即民营机构通过各种市场化的手段获取房源开展住房租赁业务。2016年国务院办公厅下发《关于加快培育和发展住房租赁市场的若干意见》(国办发〔2016〕39号，以下简称39号文)，关于"发展住房租赁企业"的提法是"提高住房租赁企业规模化、集约化、专业化水平，形成大、中、小住房租赁企业协同发展的格局"，而153号文则明确提出，鼓励"民营的机构化、规模化住房租赁企业"发展。目前市场上活跃的长租公寓企业，除了上述政府平台企业及国资背景的企业，多为社会资本投资的企业。

按照市场参与者的行业背景来划分，长租公寓企业主要由以下类型企业组成：

• 开发商背景企业：早在2015年住房和城乡建设部出台《关于加快培育和发展住房租赁市场的指导意见》就希望"推动房地产开发企业转型升级"，成为租赁住宅的多元供应渠道之一。2016年国务院办公厅的39号文则明确"鼓励房地产开发企业开展住房租赁业务。支持房地产开发企业拓展业务范围，利用已建成住房或新建住房开展租赁业务；鼓励房地产开发企业出租库存商品住房；引导房地产开发企业与住房租赁企业合作，发展租赁地产"。而近几年来，在拿地成本越来越高、楼市调控越来越严的背景下，开发商利润率下滑，周转和去化速度放缓，"开发+销售"传统盈利模式不可持续，开发商开始寻求其他业务增长点，万科、金地、远洋、龙湖、旭辉、石榴、中骏置业、合景泰富、碧桂园、绿地、朗诗等企业都在长租公寓领域进行了布局。

•经纪机构背景企业:153 号文首次提出鼓励经纪机构设立子公司拓展住房租赁业务。其实,市场上经纪机构早已凭借其租赁中介业务接近租赁房源和租赁客户的先天优势开展长租公寓业务。自如寓(链家)、红璞公寓(世联行)、相寓(我爱我家)、逗号公寓(如家)都依托房地产经纪服务业务背景发展长租公寓业务。

•酒店背景企业:虽然相关政策没有直接提及鼓励酒店背景企业投身长租公寓领域,但无论是酒店业主类背景的企业还是酒店管理类背景的企业都有着涉足长租公寓业务的先发优势。相对于酒店,长租公寓投资额更低、服务人员更少、空置率较低,吸引了传统酒店集团的加入。早在多数开发企业还在以"开发 + 销售"模式快速壮大之时,一些外资背景的业主或酒店管理公司,即将"服务式公寓""酒店式公寓"的概念引入中国。在国内,从广义上来讲,可以将服务式公寓或酒店式公寓理解为长租公寓的高端产品。当然,随着长租公寓市场的不断发展,酒店背景的企业也切入中端乃至低端的公寓市场。城家(华住旗下)、窝趣(铂涛旗下)、缤润亚朵(亚朵酒店旗下)是酒店背景长租公寓企业的代表。

•创业类企业:目前长租公寓领域中,创业类背景的企业数量众多。《国务院办公厅关于加快发展生活性服务业促进消费结构升级的指导意见》(国办发〔2015〕85 号)点名积极发展长租公寓等满足广大人民群众消费需求的细分业态,鼓励参与企业开展电子商务,实现线上线下互动发展,促进营销模式和服务方式创新。大量的创业类公寓企业借政策东风大力发展以 O2O 为代表模式的公寓类业务。这种背景的长租公寓企业经营思路和方式灵活,专注于长租公寓产业的一个细分领域。知名度较高的企业包括魔方公寓、寓见、新派、青客、水滴公寓等。

(二)长租公寓运营模式分类

根据长租公寓运营企业所运营的物业分布的位置是否集中分为:

•集中式是指兴建、改造、收购或租赁整幢楼宇或物理上集中的房屋,将其作为公寓出租的模式。集中式长租公寓因为房源集中,通常共享共用面积和共用设备设施,便于充分利用空间。同时,集中式公寓的服务半径小,统一管理,节省人力,带来协同效应,有助于提升资产价值。但目前市场上的集中式公寓通常由商业、工业物业等非住宅物业改造而来,因而对获取和改造物业的能力要求较高。自持物业或整租、整体托管的物业都可以采取集中式运营模式。

•分散式则指运营的物业分散于不同地段不同楼宇的单元房屋,运营商将房源进行整合后提供整体的、标准化的改造与服务。分散式公寓房源较多,选择面较广,因此,分散式长租公寓的产品层次更为丰富。但分散式长租公寓房源散落于不同楼宇之中，服务半径增大，人员成本相对较高，因此，多采用信息化管理手段提高运营效率。采用分散式运营模式的运营商通常是通过租赁或受托方式获得分散房源。

按运营商的资产结构不同可分为：

• 重资产运营，即运营商通过自建、收购等方式获取并持有房源，对外出租，主要通过收取租金获取利益的模式；重资产运营模式项下的房源多为集中式物业，对于运营商而言，在物业获取效率、运营效率和跨周期资产运营等方面优势明显。而且，采用重资产运营可以实质性增加租赁住房供给，可以缓解租赁住房供给不足。但重资产运营对资金的要求较高，让很多运营商望而却步。通常，涉及住房租赁的国有企业和开发商类公寓运营商拥有雄厚的资金和融资优势，多数拥有闲置的自持物业资源，又具备物业改造能力，选择采用重资产运营模式。

• 轻资产运营，即运营商并不持有物业，而是通过长期租赁或受托管理等方式集中获取房源，通过转租（包括对物业升级改造后转租）获得租金价差，和/或通过输出品牌、提供租务管理、物业管理等服务，获得管理报酬的模式。选择轻资产运营的，前期沉淀资金相对少，可以在短时间内快速拓展市场。具有中介机构背景的公寓运营商则凭借其长期房产中介服务积累的大量业主客户多选择轻资产运营；而酒店管理类公寓运营商在住客管理和存量物业运营方面的经验，也有助于于实现轻资产运营；创业类的公寓运营商没有资金端的优势，但却有着互联网基因，“懂客户、重经营”①，自然是轻资产运营模式的主力军。

值得关注的是，重资产运营和轻资产运营从来就不是一对矛盾的概念，而是一套相辅相成的经营模式。重中有轻、轻重结合或许是目前长租公寓领先参与者的经营之道。比如，过去三年，开发商系的万科泊寓已进入 28 个城市，获取了 8.4 万间房间，其中既有万科完全自持的物业，也有承租的外部物业。最近，万科在深圳还切入了城中村项目，采取“统租运营 + 物业管理 + 综合整治”的轻资产运营模式，将玉田村整村的物业承租下来，经过统一改造，提升基础设施、生活环境后，万科提供物业管理、公寓出租、社区商业等服务。而魔方等二房东出身的创业公司或许是认为以赚取整租和转租差价的方式赶不上资产增值，遂与中航信托等投资定位为存量资产收购的蓝山资产管理有限公司，形成了蓝山资产收购存量资产，改造成公

① 魔方生活服务集团 CEO 柳佳于 2017 年第十届酒店及旅游业投资峰会上分享了“懂客户、重经营——长租公寓未来发展之道”的演讲。

寓，形成一种由魔方运营的商业模式。

二、不同市场参与者根据自身的运营模式选择不同交易结构推出证券化产品

（一）目前已推出的与租赁住房相关的资产证券化产品

如前文所述，目前，市场上推出了“魔方公寓信托受益权资产支持专项计划”“中信证券·自如1号房租分期信托受益权资产支持专项计划”“新派公寓权益型房托资产支持专项计划”以及“中联前海开源—保利地产租赁住房一号资产支持专项计划”四单与长租公寓相关的ABS产品①。这四单从底层资产、基础资产和发行规模和发行成本、实际融资成本皆有所不同：

表1　魔方、自如、新派、保利ABS产品对比

	魔方	自如	新派	保利
发行时间	2017/01/10	2017/08/15	2017/11/03	—
（拟）发行规模	3.5亿	5亿	2.7亿	50亿
优先级占比	90%	89%	48.15%	90%
优先级发行利率	4.8%~5.4%	5.39%	5.3%	—
产品期限	3年	3年	3+2年	—
基础资产	信托受益权	信托受益权	私募基金份额	私募基金份额
底层资产	4000余间房源 未来三年租金收入	房租分期 小额贷款	委托贷款利息 股息	委托贷款利息 股息

以下是四单产品的简要交易要素和结构：

（1）“魔方公寓信托受益权资产支持专项计划”产品简介及结构

目前，由于作为出租人的长租公寓企业与租客签订租约的租期都较短，通常为一年以下，未来的租金现金流尚不确定。为了创设“可以产生独立、可预测的现金流”，魔方公寓项目采用了“专项计划+信托”的双SPV结构：信托端由过桥资金提供方作为原始权益人出资设立资金信托，取得信托受益权，以该等信托受益权作为基础资产。信托向魔方中国、魔方北京、魔方上海、魔方广州发放信托贷款，借款人

① 截至本文定稿时，“中联前海开源—保利地产租赁住房一号资产支持专项计划”已获得交易所关于挂牌转让的无异议函，但尚未发行。

以其在8个一线、二线城市运营的30处物业4000多间公寓未来三年的租金收入作为还款来源。证券端由资产支持证券投资者缴纳认购款认购资产支持证券,设立专项计划。专项计划向原始权益人购买信托受益权,取得基础资产。原始权益人收回过桥资金,实现退出。信托向受让信托受益权的专项计划分配信托利益,专项计划向资产支持证券投资者兑付资产支持证券。

该产品除了采用将资产支持证券进行优先/次级分层、租金收入超额覆盖优先级证券当期本息、魔方中国承担差额补足义务之外,还引入了信托机构提供流动性支持(提款权),以及AAA级的外部担保公司对优先级资产支持证券预期支付金额提供外部担保。据悉,魔方ABS的发行票面利率为4.8%,但由于引入了第三方增信措施实际增加了融资成本。

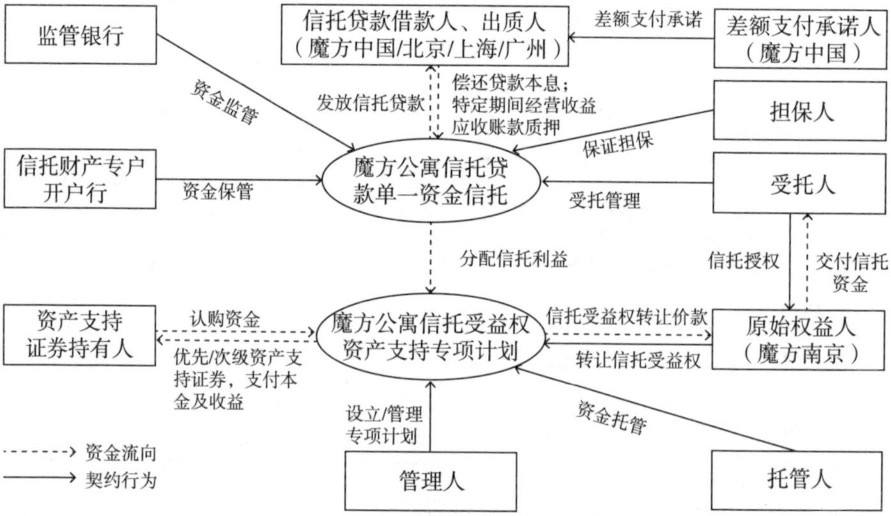

图1 “魔方公寓信托受益权资产支持专项计划”的交易结构

(2)“中信证券·自如1号房租分期信托受益权资产支持专项计划”产品简介及结构

虽然为了创设“可以产生独立、可预测的现金流的可特定化的财产权利或者财产”,自如房租分期项目与魔方公寓项目一样,采用了“专项计划+信托”的双SPV结构,基础资产都是信托受益权,但是与魔术方公寓项目的底层资产为现有和未来租金债权不同,自如房租分期项目的底层资产为北京自如资产管理有限公司(以下简称自如资管)通过设立信托计划向“自如友家”和“自如整租”的租客发放的2万多笔房租分期小额信托贷款及循环期内受托人以信托贷款回收款持续发放的信托贷款。该专项计划引入了底层资产的循环放贷交易结构。根据信托的交易安排,信托的循环期内,受托人将以信托贷款回收款于循环放款日持续发放符合放款标准的信托贷款。在专项计划端循环期按季付息,分配期按月付息,投资者循环期不偿还本金,分配期过手摊还本金。

自如房租分期小额贷款业务始于2015年。自如资管在代表房屋的出租人(业主或有权出租房屋的承租人)与租客签署《房屋租赁合同》时,告知租客可以申请用于支付房租的小额贷款。对于符合资质的租客,自如资管通过作为通道的信托机构向其提供房租分期小额贷款,贷款通过受托支付安排将直接支付给自如资管。客户按月向信托收款账户还款并支付贷款服务费。自如资管的房租分期小额贷款业务是对其分散式长租公寓管理业务在消费金融领域的延伸,为租客提供了多样化的房租支付手段的同时,可以依靠充沛的经营性净现金流迅速扩大经营规模。

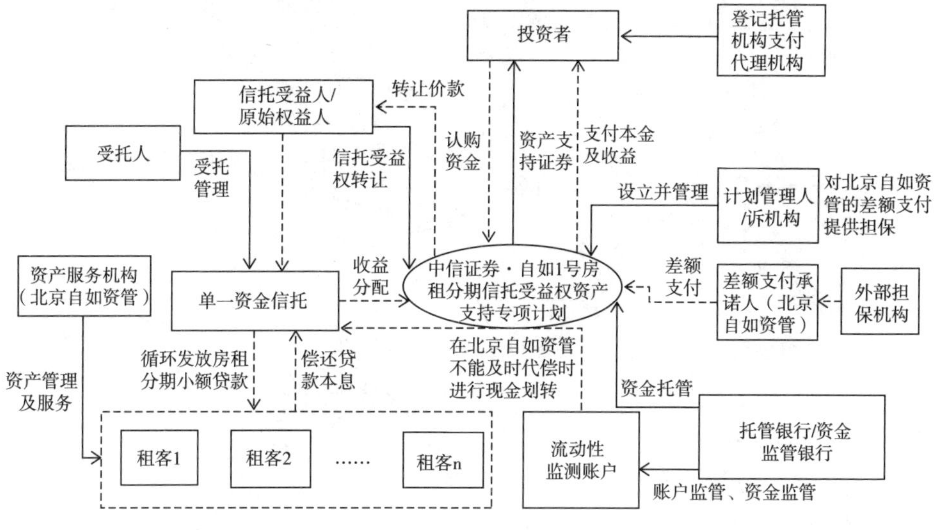

图2　"中信证券·自如1号房租分期信托受益权资产支持专项计划"交易结构

(3)"新派公寓权益型房托资产支持专项计划"产品简介及结构

新派公寓权益型房托资产支持专项计划被称为国内首单权益型公寓类REITs,于2017年10月11日在深交所正式获批,并于2017年11月3日正式发行。资产支持证券发行目标规模为2.7亿元,分为优先级和权益级两档。优先级资产支持证券发售规模为人民币1.3亿元。权益级资产支持证券发售规模为人民币1.4亿元。

资产支持证券的期限为5年,其中前3年为运营期,后2年为处置期。优先级资产支持证券级评级为AAA,未借助第三方进行增信,体现了新派公寓自身雄厚的资产和优良的运营管理能力。此外,该单项目从立项到上报到获批仅用了不到20天,也体现了长租公寓REITs的推进效率和监管层对长租公寓REITs的支持。

该项目仍然采用了目前权益型类REITs产品的典型结构,即原始权益人设立私募基金,由私募基金直接或间接持有项目公司的股权,同时由私募基金向项目公司或项目公司股东发放委托贷款,项目公司持有标的物业。专项计划发行资产支持证券募集合格投资者的资金,用以收购和持有私募基金份额,进而持有项目公司股权及债权,间接享有标的物业产权。该产品的基础资产为私募基金份额,标的物业经营净收益用以分配资产支持证券投资人预期收益;基础资产的处置所得用以分配投资者本金。

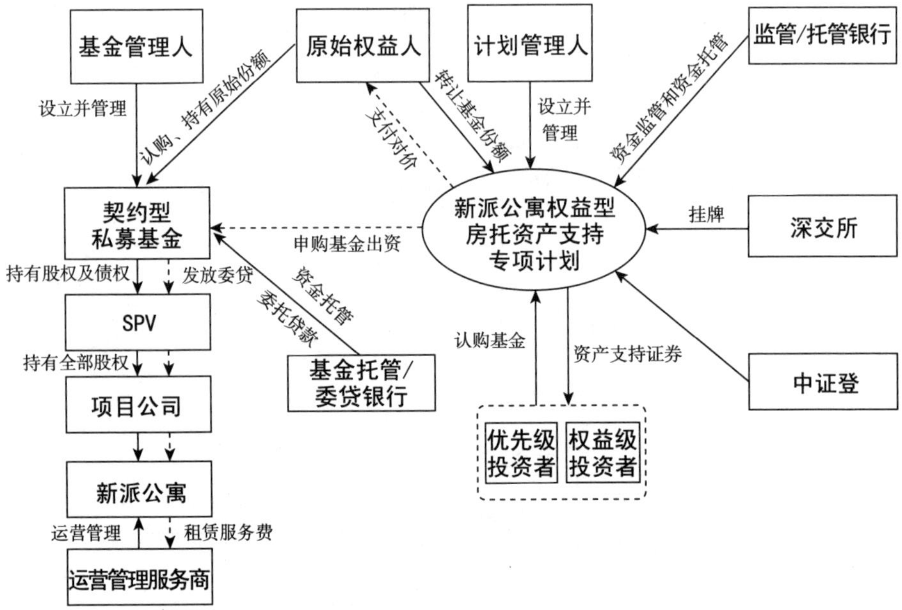

图3 “新派公寓权益型房托资产支持专项计划”结构

(4)“中联前海开源—保利地产租赁住房一号资产支持专项计划”产品简介及结构

2017年10月23日,国内首单央企租赁住房REITs—“中联前海开源—保利地产租赁住房一号资产支持专项计划”获得上海证券交易所出具的无异议函。这单产品拟发售总规模50亿元，以保利地产自持租赁住房作为底层物业资产，采取储架、分期发行机制，优先级、次级占比为9∶1，优先级证券评级AAA。该产品与其他类REITs产品类似，以专项计划间接持有的标的物业产生的现金流作为第一还款来源，增信措施包括资产支持证券的结构化分层、标的物业租金收入及权利维持费对优先级的超额覆盖、评级下调承诺、差额支付承诺、保证金安排、优先级资产支持证券退出的开放退出及流动性支持、项目公司股权和债权及标的物业的优先收购权、标的物业抵押等。

该项目开创了在类REITs产品中引入"一次审批、分期发行"的储架发行方式。储架发行方式在银行间市场发行的信贷资产证券化项目中广泛应用，目前在企业资产证券化产品中也开始推广，"京东白条应收账款债权资产支持专项计划"等产品都采用了该发行方式。该等发行方式的特点，是在专项计划申报阶段，不必确定具体的基础资产，仅对交易模式及计划文件进行审查，在交易所出具无异议函，确认产品期限及额度后，根据基础资产的形成情况、市场利率情形及原始权益人或融资方的资金需求较为灵活地选择发行时点，实现分期发行及备案。中联基金执行总经理范熙武认为，国内REITs缺乏"扩募机制"，一定程度上制约了国内REITs"服务实体经济"效用的发挥。在当前的资产证券化制度框架下，"扩募机制"问题一定程度上可通过借鉴ABS现有储架发行机制实现。

据报道，上交所总经理黄红元就租赁住房资产证券化答记者问时指出，该项目的推出，为资本市场服务租赁住房行业发展探索和积累了有益经验，是上交所积极响应国家政策，助力住房租赁市场发展的重要举措。租赁住房REITs，就是资产证券化产品中比较有代表性的创新产品。此次保利租赁住房REITs的成功推出对于加快推进租赁住房市场建设具有非常积极的示范效应。考虑到该产品主体资质与产品结构设计较好，其他符合条件且致力于住房租赁业务的住房企业也可以借鉴该模式，探索开展资产证券化业务，借助资本市场的服务实现企业良性发展，为社会提供更多的租赁住房。由此看来，该项目的模式有可能得到复制并大大推广。

（二）长租公寓企业商业模式决定了资产证券化产品的交易结构

通过对比分析可以发现，目前市场上围绕住宅租赁推出的资产证券化产品在证券端的交易结构，其设计的差异和创新皆与这些产品的底层资产端的商业模式和参与者的不同角色息息相关。对长租公寓类证券化产品结构起决定作用的是商业模式中的核心法律关系：融资方与租赁物业直接或间接的法律关系。从融资方与租赁物业的法律关系角度来看，长租公寓运营模式可分为自持型、转租型、托管型三类,三种不同模式可以选择不同的资产证券化路径。

1. 自持型运营模式下,长租公寓企业可以选择类REITs或CMBS打造完整、闭合业务链条

自持模式是指融资方或其下属子公司作为租赁房屋的所有权人,对租赁房屋具有完全的占有、使用、收益、处分权利,所有权人可以直接或通过受托人将租赁房屋出租给客户,形成直接的租赁法律关系;融资方直接或间接通过收取租金获利。在新派公寓和保利地产的类REITs项目中,新派公寓的投资人赛富不动产基金和保利地产都是通过SPV(如有)、项目公司间接拥有物业的所有权。只有项目公司拥有对标的物业清晰、完整的所有权,才能通过类REITs项目实现与标的物业评估价值大体相近的融资规模。此外,在目前类REITs结构中,只有项目公司拥有对标的物业的所有权,才能为私募基金向SPV或项目公司提供的委托贷款提供不动产抵押担保。

自持模式下,长租公寓的参与方可以由标的物业的所有权人自行出租物业并与租客签订《租赁合同》,也可以交由运营方运营。运营方可以以整租的方式将标的物业整租下来然后分租给最终租客户,也可以与标的物业所有权人签订《资产委托管理协议》,作为受托人代标的物业所有权人出租、管理物业。选择自营、运营方整租或运营方管理除了考虑自身的运营能力和比较优势之外,还应从不同模式下的房产税、增值税等税收筹划方面考虑。对于多数长租公寓REITs项目而言,通过整租的方式可以创造长期、稳定的租金现金流,可以缓释产品存续期间物业空置、租金收入波动的风险。此外,无论是整租还是委托管理模式,运营方都可以是让渡持有标的物业的项目公司股东权益的融资方之关联方,在项目公司资产出表的情况下,实现轻资产运营。

目前,保利地产已基本形成以房地产开发经营为主,以房地产金融和社区消费为翼的“一主两翼”业务板块布局。保利地产将以存量物业为基础,充分发挥社区服务的物业运营、管理能力,构建租赁住房业务的利润模式,积极利用REITs实施战略转型,打造“开发建设—投资孵化—持有运营—成熟REITs退出”的完整、闭合业务链条。

自持模式下,长租公寓的参与方除了可以通过让渡持有标的物业的项目公司的股权来开展权益型类REITs业务、实现轻资产运营模式外,也可以通过商业物业抵押贷款支持证券(CMBS)实现融资。尽管通过CMBS进行融资的规模通常只能做到标的物业评估值的六成左右,低于通过REITs进行融资的规模,但对于没有出

表压力的长租公寓持有企业而言，发行 CMBS 可以省去发行类 REITs 过程中资产重组的税务负担和相关成本，又能实现比经营性物业贷款更灵活的资金用途，不失为一个种好的选择。

2. 转租运营模式下，长租公寓企业可以借信托受益权类 ABS 做大做强

转租模式，俗称"二房东型"，长租公寓运营商可以从物业所有权人处整租或散租物业，再将物业按单元转租给最终客户，包括获取物业时从物业所有权人处承租物业与向最终客户转租房屋的两层租赁法律关系；运营商通过获得两次租赁之间的价差和提供相关服务获利。作为二房东的长租公寓运营商虽然不拥有租赁物业的所有权，但该等运营商通常与物业所有权人或其他有权的物业出租方签订了较长期限的租赁合同(5 年或 5 年以上)，获得了相对稳定的房源。作为标的物业的承租人，长租公寓运营商无法利用标的物业本身的价值进行转让或抵押融资，但仍然可以通过其收到的租金收入发行资产支持证券进行融资。

目前市场上长租公寓运营商通常采用"半年或季度起租，最长租期一年，到期续租"的模式来为租期到期后提升租金留有空间。但这种短租期安排，理论上会导致房屋空置，进而导致租金现金流的波动。而从法理上来讲，租期届满后，长租公寓运营商虽有机会与承租人续签租约，但是在没有签署《租赁合同》之前，属于"没有法律基础关系的未来债权"。这种未来债权是一种不确定性较强的权利，是依赖于长租公寓运营商日常经营的权利，无法实现与长租公寓运营商的破产隔离。[①]

为了解决租期短于资产证券化产品期限、未来债权存在不确定性、现金流可能不稳定这一问题，可以采用"信托 + 专项计划"双 SPV 结构，由原始权益人将信托资金委托给信托公司设立资金信托并取得信托受益权，信托资金用于向融资方发放信托贷款，而原始权益人享有的信托受益权作为基础资产转让给专项计划。此时，专项计划所取得的基础资产对应的底层资产是信托贷款，信托贷款是主体、期限等各方面都确定的债权；具有未来债权性质的租金收入将作为贷款债权的主要还款来源，并可以将租金收入进行质押担保。2013 年 5 月，证监会发布的《证券公司资产证券化业务管理规定》首次将信托受益权纳入可证券化的基础资产。"海印股份信托受益权专项资产管理计划"在 2014 年即率先采用了这种结构，融资方海印股份以旗下运营管理的 14 个商业物业的租金及其他收入作为信托贷款的还款来源。

---

① 许苇于 2016 年中国资产证券化论坛上的演讲《房地产资产证券化的类型、结构及法律风险管理》。

信托受益权的收益来源于信托贷款所偿付的本息。“魔方公寓信托受益权资产支持专项计划”也采用了这种应用范围较广的信托受益权专项计划的交易模式。这种信托受益权专项计划需要安排一笔过桥资金设立资金信托,略微提高了发行成本。

3. 托管运营模式下,长租公寓企业可以通过信托受益权类 ABS、应收账款债权类 ABS 插上金融翅膀

托管模式,这里指的是委托管理模式。该种模式多为采取轻资产策略的长租公寓运营商与业主订立出租委托代理合同或资产管理服务合同,以租赁房屋业主的代理人和服务提供商的身份将房屋出租给客户,是长租公寓运营商在考虑风险控制、房屋空置、税收等多种因素后选择的商业模式。这种模式下,长租公寓运营商没有转租模式下在空置期仍然需要向业主支付租金的风险,多数会在与租客之间的《租赁合同》中明确,其作为房屋出租人授权的房屋管理人与租客签署《租赁合同》,还会明示房屋出租人的姓名,以期达到显名代理①的法律后果。

通常在这种模式下,长租公寓运营商会代出租人向租客收取租金。根据《资产管理服务合同》,长租公寓运营商会就租客交纳租金超出运营商与业主约定的预期租金的部分收取一定比例的分成,作为服务费。此外,长租公寓运营商还会根据其向租客/业主提供房屋维护及管理服务向租客收取房屋维护及管理服务费。托管模式下,长租公寓运营商从租客处收取的租金和服务费并不构成其全部收入,其仅就其中向租客/业主收取的服务费具有请求权,剩余部分是业主的收入。该等服务费的收取不但有赖于业主委托长租公寓运营商对其房源进行管理,还有赖于长租公寓运营商能够成功地将房源进行出租,相比转租模式下长租公寓运营商就已承租的房源,寻找租客面临更大的不确定性②。而且,相较于转租模式下长租公寓运营商收取的可以确认自身收入的租金而言,单笔托管模式下的服务费远低于租金金额。因此,若采用托管模式长租公寓运营商将其有权收取的即有的和未来的服务费进行证券化的话,首先要解决基础资产的确定性和可预测性问题以及入池资

---

① 《合同法》第四百零二条规定:“受托人以自己的名义,在委托人的授权范围内与第三人订立的合同,第三人在订立合同时知道受托人与委托人之间的代理关系的,该合同直接约束委托人和第三人,但有确切证据证明该合同只约束受托人和第三人的除外。”

② 《合同法》第四百一十条规定:“委托人或者受托人可以随时解除委托合同。”即使运营商与业主之间签订的协议约定了委托关系不可撤销,在业主拒绝继续履行协议的情况下,运营商也仅能追究业主的违约责任。

产规模的问题。

但目前看来，采用托管模式的长租公寓运营商都找到了“租赁场景 + 消费金融”的商业模式。托管模式的长租公寓运营商充分利用其庞大的业主资源和租客资源，迅速地以租房为场景切入了消费金融领域。比如，自如开展了网上分期，自如客专享分期、自如白条等小额贷款业务，而我爱我家背景的相寓也通过房司令提供分期服务。正是长租公寓运营商的需求促使业内涌现数家业租房分期平台，如魔方金融、房司令、租了么、蜂鸟屋等。在“租赁场景 + 消费金融”的模式下，有着大量客户的开展托管业务的长租公寓运营商，通过信托、银行、消费金融公司、互联网金融平台建立起来的消费贷款或小额贷款，具有金额小、分散度高、期限短、利率高等特征，天然地具备资产证券化特征。

而在“租赁场景 + 消费金融”的模式中形成的消费贷款或小额贷额证券化通道顺畅。由于长租公寓运营商通常没有消费金融牌照和小额贷款牌照，不能直接向个人发放贷款，但其可以通过设立信托，通过由信托发放信托贷款的方式实现间接向租客发放消费贷款。专项计划受让原始权益人享有的信托受益权。在这个过程中，长租公寓运营商只能以贷款人合作机构的角色就信托贷款提供管理服务，包括为信托计划项下合格借款人提供推荐、借款人基础信息调查及初步审核、催收、档案保管等服务。未来，若有长租公寓运营商取得了消费金融、小额贷款牌照，则该等运营商可以直接作为原始权益人向专项计划转让应收账款债权，发行应收账款债权资产支持专项计划。届时，长租公寓运营商又多了一个贷款方的角色，“租赁场景 + 消费金融”的模式下的资产证券化将成本更低，更加便捷。

结　语

2017 年，我们亲历了政策支持下的住宅租赁市场的火爆。在不久的将来，我们将亲历更加火爆的围绕住房租赁这一场景的资产证券化市场。

长租公寓用地供给侧改革：政策与实践

魏轶东　刘　洁　刘　枭*

*作者简介：
魏轶东，合伙人，中伦律师事务所北京办公室，
电邮为 weiyidong@ zhonglun. com；
刘洁，律师，北京办公室；
刘枭，律师。

引 言

十九大报告提出“坚持房子是用来住的、不是用来炒的定位，加快建立多主体供给、多渠道保障、租购并举的住房制度，让全体人民住有所居”。如何才能实现这一愿景？多渠道供给土地应是破题的办法之一。

目前国内公寓公司成本费用主要包括：拿房成本、装修摊销、人员成本、获客营销成本和税费成本。其中拿房成本占到整体收入的50%~70%。而拿房成本主要是由土地取得成本决定的，因此相关政策也在长租公寓用地供给侧改革上加大力度，试图通过增加土地供给渠道、限定土地出让条件等方式在扩大供给的同时避免炒地现象、平抑租金价格，形成良性供应。

事实上，长租公寓用地不仅决定建设成本，土地出让合同及用地政策中对土地使用权以及建成房屋的限制，亦会对相关项目未来的融资模式产生影响。例如房屋能否转让、在何种条件下可以转让、资产能否设定抵押、抵押是否存在限制条件以及是否限制租金等因素都将对项目未来资产证券化路径的选择产生影响。因此，对于未来拟通过资产证券化进行融资的长租公寓运营企业，从获取土地开始便应当提前规划和布局。

根据土地所有权的不同，建设用地可分为国有建设用地和集体建设用地，在开展集体建设用地入市流转试点与利用集体建设用地建设租赁住房试点后，两类建设用地均可用于长租公寓建设。

一、国有建设用地

在开展集体建设用地入市试点以前，一般的商事主体如果需要从事非农建设，都需要取得国有（而非集体）建设用地使用权，并且必须严格按照土地利用规划确定的用途使用土地。以下分别分析用途为“住宅”“商业”及“工业”的土地在建设、改建、经营长租公寓中的相关法律问题。

（一）住宅用地

根据2017年11月1日发布并实施的《土地利用现状分类（GB/T 21010－2017）》（以下简称《土地利用现状分类》），住宅用地包括城镇住宅用地和农村宅基地，其中城镇住宅用地指：城镇用于生活居住的各类房屋用地及其附属设施用地，不含配套的商业服务设施等用地；住宅用地的土地使用权出让最高年限为七十年。对于住宅用地，现行政策主要通过要求“企业自持”“配建租赁住房”的形式以增加新建住房中的租赁住房比例。

1. 企业自持

2016 年 5 月 17 日《国务院办公厅关于加快培育和发展住房租赁市场的若干意见》(国办发〔2016〕39 号,以下简称 39 号文)指出“新建租赁住房项目用地以招标、拍卖、挂牌方式出让的,出让方案和合同中应明确规定持有出租的年限”。2017 年 7 月 18 日,住建部会同发改委、证监会等八部委印发的《关于在人口净流入的大中城市加快发展住房租赁市场的通知》(建房〔2017〕153 号,以下简称 153 号文)也规定“鼓励各地通过新增用地建设租赁住房”以增加新建租赁住房供应。

为对企业自持商品住房的租赁加以规范,北京、杭州、上海等地均已出台相关通知。以北京市 2017 年 4 月 14 日印发的《关于本市企业自持商品住房租赁管理有关问题的通知》为例,土地出让文件明确要求企业自持商品住房出租的,应当符合不得销售或变相销售、单次租期不超过 10 年、租金按市场水平协商确定以及企业破产、重组并经区政府同意的情形下房屋被整体转让后应当继续用于出租等要求,但未对物业的抵押是否存在限制作出明确规定。

根据各地目前的政策和实践,在土地出让过程中要求企业自持租赁住房一般通过两种途径实现:竞拍企业竞自持租赁住房面积和明确要求企业 100% 自持租赁住房。

(1)竞拍企业竞自持租赁住房面积

如《广州市加快发展住房租赁市场工作方案》规定,“以招标、拍卖、挂牌方式出让商品住房用地的,土地溢价率超过一定比例后,由竞价转为竞自持租赁住房面积”,以此增加租赁住房用地的有效供应。杭州、南京、武汉等地试点方案中均有类似表述。此举意在遏制地价上涨的同时,向社会提供更多的租赁住房。

自 2016 年 10 月北京市推出首批 4 宗试点地块以“限地价、竞自持”的方式出让以来,北京、上海、杭州等地已有大量“竞自持”土地完成出让。以北京市首批 4 宗试点地块为例,“限地价、竞自持”的竞价规则是指,地块设定合理土地上限价格,当竞买报价达到合理土地上限价格时,则不再接受更高报价,转为在此价格基础上通过现场竞报企业自持商品住房面积的方式确定竞得人。企业自持的商品住房将全部作为租赁住房,不得销售。

自持也未能阻止开发商的拿地热情,如北京推出首批 4 宗试点地块均被开发商竞至 100% 住宅自持。在此情况下,北京市国土局将挂牌形式中“价高者得”的规则与招标形式中“综合利用条件最佳者得”的规则相结合,提出在此基础上,转入高标准商品住宅建设方案投报程序;高标准商品住宅建设方案经评选委员会评定,确定综合评分最高的竞买人为竞得人。当竞买人争相投报100%自持时,根据不同地块的特点会有不同的竞买规则:例如杭州某地块竞至100%自持时转入了投报配建养老设施保障用房的程序,南京某地块转为在本地块内投报保障性住房(含租赁住房)建筑面积(需无偿移交政府),北京某地块则转入投报商业用途建筑自持面积。

除上述不设自持比例上限导致开发商可竞拍至100%自持的情况外,也有地块在出让文件中对自持比例预设了上限,例如北京平谷某二类居住用地采用"限地价、竞自持"方式出让的同时,设置了70%的自持比例上限。此种为开发商预留一定比例可售房屋的做法有利于降低开发商资金压力。

(2)明确要求企业100%自持住房

除"竞自持"的方式以外,部分地区直接在土地出让条件中明确要求受让方应当100%自持住房。但此方式在各地政策描述和实践操作中也可分为两类:①将"租赁住房用地"直接明确为土地用途进行出让;②土地用途仍采"住宅用地"或"居住用地"等表述,但在出让条件中明确"在出让年期内全年期自持"。

如南京试点方案规定,选取符合住房租赁市场需求的新建商品房项目,在出让时土地用途直接明确为"租赁住房用地",所建住房全部由房地产开发企业自持,用于长期租赁。而广州、杭州等地试点方案则仅规定"将租赁住房用地供应纳入年度土地供应计划"。

①上海试点实践——租赁住房用地

上海市对于要求企业100%自持的土地采取的是将土地用途限定为"租赁住房"的方式。事实上,"租赁住房"在此前并非是土地用途的类别之一。但根据租赁住房用地的规划条件、实际用途和出让年限来看,"租赁住房用地"应属"住宅用地"的一种。

截至2017年12月21日,上海已成交21块租赁住房用地,均由6家上海国有企业以底价竞得。以上海首个出让的租赁住房用地为例,根据土地出让预合同,该地块用途为"租赁住房",出让年限为70年,地上建设用地规划性质为"四类住宅组团用地",并有只租不售、由受让人进行统一租赁管理等限制性条件。

就自持物业的转让,土地出让合同约定,如遇破产、重组、撤销等特殊情形需整体转让约定自持部分的,应当向出让人提出申请,经出让人同意后执行。

就自持物业的抵押,出让合同中约定"本合同项下出让宗地需自持部分物业,应当整体抵押,不得分割抵押;抵押权实现时,受让人应执行本合同中约定的权利和义务”。且不动产权证书上应注记“自持物业应整体抵押,不得分割抵押”等内容。该等约定无疑会对债权人自持物业的抵押权形成了限制,进而一定程度上影响了抵押物价值。

②深圳试点实践——100%自持住宅用地

深圳也于2017年10月挂出了2017年度第一幅居住用地,土地用途为“二类居住用地”,出让年限为70年,但出让条件为“本次出让宗地项目建成后,宗地内租赁住房和商业用房在出让年期内全年期自持,自持年限为70年”。此外,该地块采用“单限双竞”的办法以挂牌方式出让,即限成交地价、竞成交地价和无偿移交的人才住房面积。根据土地出让合同显示,该地块主要有只租不售、须优先租赁给在深圳市龙华区工作的人员、人才住房建成后需无偿移交给深圳市人才安居集团有限公司,以及企业破产清算、重组、股权转让或司法强制执行等情况下方可整体转让租赁住房等限制性条件。

就自持物业的转让,出让合同中未要求物业转让时需经区政府或出让人同意,且将“股权转让”作为整体转让物业的情况之一,因此相较上述北京市相关规定及上海地块出让条件,深圳该地块对自持物业转让的约定是较为宽松的,这也有利于长租公寓运营商未来利用自持物业进行融资。

就自持物业的抵押,出让合同中约定“允许抵押但抵押金额不得超出合同地价与建筑物残值之和”。该地块虽不像上述上海地块明确要求抵押权实现时受让人应执行土地出让合同中的义务,但鉴于该地块出让合同中约定了“转让后,自持物业性质不变”,事实上也限制了抵押权实现时受让人的权利和义务。

在出让条件中直接明确需要全年限100%自持的地块具有地价相对较低的特点。例如,上海已成交的21块租赁住房用地均为“零溢价”成交,成交土地单价为0.72万元至3.83万元,其中首批两幅租赁住房用地成交土地单价分别为1.11万元和1.49万元,而此前相同地区地块成交的三幅住宅用地的土地单价分别为4.85万元、2.88万元和3.27万元,可见租赁住房用地的成交价格较大幅度低于市场水平。相较而言,虽然“竞自持”方式出让的地块也有土地最高限价,但开发商为竞得此类可建设商品住房的地块往往会竞至限价,而且“竞自持”方式下的企业自持租赁住房的比例也不确定。

2. 配建租赁住房

153号文鼓励各地“通过在新建商品住房项目中配建租赁住房”的方式增加新建租赁住房供应。早在住房租赁试点开展以前,“配建”一词就早已出现在各地的土地出让文件中,但要求配建的多为保障性住房,如廉租房、经济适用房、限价商品住房、公共租赁住房等。在部分地区住房租赁试点方案中,关于"配建租赁住房"的规定保障性色彩仍然较为浓重。

如《杭州市加快培育和发展住房租赁市场试点工作方案》(以下简称杭州试点方案)指出要"加大公共租赁住房供应力度,主城区商品住宅项目用地配建公共租赁住房比例不低于总建筑面积的10%"。该规定直接将要求配建的租赁住房限定为"公共租赁住房"。

配建租赁住房往往具有如下特点:

(1)租金:无论是限定为"公共租赁住房"还是要求配建后无偿移交,都是为了便于相关政府部门或机构更好地控制租金,以保障低收入人群的租赁需求。

(2)承租主体:不同于企业自持商品住房不限定承租主体,带有保障性质的配建租赁住房的承租主体有严格的适用标准。

(3)运营主体:配建的租赁住房并非一定由开发商或政府持有运营,而可以交由具有运营能力的其他企业或单位持有并运营。例如,上海市政府《关于加快培育和发展本市住房租赁市场的实施意见》(以下简称上海实施意见)指出支持国有企业通过运营开发企业配建的租赁住房等途径增加市场供给、稳定住房租金。

(二)商业用地

《土地利用分类标准》中将商服用地下的旅馆用地定义为"宾馆、旅馆、招待所、服务型公寓、度假村等用地",《城市用地分类与规划建设用地标准(GB 50137－2011)》也有与之相同的分类。从实践来看,可以规划建设服务型公寓的商业用地也可用于长租公寓的建设。但由于商业用地土地使用权出让最高年限为四十年,远低于住宅用地的最高年限,因此土地出让金一般也会相对较低。

对于商业用地上已建成的商业用房,39号文指出"允许将商业用房等按规定改建为租赁住房,土地使用年限和容积率不变,土地用途调整为居住用地,调整后用水、用电、用气价格应当按照居民标准执行"。上海实施意见也指出"允许将商办用房等按照规定改建为租赁住房,签订土地补充出让合同,土地使用年限和容积率不变。改建后按照变更许可后的审批要求,进行规划、建设及消防审核验收,可以办理住房租赁合同登记备案"。对于通过商业用房改建长租公寓,如何进行土地用途调整、规划审批及消防验收则是应当关注的重点。

1. 改建审批

根据目前国务院的政策,可以明确的是"商改租"后,土地用途由商业用地改为居住用地;土地使用年限不变,仍为四十年。但对于是否需要签订土地补充出让合同以及是否需要补交土地出让金,各地政策有所不同。

如上海要求签订土地补充出让合同,但未明确土价水平如何调整、是否需要补交土地出让金,而《武汉市人民政府关于开展培育和发展住房租赁市场试点工作的实施意见》(以下简称武汉实施意见)未提及签订土地补充出让合同,但明确指出"允许通过规划论证将宾馆、酒店、写字楼等商业用房改建为租赁住房,调整后不再补交土地出让金"。

但需要注意的是,《城市房地产管理法》第十八条规定"土地使用者需要改变土地使用权出让合同约定的土地用途的,必须取得出让方和市、县人民政府城市规划行政主管部门的同意,签订土地使用权出让合同变更协议或者重新签订土地使用权出让合同,相应调整土地使用权出让金"。[①] 武汉市政府提出不再补交土地出让金,是在中央指导精神下结合地方特点,在"商改租"具体操作层面先行先试,积累经验,但也有因缺乏法律法规授权而调整之可能。我们认为,在未明确土地出让金补交问题的地区,若相关地区商业用地与仅允许住房租赁的居住用地地价相差不大,则可能无须补交土地出让金;反之若地价有差别,会出现需要调整土地使用权出让金的情况。

当前,由于住宅用地价格较高等原因,各地的集中式长租公寓多通过改造商业办公物业而来,已有部分持有商办用地的企业开始申请改建租赁住房,也出现不调整土地用途而直接在商办用地上改建长租公寓的情况。而针对"商改租"的审批流程,尚未有具体的实施细则出台,各地区也正处于摸索阶段。根据我们向上海等地相关监管部门的咨询,目前改建租赁住房审批政策尚未出台具体的实施细则,具体的申请、审批流程还未确定。除此以外,"商改租"具体的实施细则出台后是否会溯及已改建完成、投入运营的长租公寓,也是不明确的。

2. 消防验收

从各地的试点方案可以看出,如将商业用房用作长租公寓对外经营,则最大的合规要求应是消防。在近期政策背景下,消防合规显得尤为重要。但全国消防目前只有酒店规范、写字楼规范,没有公寓规范,这也导致消防验收成为不少长租公寓面临的难题。

---

① 《城市房地产管理法》第四十四条规定,以出让方式取得土地使用权的,转让房地产后,受让人改变原土地使用权出让合同约定的土地用途的,也须按上述第十八条规定的流程操作。

就长租公寓消防验收标准而言，在全国性的长租公寓消防规范出台前，各地也已陆续出台相关消防安全要求为长租公寓的建设提供参照。例如，浙江省于2017年8月1日起施行的《浙江省居住出租房屋消防安全要求》，对出租房屋楼层、疏散通道数量、顶棚及隔墙材料等均提出了明确要求。此外，亦可参照各地在租赁住房试点开展前出台的有关租赁住房消防要求的规定。

就长租公寓消防报验流程而言，目前尚无相关政策对此加以规定。各地在长租公寓的消防验收中，有的参照住宅，有的参照商办公，有的参照酒店，有的归为“出租屋”不用验收。标准不清给建设和运营都增加了不确定性。

（三）工业用地

153号文指出“鼓励住房租赁国有企业将闲置和低效利用的国有厂房、商业办公用房等，按规定改建为租赁住房；改建后的租赁住房，水电气执行民用价格，并应具备消防安全条件”。其中明确了除商业办公用房外，国有厂房亦可改建为租赁住房。

根据《土地利用现状分类》，工业用地指工业生产、产品加工制造、机械和设备修理及直接为工业生产等服务的附属设施用地。工业用地土地使用权出让最高年限为五十年，相比商业用地，工业用地位置往往距离市中心更远，价格更低。

在利用工业用地建设或改建租赁住房方面，上海实施意见便指出，“鼓励有条件的企事业单位、产业园区利用产业类工业用地，配套建设单位租赁房、职工宿舍等租赁住房”；杭州试点方案亦规定，各区可将存量工业用地、用房新（改）建为租赁住房”。

虽然缺乏具体实施细则，也已有部分企业将厂房改造为公寓出租，类似“商改租”而成的长租公寓，土地用途调整、规划审批与消防验收是其面临的主要法律风险。相比商业用房，工业厂房的消防报批基础甚至更差一些。

（四）引申：划拨用地的特殊问题

不少国有企业的厂房和办公用房都是通过划拨途径获得土地，此前国家大力发展的保障性住房用地也多为划拨用地。为增加租赁住房用地有效供应，南京试点方案提出“探索建立通过政府划拨建设等多种渠道筹集租赁住房的模式，通过划拨方式，加大租赁住房供地力度”。以划拨用地建设租赁住房具有公益性、非营利性的特点，面向特定人群，也能够有效控制租金水平。

与通过出让途径获得的土地使用权相比，通过划拨方式取得土地使用权无须支付土地对价、无使用期限限制，可以大大降低建设成本；这也决定了利用划拨用地进行开发建设会在转让、抵押等方面有严格的限制。根据《城镇国有土地使用权出让和转让暂行条例》和《划拨土地使用权管理暂行办法》的相关规定,划拨土地使用权原则上不得转让、出租、抵押,但符合一定条件的①,经市、县人民政府土地管理部门和房产管理部门批准,其划拨土地使用权和地上建筑物,其他附着物所有权可以转让、出租、抵押。

但就划拨用地抵押是否需要审批的问题,根据国土资源部在《中国土地》2016年第12期中的解答,2010年7月4日《国务院关于第五批取消和下放管理层级行政审批项目的决定》将国有划拨土地使用权抵押审批作为决定取消的行政审批项目予以列明后,划拨用地办理抵押登记已无须相关部门的批准。但根据《城市房地产管理法》第五十一条的规定,设定房地产抵押权的土地使用权是以划拨方式取得的,依法拍卖该房地产后,应当从拍卖所得的价款中缴纳相当于应缴纳的土地使用权出让金的款额后,抵押权人方可优先受偿。

因此,对于划拨用地建设长租公寓的情况,还需对是否需要补交土地出让金及未来建成公寓之权利限制等问题加以关注。

二、集体建设用地

在当前土地资源紧张的情况下,在集体建设用地上建设长租公寓,是完善长租公寓用地供给的有益探索。根据集体土地是否经入市流转,集体土地建设长租公寓可分为如下两种类型。

(一)集体经营性建设用地入市流转后用于建设长租公寓

长期以来,我国对农民集体所有的土地施行非常严格的管理制度,集体土地使用权不得出让、转让或者出租用于非农业建设。但是,2015年1月中共中央办公厅和国务院办公厅联合印发的《关于农村土地征收、集体经营性建设用地入市、宅基地制度改革试点工作的意见》以及2015年2月27日全国人大常委会通过的《关于授权国务院在北京市大兴区等三十三个试点县(市、区)行政区域暂时调整实施有

---

① 《划拨土地使用权管理暂行办法》第六条规定,符合下列条件的,经市、县人民政府土地管理部门批准,其划拨土地使用权可以转让、出租、抵押:①土地使用者为公司、企业、其他经济组织和个人;②领有国有土地使用证;③具有地上建筑物、其他附着物合法的产权证明;④依照条例第二章的规定签订土地使用权出让合同,向当地市、县人民政府补交土地使用权出让金或者以转让、出租、抵押所获收益抵交土地使用权出让金。

关法律规定的决定》①(以下简称《授权决定》)等一系列改革文件打开了集体经营性建设用地入市的大门。

入市流转的集体经营性建设用地同国有建设用地一样,可根据不同的土地用途进行不同的建设活动,其中当然也包括长租公寓。《授权决定》规定,允许存量农村集体经营性建设用地使用权出让、租赁、入股,实行与国有建设用地使用权同等入市、同权同价。在租赁住房市场蓬勃发展的大背景下,我们预计,今后集体经营性建设用地也将越来越多地用于长租公寓建设,同时也会出现本文第一部分所述的在土地出让阶段要求企业配建、自持等情况,相关土地出让条件也会趋于一致。

此外,2016 年 5 月 13 日《农村集体经营性建设用地使用权抵押贷款管理暂行办法》(银监发〔2016〕26 号)明确"在国家确定的入市改革试点地区,在符合规划、用途管制、依法取得的前提下,以出让、租赁、作价出资(入股)方式入市的和具备入市条件的农村集体经营性建设用地使用权可以办理抵押贷款"。此暂行办法使集体经营性建设用地使用权能够作为抵押物获得融资,更有利于提高集体经营性建设用地的市场价值。虽然该暂行办法对《物权法》及《担保法》关于集体土地使用权除法律规定的特殊情况②外不得抵押的规定有所突破,但根据目前辽宁海城、吉林九台、福建晋江等试点地区的实践来看,集体经营性建设用地使用权办理抵押贷款已顺利实现。

(二)集体建设用地试点直接用于建设长租公寓

153 号文指出,按照国土资源部、住房和城乡建设部的统一工作部署,超大城市、特大城市可开展利用集体建设用地建设租赁住房试点工作。2017 年 8 月 21 日,国土资源部和住建部联合发布了《利用集体建设用地建设租赁住房试点方案》(国土资发〔2017〕100 号),对试点审批程序、运营机制、监管机制及承租人权利作出了指导性、原则性的规定,可操作性仍需加强。早在该方案出台前,北京和上海就已开展集体建设用地建设租赁住房试点,可以说国家层面的方案是京沪两地多年试点的总结和推广,因此,我们可以从北京出台的试点意见总结出集体建设用地建设租赁住房项目的相关特点。

---

① 2017 年 11 月 4 日,《全国人民代表大会常务委员会关于延长授权国务院在北京市大兴区等三十三个试点县(市、区)行政区域暂时调整实施有关法律规定期限的决定》明确《授权决定》施行期限届满后,试点期限延长一年至 2018 年 12 月 31 日。

② 其一,抵押人依法承包并经发包方同意抵押的荒山、荒沟、荒丘、荒滩等荒地的土地承包经营权;其二,以乡镇、村企业的厂房等建筑物抵押的,其占用范围内的土地使用权同时抵押。

北京从2011年起先后在朝阳区平房乡、海淀区唐家岭、昌平区北七家镇等5个集体建设用地地块开展了租赁住房项目试点,并主要作为公租房向符合条件的家庭配租,用以扩大保障性住房筹集渠道。根据北京市规划国土委、住建委于2017年10月31日联合印发的《关于进一步加强利用集体土地建设租赁住房工作的有关意见》(市规划国土发〔2017〕376号,以下称376号文),利用农村集体土地建设租赁住房项目应具有如下特点:

(1)项目主体:①以镇级集体经济组织或有条件的村级集体经济组织作为项目申报主体;②集体经济组织以土地使用权入股与国有企业合作开发的,也可以成立的新企业为申报主体;③集体经营性建设用地入市试点区域,也可在项目地块公开入市交易后,由土地竞得者进行开发建设。

(2)租期:单次租期不得超过10年;除承租人另有要求外,单次租期不低于3年。

(3)租金:在符合相关规定的前提下,租金水平可与租赁市场接轨。

(4)产权管理:土地使用权权利证书按项目整体核发,并注明仅用于租赁住房建设,未经批准不得出让、转让,不得转租,不得改变土地用途,不得出售;房屋所有权权利证书也按项目整体核发,并注明仅用于租赁住房运营管理,不得出售。

(5)建设资金:①集体经济组织自有资金;②市、区住房保障专业运营机构、园区管理机构或签约租赁的企业支付租金;③用于项目开发建设由农村集体经济组织以土地使用权入股、联营的方式,与国有企业联合开发建设,但集体经济组织在新成立企业的持股比例不得低于51%,且应有保底分红;④集体经济组织以建设用地的预期收益,向金融机构申请抵押贷款,以及充分利用政策性银行长期、低息政策性信贷资金。

1. 抵押

上述以"集体建设用地的预期收益"作为抵押物的贷款模式值得注意,此种抵押贷款模式将利用集体建设用地建设的租赁住房项目的租金收入与管理费收入等未来经营所产生的持续稳定现金流作为还款保障,可在确保集体经济组织不失去土地使用权的前提下获得融资。虽然四川、河北、山西等地早已开展以土地预期收益作为还款保障的贷款尝试,但我们认为这种操作还需夯实法律基础并完善办理办法。

《物权法》第一百八十三条规定,乡镇、村企业的建设用地使用权不得单独抵押,以乡镇、村企业的厂房等建筑物抵押的,其占用范围内的建设用地使用权一并抵押。从该条款出发，若以乡镇、村企业为主体建设的租赁住房项目进行抵押，其占用范围内的集体建设用地使用权或许也可实现一并抵押。但需注意的是，该条款仅适用于“乡镇、村企业”，而《乡镇企业法》将乡镇企业定义为“农村集体经济组织或者农民投资为主[①]，在乡镇（包括所辖村）举办的承担支援农业义务[②]的各类企业”[③]。因此，若根据《乡镇企业法》的定义理解上述“乡镇、村企业”，则承担支援农业义务应为《物权法》第一百八十三条适用主体应当满足的条件之一。此外，以乡镇、村企业为主体建设的租赁住房是否能够被解释为“厂房等建筑物”也是不确定的。

2. 社会资本的参与

在376号文之前，北京市国土局联合发改委、规划委等部门于2014年发布的《北京市利用农村集体土地建设租赁住房试点实施意见》明确规定“集体租赁住房由农村集体经济组织自主进行开发建设”，同时规定鼓励将建成后的住房“作为我市公共租赁住房房源”，基本排除了社会资本的参与。376号文虽放开了对运营主体的限制，但合作运营模式中的合作方暂时限定为“国有企业”，可以说是仅是有限地引入社会资本的参与。

事实上，《利用集体建设用地建设租赁住房试点方案》提出“村镇集体经济组织可以自行开发运营，也可以通过联营、入股等方式建设运营集体租赁住房”，并未限定集体经济组织的合作方性质；该方案同时还明确提出，要坚持市场经济改革方向，发挥市场配置资源的决定性作用。考虑到开发商有更多的资金和运营的实力，其发展理念更符合市场经济的要求，开发出的产品也更适应市场，相信在各地利用集体土地建设长租公寓的试点中，企业甚至非国有企业的参与会越来越多。

结 语

从国有建设用地到集体建设用地，长租公寓用地的供给侧改革正逐步深入。无论是企业自持、配建租赁，还是商改租、工改租，抑或是集体建设用地建设租赁住

---

① 根据《乡镇企业法》第二条的规定，投资为主，是指农村集体经济组织或者农民投资超过50%，或者虽不足50%，但能起到控股或者实际支配作用。

② 《乡镇企业法》第十七条规定，乡镇企业从税后利润中提取一定比例的资金用于支援农业和农村社会性支出，其比例和管理使用办法由省、自治区、直辖市人民政府规定。

③ 《乡镇企业法》第九条规定，乡镇企业在城市设立的分支机构，或者农村集体经济组织在城市开办的并承担支援农业义务的企业，按照乡镇企业对待。

房,均体现了国家落实“房子是用来住的,而不是用来炒的”这一定位的决心。但我们也应看到,目前在获取及使用土地建设长租公寓的过程中还存在实践与政策法规的落差,例如如何在限制土地及房产的转让和抵押以保证长租公寓租赁用途的同时,又为长租公寓项目未来融资预留足够空间以激发社会资本的参与热情,又如商业用地建设长租公寓如何进行审批、验收等,这些都是立法和政策需进一步回应的问题。